Working
Portuguese
for Beginners

Working Languages Series

The Working Languages series enables students and practitioners to communicate in the everyday work world in languages that are important to the global market. Each program is designed for busy full- and part-time students and working professionals who are motivated and committed to learning a new language but who are not able to spend years building their skills. Developed by the Kenan-Flagler School of Business at the University of North Carolina, these programs teach the language skills needed for everyday life as well as the basics, along with useful cultural information.

Each program features a complete textbook with audio exercises on a disk. The Teacher's Edition contains extensive supplementary materials, including PowerPoint slides and materials for a mini-immersion and other special activities. Teachers also have the option of using online interactive exercises, activities, and course management tools through Quia.com.

Working Portuguese
for Beginners

MONICA RECTOR

REGINA SANTOS

MARCELO AMORIM

with M. Lynne Gerber

Georgetown University Press
Washington, D.C.

Georgetown University Press, Washington, D.C. www.press.georgetown.edu

Library of Congress Cataloging-in-Publication Data

Rector, Monica.
Working Portuguese for beginners / Monica Rector . . . [et al.].
   p.cm. – (Working languages)
In English and Portuguese.
Includes bibliographical references and index.
ISBN 978-1-58901-638-5 (pbk : alk. paper)
1. Portuguese language—Textbooks for foreign speakers—English. 2. Portuguese language—Brazil—Spoken Portuguese. I. Title.
PC5067.3.R43 2010
469.82'421—dc22

                                            2009024934

♾ This book is printed on acid-free paper meeting the requirements for the American National Standard for Permanence in Paper for Printed Library Materials.

15 14 13 12 11 10   9 8 7 6 5 4 3 2
First printing

Printed in the United States of America

Índice / *Table of Contents*

UNIDADE 4   REUNIÕES

UNIT 4   MEETINGS

Preface

The *Working Languages* series was created under the direction of M. Lynne Gerber, executive director of the UNC Center for International Business Education and Research. Gerber and Maria Mumford developed the *Working Languages* template. The languages that are part of this series are Portuguese and Mandarin Chinese.

The objective of the *Working Language* series is to help students and practitioners communicate in the everyday work world of languages important in the global market. All of the *Working Languages* were designed for people who are motivated and committed to learn but are not always able to meet in classes several times a week.

Working Portuguese was developed in two phases. In the first one, Monica Rector, Regina Santos, Marco Silva, and Rui Torres wrote the texts. The second and final version was written by Monica Rector (lead author), Regina Santos, and Marcelo Amorim.

Being able to use another language and to understand the cultures where that language is spoken can be invaluable assets, both at home and abroad. *Working Portuguese* has been created to provide insight into the Brazilian culture and to equip participants with a solid ability to communicate in Portuguese.

The *Working Portuguese* materials are intended to be used by people taking the course with an instructor who will provide structured feedback. If you are in a *Working Portuguese* class, you should read the two introductory sections of the book and your professor will tell you exactly how she or he is adapting the material to fit your class.

These materials can also be used by the self-directed learner who wants to learn Portuguese but is not able to attend a *Working Portuguese* course. If you will use these materials on your own, you may subscribe to Quia.com to access the online components.

Whether you are in a formal class or learning Portuguese on your own, you may also wish to contact the UNC Center for International Business Education and Research (CIBER@unc.edu) to find out how you can join Kenan-Flagler's annual *Working Portuguese* immersion course in Brazil. It is an excellent way to practice what you have learned in *Working Portuguese* by living with a Brazilian family, attending small group Portuguese classes, and visiting businesses and historic sites.

Acknowledgments

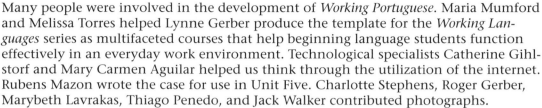

Many people were involved in the development of *Working Portuguese*. Maria Mumford and Melissa Torres helped Lynne Gerber produce the template for the *Working Languages* series as multifaceted courses that help beginning language students function effectively in an everyday work environment. Technological specialists Catherine Gihlstorf and Mary Carmen Aguilar helped us think through the utilization of the internet. Rubens Mazon wrote the case for use in Unit Five. Charlotte Stephens, Roger Gerber, Marybeth Lavrakas, Thiago Penedo, and Jack Walker contributed photographs.

For the *Working Portuguese* audio files, those who contributed their time and talent to play various roles in the recordings in this edition were Frederico Castelloes, Alexandre Crestana, Isabelle Colombo, Erica Fontes, Caroline K. M. Hejazi, Patricia Fuentes Lima, Rodrigo Garcia Lopes, Jose F. Lopez, Jester Raulino Ferreira de Macedo, Yv Maciel, Anita Melo, Patricia Sorrentino de Moraes, Alexandra Morais, Monica Nogueira, Pablo Rodrigo Novais, Richard Vernon, and Jacob Wilkenfeld. We thank media technologies consultants Megan Bell, Andrew (Andy) Brawn, Ben Davis, Tim Harper, and Kristin Hondros for their excellent help in taping, editing, and producing the audio files.

For their part in getting *Working Portuguese* up and running in a variety of ways, we thank Carolyn Crank, Ben Davis, Raquel Herrera, Charice Holt, Marybeth Lavrakas, Kathy Sadler, Jack Walker, and Kellan White. We are grateful to Gail Grella and Hope LeGro at Georgetown University Press for their assistance in helping keep our team on track. We thank them, and the entire staff at Georgetown University Press, for helping us produce a unique but cohesive volume in the series. Finally, we thank the U.S. Department of Education's Center for International Business Education and Research (CIBER) and the Kenan-Flagler Business School for the direct and indirect financial support that made it possible to make *Working Portuguese* a reality.

Introduction to *Working Portuguese*

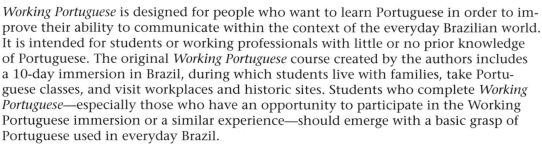

Working Portuguese is designed for people who want to learn Portuguese in order to improve their ability to communicate within the context of the everyday Brazilian world. It is intended for students or working professionals with little or no prior knowledge of Portuguese. The original *Working Portuguese* course created by the authors includes a 10-day immersion in Brazil, during which students live with families, take Portuguese classes, and visit workplaces and historic sites. Students who complete *Working Portuguese*—especially those who have an opportunity to participate in the Working Portuguese immersion or a similar experience—should emerge with a basic grasp of Portuguese used in everyday Brazil.

This first section of the book is intended to familiarize students with *Working Portuguese* materials and how to use them. It begins with a description of how the book is organized, which includes a guide for working through a lesson, and ends with the technological requirements for *Working Portuguese* students. The "Introduction to the Portuguese Language" lays the foundation for pronouncing the Portuguese alphabet and special sounds.

How *Working Portuguese* Is Organized

All of the *Working Portuguese* lessons and homework are provided in written form in this book. Whenever this symbol 🔊 appears, there is an audio file that accompanies the text. The *Working Portuguese* disk that comes with this book contains all of the audio files in MP3 format. The voices on the disk are those of real people and not professional actors; their voices provide an opportunity for *Working Portuguese* students to hear Portuguese as they might hear it in authentic conversations among Brazilians and Americans in everyday Brazilian life.

Working Portuguese is divided into six units, each of which contains its own set of objectives in language skills, grammar, and cultural understanding. The first five units are thematic and consist of four lessons each. In the sixth unit, "Using Working Portuguese," students complete an independent project. This project encourages students to put what they have learned into the context of their area of work or interest. In addition to the *Working Portuguese* materials, it is recommended that students secure a good Portuguese–English dictionary.

To work through a lesson, students should:

- Read the Objectives for the lesson.
- Listen to the *Diálogos* (Dialogues). These dialogues show how the vocabulary and grammar points for the lesson are used in the context of everyday life, in both formal and informal settings. The formal setting is more for professional and business students and takes into account the theme and grammar of each lesson; the informal setting observes the theme whenever possible, but takes into account mainly the grammar. The dialogues are presented in two versions in the MP3 files—straight through as in a conversation, and with pauses after each sentence or phrase. At this point in the lesson, listen to the dialogues in their uninterrupted form simply to see whether you can grasp their basic meaning in context.
- Next, learn the *Vocabulário* (Vocabulary). Listen to the vocabulary and practice pronouncing each word and phrase.

- Study the grammar that follows in the book.
- Listen to the model dialogues again, this time using the version with pauses between each sentence. Practice saying the sentence after the speaker, or "answering" one sentence by reading the next one and then listening to it as it is spoken.
- Read *Cultura* (Culture), at the end of the lesson, to get a better understanding of the culture that shapes Brazilian Portuguese. Follow your instructor's directions regarding answering the questions or doing the activities contained in some of the cultural sections.
- Do the *Prática* (Homework). Homework consists of different types of practice. Students should plan to spend about one to one-and-a-half hours completing the homework for each lesson and another hour practicing in conversation.

  There are five *Exercícios* (Exercises) for each lesson that provide practice for the vocabulary and grammar points for the lesson. They consist of short multiple choice, matching, and fill-in-the-blank exercises, and essay questions. At least one exercise in each lesson has an audio component.

  Experiência (Experience) provides students with a chance to experience the language and use it in daily context, drawing upon what they have learned from the beginning of the course. Often they will be asked to create dialogues.

  Conversa (Conversation) engages students in the practice of conversation with members of their class. They should be prepared to answer questions or create sentences about the *Cultura* text at the end of each lesson.

Audio Disk

Working Portuguese includes a disk in MP3 format that contains all of the audio components of the book. Audio is included for parts of the "Introduction to the Portuguese Language," all of the dialogues, the vocabulary, and the listening comprehension sections of the homework. Whenever you see this icon 🔊, you will know to look for the corresponding audio file on the disk.

Several options exist for playing the MP3 files. You can play them on your computer using an MP3 compatible player such as Windows Media Player, RealPlayer, or iTunes. These players are all available as free internet downloads. If you wish, you may transfer them from your computer's music player to a personal listening device. You also can play them on any CD player that also plays MP3 files.

Interactive Exercises

Many of the text and audio portions of the book, including all of the homework, are available online at Quia (www.quia.com). Quia provides an alternative way to read and listen to parts of the lessons and also permits students to complete homework online and interactively, providing automatic correction immediately upon completion of the exercises. The sections on Quia, including audio files when applicable, are:

- *Diálogos*, with both audio versions (with and without pauses), without English translation
- *Vocabulário*, with audio, but no English
- *Exercícios*, 5 per lesson, with audio when the exercise has a listening component
- *Experiência*, with audio when there is a listening component
- *Cultura*

Technological Requirements for Students

To use the *Working Portuguese* textbook and interactive exercises on Quia, students need to use a computer with internet access and speakers. They also need an MP3 player, either on their computers (such as Windows Media Player or iTunes, which are available as free downloads), or a CD player that can play MP3 files. For the minimum system requirements for Quia, please consult Quia.com or the publisher's website (www.press. georgetown.edu).

To use *Working Portuguese* without using the Quia component, students need only an MP3 player, a computer with an MP3 player (such as Windows Media Player or iTunes, which are available free as internet downloads to your computer), and speakers, or a CD player that can play MP3 files. If students are asked to submit audio files, computers will also need a microphone and recording software.

Technological Requirements for Instructors

Instructors have the same needs as students plus some additional ones. In order to take advantage of all the extra materials provided on the teacher's disk, instructors will need the program Microsoft PowerPoint, which is part of the Microsoft Office suite, and Adobe Acrobat Reader, available as a free download from www.adobe.com. For more information about access to Quia, please see the publisher's website (www.press. georgetown.edu).

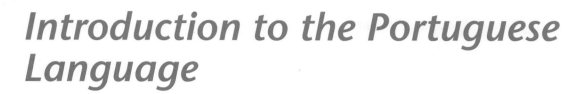

Introdução à língua portuguesa /

Introduction to the Portuguese Language

Portuguese is the primary spoken language in Angola, Brazil, Cape Verde, Guinea-Bissau, Mozambique, Portugal, and São Tomé and Príncipe. It is also spoken in East Timor. Portuguese is ranked sixth among the world's languages in number of native speakers. The population of Portuguese speakers is about 250 million. They live on different continents but share a similar culture and history.

There are some variations in pronunciation and word usage among the different countries but the differences are not dramatic enough to cause people from one country to have difficulty understanding someone from another. Even in the same country, there are some differences in the way words are pronounced throughout the country. The Portuguese presented in *Working Portuguese* is Brazilian. In Brazil, as in most large countries, accents can be distinctly different. For the most part, the accents of the speakers in the audio files are from the regions of São Paulo, Rio de Janeiro, and Minas Gerais.

PRONÚNCIA E ORTOGRAFIA / *PRONUNCIATION AND SPELLING*

Knowing the alphabet and its pronunciation is very important as you acquire a new language. The Portuguese alphabet has 7 vowels (**a, é, ê, i, ó, ô, u**) and 21 consonants, including **k, w,** and **y,** which are used in some foreign words. While most of the consonants are similar in both the Portuguese and the English alphabets, they may sound different in each language. Students should pay special attention to the groups **ch, lh, nh, rr,** and **ss,** which are digraphs, that is, pairs of letters representing a single speech sound.

 ### Parte A: As vogais / *Part A: The Vowels*

VOGAIS ORAIS / *ORAL VOWELS*

The oral vowels (pronounced with the tongue low in the mouth) are **a, e, i, o, u.** The **e** and **o** are really four vowels: **é, ê; ó, ô:**

As vogais orais / *The oral vowels*		
Vogal em português *Portuguese Vowel*	Pronúncia em inglês *English Pronunciation*	Exemplos *Examples*
a	approx. as "a" in f<u>a</u>ther	d<u>á</u>, <u>a</u>la, s<u>a</u>la, <u>a</u>sa
é	as "e" in g<u>e</u>t	p<u>é</u>, p<u>e</u>de, r<u>e</u>to, com<u>é</u>rcio

ê	approx. as "a" in d<u>ay</u>	d<u>ê</u>, <u>e</u>le, s<u>e</u>de, P<u>e</u>dro
i	as "ee" in s<u>ee</u>	l<u>i</u>, f<u>i</u>la, aqu<u>i</u>, c<u>i</u>rco
ó	as "o" in <u>o</u>rder	p<u>ó</u>, av<u>ó</u>, vov<u>ó</u>, s<u>o</u>rte
ô	approx. as "o" as in <u>o</u>ld	v<u>o</u>u, av<u>ô</u>, vov<u>ô</u>, s<u>o</u>rvete
u	as "oo" in m<u>oo</u>n	t<u>u</u>, t<u>u</u>do, m<u>u</u>do, caj<u>u</u>

🔊 **Repita** / *Repeat*

> a: <u>A</u> b<u>a</u>l<u>a</u> d<u>a</u> am<u>a</u>.
> é: O p<u>é</u> <u>é</u> do Z<u>é</u>.
> ê: <u>E</u>le toma c<u>e</u>rv<u>e</u>ja.
> i: R<u>i</u> aqu<u>i</u> sem sa<u>i</u>r.
> ó: A vov<u>ó</u> m<u>o</u>ra s<u>ó</u>.
> ô: <u>O</u> v<u>o</u>v<u>ô</u> disse al<u>ô</u>.
> u: F<u>u</u>mo t<u>u</u>do.

Atenção! / *Attention!*

Unstressed "e" at the end of the word is pronounced <u>i</u>: beb<u>e</u>, approximately as "ee" in English *s<u>ee</u>*.

Unstressed "o" at the end of the word is pronounced <u>u</u>: port<u>o</u>, approximately as "oo" in English *m<u>oo</u>*.

VOGAIS NASAIS / *NASAL VOWELS*

/ã/, /ẽ/, /ĩ/, /õ/, /ũ/

🔊 The nasal nature of a vowel is indicated in written form when it is followed by "n" or "m". The nasal **a** and **o** can also appear spelled with a tilde ~ over them (**ã** or **õ**). The other vowels do not have that option.

Note that there are no equivalent sounds in English for these nasal vowels. The nearest comparison would be /ã/ as in sung, /ĩ/ as in sing, and /õ/ as in song, but they are still different. Listen to the words and sentences below and do your best to reproduce these sounds.

As vogais nasais / *The nasal vowels*	Exemplos / *Examples*
/ã/	fã, anã, maçã, amam, anda
/ẽ/	vem, tem, mente, bens, enfim
/ĩ/	sim, assim, pudim, fins de semana, índio
/õ/	bom, bombom, com, põe, leões
/ũ/	um, fundo, bumbum

🔊 **Repita** / *Repeat*

> A maç<u>ã</u> é vermelha.
> N<u>ã</u>o v<u>e</u>m que n<u>ã</u>o t<u>e</u>m!
> S<u>i</u>m, eu quero ass<u>i</u>m.
> O b<u>o</u>mb<u>o</u>m c<u>o</u>m chocolate é b<u>o</u>m.
> Me dá <u>u</u>m copo de r<u>u</u>m.

Parte B: As consoantes / *Part B: The Consonants*

The 21 consonants are: b, c, d, f, g, h, j, k, l, m, n, p, q, r, s, t, v, w, x, y, z;

c can have a cedilla: ç;

r and **s** are the only consonants that can be doubled—**rr, ss**—and are pronounced as one sound;

the pairs **ch, lh,** and **nh** are pronounced as one sound;

qu and **gu** are digraphs that may represent two different velar sounds each; **qu** may be [k] or [kw] and **gu** may be [g] or [gw];

k, w, and **y** are found in foreign names and words.

Letra / *Letter*	Nome / *Name*	Sons / *Sounds*	Como em inglês / *As in English*	Exemplos / *Examples*
b	bê	[b]	<u>b</u>ake	<u>b</u>e<u>b</u>er
c	cê	[k] + a, o, u [s] + e, i	<u>c</u>an <u>s</u>ay	<u>c</u>asa, <u>c</u>oisa, <u>c</u>ura <u>c</u>edo, <u>c</u>idade
ç	cê-cedilha	[s]	<u>s</u>ay	ca<u>ç</u>a, a<u>ç</u>o, a<u>ç</u>úcar
ch	cê agá	[ʃ]	<u>sh</u>ade	<u>Ch</u>ile

Repita / *Repeat*

Ela <u>beb</u>eu essa <u>c</u>oisa <u>c</u>om a<u>ç</u>úcar.

Ele saiu da <u>c</u>idade <u>c</u>edo para <u>c</u>a<u>ç</u>ar.

Eles <u>c</u>ompraram uma <u>c</u>asa no <u>Ch</u>ile.

<u>Beb</u>emos <u>ch</u>á às <u>c</u>inco na <u>c</u>asa da <u>C</u>e<u>c</u>ília.

Letra / *Letter*	Nome / *Name*	Sons / *Sounds*	Como em inglês / *As in English*	Exemplos / *Examples*
d	dê	[d] [dž]	<u>d</u>ay <u>j</u>ob	<u>d</u>e<u>d</u>o, <u>D</u>uda <u>d</u>ia, po<u>d</u>e
f	efe	[f]	<u>f</u>ar	<u>f</u>eliz
g	gê	[ž] + e, i [g] + a, o, u	plea<u>s</u>ure <u>g</u>o	<u>g</u>eral, <u>g</u>ibi <u>g</u>ato, <u>g</u>ota, <u>g</u>ula
h	agá	[h] is silent. It is never pronounced.	<u>h</u>onor	<u>h</u>omem

Repita / *Repeat*

O <u>ded</u>o de <u>D</u>uda <u>d</u>ói.

Po<u>d</u>e <u>f</u>azer <u>f</u>rio nesse <u>d</u>ia.

<u>D</u>aniel é <u>f</u>eliz lendo <u>g</u>ibis em <u>g</u>eral.

O <u>h</u>omem <u>h</u>onesto <u>h</u>onra a <u>f</u>amília.

Letra / Letter	Nome / Name	Sons / Sounds	Como em inglês / As in English	Exemplos / Examples
j	jota	[ž]	pleasure	juiz, sujo
k	cá	[k]	can	marketing, Kátia
l	ele	[l] [w]	late now	lar, bala sal, caldo
lh	ele agá	[ly]	≅ million	malha

🔊 **Repita / Repeat**

O juiz joga sujo.
Kátia comprou um kilo de laranja.
Ela jogou mais sal no caldo de galinha.
Pelé jogava futebol na seleção do Brasil.
Minha filha trabalha com malhas de algodão.

Letra / Letter	Nome / Name	Sons / Sounds	Como em inglês / As in English	Exemplos / Examples
m	eme	[m] [~] indicates the preceding vowel is nasal	market approx. as sing	mercado sim, tem
n	ene	[n] [~] indicates the preceding vowel is nasal	net approx. as sing	nada, canário pólen; hífen
nh	ene agá	[ñ]	approx. as canyon, onion (also as ñ in Spanish niño) When producing this sound, your tongue should touch the sides of your palate, not the front.	vinho; manhã

🔊 **Repita / Repeat**

Maria vai ao mercado?
Sim, ela tem que comprar vinho.
O que você está fazendo? Nada.
Quando você tem consulta médica?
Amanhã, pela manhã.

Letra / Letter	Nome / Name	Sons / Sounds	Como em inglês / As in English	Exemplos / Examples
p	pe	[p]	pet	para; copo; sopa
q	quê	[k]	kitten	quadrado; quero
r	erre	[h] [r]	approx. as hat approx. as better, badder	rosa, parte, cantar caro, barato, prato
rr	dois erres	[h]	hot	terra

🔊 **Repita** / *Repeat*

Parei porque havia uma pedra no meu sapato.
O planeta Terra é redondo.
O que você acha deste quadro?
O quadro é barato. Não há razão para não comprá-lo.

Letra / Letter	Nome / Name	Sons / Sounds	Como em inglês / As in English	Exemplos / Examples
s	esse	[s] [z]	south pause	sul, salsa rosa, transe
ss	dois esses	[s]	south	passeio
t	tê	[t] [tʃ]	toast chief	tatu, totem tia, tomate
v	vê	[v]	vet	vivo

🔊 **Repita** / *Repeat*

Santos fica aqui no sul de São Paulo.
O pássaro que está pousado na roseira tem a asa quebrada.
Minha tia e eu passeamos pelo sul de Vancouver.
Vivo do cultivo de tomates.
Os tatus estão invadindo minha terra.

Letra / Letter	Nome / Name	Sons / Sounds	Como em inglês / As in English	Exemplos / Examples
w	dábliu	[w] [v]	will vet	Wilson, William
x	xis	[ʃ] [ks] [s] [z]	show toxic safe transit	México, paixão, tóxico máximo, sintaxe exílio
y	ípsilon	[y]	yellow	Yolanda
z	zê	[z]	zero	zero

Repita / *Repeat*

<u>W</u>anda e <u>W</u>alter estão no Mé<u>x</u>ico.

<u>Y</u>olanda tirou <u>z</u>ero no e<u>x</u>ame final de <u>z</u>oologia.

O en<u>x</u>ofre é utili<u>z</u>ado em fertili<u>z</u>antes e em medicamentos la<u>x</u>antes.

O dió<u>x</u>ido de en<u>x</u>ofre é muito tó<u>x</u>ico e pode causar a asfi<u>x</u>ia.

CONSOANTES ESPECIAIS / *SPECIAL CONSONANTS*

As shown in the sections above, there is some special usage of consonants in Portuguese. Sometimes the consonant has a different sound, depending upon the vowel it precedes (such as **c** and **g**); sometimes a special consonant is formed by putting two consonants together (such as **nh**, **lh**, and **rr**). Below is a summary chart of the special consonants.

Consoantes especiais / *Special Consonants*		
Consoantes especiais / *Special Consonants*	**Exemplos / *Examples***	**Pronúncia em inglês / *English Pronunciation***
c (followed by a, o, u)	ca casa co coisa cu cura	[k] as "c" in <u>c</u>rown
c (followed by e, i)	ce Cecília ci cigarro	[s] as "s" in <u>s</u>ick
ch	cha chá cho chocolate	[š] as "sh" in <u>sh</u>ow
g (followed by a, o, u)	ga gato go gota gu gula	[g] as "g" in give
g (followed by ue, ui)	gue guerra gui guitarra	**gu** sounds [g] as "g" in give (sometimes the letter "u" is silent when used after "g" and followed by the vowel "e" or "i")
g (followed by ue, ui)	gua água gue aguentar gui sagui	**gu** sounds [gw] as "gu" in <u>gu</u>acamole (in these cases the "u" is not silent)
g (followed by e, i)	ge gênio gi gigante	[ž] as "s" in plea<u>s</u>ure
h	ha hálito ho homem	**h** is not pronounced at all
lh (not used at the beginning of a word)	lha malha lhe mulher	**lh** sounds approx. as "ll" in ce<u>ll</u>ular
nh (not used at the beginning of a word)	nha unha nhe munheca nho caminhoneiro	**nh** sounds as "ny" in ca<u>ny</u>on, but your tongue should touch the sides of your palate, not the front.

q	que qui	querer quinze	this letter is always followed by a silent "u" before the vowels [e] and [i] in Portuguese, and has the sound of [k] as in Katie [ke] and [ki]
rr (the double "r" appears between vowels and has a guttural sound)	rra rre rri rro rru	arranhar arrepender-se irritar cachorro arruda	[h] as "h" as in <u>h</u>at
s	sa	asa	[z] as "s" in pau<u>s</u>e (when between vowels it has a [z] sound)

ESCRITA / *WRITING*

ACENTOS / *ACCENTS*

Accents are a very important part of the Portuguese language. They change the meaning and the pronunciation of the word and are a required part of both the written and spoken word. Check your computer's operations manual to add the Portuguese language to your computer so that you can create words with the accents needed to write and pronounce Portuguese correctly.

The vowels in Portuguese can have the following accents:

´	acento agudo *acute accent*
`	acento grave *grave accent*
^	acento circunflexo *circumflex accent*
~	til *tilde*

Acento agudo: ´

It is used on open stressed vowels:

pá, pé, físico, pó, baú

Acento grave: `

It is used to indicate contraction between the preposition **a** and the feminine article **a** or with demonstrative pronouns starting with **a**:

à, às, àquele(s), àquela(s), àquilo

Acento circunflexo: ^

It indicates a closed stressed vowel:

câmara, mês, avô

REGRAS DE ACENTUAÇÃO ORTOGRÁFICA / *ACCENT RULES*

Acento agudo (acute) or oxítono (oxytone)/ *Acute accent on the last syllable that ends in open a, e, o or a closed e or o:*

há, jacaré, só; lê, avô

Atenção! / *Attention!*

When there is an accent mark, that syllable has to be stressed. If the accent is acute the vowel is open, if it is a circumflex it is closed: avó, avô.

Acento grave or paroxítono (paroxytone):

Accent on the penultimate syllable, the one before the last. It is accented when the words end in **i** or **u**, followed or not by **s**, and when the stressed syllable has an open vowel or a circumflex when there is a closed **a**, **e** or **o**:

  lápis, miosótis, júri; dândi, tênis, bônus

Acento esdrúxulo or proparoxítono:

Accent on the antepenultimate syllable, the third from the end of the word. In this case the word is always accented:

  árabe, fétido, límpido, público, único; lâmpada, bebêssemos, sôfrego

Resumindo:

Acentos / *Accent Marks*	Exemplos / *Examples*		
grave (`)	à, às, àquele(s), àquela(s), àquilo		
	Oxítono	Paroxítono	Proparoxítono
agudo (´)	há, fé, só	lápis, miosótis, júri	árabe, límpido, único
circunflexo (^)	lê, avô	dândi, tênis, bônus	lâmpada, ônibus, bebêssemos

Vamos pronunciar / *Let's practice*

  Neste momento **há** poucos empregos.
  Aconselho a abertura de uma Sociedade An**ô**nima.
  Um **só**cio honesto e competente pode**rá** ajudar na importação.
  O investimento maior atualmente **é** no setor de computadores.

PONTUAÇÃO ORTOGRÁFICA / *PUNCTUATION MARKS*

  . ponto
  , vírgula
  : dois-pontos
  ; ponto-e-vírgula
  ? ponto de interrogação
  ! ponto de exclamação
  ( ) parênteses
  " " aspas
  ' apóstrofo
  - hífen

PRÁTICA / *HOMEWORK*

A. Listen to each person's introduction. Write down each name as you hear it spelled, using the correct accents, if you can.

1.

2.

3.

4.

5.

6.

7.

B. Now, practice introducing yourself. After you say your name, spell it in Portuguese

Meu nome é _____.

UNIDADE 1

CONSTRUINDO RELAÇÕES NO TRABALHO

UNIT 1

BUILDING BUSINESS RELATIONSHIPS

Familiarizando-se / *Getting Acquainted*

OBJECTIVES

1. **Communication Skills: By the end of this lesson, you should be able to**
   - Greet a variety of people at different times of the day, using appropriate forms of address
   - Introduce yourself and others, formally and informally
   - Engage in small talk by forming questions, asking and giving information on simple topics of acquaintance

2. **Culture and Business Relations: By the end of this lesson, you should be able to**
   - Know when to use formal and informal expressions of address
   - Be familiar with body language in intercultural and mixed-gender greetings
   - Understand the sequence of surnames in Portuguese

3. **Grammar: By the end of this lesson, you should be able to**
   - Use personal subject pronouns in context
   - Understand how to use formal and informal you *(o senhor/a senhora and você)*
   - Use all the persons of discourse in the simple present tense of some basic conversational verbs in affirmative, negative, and interrogative statements and questions

DIÁLOGOS / *DIALOGUES*

Os diálogos ilustram como a gramática e o vocabulário de cada lição são usados em contexto, formal e informalmente. Os pontos gramaticais abordados estão em **negrito**. Ouça os diálogos sem pausa acompanhando com a leitura. As versões dos diálogos em inglês encontram-se no Appendix.

Dialogues illustrate how the grammar and vocabulary for each lesson are used in context, formally and informally. The grammar points are indicated in bold. Listen to the dialogues without pauses while reading along. English versions of the dialogues are located in the Appendix.

Diálogos formais / *Formal Dialogues*

DIÁLOGO 1: Um cumprimento formal / *DIALOGUE 1: A formal greeting*

Ana Gontijo e Pedro Cardoso trabalham para a Levis, em diferentes departamentos. Eles estão conversando no hall de entrada da empresa.

Ana Gontijo and Pedro Cardoso work for Levi in different departments. They are talking in the company's lobby.

(Pronomes pessoais retos / *Subject pronouns*)

Pedro:	Como vai **a senhora**?
Ana:	**Eu** estou bem, obrigada.* E **o senhor**? Tudo bem?
Pedro:	Tudo bem, obrigado.*
Ana:	E como está a nova secretária?
Pedro:	**Ela** está bem. E como está o seu sócio?
Ana:	**Ele** está ótimo.

* Obrigad**o** *is used by men and* obrigad**a** *is used by women.*

DIÁLOGO 2: Um encontro formal / *DIALOGUE 2: A formal meeting*

Um encontro formal entre Ana Fonseca e John Brown, duas pessoas que trabalham para a mesma empresa, mas em países diferentes.

A formal meeting between Ana Fonseca and John Brown, two people working for the same company but in different countries.

(Verbos / *Verbs*)

Mr. Brown:	Bom dia. Como vai?
Srta. Fonseca:	Bem, obrigada.
Mr. Brown:	Eu **me chamo** John Brown. Como a senhorita **se chama**?
Srta. Fonseca:	Eu **sou** Ana Fonseca. Muito prazer, senhor Brown.
Mr. Brown:	Muito prazer, Srta. Fonseca.
Srta. Fonseca:	De onde o senhor **é**?
Mr. Brown:	Eu **sou** dos Estados Unidos. E a senhorita?
Srta. Fonseca:	Eu **sou** do Brasil, mas **trabalho** e **vivo** em Londres.
Mr. Brown:	A senhorita **é** a Diretora de Vendas?
Srta. Fonseca:	**Sou, sim.** E o senhor?

Mr. Brown:	Eu **sou** o Técnico em Processamento de Dados, mas agora não trabalho nos Estados Unidos. Eu trabalho e vivo na Espanha, em Madri.
Srta. Fonseca:	Desculpe-me, preciso ir. Até logo.
Mr. Brown:	Até amanhã.

Diálogos informais / *Informal Dialogues*

DIÁLOGO 3: Cumprimentos entre amigos / *DIALOGUE 3: Greetings between friends*

Gabriela e Rodrigo são antigos colegas. Eles retornam à universidade para o jogo de basquete.

Gabriela and Rodrigo are old school friends. They go back to their university for a basketball game.

(Pronomes pessoais retos / *Subject pronouns*)

Rodrigo:	Oi, como vai **você**?
Gabriela:	Bem, obrigada. E **você**?
Rodrigo:	Estou bem, obrigado. Como está sua irmã?
Gabriela:	**Ela** está bem, obrigada. E o seu irmão?
Rodrigo:	**Ele** está ótimo! Seus pais estão na cidade?
Gabriela:	Sim, **eles** estão na cidade. Onde estão os seus pais?
Rodrigo:	**Eles** estão em Boston. **Vocês** estão aqui para o jogo de basquete?
Gabriela:	Sim, **nós** estamos aqui para o jogo.

DIÁLOGO 4: Um encontro no jogo de basquete / *DIALOGUE 4: Meeting at the basketball game*

Luana e Frederico estão no jogo de basquete e começam um bate-papo. Eles falam sobre o que eles fazem na universidade.

Luana and Frederico are at the basketball game and start to talk. They talk about what they do at college.

(Verbos / *Verbs*)

Frederico:	Oi, meu nome **é** Frederico. Qual **é** o seu nome?
Luana:	Oi, meu nome **é** Luana.
Frederico:	Você **estuda** aqui?
Luana:	**Estudo**. E você?
Frederico:	Eu também. **Estudo** direito. E você?
Luana:	**Estudo** psicologia.
Frederico:	Onde você **mora**?
Luana:	Eu **vivo** no campus. E você?
Frederico:	Eu também **vivo** no campus, no dormitório ao lado do estádio.

VOCABULÁRIO / *VOCABULARY* 🔊

Ouça cada palavra ou frase e repita-a durante a pausa.

Listen to each word or phrase, and repeat it during the pause.

Familiarizando-se	*Getting Acquainted*
Apresentações, cumprimentos e despedidas	***Introductions, greetings, and goodbyes***
Cumprimentos formais	***Formal greetings***
Estes cumprimentos são usados em conversações formais, mas também podem ser usados entre amigos.	*These greetings are used in formal conversations but may also be used between friends*
Bom dia (senhor/Sr., senhora/Sra., senhorita/Srta., doutor/Dr., doutora/Dra., professor(a)/Prof., Profa.	*Good morning (Mr., Mrs., Miss, Dr., professor or teacher)*
Boa tarde!	*Good afternoon.*
Boa noite!	*Good evening or good night.*
Como está (o senhor/a senhora/ a senhorita)?	*How are you (Sir, Madam, Miss)?*
Como vai?	*How are you?*
Tudo bem?	*Are you fine? Is everything fine?*
E o senhor/a senhora?	*And you?*
Cumprimentos informais	***Informal greetings***
Estes cumprimentos são usados em conversações informais.	*These greetings are used in informal conversations.*
Como vai?	*How are you?*
Tudo bem?	*Is everything fine?*
Oi!	*Hi!*
Olá!	*Hi!*
Respostas aos cumprimentos	***Responses to greetings***
Tudo bem. / Tudo ótimo.	*Everything is fine. / Everything is great.*
Muito bem, obrigado/a.*	*Fine, thanks.*
Vou bem.	*I'm fine.*
Vou mal.	*I'm feeling awful.*
Vou mais ou menos.	*I'm so-so.*
Despedidas	***Saying goodbye***
Até amanhã.	*See you tomorrow.*
Até logo.	*See you soon.*
Até a semana que vem.	*See you next week.*
Tchau.	*Bye.*
Bom fim de semana!	*Have a nice weekend!*
Obrigado/a*, igualmente.	*Thank you, you too.*

Apresentações formais	*Formal introductions*
Como você se chama?/ Qual é o seu nome?	*What's your name?*
Gostaria de apresentar o Roberto.	*I'd like to introduce Roberto.*
Apresentações informais	***Informal introductions***
Qual é o seu nome?	*What's your name?*
Este é o Roberto. / Esta é a Roberta.*	*This is Roberto. / This is Roberta.*
*Normalmente, em português, as palavras terminadas em "o" são masculinas e as palavras terminadas em "a" são femininas. Exemplo: O Roberto, a Roberta.	*Usually, in Portuguese, words ending in "o" are masculine, and words ending in "a" are feminine. Example: O Roberto, a Roberta.*
Respostas às apresentações	***Responses to introductions***
Muito prazer.	*Nice to meet you.*
Igualmente. / O prazer é todo meu.	*Same here. / It's my pleasure.*
Expressões de cortesia	***Expressions of courtesy***
Por favor. . .	*Please. . .*
Obrigado/a	*Thanks (male/female)*
De nada.	*You're welcome.*
Seja bem-vindo/a	*Welcome (male, female)*
Bem-vindo/a	*Welcome (male, female)*
Entre, por favor.	*Come in, please.*
Sente-se, por favor.	*Sit down, please.*
Títulos	***Titles***
Diretor/Diretora	*Director (male/female)*
Doutor/Dr., Doutora/Dra.*	*Doctor (male or female holding a medical, law, or engineering degree)*
Engenheiro/Engenheira.	*Engineer (male or female)*
Professor/Prof., Professora/Profa.	*Professor or teacher (male/female)*
Senhor/Sr.	*Mr./Sir*
Senhora/Sra.	*Mrs./Madam*
Senhorita/Srta.	*Miss*

*Although a person with a Ph.D. is a **doutor/a**, in academia he/she will be called **professor/a**.*

*Throughout the vocabulary in this book, when it is not obvious from a noun's ending if it is masculine or feminine, the article will be placed in front of the vocabulary word (**o** = masculine and **a** = feminine).*

Substantivos		Nouns
	amigo	*friend*
as	apresentações	*introductions*
o	basquete	*basketball*
	carteira	*desk*
a	cidade	*city*

o	computador	*computer*
	cumprimentos	*greetings, regards*
	despedida	*farewell*
o	dia	*day*
	direito	*law*
	estádio	*stadium*
	família	*family*
	filho/a	*son/daughter*
o	fim de semana	*weekend*
o	homem	*man*
	irmã	*sister*
	irmão	*brother*
	jogo	*game*
a	mãe	*mother*
a	mulher	*woman*
a	noite	*night*
o	pai	*father*
os	pais	*parents*
	psicologia	*psychology*
	respostas	*responses, answers*
	secretária	*secretary*
	semana	*week*
	sócio	*partner, member*
a	tarde	*afternoon*
a	universidade	*university*
	vendas	*sales*

Adjetivos	**Adjectives**
bom, boa	*good*
bonito/a	*handsome, pretty*
formal, formais (pl.)	*formal*
informal, informais (pl.)	*informal*
novo/a	*new*

Verbos	**Verbs**
amar	*to love*
apresentar	*to present, to introduce*
chamar-se	*to call (oneself), to be called*
entender	*to understand*
estar	*to be*

estudar	*to study*
morar	*to live*
ser	*to be*
trabalhar	*to work*
viver	*to live*
Advérbios	***Adverbs***
amanhã	*tomorrow*
ali	*there*
aqui	*here*
lá	*there*
não	*no*
sim	*yes*

Cuprimentos / *Greetings*

Os cumprimentos podem ser formais e informais, dependendo da situação.

Greetings can be formal or informal, depending on the situation.

Formais / *Formal*

Quando dois estranhos se encontram, ou quando uma pessoa mais jovem ou de status inferior se encontra com uma pessoa mais idosa ou de status superior (estudante/ professor, empregado/chefe, criança/adulto), usa-se o cumprimento formal. Se a pessoa mais velha ou superior pede que o outro use a forma familiar, então o cumprimento informal é considerado apropriado. Cumprimenta-se apertando a mão.

When two strangers meet, or when a younger person or a person of lower status meets an older person or a person of higher status (student/professor, employee/boss, child/adult), the formal greeting is used. If the senior person asks the other to use the familiar form, then the informal greeting is considered appropriate. When greeting each other, people shake hands.

A: Boa tarde.

B: Como vai o senhor?

A: Muito bem. E o senhor?

Informais / *Informal*

Quando pessoas conhecidas se encontram, em geral, elas se cumprimentam informalmente. Além da expressão verbal, signos não verbais são usados. As mulheres frequentemente beijam seus amigos no rosto (seja homem ou mulher), e um amigo íntimo faz o mesmo ao cumprimentar uma mulher. Quando dois homens se cumprimentam, às vezes, dão um abraço ou uma palmadinha nas costas. Quando em dúvida, use o cumprimento formal.

When people who know each other meet, they usually use the informal greeting. Besides expressing oneself verbally, nonverbal signs are added. Women often kiss the other person on the cheek (either male or female), and a close male friend may do the same when he greets a woman. When two men greet, they often hug, patting each other on the back. When in doubt, use the formal greeting.

A: Oi, como vai?

B: Bem. E você?

A: Tudo bom.

Formas de tratamento: Como usar os nomes no Brasil / *Forms of address: The sequence of names in Brazil*

Na maioria dos países de língua portuguesa, as pessoas têm, pelo menos, dois sobrenomes. O sobrenome da mãe, quando solteira, vem antes do sobrenome do pai. Normalmente, o sobrenome da mãe vem depois do nome próprio e fica no meio, e o sobrenome do pai é usado como o sobrenome principal. Por exemplo, no caso de Pedro Lopes Pereira, Lopes é o sobrenome da mãe e Pereira é o sobrenome do pai.

In most Portuguese-speaking countries people have at least two last names (sobrenomes). The mother's maiden name comes before the father's family name. Often the mother's maiden name functions as a middle name and the father's family name is primarily used as the person's family name. For example, in the case of Pedro Lopes Pereira, Lopes *is the mother's maiden name and* Pereira *is the father's family name.*

Em listas alfabéticas, como a lista telefônica, as pessoas estão listadas com os últimos dois nomes: o sobrenome do pai, o nome, o sobrenome da mãe. Exemplo: Pereira, Pedro Lopes.

In alphabetized lists such as a phone directory, people with two last names are listed in this order: the father's family name, given name or first name, mother's maiden name, e.g., Pereira, Pedro Lopes.

Ao casar, a mulher pode escolher entre continuar só com o seu nome de solteira ou acrescentar o sobrenome do marido. Se quiser, ela pode omitir o sobrenome da mãe.

When marrying, a woman can choose to keep her maiden name or to add her husband's surname to her full, maiden name. She may also prefer to omit her mother's maiden name.

Vera Silva Ferreira *(single)*

Vera Silva Ferreira Pereira *(married) or* Vera Ferreira Pereira.

O filho do casamento de Pedro e Vera terá dois sobrenomes, combinando o da mãe com o do pai ou, então, só o sobrenome do pai.

Pedro and Vera's children may have either two surnames, combining the mother's and the father's surnames, or only the father's surname.

Cristina Ferreira Pereira *or* Cristina Pereira.

GRAMÁTICA / *GRAMMAR*

Pronomes pessoais retos / *Subject pronouns*

O sujeito de uma oração diz quem ou o que pratica a ação. O pronome pessoal reto substitui o sujeito de uma oração.

The subject of a sentence tells who or what is performing the action. Subject pronouns replace the subject in a sentence.

Por exemplo, na frase "Pedro vai a pé para o trabalho", *Pedro* é o sujeito, pois é ele quem pratica a ação. Se fôssemos usar um pronome para substituir *Pedro* na oração anterior, tal pronome seria "ele".

For example, in the sentence "Pedro walks to work," Pedro is the subject because he is the one who performs the action. If we were to replace Pedro *with a pronoun in the sentence, the correct pronoun to use would be "he."*

1. **Os pronomes pessoais retos no português são** / *The subject pronouns in Portuguese are:*

eu	*I*
você (o senhor/a senhora)*	*you*
ele/ela	*he/she*
nós	*we*
vocês (os senhores/as senhoras)*	*you (plural)*
eles/elas	*they (masculine/feminine)*

*O senhor e **a senhora** são usados para referir-se a um homem ou uma mulher em um contexto formal. Usa-se **os senhores** para referir-se a um grupo de homens ou a um grupo misto, em um contexto formal. De igual modo, usa-se **as senhoras** para um grupo de mulheres. Às vezes, tais formas também são usadas para mostrar respeito quando nos referimos a pessoas mais velhas.

*O senhor and a senhora are used to refer to a man or a woman in a formal context. In the same way, os senhores is used to refer to a group of males or a mixed-gender group in a formal context. As senhoras is used to refer to a group of women in a formal context. Sometimes these forms (senhor, senhora, senhores and senhoras) are also used to refer to older people in order to show respect.

2. **Pronomes pessoais formais e informais** / *Formal and informal subject pronouns*

No Brasil, as pessoas tendem a ser informais. Assim, na maioria dos casos, as formas **você** e **vocês** serão usadas em vez de **o senhor, a senhora** etc. Às vezes, mesmo no mundo dos negócios, quando uma pessoa se refere inicialmente a alguém em estilo formal, depois das apresentações, pede-se que o tratamento seja feito por **você**. Se você não tiver certeza de que tratamento usar em um contexto formal, é preferível usar **o senhor, a senhora, os senhores** ou **as senhoras**. Apenas mude para **você** se a pessoa com quem estiver falando o pedir que assim o faça.

*In Brazil people tend to be very informal. So in most situations the forms **você** and **vocês** are used instead of **o senhor, a senhora**, and so on. Sometimes, even when people are doing business, if person A addresses person B in a formal way, person B will ask the former to refer to him or her by using the form **você** after the initial introduction is made. If you are not sure which form to use in formal contexts, it is preferable to choose **o senhor, a senhora, os senhores** or **as senhoras**. Only change the formal to **você** if the person you are talking to asks you to do so.*

3. **Pronomes referentes a coisas/objetos** / *Pronouns referring to things/objects*

Em português, não há nenhum pronome que corresponda ao *it* do inglês. Quando precisar usar esse pronome, diga **ele** ou **ela**, dependendo do gênero do substantivo a ser substituído pelo pronome.

*In Portuguese there is no pronoun that corresponds to the pronoun "it" in English. When referring to an object, either **ele** (he) or **ela** (she) is used, depending on the gender of the noun that is being replaced by the pronoun.*

O livro (*the book*, masculine): ele

A mesa (*the table*, feminine): ela

As formas do plural são **eles** e **elas**, dependendo do gênero.

*The plural forms are **eles** and **elas**, depending on the gender.*

Os livros (*the books*, masculine): eles

As mesas (*the tables*, feminine): elas

4. Os pronomes omitidos / *Omitted pronouns*

Às vezes, em português, os pronomes são omitidos em uma frase, porque a conjugação do verbo já indica qual é a pessoa do discurso.

Sometimes in Portuguese, pronouns are omitted in a sentence because the conjugation of the verb indicates the person.

Não **gosto** de chocolate. *I don't like chocolate.*

A conjugação do verbo **gostar**, já indica o sujeito da frase: **eu**, porque está conjugado na primeira pessoa do singular.

*The conjugation of the verb **gostar** indicates the subject in the sentence, **eu** (I), because "**gosto**" is the first-person singular form.*

Vivemos em Londres *or* **Moramos** em Londres. *We live in London.*

Sabe-se aqui que o sujeito é **nós**, porque o verbo **viver** (ou **morar**) está conjugado na primeira pessoa do plural. Por exemplo: viv**emos**, mor**amos**.

*We know the the subject is **nós** (we) because the verb **viver** (or **morar**) is conjugated in the first-person plural. For example: viv**emos**, mor**amos**.*

Presente / *Simple present tense*

1. **O tempo presente é usado para ações ou estados que representam hábito, frequência, fatos, etc.**

    The simple present tense is used for actions or states of being conveying habits, frequency, facts, etc.

    Maria **acorda** às sete da manhã. *Mary wakes up at 7 a.m.*

    João **visita** sua mãe todo fim de semana. *João visits his mother every weekend.*

    O sol **é** uma estrela. *The sun is a star.*

2. **Formando frases negativas: Negativa / *Forming negative verb phrases: Negative***

    Para formar a negativa, coloque **não** na frente do verbo, mesmo se o sujeito estiver omitido.

    *To form the negative, place **não** (no) in front of the verb, even if the subject is omitted.*

    Marcos **não vive** na cidade. *Marcos doesn't live in the city.*

3. **Fazendo perguntas: Interrogativa / *Asking questions: Interrogative***

    Na forma interrogativa, quando o sujeito não é omitido, o verbo não vem no início da oração, como no inglês (as posições do sujeito e do verbo não se invertem). Nesse caso, é o ponto de interrogação (?) que indica tratar-se de uma pergunta na forma escrita, ou uma entonação ascendente, na forma oral.

    In the interrogative form, when the subject is not omitted, the verb does not come at the beginning of the sentence, as it does in English (the position of the subject and the verb is not inverted). In this case, the question mark (?) indicates it is an interrogative sentence in the written form, and the ascending intonation indicates it is a question in the spoken form.

    Marcos trabalha na firma do pai. *Marcos works in his father's company.*

    Marcos trabalha na firma do pai? *Does Marcos work in his father's company?*

4. Verbos: ser, estar, chamar-se, estudar, trabalhar, viver

Esta seção introduz o tempo presente para seis verbos comumente usados. Em português, a conjugação dos verbos está em suas terminações. As terminações, ou sufixos, indicam o tempo verbal e a pessoa. A parte do verbo que permanece sempre igual se chama radical. Por exemplo: trabalhar: Eu trabalh**o**./ Nós trabalh**amos**. Neste caso, o radical é "trabalh" e as terminações "**o**" e "**amos**" indicam o presente do indicativo e a primeira pessoa (do singular e do plural).

Atenção: o verbo **ser** é irregular porque seu radical muda completamente.

This section introduces the simple present tense for six commonly used verbs. In Portuguese, verb conjugations are expressed by their endings. These endings, or suffixes, express the verb tense, the person, and number. The part of the verb that remains invariable is the stem. For example: trabalhar: Eu trabalh**o**./ Nós trabalh**amos**. *In this case, the stem is "trabalh" and the suffixes "**o**" and "**amos**" express the simple present tense and the first persons (singular and plural).*

Note that the verb **ser** *is irregular because its stem changes completely.*

Verbos no presente / *Verbs in the simple present tense*

Verbo/Tipo *Verb/Type*	Afirmativa *Affirmative*	Negativa *Negative*	Complemento *Complement*
TRABALHAR/ Reg. (*to work*)	eu **trabalho**	eu **não trabalho**/ **não trabalho**	à noite
	você o senhor a senhora } **trabalha**	você o senhor a senhora } **não trabalha**	
	ele/ela **trabalha**	ele/ela **não trabalha**	
	nós **trabalhamos**	nós **não trabalhamos**	
	vocês os senhores as senhoras } **trabalham**	vocês os senhores as senhoras } **não trabalham**	
	eles/elas **trabalham**	eles/elas **não trabalham**	
ESTUDAR/ Reg. (*to study*)	eu **estudo**	eu **não estudo**/**não estudo**	
	você o senhor a senhora } **estuda**	você o senhor a senhora } **não estuda**	
	ele/ela **estuda**	ele/ela **não estuda**	
	nós **estudamos**	nós **não estudamos**	
	vocês os senhores as senhoras } **estudam**	vocês os senhores as senhoras } **não estudam**	
	eles/elas **estudam**	eles/elas **não estudam**	
VIVER/Reg. (*to live*)	eu **vivo**	eu **não vivo**/**não vivo**	muito bem no Brasil
	você o senhor a senhora } **vive**	você o senhor a senhora } **não vive**	
	ele/ela **vive**	ele/ela **não vive**	
	nós **vivemos**	nós **não vivemos**	

Verbo/Tipo *Verb/Type*	Afirmativa *Affirmative*	Negativa *Negative*	Complemento *Complement*
VIVER/Reg. (*to live*)	vocês os senhores } **vivem** as senhoras	vocês os senhores } **não vivem** as senhoras	
	eles/elas **vivem**	eles/elas **não vivem**	
ESTAR/Irreg. (*to be,* *temporary* *condition*)	eu **estou**	eu **não estou/não estou**	bem
	você o senhor } **está** a senhora	você o senhor } **não está** a senhora	
	ele/ela **está**	ele/ela **não está**	
	nós **estamos**	nós **não estamos**	
	vocês os senhores } **estão** as senhoras	vocês os senhores } **não estão** as senhoras	
	eles/elas **estão**	eles/elas **não estão**	
SER/Irreg. (*to be,* *permanent* *condition*)	eu **sou**	eu **não sou/não sou**	engenheiro engenheira diretor diretora
	você o senhor } **é** a senhora	você o senhor } **não é** a senhora	
	ele/ela **é**	ele/ela **não é**	
	nós **somos**	nós **não somos**	engenheiros engenheiras diretores diretoras
	vocês os senhores } **são** as senhoras	vocês os senhores } **não são** as senhoras	
	eles/`elas **são**	eles/elas **não são**	
CHAMAR-SE/ **Reflexive** (*to be called*)	eu **me chamo**	eu **não me chamo/** **não me chamo**	José Pedro Ângela Maria
	você o senhor } **se chama** a senhora	você o senhor } **não se chama** a senhora	
	ele/ela **se chama**	ele/ela **não se chama**	
	nós **nos chamamos**	nós **não nos chamamos**	
	vocês os senhores } **se chamam** as senhoras	vocês os senhores } **não se chamam** as senhoras	
	eles/elas **se chamam**	eles/elas **não se chamam**	

 Agora volte aos diálogos e ouça as outras versões com pausas, repetindo suas falas.

Now go back to the dialogues and listen to the versions with pauses, repeating after the speakers.

PRÁTICA / *HOMEWORK*

Exercícios / *Exercises*

Exercício A / *Exercise A*

Leia as frases da primeira coluna e correlacione-as com as respostas da segunda.

Match the phrases in the first column to their answers in the second column.

1. _____ Bom dia!   a. Tchau.
2. _____ Qual é o seu nome?   b. De nada.
3. _____ Como vai você?   c. Eu sou Carlos Gomes.
4. _____ Até logo!   d. Bom dia!
5. _____ Obrigado!   e. Vou muito bem, obrigado.
6. _____ De onde você é?   f. Sou de Portugal.
7. _____ Ela vive no Rio?   g. Trabalho em Londres.
8. _____ Ele _____ bonito.   h. Está
9. _____ O que ela faz?   i. É diretora da IBM.
10. _____ Onde você trabalha?   j. Não, em Lisboa.

Exercício B / *Exercise B*

Marque a opção correta após ouvir a pronúncia das palavras a seguir:

Select the correct answer after listening to the pronunciation of the following words:

1. _____ caro   6. _____ caça
   _____ carro   _____ casa
2. _____ avó   7. _____ sal
   _____ avô   _____ são
3. _____ leal   8. _____ pena
   _____ leão   _____ Penha
4. _____ pau   9. _____ alô
   _____ pão   _____ alho
5. _____ canta   10. _____ sim
   _____ cata   _____ cine

Exercício C / *Exercise C*

Complete as frases a seguir com a forma correta do verbo SER ou ESTAR:

Complete the following sentences with the correct form of SER or ESTAR:

1. O senhor Silva _____ de Portugal.

2. Muito prazer. Como _____ a senhora?

3. Quem _____ os diretores da empresa?

4. Eu _____ atrasado para a reunião.

5. Boa tarde. Meu nome _____ João Barcelos.

6. Vocês _____ advogados?,

7. As mesas _____ no escritório.

8. Ela não _____ com frio.

9. Você _____ um dentista famoso.

10. A pasta _____ de couro.

Exercício D / *Exercise D*

Substitua os nomes entre aspas (" ") pelos pronomes adequados.

Use the necessary pronouns to replace the nouns in quotation marks.

1. "Os livros" estão sobre a mesa.

   _____ estão sobre a mesa.

2. "O Sr. Gomes" está no escritório.

   _____ está no escritório.

3. "Você e eu" somos americanos.

   _____ somos americanos.

4. "A Sra. Coutinho e você" são bons amigos.

   _____ são bons amigos.

5. "As funcionárias" estão contentes.

   _____ estão contentes.

6. "O gerente e as secretárias" estão no almoço.

   _____ estão no almoço.

7. "Os ajudantes" estão na sala do diretor.

   _____ estão na sala do diretor.

8. "Maria" está cansada.

   _____ está cansada.

9. "Seus chefes e nós" estamos em reunião.

   _____ estamos em reunião.

10. "As canetas e os lápis" estão em cima da mesa.

    _____ estão em cima da mesa.

Exercício E / *Exercise E*

Ouça os dois diálogos e marque verdadeiro ou falso para as seguintes afirmações.

Listen to the dialogues and indicate if the following statements are true or false.

1. Verdadeiro/Falso   Manuel espera por sua amiga Kate.

2. Verdadeiro/Falso   Manuel e Marta vão à aula de português.

3. Verdadeiro/Falso   Marta manda lembranças à família de Kate.

4. Verdadeiro/Falso   Pedro Pires é o novo diretor do Departamento de Tecnologia.

5. Verdadeiro/Falso   A Sra. Santos é técnica em computação e é do Rio de Janeiro.

Experiência / *Experience*

Parte A / *Part A*

Olhe a figura abaixo. Estas duas pessoas estão se encontrando pela primeira vez. Escolha um nome para cada personagem e escreva um breve diálogo que poderia ocorrer entre ambos. Faça um áudio do diálogo. Diga o nome de cada pessoa antes de suas falas.

These two people are meeting for the first time in the picture below. Choose a name for each person and write a brief conversation that might occur between them. Make an audio file of the dialogue. Say the name of each speaker before you read their lines.

Parte B / *Part B*

O Paulo Ramos acaba de chegar ao Rio de Janeiro com seu amigo, Antônio Chaves. Ele quer apresentar o Antônio a um dos amigos. Crie seu diálogo. Faça um áudio do diálogo. Diga o nome de cada pessoa antes de ler suas falas.

Paulo Ramos has just arrived in Rio de Janeiro with his friend, Antônio Chaves. He wants to introduce Antônio to one of his friends. Create a dialogue of their meeting and make an audio recording. Say the name of each speaker before you read their lines.

Conversa / *Conversation*

Pratique os cumprimentos e as apresentações formais e informais, usando as formas verbais e não verbais apropriadas para cumprimentar. O inglês será usado apenas para esclarecer as dúvidas.

Practice greeting and introducing others formally and informally using the appropriate verbal and nonverbal forms of address. Use English only to clarify doubts.

CULTURA / *CULTURE*

Leia o texto e reflita sobre as perguntas.

Read the text and ponder the questions.

Os cumprimentos no Brasil / *Greetings in Brazil*

No Brasil, as pessoas se cumprimentam de forma diferente, de acordo com cada situação. Em uma ocasião mais **formal**, as pessoas apertam as mãos e perguntam: "Como vai?"

Em uma ocasião mais **informal**, o cumprimento[1] depende da intimidade com a outra pessoa. As pessoas se abraçam[2] ou se cumprimentam com beijos[3] no rosto[4]. O número de beijos varia de acordo com a região. No Rio de Janeiro e em São Paulo, as pessoas trocam apenas dois beijos, mas em outras partes do país trocam até três beijos. Dizem que dois beijos são para casar; três para não morar com a sogra.

Se você estiver em um grupo de amigos com sua namorada ou seu namorado (esposa ou marido) e apresentá-lo/la a uma pessoa do sexo oposto, não se preocupe se esta pessoa cumprimentá-lo/la com beijos no rosto. Lembre-se de que no Brasil as pessoas são "calorosas"[5] e têm uma proximidade diferente em relação ao outro.

As mulheres podem cumprimentar tanto homens quanto mulheres com beijos no rosto. Mas os homens só cumprimentam as mulheres com beijos. Quando eles vão cumprimentar um homem, eles apenas trocam um aperto de mão[6] ou se abraçam.

1. cumprimento	*greeting*
2. abraçar, abraço	*to hug, hug*
3. beijos	*kisses*
4. rosto	*face*
5. calorosas	*affectionate*
6. aperto de mão	*handshake*

Compreensão do texto / *Comprehension of the text*

1. Como se cumprimenta no Brasil?
2. Como é o cumprimento formal?
3. E o informal?
4. Onde (*where*) se beija para cumprimentar?
5. E no seu país (*country*)?

Lição 2

Identificando pessoas e lugares

OBJECTIVES

1. **Communication Skills: By the end of this lesson, you should be able to**
   - Identify geographical locations, nationalities, and addresses in Portuguese
   - Ask for locations of items or places and understand replies
   - Fill out an identification form and spell out words orally for clarification, giving an address and a phone number
   - Demonstrate correct use of gender and number
   - Count to 20 in Portuguese

2. **Culture and Business Relations: By the end of this lesson, you should be able to**
   - Be familiar with the geography, climate, and regions of Brazil

3. **Grammar: By the end of this lesson, you should be able to**
   - Identify definite and indefinite articles and make them agree with nouns
   - Determine the gender (masculine or feminine) and number (singular or plural) of nouns
   - Use some basic descriptive adjectives and make them agree in gender and number
   - Know where to place adjectives in relation to the noun or subject they modify
   - Use demonstrative adjectives and pronouns to identify objects
   - Use interrogative pronouns
   - Use expressions to indicate location (e.g., *perto, longe, em frente de*) and geographic position
   - Ask questions; use interrogative pronouns

DIÁLOGOS

Os diálogos ilustram como a gramática e o vocabulário de cada lição são usados no contexto, formal e informalmente. Os pontos gramaticais abordados estão em **negrito**. Ouça os diálogos sem pausa acompanhando com a leitura.

Diálogos formais

 ### DIÁLOGO 1: No campus

Paul é um estudante de intercâmbio vindo dos Estados Unidos. Vera é a professora de língua portuguesa.

(Artigos definidos e indefinidos/Pronomes demonstrativos)

Paul:	Com licença, o que é **isto** na mesa da senhora?
Vera:	São **o** livro e **o** caderno de português.
Paul:	O que é **aquilo**?
Vera:	**Uma** pasta, **um** papel e **um** lápis.
Paul:	Como se diz *pen* e *printer* em português?
Vera:	Caneta e impressora.
Paul:	O que é **isto**?
Vera:	É **o** computador da diretora.
Paul:	E **a** senhora sabe que sala é **esta**?
Vera:	É o escritório da diretora.
Paul:	Que edifício é **esse**?
Vera:	É **a** biblioteca. A propósito, quem é **o** senhor?
Paul:	Sou Paul, aluno de português.
Vera:	Muito prazer. Sou Vera, **a** professora.

 ### DIÁLOGO 2: Em uma reunião internacional de negócios

(Nacionalidade e localização geográfica)

Roberto:	De onde a senhora é?
Amanda:	Sou de **Belo Horizonte**.
Roberto:	Onde fica **Belo Horizonte**?
Amanda:	Fica no **Brasil**. Sou **brasileira**. E o senhor? É **mexicano**?
Roberto:	Não, sou **argentino**. E o senhor? De onde é? Dos **Estados Unidos**?
Hans:	Não, sou da **Europa**. Sou da **Alemanha**.
Roberto:	De **Berlim**?
Hans:	Sim, sou de **Berlim**. Aqueles dois senhores altos são da **América Central**?
Amanda:	Sim, são da **Nicarágua**.
Hans:	E aquela senhora morena é **colombiana**?

Amanda:	Não, não é. Ela é **panamenha**.
Roberto:	O jornalista baixo e loiro é **canadense** ou **peruano**?
Amanda:	É de **Toronto**, é **canadense**.
Roberto:	Ah... E estes executivos **argentinos** são representantes da Esso?
Amanda:	Não, são diretores da IBM.

Diálogos informais

 DIÁLOGO 3: Bagunça na sala

(Expressões de lugar)

Marta:	**Onde** está o livro?
Lucas:	Está **em cima da** carteira.
Marta:	**Onde** estão os cadernos azuis?
Lucas:	Os cadernos azuis estão **debaixo da** mesa.
Marta:	**Onde** estão as canetas e os lápis vermelhos?
Lucas:	As canetas vermelhas estão **dentro da** pasta. Os lápis estão **ao lado do** projetor.
Marta:	E **onde** está o papel branco?
Lucas:	**Ali, em cima da** cadeira.
Marta:	E **onde** está o computador?
Lucas:	Está no escritório, **no fundo do** corredor.
Marta:	**Onde** estão a impressora nova e a (máquina de) xerox?
Lucas:	Estão **na** sala da secretária, **em frente da** janela.
Marta:	E você sabe **onde** está o telefone?
Lucas:	Está **na** mesa, **perto da** parede.
Marta:	Que bagunça!

 DIÁLOGO 4: Dados pessoais

Fazendo inscrição em um Congresso: Qual é o seu endereço? Qual é o número de. . . ?

Recepcionista:	Qual é o seu **nome completo**, por favor?
Pedro:	É **Pedro Lopes**.
Recepcionista:	Repita o **sobrenome**, por favor. Como se escreve?
Pedro:	**Lopes: L-O-P-E-S**.
Recepcionista:	Qual é **o número do seu telefone**?
Pedro:	De casa ou do trabalho?
Recepcionista:	Do trabalho, por favor.
Pedro:	É **2689-7401** (dois, meia, oito, nove, sete, quatro, zero, um).
Recepcionista:	Qual é o **seu endereço**?

Pedro:	É **Avenida das Nações 107, sala 3108, Brasília, D.F.**
Recepcionista:	Pode repetir mais devagar, por favor?
Pedro:	Claro. É **Avenida das Nações 107, sala 3108, Brasília, D.F.**
Recepcionista:	Por favor, o que significa D.F.?
Pedro:	É Distrito Federal.

VOCABULÁRIO 🔊

Ouça cada palavra ou frase e repita-a durante a pausa.

Expressões	
Às suas ordens.	*At your service.*
Claro, lógico.	*Of course, sure.*
Com licença.	*Excuse me.*
Como posso ajudar?	*How can I help?*
Como se escreve?	*How do you spell (write). . . ?*
Fale mais devagar, por favor.	*Speak slower, please.*
Não entendi.	*I did not understand.*
O que disse?	*What did you say?*
Repita.	*Repeat.*
Que bagunça!	*What a mess!*

Substantivos		
	alfândega	*customs office*
	aluno/a	*student*
	avenida	*avenue*
	bagunça	*mess*
	biblioteca	*library*
	caderno	*notebook*
	caneta	*pen*
a	capital	*capital (geographic location)*
	casa, residência	*house, home*
a	cidade (natal)	*city (of birth)*
o	computador	*computer*
	dado	*data*
	edifício	*building*
	emprego	*job*
	empresa, companhia	*company*
	endereço	*address*
	escritório	*office*
	estado	*state*

	estado civil	*marital status*
	estrada	*road*
	executivo/a	*executive*
	formulário	*form/application*
o/a	freguês/freguesa	*customer, client*
a	idade	*age*
	impressora	*printer*
	janela	*window*
o	lápis	*pencil*
o	leste	*east*
o	lugar	*place*
o	lugar de nascimento	*birthplace*
	máquina de xerox	*photocopier*
	mesa	*table*
a	nacionalidade	*nationality*
o	nome	*name*
o	norte	*north*
	número de passaporte	*passport number*
	número de telefone	*phone number*
o	oeste	*west*
o	país	*country*
o	papel	*paper*
a	parede	*wall*
o	passaporte	*passport*
	pasta	*briefcase*
o	projetor	*overhead projector*
	referências pessoais	*personal references*
o/a	representante	*representative*
a	rua	*street*
	sala	*room*
o	sobrenome	*last name, surname*
o	sul	*south*

Números cardinais

	zero	*zero*
	um/uma*	*one**
	dois/duas*	*two**
	três	*three*
	quatro	*four*

cinco	*five*
seis	*six*
sete	*seven*
oito	*eight*
nove	*nine*
dez	*ten*
onze	*eleven*
doze	*twelve*
treze	*thirteen*
quatorze, catorze	*fourteen*
quinze	*fifteen*
dezesseis	*sixteen*
dezessete	*seventeen*
dezoito	*eighteen*
dezenove	*nineteen*
vinte	*twenty*
*Em português existe uma forma feminina para o número **um (uma)** e **dois (duas)**	*There is a feminine form for both the numbers "one" **(uma)** and "two" **(duas)** in Portuguese.*

Números ordinais

primeiro/a*	*first**
segundo/a	*second*
terceiro/a*	*third**
quarto/a	*fourth*
quinto/a	*fifth*
sexto/a	*sixth*
sétimo/a	*seventh*
oitavo/a	*eighth*
nono/a	*ninth*
décimo/a	*tenth*
***Primeiro** e **terceiro** não mudam antes de substantivo masculino como em espanhol.	*Unlike in Spanish, "first" and "third" do not change form before a masculine noun.*

Pronomes

este/esta, isto	*this*
estes/estas	*these*
esse, essa, isso, aquele/aquela/aquilo	*that*
esses, essas, aqueles/aquelas	*those*
quem	*who*

o que	*what*
qual, quais	*what, which*

Adjetivos

alto/a	*tall*
amável	*friendly*
baixo/a	*short*
casado/a	*married*
divorciado/a	*divorced*
loiro/a, louro/a	*blond*
moreno/a	*dark-haired, brunette*
simpático/a	*nice*
solteiro/a	*single*

Verbos

completar	*to complete*
conhecer	*to know (a person or a place)*
contactar	*to contact*
dizer	*to say*
preencher	*to fill out*
repetir	*to repeat*
ter . . . anos	*to be . . . years old*
ter . . . filhos	*to have . . . children*

Advérbios

acima de	*above*
aí, ali	*there*
ao lado de	*next to, beside*
aqui	*here*
atrás de	*behind*
centro	*center*
debaixo de	*under, below*
dentro de	*inside, within*
detrás de	*behind*
devagar	*slowly*
diante de	*in front of, ahead of*
em cima de	*on, on top of*
em frente de	*in front of*
lá	*there (away from both speaker and listener)*
longe de	*far from*
onde	*where*

perto de	near, close to
também	also, too

GRAMÁTICA

Artigos definidos e indefinidos / *Definite and indefinite articles*

Os artigos definidos e indefinidos têm quatro formas (masculino, feminino, singular e plural) e concordam em gênero e número com o substantivo.

The definite and indefinite articles have four forms (masculine, feminine, singular, and plural) and agree in gender and number with the noun.

1. Artigos definidos / *Definite articles*

O artigo definido é usado para especificar um substantivo. Enquanto o inglês apresenta apenas uma forma, **the**, o português possui quatro: **o** (masculino singular), **a** (feminino singular), **os** (masculino plural) e **as** (feminino plural).

*The definite article is used to specify a noun. While in English we have only one form of the definite article, **the**, in Portuguese there are four: **o** (masculine singular), **a** (feminine singular), **os** (masculine plural), and **as** (feminine plural).*

o menino *the boy*

a menina *the girl*

os meninos *the boys*

as meninas *the girls*

Artigos definidos / *Definite articles*

	Singular	Plural	
Masc.	O	OS	*The*
Fem.	A	AS	

2. Artigos indefinidos / *Indefinite articles*

O artigo indefinido é usado para identificar um substantivo. Enquanto o inglês possui duas formas, **a** e **an**, o português apresenta quatro: **um** (masculino singular), **uma** (feminino singular), **uns** (masculino plural), **umas** (feminino plural).

*The indefinite article is used to identify a noun. While in English we have two forms, **a** and **an**, in Portuguese there are four: **um** (a/an), **uma** (a/an), **uns** (some), **umas** (some).*

um menino *a boy*

uma menina *a girl*

uns meninos *some boys**

umas menina *some girls**

* uns and umas are generally translated as "some."

Artigos indefinidos / *Indefinite articles*

	Singular	Plural
Masc.	UM	UNS
	a, an	*some*
Fem.	UMA	UMAS
	a, an	*some*

Geralmente, o artigo indefinido plural pode ser omitido.

> *Generally, the indefinite article may be omitted in the plural.*
> Vejo uma mesa. *I see a table.*
> Vejo mesas. *I see tables.*

Substantivos: Gênero, masculino e feminino; Número, singular e plural / *Nouns: Gender, masculine and feminine; Number, singular and plural*

1. Gênero / *Gender*

Em português, todos os substantivos são masculinos ou femininos, mesmo quando se referem a objetos concretos ou a coisas abstratas, como sentimentos.

> *In Portuguese, all nouns are either masculine or feminine, even when they refer to concrete objects or abstract things such as feelings.*
> Masculino: **o** livro *the book*
> Feminino: **a** beleza *the beauty*

Como regra geral, quando o substantivo se referir a uma pessoa, a palavra será masculina ou feminina, segundo o gênero da pessoa ou coisa a que se refere. Regras mais específicas serão mencionadas mais tarde.

> *As a rule, a word will be masculine or feminine depending on the gender of the person or thing to which it refers. More specific rules will be addressed later.*
> **o** professor *the male teacher*
> **a** professora *the female teacher*
> **um** menino *a boy*
> **uma** menina *a girl*

2. Número / *Number*

Um grande número de substantivos faz o plural em **-s** ou **-es**. Veja as regras gerais:

> *Most plural nouns end in **-s** or **-es**. Here are a few general rules:*

A todos os substantivos terminados em **vogal (a, e, i, o, u)** acrescenta-se **-s** para formar o plural.

> *A final **-s** is added to all nouns ending in a **vowel (a, e, i, o, u)**.*

Singular	Plural	
a casa	as casas	*the house(s)*
o estudante	os estudantes	*the student(s)*
o livro	os livros	*the book(s)*

Um grande número de substantivos terminados em **consoante** recebe **-es** para formar o plural.

> *A final **-es** is added to a large number of nouns ending in a **consonant**.*

Singular	Plural	
o professor	os professores	*the teacher(s)*
a luz	as luzes	*the light(s)*
o freguês	os fregueses	*the customer(s)*

Alguns substantivos não mudam no plural (embora seus artigos mudem).

Some nouns do not change in the plural (even though the article does).

o lápis **os** lápis *the pencil(s)*

Alguns substantivos não têm singular.

Some nouns do not have a singular form.

os óculos *the eyeglasses*

as férias *vacation*

3. Substantivos: Regras gerais de gênero para substantivos terminados em -o e -a / *Nouns: General gender rules for nouns ending in -o and -a*

Geralmente, os substantivos terminados em **-o** são masculinos e os que terminam em **-a** são femininos. Mas há exceções.

In general, nouns ending in -o are masculine, and those ending in -a are feminine. But there are exceptions.

Masculino	Feminino
o livro *the book*	a mesa *the table*
o carro *the car*	a porta *the door*
o advogado *the male lawyer*	a advogada *the female lawyer*

Exceções / *Exceptions:*

A maioria das exceções provêm de formas gregas. Embora as palavras a seguir terminem em **-a**, elas são do gênero masculino.

Most of the exceptions are words derived from ancient Greek. Although the words below end in -a, they are masculine.

o dia, o mapa, o drama, o panorama, o poema, o cinema

the day, the map, the drama, the panorama, the poem, the cinema

Abreviações: algumas palavras, quando abreviadas, terminam em **-o**, mas seu gênero é feminino, porque sua forma original é feminina.

Abbreviations: some words are feminine despite ending in -o because their original, unabbreviated form is feminine.

Substantivo	Abreviação
a motocicleta	**a moto**
a fotografia	**a foto**

O substantivo de dois gêneros apresenta apenas uma forma para ambos os gêneros. O seu artigo, entretanto, concorda com o gênero da pessoa.

There are nouns that are identical in form for both genders. In these cases, the article agrees with the person's gender.

Masculino	Feminino
o turista	a turista
o atleta	a atleta
o jornalista	a jornalista
o dentista	a dentista

4. **Regras gerais de gênero para substantivos terminados em -e /** *General gender rules for nouns ending in -e*

Geralmente, os substantivos terminados em -e são masculinos.

In general, nouns ending in -e are masculine.

o perfume, o pente, o continente, o massacre, o pacote, o satélite

the perfume, the comb, the continent, the massacre, the package, the satellite

Exceções / *Exceptions:*

Essas palavras são muito comuns no português, devendo seu gênero ser memorizado corretamente.

The words below are very common in Portuguese. Therefore their gender must be memorized correctly.

a tarde, a noite, a parte, a gente, a saúde, a saudade*

the afternoon, the night, the part, the people, the health

* Saudade *has no precise translation into English but it represents the feeling of missing someone or something, nostalgia.*

Quando o substantivo terminado em -e se refere a pessoas, o gênero do substantivo concorda com o gênero da pessoa.

When the noun ending in -e refers to a person, the gender of the noun agrees with the person's gender.

Masculino	Feminino
o gerente	a gerente
o estudante	a estudante
o paciente	a paciente
o cliente	a cliente

5. **Regras gerais de gênero para substantivos terminados em consoante /** *General gender rules for nouns ending in a consonant*

O gênero dos substantivos terminados em consoante muda conforme à consoante final. Substantivos terminados em -r, -l, -m, -n, e -s são geralmente masculinos. Há exceções, entretanto, que devem ser memorizadas.

The gender of nouns ending in consonants varies according to the final consonant. Nouns ending in -r, -l, -m, -n, and -s are generally masculine. There are, however, exceptions that must be memorized.

Consoante final *Final consonant*	No masculino *In the masculine*	Exceções *Exceptions*
-r	o lar	a cor
	o senhor	a flor
	o professor	a dor
	o doutor	a mulher
	o diretor	a colher

	o hotel	a catedral
	o bacharel	
-l	o general	
	o hospital	
	o capital *capital gains*	a capital *capital city*
-m	o homem	a massagem
	o álbum	a nuvem
	o armazém	a garagem
-n	o hífen	
	o elétron	
	o glúten	
	o pólen	
-s	o lápis	a cútis
	o pires	
	o oásis	

Adjetivos: Concordância entre substantivos e adjetivos / *Adjectives: Agreement between nouns and adjectives*

Os adjetivos descrevem as características dos substantivos (pessoas e coisas) e dos sujeitos verbais (eu, ele, ela, eles, etc.). Os adjetivos concordam em **gênero** e **número** com o substantivo ou o sujeito que descrevem. Geralmente, os adjetivos vêm **depois** do substantivo.

*Adjectives describe the characteristics of nouns (people and things) and of subject pronouns (I, he, she, they, etc.). Adjectives agree in **gender** and **number** with the noun or the subject they describe. In general, adjectives come **after** the noun.*

1. Concordância com o substantivo / *Noun agreement*

Os adjetivos concordam com o gênero e o número do substantivo.

Adjectives agree with nouns in both gender and number.

o livro vermelho	os livros vermelhos
a casa vermelha	as casas vermelhas
um homem alto	homens altos
uma menina alta	meninas altas

2. Concordância com o sujeito / *Subject agreement*

O adjetivo concorda com o sujeito em gênero e número.

The adjective agrees with the subject in gender and number.

Ele é brasileiro.	Ela é brasileira.
Eles são brasileiros.	Elas são brasileiras.

3. Adjetivos terminados em -o / *Adjectives ending in -o*

Os adjetivos terminados em -o são do gênero masculino e formam o feminino mudando a letra -o pela letra -a, e o plural com a letra -s ao final.

*Adjectives that end in **o** are masculine. Feminine adjectives are formed by replacing the final **-o** with an **-a**. The plural is formed by adding **-s** to the end of the word.*

o senhor simpático	a senhora simpática
os senhores simpáticos	as senhoras simpáticas

4. **Os adjetivos terminados em -e ou em consoante /** *Adjectives that end in -e or in a consonant*

Os adjetivos terminados em **-e** ou em consoante no singular têm a mesma forma para o masculino e feminino.

> *Adjectives that end in -e or in a **consonant** and are singular have the same form for both masculine and feminine.*

> o carro **grande**   a casa **grande**
> o caderno **azul**   a sala **azul**

5. **Os adjetivos plurais /** *Plural adjectives*

Os adjetivos seguem as mesmas regras aplicadas aos substantivos para formar o plural. Em geral, acrescenta-se a letra **-s**. Por exemplo:

> *Adjectives follow the same rules as nouns when forming the plural. In general, one adds an -s. For example:*

> o carro **grande**   os carros **grandes**
> a casa **grande**   as casas **grandes**

Em adjetivos terminados em **-l** em sílaba tônica, substitui-se a consoante **-l** por **-is**.

> *For adjectives that end in -l in a stressed syllable, replace the consonant -l with -is.*

> o caderno **azul**   os cadernos **azuis**
> a sala **azul**   as salas **azuis**

Aos adjetivos de **nacionalidade** que terminam em **consoante**, acrescenta-se:

> *For adjectives of **nationality** that end in a **consonant**, add:*

> **-a** para o feminino singular   **-a** *to the feminine singular form*
> **-as** para o feminino plural   **-as** *to the feminine plural form*
> **-es** para o masculino plural   **-es** *to the masculine plural form*

Adjetivos de nacionalidade / *Adjectives of nationality*

Singular		Plural	
Masculino	Feminino	Masculino	Feminino
inglês*	inglesa	ingleses	inglesas
português	portuguesa	portugueses	portuguesas

*Atenção: Só a forma singular masculina tem acento circunflexo (^).

> *Attention: Only the masculine singular form has a circumflex accent (^).*

Pronomes demonstrativos / *Demonstrative adjectives and pronouns*

Os pronomes demonstrativos indicam a que entidade o falante se refere. Em inglês, há dois usos: o objeto próximo ao falante é indicado por *"this"* (ou *"these"* no plural) e o objeto afastado do falante é indicado por *"that"* (ou *"those"* no plural). No português, há três formas: uma para quando o objeto está próximo do falante (**este, esta, isto**); outra para quando o objeto está próximo do ouvinte (**esse, essa, isso**); e ainda outra para quando o objeto se encontra distante de ambos (**aquele, aquela, aquilo**). Observe que os pronomes demonstrativos são frequentemente usados em contexto com as palavras: **aqui** (perto do falante), **aí** (perto do ouvinte) e **lá** (longe do falante e do ouvinte). Exemplos:

> *Demonstrative pronouns indicate to which entities a speaker refers. In English there are two distinctions: an object or objects near the speaker indicated by "this" and "these," and an object or objects away from the speaker indicated by "that" and "those." In Portuguese*

*there are three distinctions: objects near the speaker (**este, esta, isto**), objects near the listener (**esse, essa, isso**), and objects that are distant from both (**aquele, aquela, aquilo**). Note that demonstrative pronouns are often used in context with the words **aqui** (near the speaker), and **lá** (far from both speaker and listener). Examples:*

De quem é **este** livro **aqui**? *Whose book is this (here)?*

Pode passar **essa** caneta **aí**, por favor? *Can you pass that pen over there, please?*

Aquele carro **lá** é do Roberto. *That car over there belongs to Roberto.*

Quando o objeto está perto da pessoa que fala, usa-se:
When the object is near the speaker, we say:

este/esta	*this (masc./fem.)*
estes/estas	*these (masc./fem.)*

Quando o objeto está próximo da pessoa que ouve, usa-se:
When the object is near the listener, we say:

esse/essa	*that (masc./fem.)*
esses/essas	*those (masc./fem.)*

Quando o objeto está distante tanto da pessoa que fala quanto da pessoa que ouve, usa-se:
When the object is away from both speaker and listener, we say:

aquele/aquela	*that (masc./fem.)*
aqueles/aquelas	*those (masc./fem.)*

1. Em português, quando o demonstrativo precede um substantivo, ele é chamado pronome demonstrativo adjetivo, e concorda em gênero e número com a palavra que precede.

In Portuguese when the demonstrative precedes a noun, it is called a "pronome demonstrativo adjetivo," and it agrees in gender and number with the word it precedes. It is equivalent to the demonstrative adjective in English.

SINGULAR:

este livro/esta mesa	*this book/this table*
esse livro/essa mesa	*that book/that table*
aquele livro/aquela mesa	*that book/that table*

PLURAL:

estes livros/estas mesas	*these books/these tables*
esses livros/essas mesas	*those books/those tables*
aqueles livros/aquelas mesas	*those books/those tables*

2. Quando o demonstrativo aparece sozinho, sem acompanhar um substantivo, ele é chamado de pronome demonstrativo substantivo. Isto, isso e aquilo são pronomes demonstrativos substantivos usados para indicar objetos. São palavras invariáveis e geralmente vêm precedidos ou seguidos de um verbo. Aparecem nas três situações resumidas abaixo:

When the demonstrative is not followed by a noun and stands by itself in a sentence, it is called a "pronome demonstrativo substantivo." **Isto, isso,** *and* **aquilo** *are "pronomes demonstrativos substantivos" that are used to indicate objects. They are invariable words and are generally preceded or followed by a verb in a sentence. They appear in three contexts described below:*

Quando o objeto está perto da pessoa que fala, usa-se:
When the object is next to the speaker, we say:

Isto: O que é isto? Isto é um livro.

What is this (thing)? It's a book.

Quando o objeto está próximo da pessoa que ouve, usa-se:
When the object is next to the listener, we say:

Isso: O que é isso? Isso é um lápis.

What is that? It's a pencil.

Quando o objeto está distante tanto da pessoa que fala quanto da pessoa que ouve, usa-se:
When the object is away from both speaker and listener, we say:

Aquilo: O que é aquilo? Aquilo é um giz.

What's that? It's a [piece of] chalk.

3. Entretanto, qualquer demonstrativo pode funcionar como um pronome demonstrativo substantivo, desde que apareça sozinho na oração. Tal é o caso de este, esse e aquele (e suas variantes no feminino e no plural).

All demonstratives, however, may be employed as "pronomes demonstrativos substantivos", as long as they stand by themselves in the sentence, not preceding or following a noun. Such is the case with **este, esse,** *and* **aquele** *(and their feminine and plural variants).*

Este é o meu pai. *This is my father.*

Este é o meu carro. *This is my car.*

Essa é a minha mãe. *That is my mother.*

Aquele é o meu primo. *That is my cousin.*

Aquela é a minha casa. *That is my house (home).*

Minha irmã é **aquela** perto da saída. *My sister is that (one) near the exit.*

Meus alunos são **aqueles** lá. *My students are those (ones) over there.*

Pronomes interrogativos / *Interrogative pronouns*

Os pronomes interrogativos são palavras utilizadas para formular perguntas diretas ou indiretas. Nos quadros abaixos, encontram-se os interrogativos mais usados.

Interrogative pronouns are words used to pose either direct or indirect questions. You will find the most recurrent ones in the tables that follow.

1. QUEM é o pronome interrogativo usado para pessoas. É empregado em situações em que é necessária uma identificação. Não há gênero nem plural para este pronome.

QUEM *(who) is an interrogative pronoun used for people. It is used when asking for identification. This pronoun is invariable. It has neither gender nor plural variants.*

Usando os pronomes interrogativos / *Using interrogative pronouns*

Pronome *Pronoun*	Pergunta *Question*	Resposta *Answer*
QUEM *who*	Quem é ele? *Who is he?*	Ele é o professor. *He is the teacher.*
	Quem é ela? *Who is she?*	Ela é a professora. *She is the teacher.*
	Quem é você? *Who are you?*	Eu sou o diretor. *I am the director.*
	Quem são eles? *Who are they? (masc.)*	Eles são os alunos. *They are the students.*
	Quem são elas? *Who are they? (fem.)*	Elas são as atletas. *They are the athletes.*
	Quem são vocês? *Who are you? (pl.)*	Nós somos os gerentes. *We are the managers.*

2. O QUE é usado quando se deseja uma definição de algo. Pode também ser usado com outros verbos além do SER. É invariável.

O QUE (what) is used when asking for the definition of something. It may also be employed with verbs other than SER (to be). It is invariable.

Pronome *Pronoun*	Pergunta *Question*	Resposta *Answer*
O QUE *what*	O que é isto? *What is this?*	Isto é um livro. *This is a book.*
	O que é isso? *What is that?*	Isso é uma mesa. *That is a table.*
	O que você fez ontem? *What did you do yesterday?*	Eu fui a uma festa. *I went to a party.*
	O que é aquilo? *What is that?*	Aquilo é uma porta. *That is a door.*

3. QUAL/QUAIS é usado quando é necessário fazer uma seleção entre coisas. Este pronome varia em número, segundo a palavra a que se refere.

QUAL/QUAIS (which, which one(s), what) is used when you have to choose between things. This pronoun varies in number according to the noun it refers to.

Pronome *Pronoun*	Pergunta *Question*	Resposta *Answer*
QUAL *what/which*	Qual é o número do telefone? *What is the phone number?*	É 929-5703. *It is 929-5703.*
QUAIS *what/which (plural)*	Quais são os carros da universidade? *Which are the university's cars?*	São o verde e o azul. *They're the green and the blue ones.*

4. ONDE é usado quando se quer saber onde alguém ou algo se encontra. Pode ser usado com vários verbos e é invariável.

ONDE (where) is used when one needs to know where someone or something is. It may be used with several verbs and is invariable.

Pronome *Pronoun*	Pergunta *Question*	Resposta *Answer*
ONDE *where*	Onde está ele? *Where is he?*	Está na sala de aula. *He is in the classroom.*
	Onde está ela? *Where is she?*	Está em casa. *She is at home.*
	Onde estão eles? *Where are they? (masc.)*	Estão no Brasil. *They are in Brazil.*
	Onde estão elas? *Where are they? (fem.)*	Estão no cinema. *They are at the movies.*

Expressões de lugar (com preposições e advérbios de lugar) / *Place expressions (with prepositions and adverbs of place)*

1. A seguir, encontram-se algumas expressões de lugar que ajudarão nas respostas a perguntas com ONDE.

Here are some place expressions that will help you answer questions that use ONDE (where).

acima de *above*

O quadro está **acima da*** TV. *The painting is above the TV.*

ao lado de *next to, beside*

Regina está **ao lado de** seu irmão. *Regina is next to her brother.*

em *in, on, at*

Eu estou **em** Portugal. *I am in Portugal.*

em cima de *on top of*

O relatório está **em cima da** carteira. *The report is on top of the desk.*

em frente de *in front of, facing*

O carro está estacionado **em frente de** sua casa. *The car is parked in front of his house.*

entre *between, among*

O lápis está **entre** a caneta e o apontador. *The pencil is between the pen and the sharpener.*

debaixo de *under*

O papel está **debaixo da** mesa. *The paper is under the table.*

detrás da *behind*

A impressora está **detrás da** porta. *The printer is behind the door.*

diante de *in front of, ahead of*

Ela está **diante de** mim. *She is in front of me.*

longe de *far from*

Ela mora **longe de** mim. *She lives far from me.*

perto de *near, close to*

Mário mora **perto de** sua mãe. *Mario lives near his mother.*

*Observe as contrações: da = de + a; do = de + o.

Note the contractions: da = de + a; do = de + o.

2. Posição geográfica / *Geographic position:*

norte, ao norte de *north, north of*

sul, ao sul de *south, south of*

leste, ao leste de *east, east of*

oeste, ao oeste de *west, west of*

centro, ao/no centro de *center, at/in the center (middle) of*

América do Norte, *North America*

América do Sul, *South America*

América Central, *Central America*

 Agora volte aos diálogos e ouça as outras versões com pausas, repetindo suas falas.

PRÁTICA

Exercícios

Exercício A

Leia as frases da primeira coluna e correlacione-as com as respostas da segunda.

Na alfândega do aeroporto:

1. _____	Qual é o seu nome, por favor?	a. Fica nos Estados Unidos.
2. _____	Como se escreve?	b. Sim, tenho muitos amigos no país.
3. _____	De onde o senhor é?	c. Eu tenho 36 anos.
4. _____	Onde fica a Carolina do Sul?	d. D-A-R-Y-L C-A-R-T-E-R.
5. _____	Qual é o seu número de passaporte?	e. Vou ficar na casa de um amigo, em um prédio ao lado do Hotel Copacabana Palace.
6. _____	O senhor conhece alguém no Brasil?	f. Muito obrigado.
7. _____	Sabe onde vai ficar aqui na cidade?	g. Meu nome é Daryl Carter.
8. _____	Quantos anos o senhor tem?	h. É 345220631.
9. _____	O senhor precisa preencher esse formulário.	i. Sou da Carolina do Sul.
10. _____	Não tenho caneta, mas pode completar a lápis. Muito bem. Bem-vindo ao Brasil.	j. O senhor tem uma caneta?

Exercício B

Complete as lacunas usando o artigo definido correto (o, a, os, as):

1. _____ cumprimentos
2. _____ reunião
3. _____ idade
4. _____ escritório
5. _____ referências pessoais

6. _____ endereço
7. _____ emprego
8. _____ livros
9. _____ cidade
10. _____ caneta

Exercício C

Complete as lacunas a seguir com o pronome demonstrativo correto:

_____ 1. _____ aqui é o gabinete do Sr. Silva.

_____ 2. O que é _____ lá? Uma mesa.

_____ 3. Quem são _____ pessoas aí? Os advogados da IBM.

_____ 4. _____ aqui são os meus amigos.

_____ 5. _____ aqui é uma cadeira.

_____ 6. _____ pessoa aqui trabalha na biblioteca.

_____ 7. _____ projetor lá está com defeito.

_____ 8. _____ aí é um lápis? É, sim.

_____ 9. _____ pasta aí está vazia? Não, ela está cheia.

_____ 10. _____ parede lá está suja.

_____ 11. _____ cafezinho aí está gostoso? Está, sim.

a. isto
b. essas
c. aquilo
d. estes
e. este
f. aquele
g. isso
h. esse
i. aquela
j. esta
k. essa

Exercício D

Preencha as lacunas com a nacionalidade correspondente ao país:

1. Hans é da Alemanha. Ele é _____.

2. Juan é do México. Ele é _____.

3. Lucy é dos Estados Unidos. Ela é _____.

4. Eu sou da Nicarágua. Sou _____.

5. Jorge é da Argentina. Ele é _____.

6. Marcelo é do Brasil. Ele é _____.

7. Rita e Pablo são da Colômbia. Eles são _____.

8. Pierre é do Canadá. Ele é _____.

9. Rebeca é do Panamá. Ela é _____.

10. Juan e Maria são do Peru. Eles são _____.

Exercício E

Ouça o trecho e complete as lacunas:

Entrevistadora: Um momento, por favor. Você está pronta para me dar algumas informações?

Cindy: Sim, estou pronta.

Entrevistadora: OK. _____ pode me dar seu _____, por favor?

Cindy: _____.

Entrevistadora: _____ é seu nome _____, por favor?

Cindy: _____ Cindy Johnson.

Entrevistadora: Pode _____ seu sobrenome, por favor?

Cindy: _____.

Entrevistadora: E como se escreve seu _____?

Cindy: _____.

Entrevistadora: _____.

Experiência

Parte A

Escolha uma foto de um/a amigo(a) ou membro de sua família.

Escreva um parágrafo sobre esta pessoa incluindo as seguintes informações:

Quem é ele/a?

De onde ele/a é?

Onde ele/a está?

Qual é a sua nacionalidade?

Como ele/a é?

Como ele/a está?

Traga a foto dele ou dela para a aula.

Parte B

Complete o formulário de identificação sobre alguém da nossa turma ou um amigo:

Formulário de identificação Alguém da nossa sala de aula ou um amigo
Sr. Sra. ou Srta. Sobrenome _____ Nome _____
Endereço: Rua   Número Código postal   Cidade   Estado
Número de telefone (trabalho):
Número de telefone (casa):
Data de nascimento: Dia   Mês   Ano
Lugar de nascimento (cidade e país): Nacionalidade:
Estado civil: solteiro ❑   casado ❑   divorciado ❑   viúvo ❑   outro ❑
Nome do (da) esposo(a):
Lugar de trabalho: Se não trabalha no momento, último lugar de trabalho:

Conversa

Preencha o formulário com informação geral sobre determinada pessoa. Faça perguntas e dê respostas. Fale sobre si mesmo e sobre outras pessoas, de onde são, e quais as características de cada um.

CULTURA

Leia o texto e reflita sobre as perguntas.

Brasil: Geografia, clima, população, regiões brasileiras

Geografia

O Brasil fica[1] na América do Sul. É o maior[2] país e o único[3] onde se fala o português na América do Sul. Tem uma extensão de mais de 8.5 milhões de quilômetros quadrados (3.3 milhões de milhas quadradas). É do tamanho dos Estados Unidos, sem o Alasca. O Brasil faz fronteira com todos os países sul-americanos, menos com o Chile e o Equador.

Clima

A maior parte do país fica entre o Equador e o Trópico de Capricórnio. O clima é temperado ou quente. No sul do país, os invernos[4] são mais frios[5], mas raramente neva[6].

População

O Brasil tem aproximadamente 185 milhões de habitantes. Muitas pessoas vivem ao longo da costa, e o interior tem uma população menor[7].

Regiões brasileiras

O Brasil está dividido em cinco regiões.

A Região Sul consiste nos estados do Paraná, Santa Catarina e Rio Grande do Sul. Caracteriza-se pelo pampa, vasta planície[8] onde se cria o gado[9].

A Região Sudeste compreende os estados do Espírito Santo, Minas Gerais, Rio de Janeiro e São Paulo. O Rio de Janeiro é a antiga capital do país e São Paulo é o maior centro industrial do país. A capital dos dois estados tem o mesmo[10] nome que o estado, ou seja, Rio de Janeiro e São Paulo. São as cidades mais populosas do país.

A Região Centro-oeste abrange os estados de Mato Grosso, Mato Grosso do Sul, Goiás e o Distrito Federal. Esta região caracteriza-se pelo cerrado, uma espécie de savana, com arbustos[11]. A capital do país, Brasília, fica nesta região.

A Região Nordeste consiste nos estados do Maranhão, Piauí, Ceará, Rio Grande do Norte, Paraíba, Pernambuco, Alagoas, Sergipe e Bahia. As maiores cidades são Salvador, Recife e Fortaleza.

Finalmente, a Região Norte abrange os estados de Rondônia, Acre, Amazonas, Roraima, Pará, Amapá e Tocantins. Contém o maior rio[12] do mundo, o Amazonas, com aproximadamente 6.500 km, ou seja, 4.040 milhas.

1. fica	*is located*
2. maior	*biggest*
3. único	*only*
4. inverno	*winter*
5. frio	*cold*
6. neva	*it snows*
7. menor	*smaller*
8. planície	*plain*
9. gado	*cattle*
10. mesmo	*same*
11. arbustos	*bushes*
12. rio	*river*

Compreensão do texto

1. Em que continente fica o Brasil?

2. Que língua se fala no Brasil?

3. Qual é o clima do país?

4. Qual é a população do Brasil?

5. Agora, olhe o mapa do Brasil. Localize as diferentes regiões.

6. Em que região fica o Rio de Janeiro?

7. Qual é o maior rio do mundo e em que região fica?

8. Pronuncie os nomes dos diferentes Estados.

Lição 3

Descrições e horas

OBJECTIVES

1. **Communication Skills: By the end of this lesson, you should be able to**
   - Express identity, origin, and possession
   - Tell time and date
   - Describe physical and psychological characteristics of self, family, and others
   - Express location and temporary characteristics (people and things)
   - Count to 1,000

2. **Culture and Business Relations: By the end of this lesson, you should be able to**
   - Make appropriate small talk
   - Name Portuguese-speaking countries
   - Describe the origins of the Portuguese language
   - Switch from *o senhor/a senhora* to *você* when appropriate

3. **Grammar: By the end of this lesson, you should be able to**
   - Know how to express time and date
   - Know how and when to use *ser* or *estar* separately and in contrast
   - Know how to express possession
   - Understand the use of *estar* to show actions in progress (e.g., doing)

DIÁLOGOS

Os diálogos ilustram como a gramática e o vocabulário de cada lição são usados no contexto, formal e informalmente. Os pontos gramaticais abordados estão em **negrito**. Ouça os diálogos sem pausa acompanhando com a leitura.

Diálogos formais

 ### DIÁLOGO 1: Em uma convenção internacional

Laura e Anne conversam em uma convenção internacional.

(Verbo SER)

Anne:	Quem **é** você?
Laura:	**Sou** Laura Gontijo, uma estudante de administração de São Paulo.
Anne:	Desculpe, qual **é** o seu sobrenome?
Laura:	Gontijo.
Anne:	Quem **é** o senhor Azeredo?
Laura:	**É** um político famoso do Brasil.
Anne:	Ele **é** muito jovem. Ele **é** solteiro ou casado?
Laura:	Ele **é** casado e tem três filhos.
Anne:	E quem **são** eles?
Laura:	**São** o marido e o filho mais velho da senhora Assis.

 ### DIÁLOGO 2: Conversa entre o Dr. Pedro e sua secretária

(Verbo ESTAR)

Alessandra:	Bom dia, Dr. Pedro. Como **estão** o senhor e sua família?
Dr. Pedro:	**Estão** bem, obrigado, mas estou muito preocupado, porque meu pai **está** doente.
Alessandra:	Sinto muito. O que ele tem?
Dr. Pedro:	É uma doença do coração. Ele teve um ataque cardíaco.
Alessandra:	Que pena! Onde **está** ele? **Está** no hospital?
Dr. Pedro:	Agora **está** em casa. Já **está** melhor, felizmente.
Alessandra:	Ah, que bom! Estimo as melhoras do seu pai.
Dr. Pedro:	Obrigado, até breve. . .

Diálogos informais

 ### DIÁLOGO 3: Falando sobre a família

Luiz e Lourdes estão conversando sobre seus parentes.

(Verbo SER)

Luiz:	Quantas pessoas tem na sua família?
Lourdes:	Tem cinco. Meus pais, meu irmão mais velho e minha irmã mais nova.
Luiz:	Quem **é** o bebê da foto? Ele **é** filho do seu irmão?
Lourdes:	Não, ele **é** o primeiro filho da minha irmã.
Luiz:	E quem **é** esse homem tão jovem? Ele **é** o marido da sua irmã?
Lourdes:	Não, ele **é** meu namorado.
Luiz:	Ele **é** muito alto e simpático!
Lourdes:	Sim, e ele **é** inteligente e trabalhador. Gosto muito dele. E como **é** a sua família?
Luiz:	**É** pequena: minha esposa e meus dois filhos.
Lourdes:	Como **são** seus filhos?
Luiz:	**São** tão diferentes! Meu filho Felipe tem quinze anos, **é** moreno, muito atlético, muito alegre e extrovertido.
Lourdes:	E sua filha?
Luiz:	Minha filha se chama Sofia. Ela tem treze anos. É loura, baixa e meio gorda, um pouco tímida, mas muito carinhosa e artística. É uma sonhadora.
Lourdes:	Quero conhecer sua família!
Luiz:	E eu quero conhecer a sua família também!

 ### DIÁLOGO 4: No telefone

Como estão todos no Brasil?

(Verbo ESTAR)

João:	Alô, Carlos, como **está** tudo em Washington, D.C.?
Carlos:	Muito bem, obrigado. E você, João? Como **estão** todos?
João:	**Estamos** bem e muito felizes aqui no Brasil.
Carlos:	Onde vocês **estão** no Brasil?
João:	**Estamos** perto de São Paulo. Os negócios **estão** bem.
Carlos:	Como **está** a produção da nova fábrica?
João:	**Está** 10% abaixo do planejado.
Carlos:	Como **estão** os novos clientes?
João:	Os clientes **estão** satisfeitos com nossos produtos, mas os investidores **estão** um pouco pessimistas.

Carlos:	Como **está** a situação política do país?
João:	**Está** tranquila agora.
Carlos:	E sua esposa? **Está** contente?
João:	Sim, ela adora o Brasil e **está** praticando o português com as novas amigas.

 DIÁLOGO 5: Ser ou estar? Eis a questão.

Jorge, um estudante de intercâmbio, faz perguntas para Sueli, sua colega na universidade.

(Verbos SER/ESTAR em contraste)

Sueli:	O que **é** isto?
Jorge:	**É** um livro de Economia da América Latina.
Sueli:	Parece muito interessante. De quem **é**? **É** da biblioteca?
Jorge:	Não, **é** do Paulo.
Sueli:	Quem **é** Paulo?
Jorge:	**É** um estudante de Economia.
Sueli:	Como **é** ele?
Jorge:	**É** baixo, moreno, magro e muito simpático.
Sueli:	De onde **é**?
Jorge:	**É** de Recife.
Sueli:	Onde **está** agora?
Jorge:	Normalmente **está** na biblioteca, mas hoje não.
Sueli:	Por quê? Ele **está** doente?
Jorge:	Não, **está** trabalhando no restaurante.

VOCABULÁRIO

Ouça cada palavra ou frase e repita-a durante a pausa.

Expressões	
Escute!	*Listen!*
exatamente	*exactly*
por enquanto	*for now, temporarily*
qual?	*which?*
quantos/as?	*how many?*
Que bom!	*How nice! That's great!*
Que pena!	*What a pity! What a shame!*
Sei lá!	*What do I know!*
Sinto muito, desculpe.	*I'm sorry.*

Substantivos

	advogado	*lawyer*
o	ataque cardíaco	*heart attack*
	cargo, a ocupação	*occupation*
	carro	*car*
o	cliente	*client*
o	coração	*heart*
	departamento de importação e exportação	*Import/Export Department*
o	diretor de mercado	*marketing director*
	esposa	*wife*
	fábrica	*plant/factory*
o	gerente de administração	*manager*
	hora	*hour*
o	hospital	*hospital*
os	investidores	*investors*
	marido	*husband*
	medicina	*medicine*
	meia-noite	*midnight*
	meio-dia	*noon*
	namorado	*boyfriend*
	negócios	*business*
	política	*politics*
	político	*politician*
	surpresa	*surprise*

Adjetivos

alegre	*happy*
antipático/a	*unfriendly*
atlético/a	*athletic*
branco/a	*white*
curto/a	*short (length)*
delicioso/a	*delicious*
doente	*sick*
estúpido/a, idiota	*stupid, silly*
extrovertido/a	*outgoing*
famoso/a	*famous*
favorito/a	*favorite*
feio/a	*ugly*

gordo/a	*fat*
grande	*big*
imperfeito/a	*imperfect*
inteligente	*intelligent*
jovem	*young*
longo/a	*long*
magro/a	*thin*
mau (má), ruim	*bad*
nacional	*national*
pequeno/a	*small*
perfeito/a	*perfect*
preocupado/a	*worried*
religioso/a	*religious*
ruivo/a	*redhead*
tímido/a	*shy*
velho/a	*old*

Verbos

gostar (de)	*to like*
sair, deixar	*to leave*
ter de/que	*to have to*
viajar	*to travel*
visitar	*to visit*

Advérbios

agora	*now*
felizmente	*fortunately*
hoje	*today*
normalmente	*usually*

Dias da semana

segunda-feira	*Monday*
terça-feira	*Tuesday*
quarta-feira	*Wednesday*
quinta-feira	*Thursday*
sexta-feira	*Friday*
sábado	*Saturday*
domingo	*Sunday*

Meses do ano

janeiro	*January*
fevereiro	*February*
março	*March*
abril	*April*
maio	*May*
junho	*June*
julho	*July*
agosto	*August*
setembro	*September*
outubro	*October*
novembro	*November*
dezembro	*December*

Números

vinte e um	*21*
vinte e dois	*22*
vinte e três	*23*
vinte e quatro	*24*
vinte e cinco	*25*
vinte e seis	*26*
vinte e sete	*27*
vinte e oito	*28*
vinte e nove	*29*
trinta	*30*
quarenta	*40*
cinquenta	*50*
sessenta	*60*
setenta	*70*
oitenta	*80*
noventa	*90*
cem	*100*
mil	*1,000*

GRAMÁTICA

A hora / *Telling time*

Para dizer as horas, você deve saber os números em português. Reveja os números na lista de vocabulário nesta lição e na lição 2.

In order to tell time, you must know numbers in Portuguese. Review the numbers in the vocabulary list in this lesson and in lesson 2.

1. Como dizer a hora e a data / *Expressing time and date*

Que horas são? *What time is it?*

Pergunta-se "que horas são" sempre no plural. Só "uma hora", "meio-dia" e "meia-noite" são no singular.

Always ask what time it is in the plural form. The answer is only singular when it is one o'clock, noon, or midnight.

Que horas são? É uma em ponto. *What time is it? It's one o'clock sharp.*

Que horas são? São oito da manhã. *What time is it? It's eight a.m.*

Que horas são? *What time is it?*

São duas horas. *It's two o'clock.*

São três e cinco. *It's 3:05.*

São três e quinze. *It's 3:15.*

São quatro e trinta *ou* são quatro e meia. *It's 4:30.*

São cinco e quarenta *ou* são vinte para as seis. *It's 5:40.*

São cinco e quarenta e cinco *ou* são quinze para as seis. *It's 5:45.*

Há duas formas de dizer as horas. Na primeira, as horas são contadas consecutivamente de 0 a 23:59. Uma hora da tarde são "treze horas", duas horas da tarde são "quatorze horas" e assim por diante, até meia-noite.

There are two ways of expressing the time of day. In the twenty-four-hour system, the hours are counted consecutively from 0 to 23:59. One o'clock in the afternoon is treze horas, *literally 13 hours, two o'clock p.m. is* quatorze horas, *14 hours, and so on until midnight.*

13:00h = *1:00 p.m.*

18:00h = *6:00 p.m.*

23:00h = *11:00 p.m.*

Na outra forma, as horas são expressas usando-se os números de 1-12, seguidos da parte do dia—manhã, tarde ou noite. Não se usa *a.m.* nem *p.m.* em português. Esta é a forma mais utilizada.

In the second way of expressing time, hours are expressed using the numbers 1-12 followed by the part of the day—morning, afternoon, or evening. Portuguese does not use a.m. or p.m. This is the most common way of saying the time.

uma (hora) da manhã = 1:00 a.m.

duas (horas) da tarde = 2:00 p.m.

sete (horas) da noite = 7:00 p.m.

quatro (horas) da madrugada *(dawn)* = 4:00 a.m.

É meio-dia. *It's noon (midday).*

É meia-noite. *It's midnight.*

LIÇÃO 3 — DESCRIÇÕES E HORAS

Para perguntar as horas em que algo acontece, diz-se:

> *To ask at what time an action takes place, we say:*
> A que horas você está em casa? *What time are you at home?*
> À uma e meia. *At 1:30.*
> Às duas e quinze. *At 2:15.*

2. Para escrever a data / *Writing dates*

Em português, a data começa com o dia do mês, mais a preposição **de**, depois o mês, seguido pela preposição **de**, e o ano.

> *In Portuguese, the date begins with the day of the month plus **de**, followed by the month plus **de**, and then the year.*
> 9 de janeiro de 2006 *ou* 9/1/2006 (*não* 1/9/2006).

O nome do mês se escreve com letra minúscula no Brasil e com letra maiúscula em Portugal.

> *The name of the month begins with a lowercase letter in Brazil and a capital letter in Portugal.*

O ano é pronunciado por unidade. Por exemplo: 1999 (mil, novecentos e noventa e nove).

> *Every unit of the year is pronounced. For example: 1999 (mil, novecentos e noventa e nove).*

Verbos SER e ESTAR / *Verbs SER and ESTAR (to be)*

Os verbos SER e ESTAR correspondem ao verbo *to be* em inglês, mas são usados em situações diversas, indicando significados diferentes. É muito importante compreender quando e como utilizar tais verbos.

> *The verbs SER and ESTAR correspond to the verb "to be" in English, but they are used in different situations, implying different meanings. Understanding when and how to use these different verbs is very important.*

1. Verbo SER / *The verb "to be" (SER)*

O verbo SER é usado para indicar condições permanentes de pessoas e coisas.

> *The verb SER is used to indicate permanent conditions of people and things.*

Conjugação do presente do indicativo / *Conjugation of the simple present tense*

eu **sou**	*I am*
você **é**	*you are*
ele/ela **é**	*he/she/it is*
nós **somos**	*we are*
vocês **são**	*you are*
eles/elas **são**	*they are*

2. Usos do verbo SER / *Uses of the verb* SER

Os usos do verbo SER podem se definir como segue:

The uses of the verb SER can be generally defined as follows:

Para identificar as pessoas e as coisas:

In order to identify people and things:

Quem é? *Who is it?*

Quem são? *Who are they?*

O que é? *What is it?*

O que são? *What are they?*

Qual é? *Which is it?*

Quais são? *Which are they?*

Para dar as seguintes informações sobre pessoas:

To give the following information about people:

Nacionalidade *Nationality*

Ele é brasileiro. *He is Brazilian.*

Profissão ou ocupação *Profession or occupation*

Eles são engenheiros. *They are engineers.*

Estado civil, relação familiar *Marital status, family relations*

Nós somos solteiros. *We are single.*

Afiliação política ou religiosa *Political or religious affiliations*

Elas são católicas? *Are they Catholic?*

Para indicar a origem de pessoas ou coisas:

To identify the origin of people or things:

De onde ele é? *Where is he from?*

De onde eles são? *Where are they from?*

Para descrever uma característica permanente física ou psicológica de uma pessoa:

To describe a permanent physical or psychological characteristic of a person:

Como é ela? Ela é alta. *What is she like? She is tall.*

Como são elas? Elas são simpáticas. *What are they (fem.) like? They are friendly.*

Para descrever o tamanho, a cor, a forma ou a quantidade de uma coisa:

To describe the size, the color, the shape, or quantity of something:

De que tamanho é? *What size is it?*

De que cor é? *What color is it?*

De que forma é? *What shape is it?*

Quantos são? *How many are there?*

Para indicar o material de que algo é feito:

To indicate what something is made of:

De que é (feito) isto? É de ferro. *What is this made of? It is made of iron.*

Para indicar posse:

To express possession:

De quem é? *Whose is it?*

De quem são? *Whose are they?*

Para indicar a hora e a data:

> *To indicate the time or date:*
> Que horas são? *What time is it?*
> São duas horas da tarde. *It's two p.m.*
> Qual é a data de hoje? *What's today's date?*
> Que dia é hoje? *What day is today?*
> Hoje é dia 9 de agosto de 2007. *Today is August 9, 2007.*
> Que dia do mês é hoje? *What day of the month is today?*

Para indicar o lugar de um evento:

> *To express the location of an event:*
> Onde é. . . (a festa)? *Where is. . . (the party)?*

Para usar expressões impessoais:

> *To use impersonal expressions:*
> É necessário que. . . *It's necessary that. . .*
> É importante que. . . *It's important that. . .*
> É incrível! *It's incredible!*

3. Verbo ESTAR / *The verb "to be" (ESTAR)*

Conjugação do presente do indicativo / *Conjugation of the simple present tense*

eu **estou**	*I am*
você **está**	*you are*
ele/ela **está**	*he/she/it is*
nós **estamos**	*we are*
vocês **estão**	*you are*
eles/elas **estão**	*they are*

4. Usos do verbo ESTAR / *Uses of the verb* ESTAR

O verbo ESTAR é usado para indicar condições temporárias de pessoas ou coisas. Em muitos casos, a condição temporária expressa um estado atual da coisa ou da pessoa depois de uma mudança.

> *The verb ESTAR is used to express temporary conditions of people or things. In many cases the temporary condition expresses a present condition of the person or thing after a change.*

O verbo ESTAR é usado seguido de adjetivos ou do particípio passado dos verbos empregados como adjetivos. O adjetivo deve sempre concordar com o sujeito em gênero e número.

> *The verb ESTAR is followed by adjectives or the past participle of verbs used as adjectives. The adjective should always agree with the subject in gender and number.*
> Como está ele ou ela?/Como estão eles ou elas? *How is he or she?/How are they?*
> Ela está contente./Eles estão contentes. (Adjetivo: contente) *She is happy./They are happy. (Adjective: happy)*
> A porta está fechada./Os livros estão fechados. (Particípio passado de **fechar: fechado**) *The door is closed./The books are closed. (Past participle of **fechar: fechado**)*

Usado para localizar pessoas ou coisas:

Used to describe location of people or things:

Onde está?/Onde estão?

Eu estou aqui, na universidade. *I am here, at the university.*

O carro está no estacionamento. *The car is in the parking lot.*

Os estudantes de português estão no Brasil. *The Portuguese-language students are in Brazil.*

Usado para expressar ações em andamento:

Used to express actions in progress:

Com este significado, o verbo ESTAR é seguido de outro verbo no gerúndio ou na forma progressiva.

When used to express this meaning, the verb ESTAR is followed by another verb in its present participle form.

O que ela está fazendo? *What is she doing?*

Ela está falando. *She is speaking.*

O que eles estão fazendo? *What are they doing?*

Eles estão escutando música e escrevendo. *They are listening to music and writing.*

5. Revisão: SER e ESTAR / *Review:* SER *and* ESTAR

Usos principais de SER e ESTAR / *Major usages of the verbs* SER *and* ESTAR

SER	ESTAR
Para identificar: *To identify:* Quem é . . . (ele/ela/você)? *Who are you? Who is he (or she)?* Quem são . . . (eles/elas/vocês)? *Who are they? Who are you (pl.)?* O que é isso? *What is that?*	**Para localizar:** *To locate someone:* Quem está aí? *Who is there?*
Para descrever características permanentes: *To describe permanent characteristics:* Como é ele/ela/você? *What is he or she like? What are you like?* Como são eles/elas/vocês? *What are they like? What are you like?*	**Para descrever características temporárias:** *To describe temporary characteristics:* Como está ele/ela/você? *How is he or she? How are you?* Como estão eles/elas/vocês? *How are they? How are you?*
Para indicar origem: *To indicate origin:* De onde é ele/ela/você? *Where is he or she from? Where are you from?* De onde são eles/elas/vocês? *Where are they from? Where are you from?* Onde é a festa? *Where is the party?*	**Para localizar pessoas ou coisas:** *To locate people or things:* Onde está ele/ela/você? *Where is he or she? Where are you?* Onde estão eles/elas/vocês? *Where are they? Where are you?*

SER	ESTAR
Para identificar coisas: *To identify things:* O que é isto (isso)? *What is this (that)?*	**Para expressar ações em andamento:** *To express continuous action:* O que ele/ela/você está fazendo? *What is he or she doing? What are you doing?* O que eles/elas/vocês estão fazendo? *What are they doing? What are you doing?* Eu estou falando, ele/ela está lendo. *I am speaking, he or she is reading.*
Para indicar o material: *To indicate what something is made of:* De que é feito isto (isso)? *What is this (that) made of?*	
Para indicar posse: *To indicate possession:* De quem é isto (isso)? *Whose is this (that)?*	
Para indicar tempo: *To indicate time:* Que horas são?* *What time is it?* É uma hora. *It's one o'clock.* São duas horas. *It's two o'clock.* A que horas é a aula? *What time is class?* É às nove da manhã. *It's at 9:00 a.m.* Que dia da semana é hoje? *What day of the week is it?* É segunda-feira. *It's Monday.* Qual é a data de hoje? *What is today's date?* São 22 de septembro de 2004. *It's September 22, 2004.*	

*Time is always asked in the plural.

Expressando posse / *Expressing possession*

Os possessivos são palavras que indicam posse. Suas formas básicas são as seguintes:

The possessives are words that indicate ownership. Their basic forms are:

1. Formas básicas de possessivos / *Basic forms of possessives*

meu(s)	meu carro	*my car*
minha(s)	minha bicicleta	*my bicycle*
seu(s)	seu carro/seus carros	*your car/your cars*
sua(s)	sua bicicleta	*your bicycle*
nosso(s)	nosso carro	*our car*
nossa(s)	nossas bicicletas	*our bicycles*

A. Os pronomes possessivos adjetivos concordam em gênero e número com o objeto possuído, precedendo-o. Cada possessivo apresenta quatro formas, como segue:

Possessive adjectives agree in gender and number with the possessed object that they precede. Each possessive has four forms, as follows:

Os possessivos e suas formas (gênero e número) / *Possessives and their forms (gender and number)*

	Masculino		Feminino	
	Singular	Plural	Singular	Plural
eu *(I)*	**meu** livro *my book*	**meus** livros *my books*	**minha** bicicleta *my bicycle*	**minhas** bicicletas *my bicycles*
você *(you)*	**seu** livro *your book*	**seus** livros *your books*	**sua** bicicleta *your bicycle*	**suas** bicicletas *your bicycles*
ele/ela *(he/she)*	**seu** livro *his/her book*	**seus** livros *his/her books*	**sua** bicicleta *his/her bicycle*	**suas** bicicletas *his/her bicycles*
nós *(we)*	**nosso** livro *our book*	**nossos** livros *our books*	**nossa** bicicleta *our bicycle*	**nossas** bicicletas *our bicycles*
vocês *(you)*	**seu** livro *your book*	**seus** livros *your books*	**sua** bicicleta *your bicycle*	**suas** bicicletas *your bicycles*
eles/elas *(they)*	**seu** livro *their book*	**seus** livros *their books*	**sua** bicicleta *their bicycle*	**suas** bicicletas *their bicycles*

B. Usos do pronome possessivo para a terceira pessoa do singular (ele/ela) e do plural (eles/elas)

Usage of possessive pronouns for the third-person singular (ele/ela) *and plural* (eles/elas)

O pronome possessivo usado para a terceira pessoa do singular e do plural é **seu**, **seus**, **sua** e **suas**. Tais formas são mais empregadas no registro formal e escrito. Como essas mesmas formas são utilizadas também para a segunda pessoa singular e plural (veja o quadro acima), tornou-se cada vez mais frequente se usar uma forma alternativa, que é exclusiva da terceira pessoa. Tal forma é o **dele**, **deles**, **dela** e **delas**, cujo uso ocorre mais normalmente no registro informal e na linguagem falada.

A estrutura usada para tal pronome é a seguinte:

artigo + substantivo + dele (ou uma de suas variantes)

O artigo que precede o substantivo concordará com ele em gênero e número. O pronome **dele** e suas variantes concordarão em gênero e número com a pessoa a que se refere, não com o substantivo que o precede.

The possessive pronoun used for the third-person singular and plural is **seu, seus, sua** *and* **suas.** *Such forms are most commonly employed in formal register and written language. As the same forms are also used for the second-person singular and plural (see table above), it has become more and more usual to employ an alternative form that is exclusive to the third person:* **dele, deles, dela** *and* **delas.** *This usage is more common in the informal register and spoken language.*

The structure used for such a pronoun is:

article + noun + **dele** *(or one of its variants)*

The article that precedes the noun agrees with it in gender and number, whereas the pronoun **dele** *and its variants agree in gender and number with the person it refers to, not to the noun that precedes it.*

O carro **dele** = seu carro (*his car*)

Usa-se **o** porque **carro** é masculino e singular; usa-se **dele** porque o carro pertence a uma pessoa do gênero masculino (singular).

O *is used because* **carro** *is masculine singular, whereas* **dele** *is used because the gender of the possessor is masculine, and the number singular.*

O carro **dela** = seu carro (*her car*)

Usa-se **o** pelo mesmo motivo acima; usa-se **dela** porque o carro pertence a uma pessoa do gênero feminino (singular).

O *is used for the same reason above, whereas* **dela** *is used because the gender of the possessor is feminine, and the number singular.*

O carro **deles** = seu carro (*their car*)

Usa-se **o** pelo mesmo motivo acima; usa-se **deles** porque o carro pertence a pessoas do gênero masculino (plural) ou misto.

O *is used for the same reason above, whereas* **deles** *is used because the gender of the possessors is masculine or mixed, and number plural.*

O carro **delas** = seu carro (their car/the women's car)

Usa-se **o** pelo mesmo motivo anterior; usa-se **delas** porque o carro pertence a pessoas do gênero feminino (plural).

O *is used for the same reason above, whereas* **delas** *is used because the gender of the possessors is feminine, and the number plural.*

Os carros **delas** = seus carros (their cars)

Se **carro** estivesse no plural—**carros**—o artigo correto a usar seria **os**; e se os carros pertencessem a duas ou três mulheres, por exemplo, o pronome seria **delas**. Dessa forma, teríamos: **os** carros **delas**.

Entretanto, se, em vez de **carro**, usássemos um substantivo feminino, como **maleta**, por exemplo, o artigo correto a utilizar seria **a**; se essa maleta pertencesse a um homem, o possessivo seria **dele**. Dessa forma, teríamos: **a** maleta **dele**. Várias combinações são possíveis.

*If **carro** (car) were in the plural—**carros** (cars)—the correct article to use would be **os**; if those cars belonged to two or three different women, for example, the pronoun would have to be **delas**. Therefore, we would have: os carros **delas** (their cars).*

*However, if we had used a noun in the feminine, such as **maleta** (small suitcase), in lieu of **carro**, for instance, the article to use here would be **a**; if that suitcase belonged to a man, the possessive to use would be **dele**. Therefore, we would have: **a** maleta **dele** (his suitcase). Many other combinations are possible.*

2. Posse: ser + adjetivos possessivos / *Possession: to be + possessive adjectives*

Há duas construções típicas e muitos recorrentes para expressar a posse no português. Uma delas é com o verbo **ser** conjugado na terceira pessoa do singular ou do plural—**é** ou **são**, conforme o número do objeto que o precede, mais pronome possessivo, mais substantivo, como segue:

*There are two typical and recurrent constructions to express possession in Portuguese. One of them is formed by conjugating the verb **ser** (to be) in the third-person singular or plural—**é** (is) or **são** (are)—according to the number of the object that precedes it, plus the possessive pronoun, plus the noun, as follows.*

Eu

Esta é **minha** caneta. *This is my pen.*

Estas são **minhas** canetas. *These are my pens.*

Você

Esta é **sua** chave. *This is your key.*

Estas são **suas** chaves. *These are your keys.*

Ele

É **seu** dicionário. *It is his dictionary.*

São **seus** dicionários. *They are his dictionaries.*

Or

É o dicionário **dele**.

São **os** dicionários **dele**.

Ela

É **seu** caderno. *It is her notebook.*

São **seus** cadernos. *They are her notebooks.*

Or

É o caderno **dela**.

São **os** cadernos **dela**.

Nós

É **nossa** casa. *It is our house.*

É **nosso** filho. *It is our son.*

São **nossas** casas. *They are our houses.*

São **nossos** filhos. *They are our sons (or children).*

Vocês

É **seu** cachorro/É **de vocês**. *It's your (pl.) dog.*

Eles

É o carro **deles**. *It's their car.*

Elas

É a empresa **delas**. *It's their (fem.) company.*

3. Posse: ser + de + artigo definido + nome / *Possession: to belong to + name.*

A outra construção típica é aquela em que figuram nomes de pessoas, indicando-lhes a posse de objetos, como segue:

The other typical construction is the one in which the name of a person appears indicating to whom an object belongs, as follows:

O livro é do Pedro. Os livros são do Pedro.

The book is Pedro's. The books are Pedro's.

O livro é da professora. Os livros são da professora.

The book is the teacher's. The books are the teacher's.

 Agora volte aos diálogos e ouça as outras versões com pausas, repetindo suas falas.

PRÁTICA

Exercícios

Exercício A

Reescreva as frases a seguir, passando-as para a forma plural:

1. Ele é brasileiro.
2. O carro é branco.
3. O escritório está vazio.
4. Eu estou com fome.
5. O restaurante está aberto.
6. A esposa do advogado está no hospital.
7. O político deste país está muito preocupado.
8. O filho do investidor viaja muito.
9. O marido da gerente de administração gosta de medicina.
10. O diretor de mercado visita seu lugar favorito.

Exercício B

Ouça as seguintes frases A-J em português e correlacione-as às frases em inglês a seguir.

_____ 1. This is not his shirt.

_____ 2. These are my shoes.

_____ 3. This is João's car.

_____ 4. The girls' mother.

_____ 5. This is my address.

_____ 6. She is their teacher.

_____ 7. What is your phone number?

_____ 8. The party is at your house.

_____ 9. Those are our keys.

_____ 10. Are those your daughters?

Exercício C

Preencha as lacunas com a forma correta do verbo **ser** ou do verbo **estar**:

1. Carlos _____ do Brasil.

2. E ele _____ nos Estados Unidos agora.

3. Nós _____ professores.

4. Quem _____ eles?

5. Eles _____ estudantes.

6. Por que eles _____ tristes?

7. A mesa _____ de madeira.

8. Que horas _____ ?

9. Nós _____ católicos.

10. Olá! Como você _____ ? Bem, obrigado.

11. O que você _____ fazendo aí?

12. Que dia _____ hoje? Sexta-feira, dia 14.

Exercício D

Que horas são? Escreva por extenso, indicando também a parte do dia:

1. 10:00 a.m.

2. 11:05 p.m.

3. 9:15 a.m.

4. 2:25 p.m.

5. 3:30 a.m.

6. 4:40 a.m.

7. 4:45 a.m.

8. noon

9. midnight

10. 7:50 p.m.

 Exercício E

Parte A: Faça o que se pede.

1. Ouça a pronúncia das seguintes palavras.

produção avião importação campeão mão concentração alemão organização desorganização região religião caminhão coração não comunicação expressão relação reunião integração exclamação interrogação informação direção solução

2. Ouça novamente e, em seguida, repita as palavras em voz alta.

Parte B: Marque as opções corretas.

3. a. mão

   b. não

   c. religião

   d. região

4. a. desorganização

   b. organização

   c. concentração

   d. comunicação

5. a. caminhão

   b. campeão

   c. relação

   d. reunião

6. a. coração

   b. alemão

   c. exclamação

   d. expressão

7. a. integração

    b. interrogação

    c. importação

    d. informação

8. a. direção

    b. avião

    c. solução

    d. produção

Experiência

Parte A

Escreva um parágrafo sobre você. Diga de onde é, qual a sua nacionalidade. Inclua informação sobre você e sua família. Termine dizendo onde está neste momento.

Parte B

Este é Eduardo. Faça frases sobre sua rotina diária, como no exemplo abaixo:

Ele acorda às seis horas da manhã.

Conversa

Pratique os verbos **ser** e **estar** relacionados com data e hora. Dê informação sobre você e sua família, e faça perguntas para conhecer melhor os outros alunos de sua sala, além de outras pessoas.

Use estas perguntas:

Que dia é hoje?

Que horas são?

Quem é?

O que é isto?

Como está?

Como é?

CULTURA

Leia o texto e reflita sobre as perguntas.

A língua portuguesa

Professor: Bom dia! Como vai?

Aluno: Mais ou menos.

Professor: Por quê?

Aluno: Eu não sei português!

Professor: Mas vai aprender.

O português é uma língua indo-europeia. Faz parte das línguas românicas. Vem do latim vulgar e chegou[1] na Península Ibérica com a conquista[2] do Império Romano. A Península Ibérica se divide em Portugal e Espanha. Portugal tornou-se[3] unificado e independente do território que é hoje a Espanha em 1143, e a língua falada era o galaico-português, de que o português e o galego moderno descendem. No reinado de D. Dinis (1279-1325), o português passou a ser[4] a língua oficial.

O português é falado na Europa, em Portugal e nas ilhas[5] dos Açores e da Madeira; na América do Sul, no Brasil; na África, em Angola, Moçambique, Guiné-Bissau, nas ilhas de São Tomé e Príncipe, e no arquipélago de Cabo Verde; na Ásia, é falado em algumas áreas, como o Timor Leste.

Em 1996, funda-se a Comunidade de Países de Língua Portuguesa, a CPLP. Aprenda[6] mais na internet, pesquisando[7] sobre a sigla CPLP.

Veja também os Países Africanos de Língua Oficial Portuguesa, PALOP. Sobretudo na África, cada país fala várias línguas nativas, e o português é apenas a língua oficial, que é ensinada[8] nas escolas e usada para escrever documentos.

1. chegou	*arrived*
2. conquista	*conquest*
3. tornou-se	*became*
4. passou a ser	*became*
5. ilhas	*islands*
6. aprender	*to learn*
7. pesquisando	*researching*
8. ensinado/a	*taught*

Compreensão do texto

1. Em que continentes se fala o português?
2. O que é a CPLP?
3. O que é PALOP?
4. Olhe as siglas e compartilhe *(share)* informações com os colegas.

Pergunta

Você conhece algum destes países?

Se a resposta for positiva, fale algo deste país.

Lição 4

Os planos

4

OBJECTIVES

1. **Communication Skills: By the end of this lesson, you should be able to**
   - Explain what you intend or have to do for the week
   - Make weekend plans
   - Ask and answer questions about where you are going
   - Describe physical settings and general situations (e.g., town, office, home)

2. **Culture and Business Relations: By the end of this lesson, you should be able to**
   - Articulate the importance of family in Brazilian culture
   - Briefly explain how the daily routine and family structure in Brazil differs from those in the United States
   - Understand the importance of meals and family in the daily schedule and objectives

3. **Grammar: By the end of this lesson, you should be able to**
   - Identify regular -ar, -er, -ir verbs in the infinitive form
   - Use *ter, ter que, ter de,* and *haver*
   - Use the verb *ir* + infinitive to express future intention
   - Make comparisons with adjectives

DIÁLOGOS

Os diálogos ilustram como a gramática e o vocabulário de cada lição são usados no contexto, formal e informalmente. Os pontos gramaticais abordados estão em **negrito**. Ouça os diálogos sem pausa acompanhando com a leitura.

Diálogos formais

 DIÁLOGO 1: Departamentos de uma empresa

O que há nesta empresa?

(Uso do verbo HAVER)

Juliana:	O que **há** nesta empresa?
Fernanda:	**Há** muitos departamentos: financeiro, comercial, de *marketing*, recursos humanos, etc.
Juliana:	**Há** muitos funcionários?
Fernanda:	Claro que sim. **Há** mais de cem empregados.
Juliana:	Que tipo de prédios **há**?
Fernanda:	**Há** prédios antigos e modernos com escritórios, salas para reunião, um auditório, dois refeitórios e uma lanchonete.
Juliana:	A senhora tem que trabalhar muito?
Fernanda:	Sim, trabalho em horário integral na empresa, de segunda à sexta, de 8:00 da manhã às 18:00h.

 DIÁLOGO 2: Fazendo planos

O que a senhora vai fazer esta semana?

(Uso do verbo IR + destino)

Ana:	O que a senhora vai fazer na semana que vem?
Paula:	Na segunda-feira, **vou à** universidade assistir às minhas aulas. Na terça, eu tenho que escrever um relatório para a companhia. Na quarta-feira, meus pais e eu **vamos a** Baltimore comprar móveis. Na quinta-feira, vou jogar golfe com alguns amigos.
Ana:	A senhora **vai à** festa da companhia na sexta-feira depois do trabalho?
Paula:	**Vou**, e a senhora?
Ana:	Eu também.
Paula:	Tudo bem, até logo.

Diálogos informais

 DIÁLOGO 3: Entre amigos

Pedro e João se encontram depois de muito tempo. Eles contam as novidades.

(O verbo TER e TER QUE/DE + infinitivo)

João:	Que bom ver você, Pedro! Há quanto tempo. . . Me conte! Você está casado?
Pedro:	Estou, minha esposa é a Ana Braga. Se lembra dela?
João:	Sim, claro! Vocês **têm** filhos?
Pedro:	Sim, **temos** três filhos: dois meninos e uma menina.
João:	Quantos anos eles **têm**?
Pedro:	Os meninos **têm** oito e seis anos, e minha filha só **tem** quatro. Ela é a caçula. E você?
João:	Eu estou casado também. Com uma advogada de uma grande empresa. Ela está sempre ocupada. Não **temos** filhos ainda.
Pedro:	Ah, e você ainda **tem** aquele trabalho naquela companhia de seguros?
João:	Sim, é um ótimo cargo. **Tenho que trabalhar** muito e **tenho que viajar** para muitos países da América Latina. Já **tenho** muita experiência.
Pedro:	Você **tem** muita sorte. Eu não **tenho** tanto dinheiro com meu emprego no banco mas **tenho** segurança e mais tempo com minha família.
João:	Isto é importante.
Pedro:	Você **tem** razão, João. Nossa! Estou com pressa! **Tenho que estar** em casa às seis. Até logo!

 DIÁLOGO 4: Fazendo planos

O que você vai fazer no fim de semana?

(Verbo IR + infinitivo, Verbo IR com A e PARA)

Paul:	O que você **vai fazer** no fim de semana?
Marco:	Lúcia e eu **vamos para** Santos. **Vamos nadar, pescar** e à noite **vamos a** um restaurante e depois **dançar.**
Paul:	Que bom! É preciso se divertir, não é?
Marco:	Claro! Bom fim de semana!

VOCABULÁRIO 🔊

Ouça cada palavra ou frase e repita-a durante a pausa.

Expressões	
Muito obrigado/a.	*Thanks a lot.*
Que bom ver você!	*Nice to see you!*
tenho que/de. . .	*I have to. . .*

Substantivos		
	aniversário	*birthday*
	apartamento	*apartment*
	área de serviço	*laundry room*
	banco	*bank*
o/a	caçula	*youngest brother/sister or son/daughter*
o/a	caixa	*cashier (a caixa is also a box)*
	calendário	*calendar*
	ciências	*sciences*
	cozinha	*kitchen*
	desconto	*discount*
a	diversão	*entertainment*
	festa	*party*
	ginásio	*gymnasium*
	hipermercado	*superstore*
	imposto	*tax*
o	jardim	*garden*
	laboratório	*lab*
a	lanchonete	*snack bar*
	loja	*store*
	máquina de lavar	*washing machine*
	máquina de secar	*dryer*
	metrô	*subway*
o	ônibus	*bus*
o	parque	*park*
	piscina	*pool*
	praia	*beach*
	prédios	*buildings*
	quadra	*court (in sports)*
	quarto	*bedroom*
	refeitório	*dining hall*

	relatório	report
	residência estudantil	dorm
	roupa	clothes
o	shopping	shopping mall
	supermercado	supermarket
	teatro	theater
	tempo livre, horas de folga	free time
o	trem	train

Adjetivos

aberto/a	open
confortável	comfortable
espaçoso/a	spacious
excelente	excellent
fechado/a	closed
feliz	happy
importante	important
interessante	interesting
moderno/a	modern
ocupado/a	busy
ótimo/a	great
péssimo/a	terrible
quieto/a	quiet
ruidoso/a	noisy
silencioso/a	quiet
sujo/a	dirty

Verbos

assistir a	to attend
beber	to drink
comprar	to buy
convidar	to invite
dançar	to dance
descansar	to rest
dever	must, should
dirigir	to drive
divertir-se	to have fun
escrever	to write
falar	to speak
fazer compras	to go shopping

festejar	*to celebrate*
haver	*there is, there are*
ir embora	*to leave*
jogar	*to play*
ler	*to read*
nadar	*to swim*
passar uma semana	*to spend a week*
pescar	*to fish*
pôr	*to put*
praticar	*to practice*
ter	*to have*
ter saudade(s)	*to miss (someone or something)*
vir	*to come*
Advérbios	
mais	*more*
menos	*less*
muito	*very*

GRAMÁTICA

Infinitivo dos verbos em -ar, -er, -ir / *Infinitive of verbs ending in -ar, -er, -ir*

1. O infinitivo é a forma verbal que expressa apenas a ação indicada pelo verbo, sem incluir o sujeito ou o tempo da ação. Em português, os verbos no infinitivo são terminados em **-ar**, **-er** ou **-ir**. Apenas o verbo "pôr" e verbos dele derivados apresentam a terminação **-or.** Tais terminações determinam as formas que as conjugações terão. Você aprenderá as terminações para essas conjugações na Lição 5.

   *The verb's infinitive form only expresses the action described by the verb without indicating its subject or tense. In Portuguese, nearly all verbs in the infinitive have the endings **-ar**, **-er**, **-ir**. Only the verb **pôr** and its derivative forms have the ending **-or**. These endings determine the forms that the conjugations will follow. You will learn the endings for these conjugations in lesson 5.*

   am**ar** *to love*
   viv**er** *to live*
   abr**ir** *to open*
   p**ôr** *to put*

2. A tabela a seguir traz alguns verbos muito usados na língua portuguesa, agrupados por terminações. Outros verbos aparecerão ao longo das unidades.

   The following table shows some verbs that are commonly used in Portuguese, grouped according to their endings. Other verbs will appear in future units.

Infinitivo de alguns verbos que se referem a atividades cotidianas / *The infinitive form of some verbs describing daily activities*

-ar	-er	-ir
andar *to walk*	beber *to drink*	abrir *to open*
comprar *to buy*	comer *to eat*	assistir *to watch*
cozinhar *to cook*	correr *to run*	dirigir *to drive*
dar *to give*	escrever *to write*	dormir *to sleep*
descansar *to rest*	fazer *to make, to do*	ir *to go*
estudar *to study*	ler *to read*	sair *to leave*
falar *to speak*	viver *to live*	vir *to come*
fechar *to close*		
jantar *to have dinner*		
jogar *to play*		
limpar *to clean*		
praticar *to practice*		
preparar *to prepare*		
trabalhar *to work*		
viajar *to travel*		
visitar *to visit*		

3. Usando o infinitivo para expressar ações no futuro / *Using the infinitive to express actions in the future*

Os verbos na forma infinitiva podem ser usados com o verbo **ir** conjugado no presente para expressar ações no futuro. A seguinte estrutura deve ser observada:

Sujeito + verbo **ir** conjugado no presente + verbo no infinitivo

*Verbs in the infinitive form can be used with **ir** (to go) conjugated in the present tense to express actions in the future. The following structure must be observed:*

*Subject + **ir** conjugated in the present + verb in the infinitive form*

Eu **vou trabalhar** amanhã. *I am going to work tomorrow.*

Ela **vai comprar** uma casa. *She is going to buy a house.*

Nós **vamos estudar** para a prova esta noite. *We are going to study for the exam tonight.*

4. Usando o infinitivo para expressar obrigatoriedade / *Using the infinitive to express obligation*

Os verbos na forma infinitiva podem ser usados com o verbo **ter** no presente para expressar obrigatoriedade. A seguinte estrutura deve ser observada:

Sujeito + **ter** conjugado no presente + **que/de** + verbo no infinitivo

O uso da partícula **que** ou **de** é indiferente, embora **que** seja mais comum tanto na escrita quanto na fala.

*Verbs in the infinitive can be used with **ter** (to have) conjugated in the present tense to express obligation. The following structure must be observed:*

*Subject + **ter** conjugated in the present + **que/de** + verb in the infinitive*

The particles **que** *and* **de** *can be used interchangeably, although* **que** *is more common in both written and spoken language.*

Eu **tenho que/de ler** Fernando Pessoa. *I have to read Fernando Pessoa.*

Maria **tem que/de visitar** a mãe dela hoje. *Maria has to visit her mother today.*

Vocês **têm que/de** escrever um relatório. *You have to write a report.*

Verbo TER / *Verb* TER *(to have)*

1. O verbo TER é irregular em sua conjugação. Deve-se prestar especial atenção à grafia da conjugação na primeira pessoa do singular e ao acento circunflexo na segunda e na terceira pessoa do plural.

   The verb TER *follows an irregular pattern when conjugated. One should pay close attention to the spelling in the conjugation of the first-person singular and the circumflex accent in the conjugation of the second- and third-person plural.*

eu **tenho**	*I have*
você **tem**	*you have*
ele/a **tem**	*he/she/it has*
nós **temos**	*we have*
vocês **têm**	*you have*
eles/as **têm**	*they have*

2. Usos do verbo TER / *Uses of the verb TER*

Há vários usos importantes para o verbo TER:

There are several important uses of the verb TER:

Para expressar posse / *To express possession:*

Em geral, o verbo TER é usado da mesma forma que o verbo *to have* em inglês para indicar posse:

In general, the verb TER *is used to indicate possession just like the verb "to have" in English.*

Quantos filhos você tem? *How many children do you have?*

Eu tenho três filhos. *I have three children.*

Temos uma casa no Rio de Janeiro. *We have a house in Rio de Janeiro.*

Para indicar obrigação: TER que/de + infinitivo / *To express obligation:* TER que/de + *infinitive = to have to*

Você tem que trabalhar amanhã? *Do you have to work tomorrow?*

Sim, tenho que trabalhar neste sábado. *Yes, I have to work this Saturday.*

Nota: Neste caso, para indicar obrigação, também é possível usar o verbo DEVER em vez de TER.

Note: In this case, it is also possible to use the verb DEVER *(must or should) instead of* TER *to indicate obligation.*

O verbo **dever** não é acompanhado de **que** ou **de** para expresar obrigação.

The verb **dever** *is not followed by* **que** *or* **de** *in order to express obligation.*

Devo estudar português todos os dias. *I have to study Portuguese every day.*

3. **Expressões idiomáticas com o verbo TER / *Idiomatic expressions with the verb TER***

Em português, há as seguintes expressões idiomáticas com o verbo TER:

In Portuguese, the following idiomatic expressions include the verb TER:

TER

  fome *to be hungry*
  sede *to be thirsty*
  frio *to be cold*
  calor *to be warm*
  sono *to be sleepy*
  razão *to be right*
  pressa *to be in a hurry*
  sorte *to be lucky*
  azar *to be unlucky*
  medo *to be afraid*
  saudade(s) *to miss (someone or something)*

Estas expressões, que no inglês são usadas com o verbo *to be*, podem expressar sensações físicas ou estados subjetivos.

These expressions, which are used with the verb "to be" in English, can express either physical sensations or subjective states of mind.

Você tem fome? *Are you hungry?*

Não, tenho sede. *No, I'm thirsty.*

Eu tenho saudade do Brasil. *I miss Brazil.*

Nota: Tais expressões também podem ser usadas com o verbo ESTAR. Neste caso, o verbo ESTAR é seguido da preposição COM.

Note: Such expressions can also be used with the verb ESTAR (to be). When ESTAR is used, it is followed by the preposition COM (with).

Estou com fome. *I am hungry.*

Estou com sede. *I am thirsty.*

Estou com frio. *I am cold.*

Verbo HAVER / *Verb* HAVER *(there is, there are)*

O verbo **HAVER** pode ser usado impessoalmente, ou seja, sem a presença de um sujeito na frase. Nesse caso, ele apresentará apenas uma conjugação, a forma **há**, que será usada tanto no singular quanto no plural, significando **existir**.

*The verb **HAVER** can be impersonal; that is, without the presence of a subject in the sentence. In that case, it has only one conjugation, the form **há**, which is used both in the singular and in the plural, meaning **there is** or **there are**.*

1. **Conjugação da forma impessoal de HAVER / *Conjugation of impersonal form of the verb HAVER***

O verbo HAVER é conjugado apenas na terceira pessoa do singular, sem o pronome sujeito ou pronome pessoal reto.

The verb HAVER is conjugated only in the third-person singular without a subject pronoun.

Há. . . *There is. . . There are. . .*

Não há. . . *There isn't. . . There aren't. . .*

2. Usos do verbo HAVER / *Uses of the verb* HAVER

O verbo HAVER é usado como as expressões *there is* e *there are* em inglês, para indicar a existência de pessoas ou coisas em um determinado contexto. Sua única forma, **há**, é usada tanto seguida de singular quanto de plural.

The verb HAVER *is used like the expressions* **there is** *and* **there are** *in English to express the existence of people or things within a given context. The sole form of the verb in Portuguese is* **há** *in both the singular and plural forms.*

Há um livro na mesa. *There is a book on the table.*

Há muitos alunos na sala de aula. *There are many students in the classroom.*

O verbo HAVER também é usado para indicar passagem de tempo ou algo que aconteceu no passado:

The verb HAVER *is also used to express the passage of time or to refer to something that happened in the past:*

Ele vive em São Paulo **há** dois anos. *He's been living in São Paulo for two years.*

Os portugueses descobriram o Brasil **há** quinhentos anos. *The Portuguese discovered Brazil five hundred years ago.*

Há muito tempo não vou ao teatro = Não vou ao teatro **há** muito tempo. *It's been a long time since I went to the theater.*

Verbo IR / *Verb* IR *(to go)*

O verbo **IR** é extremamente importante por ser muito usado. Sua conjugação é irregular.

The verb **IR** *is extremely important due to its frequent use. Its conjugation is irregular.*

1. Conjugação do verbo IR no presente do indicativo / *Conjugation of the verb* IR *in the simple present*

eu **vou**	*I go*
você **vai**	*you go*
ele/ela **vai**	*he/she goes*
nós **vamos**	*we go*
vocês **vão**	*you go*
eles/elas **vão**	*they go*

2. Usos do verbo IR / *Uses of the verb* IR

O verbo IR é usado para expressar movimento numa determinada direção ou destino. Neste caso, o verbo IR é seguido da preposição **a** ou **para** e depois o lugar de destino.

The verb IR *is used to express movement toward a particular direction or destination. In this case, the verb* IR *is followed by either the preposition* **a** *or* **para**, *and then by the name of the place or destination.*

Nós **vamos para** a praia todo fim de semana./Nós **vamos à*** praia todo fim de semana. *We go to the beach every weekend.*

Nós **vamos para** o escritório toda manhã./Nós **vamos ao*** escritório toda manhã. *We go to the office every morning.*

Ele sempre **vai ao** cinema./Ele sempre **vai para** o cinema. *He always goes to the movies.*

Eu **vou à** aula de carro todos os dias./Eu **vou para** a aula de carro todos os dias. *I go to class by car every day.*

Os brasileiros gostam de **ir para** o estádio para ver os jogos de futebol. *Brazilians like to go to the stadium to watch soccer games.*

* Atenção para as contrações: "ao" – preposição "a" + o artigo definido masculino "o"; e "à" – preposição "a" + o artigo definido feminino "a".

* *Note the contractions:* "ao" *– the preposition* "a" + *the masculine definite article* "o"; *and* "à" *– the preposition* "a" + *the feminine definite article* "a".

O verbo IR também pode ser usado para expressar futuro. Neste caso, o verbo IR é conjugado no presente do indicativo e depois seguido do outro verbo (que indica a ação no futuro) no infinitivo. Esta construção é equivalente ao futuro com *going to* em inglês.

The verb IR *can also be used to express the future. In this case, the verb* IR *is conjugated in the simple present, and then followed by another verb in the infinitive (that indicates the future action). This construction is equivalent to the use of* "going to" *to express the future tense in English.*

O que você **vai fazer** amanhã? *What are you going to do tomorrow?*

Eu **vou estudar** português. E você? *I am going to study Portuguese. And you?*

Eu **vou trabalhar** o dia todo. *I am going to work all day long.*

Eu **vou viajar** para o Brasil no Natal. *I am going to travel to Brazil during Christmas.*

Nós **vamos jantar** fora no fim de semana. *We are going to eat out on the weekend.*

Aonde. . . ? / Para onde. . . ?: Interrogativas para expressar direção ou destino / *Where to? Interrogatives to express direction or destination*

Em português, para fazer perguntas sobre direção ou destino final é usada a preposição **a** ou **para** *(to)* seguida da palavra **onde** *(where)*.

To ask questions about direction or final destination in Portuguese, use either the preposition **a** *or* **para** *(to), followed by the word* **onde** *(where).*

Para onde você vai depois da aula? *ou* **Aonde** você vai depois da aula?

Where are you going (to) after class?

Nota: O significado dessas duas frases é o mesmo com **para** ou **a**. Tais preposições são intercambiáveis. Caso você queira usar a preposição **a**, lembre-se de que ela forma uma única palavra com **onde**: **aonde**.

Note: The meaning of these two sentences is the same, whether one uses **para** *or* **a**. *The prepositions can be used interchangeably. If you choose to use the preposition* **a**, *remember that it forms one word with* **onde**: **aonde**.

Adjetivos: grau comparativo / *Adjectives: comparative degrees*

O grau comparativo é usado para comparar coisas ou pessoas. Pode-se dizer, por exemplo, que um aluno é mais inteligente do que outro; tão inteligente quanto outro; ou menos inteligente do que outro.

The comparative degree is used to compare things or people. We can say, for instance, that one student is more intelligent than another student; that one student is as intelligent as others; or that one student is less intelligent than others.

O grau comparativo se divide em superioridade, igualdade e inferioridade.

The comparative degree is divided into superiority, equality, and inferiority.

1. Comparativo de SUPERIORIDADE / *Comparative superiority*

Fórmula: **mais + adjetivo + (do) que**

Formula for superiority: mais (more) + adjective + que (than)

Roberto é **mais** <u>alto</u> **(do) que** Antônio. *Roberto is taller than Antônio.*

Antônio é **mais** <u>baixo</u> **(do) que** Roberto. *Antônio is shorter than Roberto.*

Antônio é **mais** <u>inteligente</u> **(do) que** Roberto. *Antônio is more intelligent than Roberto.*

Minha irmã é **mais** <u>nova</u> **(do) que** eu. *My sister is younger than I.*

Os diretores são **mais** <u>velhos</u> **(do) que** os outros empregados. *The directors are older than the other employees.*

2. Comparativo de IGUALDADE / *Comparative equality*

Fórmula: **tão + adjetivo + quanto/como**

Formula for equality: tão (as) + adjective + quanto (as)

As casas são **tão** <u>caras</u> **quanto** os apartamentos. *Houses are as expensive as apartments.*

O trânsito em São Paulo é **tão** <u>ruim</u> **quanto** o trânsito de Nova Iorque. *The traffic in São Paulo is as bad as the traffic in New York.*

Os computadores brasileiros são **tão** <u>bons</u> **quanto** os computadores americanos. *Brazilian computers are as good as American computers.*

Eu sou **tão** <u>inteligente</u> **quanto** minha irmã. *I am as intelligent as my sister.*

Eu sou **tão** <u>inteligente</u> **como** minha irmã.

Minha irmã é **tão** <u>alta</u> **quanto** eu. *My sister is as tall as I am.*

Minha irmã é **tão** <u>alta</u> **como** eu.

Nota: Pode-se usar **quanto** ou **como** na comparação de igualdade indiferentemente.

*Note: You can use either **quanto** or **como** to express sameness (equality).*

3. Comparativo de INFERIORIDADE / *Comparative inferiority*

Fórmula: **menos + adjetivo + (do) que**

Formula for inferiority: menos (less) + adjective + que (than)

Antônio é **menos** <u>educado</u> **(do) que** Roberto. *Antônio is less educated than Roberto.*

Roberto é **menos** <u>inteligente</u> **(do) que** Antônio. *Roberto is less intelligent than Antônio.*

Minha irmã é **menos** <u>ambiciosa</u> **(do) que** eu. *My sister is less ambitious than I.*

Minha irmã é **menos** <u>estudiosa</u> **(do) que** eu. *My sister is less studious than I.*

Alguns dos adjetivos em português são irregulares, quando usados para expressar o comparativo de superioridade.

Some adjectives in Portuguese have an irregular form when they are used to express superiority.

Comparativos de superioridade irregulares / *Irregular comparatives of superiority*

Para expressar o adjetivo *To express the adjective*	Use a expressão *Use the phrase*	Exemplos *Examples*
bom	MELHOR(ES) do que	Cerveja é **melhor do que** leite. *Beer is better than milk.* Meus livros são **melhores do que** os seus. *My books are better than yours.*
ruim	PIOR(ES) do que	A estrada está **pior do que** a rua. *The road is worse than the street.* As estradas estão **piores do que** as ruas. *The roads are worse than the streets.*
grande	MAIOR(ES) do que	Eu sou **maior do que** meu irmão. *I am bigger than my brother.* Nós somos **maiores do que** nossos irmãos. *We are bigger than our brothers.*
pequeno	MENOR(ES) do que	Paulo é **menor do que** José. *Paulo is smaller than José.* Nossas irmãs são **menores do que** nós. *Our sisters are smaller than we (are).*

Adjetivos: grau superlativo / *Adjectives: superlative degree*

O grau superlativo é usado para destacar uma qualidade de algo ou alguém dentro de um grupo. Pode-se dizer, por exemplo, que Paulo é o mais inteligente dos alunos ou que ele é o menos inteligente. O grau superlativo, portanto, se divide em superioridade e inferioridade.

The superlative degree of adjectives is used to emphasize the quality of something or someone within a group. We can say, for instance, that Paulo is the most intelligent in his class or that he is the least intelligent in his class. The superlative degree is divided into superiority and inferiority.

1. Superlativo de SUPERIORIDADE / *Superlative superiority*

Fórmula: **o(s)/a(s) mais + adjetivo + de**

Formula: the most + adjective + -est + in

Roberto é **o** aluno **mais <u>alto</u> da*** classe. *Roberto is the tallest student in the class.*

Sara é **a mais <u>baixa</u> da** família. *Sara is the shortest in her family.*

Minhas irmãs são **as mais <u>jovens</u> da** vizinhança. *My sisters are the youngest in the neighborhood.*

Esses são **os** diretores **mais <u>velhos</u> da** firma. *These are the oldest directors in the company.*

O carro **mais <u>feio</u> do*** estacionamento é o meu. *The ugliest car in the parking lot is mine.*

*Atenção para as contrações: do = de + o; da = de + a

*Note the contractions: do = de + o; da = de + a

2. Superlativo de INFERIORIDADE / *Superlative inferiority*

Fórmula: **o(s)/a(s) menos + adjetivo + de**

Formula: the least + adjective + in

Roberto é **o** aluno **menos <u>simpático</u> da** classe. *Roberto is the least pleasant student in the class.*

Sara é **a menos <u>ambiciosa</u> da** família. *Sara is the least ambitious in her family.*

Minhas irmãs são **as menos <u>atrativas</u> da** vizinhança. *My sisters are the least attractive in the neighborhood.*

Esses são **os** diretores **menos <u>inovadores</u> da** firma. *Those are the least innovative directors in the company.*

O carro **menos <u>potente</u> do** estacionamento é o meu. *The least powerful car in the parking lot is mine.*

3. Superlativos IRREGULARES / *Irregular superlative*

Alguns adjetivos, como no grau comparativo, são irregulares. No grau superlativo, o adjetivo irregular precede o substantivo ao qual se refere.

As seen with the comparative degree, some adjectives have irregular forms. In the superlative degree, the irregular adjective precedes the noun it refers to.

Superlativos irregulares / *Irregular superlative adjectives*

Para expressar o adjetivo *To express the adjective*	Use a expressão *Use the phrase*	Exemplos *Examples*
bom	o(s)/a(s) melhor(es) de	Cerveja é **a melhor** bebida **de** todas. *Beer is the best drink of all.* Eu tenho **os melhores** livros **da** escola. *I have the best books in school.*
ruim	o(s)/a(s) pior(es) de	Esta estrada é **a pior do** país. *This road is the worst in the country.* Essas são **as piores** estradas **do** país. *Those are the worst roads in the country.*
grande	o(s)/a(s) maior(es) de	O Maracanã era **o maior** estádio **do** mundo. *Maracanã was the biggest stadium in the world.* Nós temos **as maiores** praias **do** Brasil. *We have the biggest beaches in Brazil.*
pequeno	o(s)/a(s) menor(es) de	Pedro tirou **a menor** nota **da** classe. *Pedro got the lowest grade in class.* João é **o menor da** família. *João is the smallest in his family.*

 Agora volte aos diálogos e ouça as outras versões com pausas, repetindo suas falas.

PRÁTICA

Exercícios

Exercício A

Complete as lacunas com as expressões idiomáticas corretas:

pressa   saudades   sono   medo   sede   frio   razão   fome   sorte   calor

1. No inverno, eu tenho _____.

2. As meninas têm _____ quando viajam de avião.

3. Quando Pedro está com _____, ele bebe muita água.

4. Na hora do almoço, temos _____.

5. É verão, e as pessoas estão com _____.

6. São sete horas, e a reunião começa às 7:15. Estou com _____.

7. Já é uma hora da manhã. As crianças têm _____.

8. Eu não vou ao Brasil há mais de três anos. Estou com _____ dos meus pais.

9. Eu sempre tiro notas boas na escola. Eu tenho muita _____.

10. Você tem _____: a prova é amanhã, não é hoje.

Exercício B

Complete as orações a seguir com a forma correta do verbo entre parênteses no presente do indicativo:

1. Patrícia _____ (ir) trabalhar no feriado.

2. As secretárias _____ (ter) que escrever relatórios nos fins de semana.

3. _____ (haver) muitos departamentos nesta firma?

4. Os alunos _____ (ter) medo das provas.

5. Nós _____ (ir) descansar um pouco depois do trabalho.

6. Eu _____ (ter) muita saudade do meu país.

7. Eles _____ (ir) viajar na semana que vem.

8. Márcia _____ (fazer) compras de Natal.

9. O chefe _____ (beber) um café no fim da tarde.

10. O gerente _____ (ir) falar com a secretária sobre o relatório.

Exercício C

Faça frases usando o grau comparativo de superioridade (+), inferioridade (–) ou igualdade (=):

> ler um livro / ir ao cinema / ser interessante (=)
>
> Ler um livro é tão interessante quanto ir ao cinema.

1. ir ao teatro / assistir TV / ser bom (+)

2. as praias de Recife / as de João Pessoa / ser bonitas (=)

3. esta comida / aquela outra / estar deliciosa (–)

4. os rios deste país / suas lagoas / estar poluído (=)

5. o Sr. Rodrigues / o Sr. Costa / ser pequeno (–)

6. a loja de brinquedos / a livraria / ser grande (+)

Faça frases usando o grau superlativo de superioridade (+) ou inferioridade (–):

7. prato / delicioso / restaurante (–)

8. Renata / irmã / tímida / família (–)

9. este livro / ruim / biblioteca (+)

10. esta / casa / velha / rua (+)

Exercício D

Responda as perguntas a seguir:

1. Para onde você vai neste fim de semana?

2. Como você vem para a aula de português?

3. O que você faz no seu trabalho todos os dias?

4. Em quais dias da semana você não trabalha?

5. Quantos alunos há em sua aula de português?

6. Você está com fome agora?

7. Você tem que estudar português amanhã?

8. O que você faz no seu tempo livre?

9. Onde você mora?

10. O que há de bom para fazer nesta cidade ?

 ### Exercício E

Marque V para verdadeiro ou F para falso, segundo o diálogo que você ouviu:

1. _____ O ar condicionado da casa de Maria e José está ruim.

2. _____ Maria convida José para ir à praia.

3. _____ Na opinião de Maria, o dia não está bom para praia.

4. _____ José tem que concluir um relatório.

5. _____ Eles vão passar a tarde em Copacabana.

6. _____ Maria tem que comprar um presente para Renata.

7. _____ A festa de Renata vai começar às 9 horas.

8. _____ Renata vai fazer 36 anos.

9. _____ José vai ficar até o fim da festa.

10. _____ José tem que viajar no dia seguinte.

Experiência

Parte A

Responda as perguntas:

1. Qual é a sua cidade preferida?

2. Qual é a sua cidade natal?

3. Onde você vive agora?

4. Descreva um dos seguintes lugares: sua cidade, sua casa, seu escritório ou lugar de trabalho ou estudo.

Parte B

Escreva um parágrafo contando quais são os seus planos para a semana ou para o fim de semana.

Conversa

Troque as agendas, compartilhando, com seu colega, o que fazem todos os dias, e o que planejam fazer durante o fim de semana e/ou nas férias.

CULTURA

Leia o texto e reflita sobre as perguntas.

Laços familiares

A estrutura da família brasileira é semelhante à da norte-americana, mas diferente na forma de se relacionar e de conviver[1].

Os avós[2] muitas vezes vivem com a família e ajudam a tomar conta dos filhos. Há dois motivos para esta convivência: primeiro, auxiliam os pais, que estão trabalhando o dia todo; segundo, as famílias brasileiras não querem ou não podem pagar um asilo[3] para os mais idosos[4]. Dentro de casa, há o aconchego[5] familiar. Asilo de velhos tem um sentido pejorativo: parece que os filhos não querem cuidar dos idosos. Fora de casa, há a *saudade*, a nostalgia, a vontade de ficar perto[6] das pessoas queridas.

O filho e a filha geralmente estudam na mesma cidade onde nascem, moram com os pais[7], e só saem de casa quando se casam ou adquirem independência financeira. É mais prático e mais econômico.

Muitas famílias ainda têm uma empregada[8] doméstica, que ajuda nos trabalhos caseiros, e uma babá[9] para cuidar das crianças[10]. Mas cada vez há menos auxiliares e custam mais caro. A estrutura familiar no século XXI está se adaptando e usando mais a tecnologia nos trabalhos caseiros e menos a mão de obra.

1. conviver, convivência	*to be social, companionship*
2. os avós	*the grandparents*
3. pagar um asilo	*to pay for a retirement home*
4. idosos, velhos	*elderly folks*
5. aconchego	*comfort*
6. ficar perto	*to stay near*
7. os pais	*the parents*
8. empregada	*maid*
9. babá	*nanny*
10. crianças	*children*

Compreensão do texto

1. Como é a família brasileira?
2. Onde vivem os avós?
3. Os filhos moram com os pais?
4. Quem ajuda no trabalho caseiro?
5. Compare uma família brasileira com uma família americana.

UNIDADE 2

NO TRABALHO

UNIT 2

AT WORK

Lição 5

Na empresa

OBJECTIVES

1. **Communication Skills: By the end of this lesson, you should be able to**
   - Describe the organization of a commercial enterprise
   - Recognize and use cognates related to the business world
   - Explain what someone does when performing his or her job routine

2. **Culture and Business Relations: By the end of this lesson, you should be able to**
   - Delineate job functions and responsibilities of different job titles, mainly of management and office positions
   - Better understand how Brazilians think of themselves

3. **Grammar: By the end of this lesson, you should be able to**
   - Understand how to use regular verbs of the three conjugations *(-ar, -er, -ir)* in the present tense
   - Form the first-person present tense of some irregular verbs

DIÁLOGOS

Os diálogos ilustram como a gramática e o vocabulário de cada lição são usados no contexto, formal e informalmente. Os pontos gramaticais abordados estão em **negrito**. Ouça os diálogos sem pausa, acompanhando com a leitura.

Diálogos formais

 DIÁLOGO 1: O mundo dos negócios

No escritório: quem faz o quê?

Ana Maria está interessada em um cargo do Departamento de Comunicação. Simone, dos Recursos Humanos, lhe explica tudo por telefone.

(Conjugações verbais no presente do indicativo)

Simone:	Jornal *O Globo*, boa tarde!
Ana Maria:	Boa tarde. Queria informações sobre o cargo de secretária no Departamento de Comunicação, por favor.
Simone:	Certo. Mas não **é** apenas um cargo de secretária; **é** também assistente do chefe de departamento.
Ana Maria:	Quais **são** as responsabilidades desta função, por favor?
Simone:	A secretária **revisa** e **arquiva** documentos e correspondências; **responde** e **envia** cartas; **prepara** a folha de pagamentos; e **ajuda** com o lançamento de dados no computador.
Ana Maria:	Que conhecimento **deve** ter de computador?
Simone:	**Precisa** saber usar os programas Word, Excel, e saber processar dados. **Deve** enviar emails e digitar cinquenta palavras por minuto.
Ana Maria:	Também **tem** que participar das reuniões com a diretoria?
Simone:	Ah, sim. **Toma** notas e **faz** ligações para avisar os outros membros do conselho.
Ana Maria:	**Precisa** falar outras línguas?
Simone:	Sim, **deve** ser bilíngue em inglês e português. **Deseja** mais alguma informação?
Ana Maria:	Não, **acho** que já tenho todas as informações que **preciso**. Muito obrigada e boa tarde.

 DIÁLOGO 2: Correspondência: quem faz o quê?

João Batista, o supervisor, conversa com Márcio, empregado dos correios, sobre o trabalho de envio de correspondência.

(Verbos no presente do indicativo)

João Batista:	Quem **é** o responsável por este Departamento?
Márcio:	**Sou** eu. **Sou** encarregado do envio de correspondência da empresa.
João Batista:	Quais **são** suas responsabilidades?

Márcio:	Eu **trago** e **reviso** toda a correspondência de saída dos departamentos.
João Batista:	Você também **distribui** a correspondência de entrada?
Márcio:	Sim, senhor. Eu **organizo** as cartas e os pacotes e os **levo** para o caminhão.
João Batista:	É você quem **dirige** o caminhão?
Márcio:	Sim, eu **sou** o motorista. **Dirijo** o caminhão para os departamentos e **entrego** a correspondência.
João Batista:	Para onde você **leva** a correspondência? Para os escritórios dos departamentos?
Márcio:	Sim, senhor, e **coloco** tudo na caixa postal.
João Batista:	OK. Muito obrigado pela informação. Boa tarde.

Diálogos informais

 ### DIÁLOGO 3: No telefone com uma amiga

Ana e Letícia, duas estudantes, conversam sobre o trabalho na biblioteca.

(Verbos no presente do indicativo)

Ana:	Oi Letícia! Queria saber um pouco sobre o seu trabalho na biblioteca, porque **quero** trabalhar lá no semestre que vem.
Letícia:	Que bom, Ana. Assim **podemos** trabalhar juntas!
Ana:	Você **gosta** do trabalho? O que você **faz**, exatamente?
Letícia:	Eu **tenho** que revisar todos os pedidos de livros novos e avisar minha coordenadora, caso tenha algum erro.
Ana:	E você também **arquiva** os livros depois que eles **chegam**?
Letícia:	Sim, eu **faço** o pedido da encadernação e então **arquivo** todo o material.
Ana:	Você **usa** o computador também?
Letícia:	**Uso**, sim, na maioria das vezes para responder emails ou entrar em contato com nossos fornecedores. Às vezes, eu **tenho** que participar de reuniões também.
Ana:	**Parece** ser um trabalho fácil!
Letícia:	É verdade, e o pessoal que **trabalha** lá é super legal!
Ana:	Ótimo! **Acho** que **vou** me inscrever para a vaga que **tem** lá agora.
Letícia:	Boa sorte! A gente se **vê** no campus amanhã.

DIÁLOGO 4: Organizando um churrasco

Ricardo e André querem organizar um churrasco no fim de semana.

(Mais verbos no presente do indicativo)

Ricardo:	Oi, André. Tudo bem?
André:	Beleza! E aí? **Vamos** organizar o churrasco no sábado?
Ricardo:	Claro! **Pode** deixar que eu **vou** falar com o pessoal. Eu **posso** fazer uns convites e depois **entrego** para a turma do futebol durante o jogo amanhã.
André:	Valeu! E eu **distribuo** os convites para o pessoal da faculdade amanhã à tarde.
Ricardo:	Ótimo, porque amanhã não **vou** à aula. **Tenho** que fazer meu exame para tirar carteira. Te **mando** os convites por email.
André:	Você não **dirige** ainda? Nossa, cara! Se você tirar sua carteira, nós **vamos** ter que sair para comemorar e tomar uma cerveja depois do jogo amanhã.
Ricardo:	Sem problemas. Até amanhã.

VOCABULÁRIO

Ouça cada palavra ou frase e repita-a durante a pausa.

Títulos, funções		
os	acionistas	*shareholders*
	auxiliar de escritório	*office worker*
o/a	chefe, o/a patrão/a	*boss*
o	consultor legal	*legal counsel*
o/a	diretor/a executivo/a	*executive director*
	diretoria/conselho diretor	*board of directors*
os	distribuidores	*distributors*
	donos	*owners*
	empregados	*employees*
	gerência	*management*
	operários	*workers*
o	pessoal de fábrica	*plant workers*
o/a	presidente/a, vice-presidente/a	*president, vice-presidents*
o/a	profissional	*professional*
o/a	recepcionista	*receptionist*
	técnicos	*technicians*

Departamentos

	Produção	Production
	Administração	Administration
	Contabilidade	Accounting
	Financeiro	Financial
	Mercado	Marketing
	Pessoal	Personnel
	Recursos Humanos	Human Resources

Objetos de um escritório

	arquivo	files
	cadeira	chair
	calculadora	calculator
	caneta marcador	highlighter
o	clipe	paper clip
o	fax	fax machine
	fita	tape
o	grampeador	stapler
	grampos	staples
o	telefone	telephone
	tesoura	scissors

Substantivos

as	ações	shares
	correspondência	mail
	documentos	documents
	folha de pagamentos	payroll
	gastos e faturas	expenses and invoices
	investimento	investment
	mensagens eletrônicas	email
	nota fiscal	receipt
a	ordem de entrada e saída	incoming and outgoing mail
o	pessoal sob sua supervisão	personnel under your supervision
	tabelas de dados	table of contents, data tables
as	transações financeiras	financial transactions

Verbos

	abrir	to open
	anunciar	to report, advertise
	arquivar	to file
	atender	to assist, to answer (the phone)

comunicar	*to communicate*
controlar	*to control*
coordenar	*to coordinate*
desenvolver	*to develop*
distribuir	*to distribute*
enviar	*to send*
estabelecer	*to establish*
executar	*to execute*
organizar	*to organize*
planejar	*to plan*
preparar	*to prepare*
representar	*to represent*
responder	*to answer*
reunir	*to meet, to get together*
revisar	*to review, to revise*
supervisar, supervisionar	*to supervise*
transferir	*to transfer*

Adjetivos

| outro/a | *other* |
| cada | *every* |

Conjunção

| como | *as, since* |

Preposição

| por | *by* |

GRAMÁTICA

Presente do indicativo: Verbos regulares terminados em -ar, -er, -ir / *Simple present: Regular verbs that end in -ar, -er, -ir*

1. São regulares os verbos que, quando são conjugados, não sofrem alterações em seu radical e recebem as terminações próprias do grupo a que pertencem. O radical é a parte do verbo que resta ao se retirarem dele as letras que identificam seu grupo. Por exemplo, o radical de "amar" é "am-"; o de "vender" é "vend-"; e o de "partir" é "part-".

   A verb is regular when its stem does not change as it is conjugated and it takes the endings that are specific to the group to which the verb belongs. The stem is the part of the verb that remains when its group-identifying ending is removed from the verb. For example, the stem of "amar" (to love) is "am-"; the stem of "vender" (to sell) is "vend-"; and the stem of "partir" (to leave) is "part-".

Os verbos regulares do presente do indicativo seguem três modelos de conjugação, conforme seu infinitivo termine em **-ar**, **-er** ou **-ir**.

Cada um desses três grupos de verbos (**-ar**, **-er**, **-ir**) apresentará um conjunto de terminações específicas, que será o mesmo para todos os verbos regulares dentro do grupo. Por exemplo, o verbo "revisar" apresentará as mesmas terminações que o verbo "preparar" ou o verbo "amar", pois todos eles pertencem ao grupo **-ar**. De igual maneira, o verbo "desenvolver" apresentará as mesmas terminações que o verbo "comer", já que ambos terminam em **-er**, assim como "partir" terá as mesmas terminações que "desistir", pois terminam em **-ir**.

As terminações no presente do indicativo indicam apenas a pessoa e o número. A ausência de qualquer indicação de tempo revela o presente.

Regular verbs in the present indicative follow three conjugation models, according to the endings of the infinitive -ar, -er, and -ir.

Each of these three groups of verbs (-ar, -er, and -ir) has a set of specific endings that are the same for all of the regular verbs in that group. For example, the verb "revisar" (to review) takes the same endings as the verb "preparar" (to prepare) and the verb "amar" (to love), since the three of them belong to the -ar group. By the same token, the verb "desenvolver" (to develop) takes the same endings as the verb "comer", since both end in -er. "Partir" (to leave) takes the same endings as "desistir" (to desist), due to their ending in -ir.

The endings for the simple present tense indicate the person and number only. The absence of any indication of tense establishes the present.

Modelos de conjugação: Verbos regulares, presente do indicativo / *Conjugation models: Regular verbs, present indicative*

Pronome pessoal ou sujeito	-AR: falar	*to speak*	-ER: comer	*to eat*	-IR: partir	*to leave*
eu	falo	*I speak*	como	*I eat*	parto	*I leave*
você, ele/ela	fala	*you speak he/she speaks*	come	*you eat he/she eats*	parte	*you leave he/she leaves*
nós	falamos	*we speak*	comemos	*we eat*	partimos	*we leave*
vocês, eles/elas	falam	*you/they speak*	comem	*you/they eat*	partem	*you/they leave*

2. **Exemplos de outros verbos regulares terminados em -ar, -er, -ir /** *Examples of other regular verbs that end in -ar, -er, -ir:*

-ar:		-er:		-ir:	
acreditar	to believe	beber	to drink	abrir	to open
ajudar	to help	comer	to eat	admitir	to admit, to hire
analisar	to analyze	compreender	to understand	assistir	to attend
arquivar	to file	correr	to run	cumprir	to fulfill
avaliar	to evaluate	defender	to defend	decidir	to decide
avisar	to warn	depender	to depend	demitir	to dismiss
comunicar	to communicate	desenvolver	to develop	desistir	to give up
contestar	to disagree	dever	must	discutir	to discuss
controlar	to control	devolver	to give back (something)	distribuir	to distribute
datilografar	to type (typewriter)	escolher	to choose	imprimir	to print
desejar	to wish	escrever	to write	insistir	to insist
digitar	to type (computer)	ofender	to offend	omitir	to omit
entregar	to hand in, to deliver	perceber	to perceive	presidir	to preside
entrevistar	to interview	pretender	to intend	proibir	to prohibit
enviar	to send	proceder	to proceed	residir	to live (reside)
escutar	to hear	receber	to receive	resistir	to resist
executar	to do, to make	recolher	to collect	resumir	to summarize
falar	to speak	resolver	to solve	reunir	to meet
necessitar	to need	responder	to answer	transmitir	to transmit

organizar	to organize	viver	to live	unir	to unite
praticar	to practice				
preparar	to prepare				
representar	to represent				
revisar	to review				
supervisar	to supervise				
tomar	to take, to drink				
trabalhar	to work				
usar	to use				
xerocar/ tirar cópias	to make copies				

Notem que o grupo de verbos com final em -ar é o mais extenso.

Note that most verbs belong to the first conjugation, ending in -ar.

Presente do indicativo: Verbos irregulares na primeira pessoa do singular (eu) / *Simple present: Irregular verbs in the first-person singular (I)*

Há verbos que não seguem a conjugação regular do presente do indicativo na primeira pessoa, "**eu**", como os verbos em -er e -ir a seguir. Para tais verbos, há uma mudança na escrita quando são conjugados na primeira pessoa do singular.

*There are verbs that do not follow the regular conjugation in the simple present for the first-person singular, I (**eu**), like the verbs in -**er** and -**ir** below. These verbs change their spelling in the first-person singular.*

Pronome pessoal ou sujeito	Conhecer to know	Ouvir to hear	Pedir to ask	Perder to lose, to miss	Servir to serve	Dormir to sleep	Saber to know	Poder to be able to
eu	conheço	ouço	peço	perco	sirvo	durmo	sei	posso
você, ele/ela	conhece	ouve	pede	perde	serve	dorme	sabe	pode
nós	Conhecemos	ouvimos	pedimos	perdemos	servimos	dormimos	sabemos	podemos
vocês, eles/elas	conhecem	ouvem	pedem	perdem	servem	dormem	sabem	podem

✔ Agora volte aos diálogos e ouça as outras versões com pausas, repetindo suas falas.

A organização de uma empresa comercial: títulos e funções:

Acionistas

Donos de uma ou mais ações de uma empresa, companhia ou sociedade.

Membros ou sócios da empresa.

Gerência/Conselho diretor

Nomeia o/s presidente/s.

Reúne o conselho diretor; analisa relatórios dos executivos; vota em decisões e planos.

Presidente/Diretor(a) executivo(a)/Vice-presidentes

São os membros executivos da empresa que executam o trabalho administrativo.

Organizam os diferentes departamentos e as funções de todo o pessoal e tomam decisões.

Planejam, desenvolvem, promovem e incrementam o negócio. Coordenam planos e eventos.

Estabelecem relações públicas e iniciam contatos com pessoas e agências interessadas.

Representam a empresa em conferências, congressos, viagens de promoção e de contratação.

Comunicam-se com os chefes dos departamentos. Supervisionam o pessoal.

Revisam e respondem correspondência a nível executivo.

Tesoureiro/Contador/Departamento de contabilidade

Controlam as transações financeiras.

Realizam as operações de cobrança e pagamentos da empresa.

Consultor legal

É o chefe imediato do departamento legal. Deve ser advogado(a).

Prepara e revisa documentos legais da companhia como contratos, patentes etc.

Chefe ou gerente de departamento

É responsável por determinado departamento.

Pessoal: pessoal executivo/profissional

Pessoal especializado (empregados, assistentes de escritório e técnicos)

Pessoal (gerentes e operários) da fábrica

Organização e trabalho de um escritório:

Empregados de um escritório

Secretário(a), recepcionista

Atividades de um escritório

Arquivar documentos. Abrir, revisar, distribuir, arquivar correspondência de entrada e saída.

Responder e enviar correspondência de rotina.

Atender o telefone e responder mensagens eletrônicas (email).

Transferir chamadas para outros departamentos.

Fazer a folha de pagamentos. Verificar gastos e faturas. Tomar notas em reuniões.

Marcar encontros e/ou reuniões dos chefes e diretores.

Preparar formulários ou tabelas de dados.

Saber usar: o computador (e seus programas—Word, Excel, PowerPoint, etc.), a máquina de xerox, o fax, a calculadora, a impressora, o telefone.

PRÁTICA

Exercícios

Exercício A

Circule "certo" ou "errado" para as frases abaixo, de acordo com a conjugação verbal.

1. Certo/errado   Eu me <u>chama</u> Osmar.
2. Certo/errado   Eu <u>durmo</u> oito horas por dia.
3. Certo/errado   Eles <u>comem</u> todos os dias neste restaurante.
4. Certo/errado   Vocês <u>enviamos</u> emails para seus clientes todos os dias?
5. Certo/errado   Elas <u>somos</u> as novas recepcionistas.
6. Certo/errado   A minha secretária <u>faz</u> uma lista de tarefas para mim.
7. Certo/errado   Você <u>assistem</u> a quantas reuniões por semana?
8. Certo/errado   O que você <u>leva</u> para o trabalho todos os dias?
9. Certo/errado   O que você <u>faço</u> todos os dias no escritório?
10. Certo/errado   Nós <u>partimos</u> para o escritório às 9:00h da manhã.

Exercício B

Quem faz o quê? Marque a opção correta para a função de cada pessoa.

1. A secretária. . .

   a. atende o telefone

   b. canta samba

   c. cozinha para os sócios

   d. revisa documentos legais

2. O consultor legal. . .

   a. limpa a sala de reuniões

   b. vende mesas

   c. revisa documentos legais

   d. contrata empregados

3. O tesoureiro. . .

   a. corta roupas

   b. controla as finanças

   c. coordena eventos

   d. traz correspondências

4. O chefe de departamento. . .

   a. toma notas

   b. serve café

   c. lava banheiro

   d. admite/demite empregados

5. O acionista. . .

   a. dirige o carro da empresa

   b. é dono de ações

   c. arquiva documentos

   d. conserta computadores

6. Objeto usado para fazer contas: _____

7. Aparelho utilizado para fazer ligações: _____

8. Títulos ou documentos de propriedade, negociável e transmissível: _____

9. Conjunto de documentos manuscritos ou eletrônicos, produzidos, recebidos e acumulados no decurso das atividades de uma empresa: _____

10. Lista dos funcionários de uma empresa e de seus respectivos vencimentos: _____

Exercício C

Correlacione o parágrafo abaixo com as formas apropriadas dos verbos FAZER, IR, HAVER, TRABALHAR, ESTUDAR, TER, PARTICIPAR, DIGITAR, FALAR, PREPARAR no presente do indicativo:

Em minha sala de aula (1) __ muitas cadeiras e mesas. Eu (2) __ para minha aula de português todos os dias da semana. Antes de ir às aulas, eu sempre (3) __ os exercícios pedidos pela professora. Eu (4) __ muito para os exames, pois (5) __ que tirar ótimas notas neste curso. Logo após a aula, eu vou para meu trabalho. Eu (6) __ em uma grande firma de telefonia celular. Minha namorada também trabalha nessa companhia. Ela (7) __ cartas no computador, (8) __ das reuniões e (9) __ relatórios. Ela (10) __ três línguas estrangeiras.

1. _____

2. _____

3. _____

4. _____

5. _____

6. _____

7. _____

8. _____

9. _____

10. _____

Exercício D

Ouça as seguintes palavras e marque V (verdadeiro) para quando os objetos se encontrarem em um escritório ou F (falso) para o oposto:

a. ( ) cama

b. ( ) calculadora

c. ( ) telefone

d. ( ) computador

e. ( ) mesa

f. ( ) faca

g. ( ) bicicleta

h. ( ) caneta

i. ( ) arquivo

j. ( ) cadeira

k. ( ) freezer

l. ( ) aparelho de DVD

m. ( ) carro

Exercício E

Ouça o diálogo e escolha a resposta correta:

1. Verdadeiro/Falso   O Sr. Rodrigo trabalha em publicidade.

2. Verdadeiro/Falso   A Srta. Gabriela chefia 800 empregados.

3. Verdadeiro/Falso   Dentre as funções da Srta. Gabriela, temos: Entrevistar novos artistas, supervisionar as condições de trabalho, contactar as lojas de departamentos para salário e benefícios.

4. Verdadeiro/Falso   As outras funções que a Srta. Gabriela exerce encontram-se relacionadas com o pessoal.

5. Verdadeiro/Falso   O Sr. Pedro é o chefe da tesouraria.

6. Verdadeiro/Falso   O Sr. Rodrigo gostaria de visitar o Departamento de Marketing.

7. Verdadeiro/Falso   O Sr. Rodrigo encontra a secretária no Departamento de Marketing.

8. O que faz uma secretária no Departamento de Marketing:

    a. Conversa o dia inteiro

    b. Compra almoço para o chefe

    c. Vai para casa mais cedo

    d. Recebe, envia e arquiva a correspondência, faz e responde as telefonemas

9. O que as estudantes da administração fazem:

    a. Conversam o dia inteiro

    b. Analisam sistemas e organizam dados

    c. Falam no telefone

    d. Chefiam as divisões departamentais

10. Onde está a secretária no momento:

    a. Está no almoço

    b. Está em casa

    c. Está em uma reunião

    d. Está em sua sala

Experiência

Parte A

Usando o vocabulário e gramática das lições estudadas, descreva a companhia em que você atualmente trabalha (ou que você trabalhou anteriormente) e também descreva a sua função, começando pelo título. Use pelo menos dez verbos de ação diferentes na descrição, além dos verbos "ser" e "estar". Prepare um audio e o coloque no "discussion board", junto com a parte escrita. Boa sorte!

Parte B

Ouça a descrição das funções de 1 a 7 e identifique-as com base no organograma da empresa.

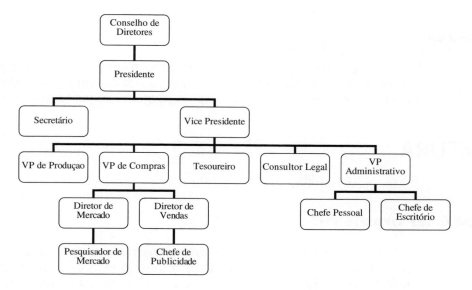

Quem é?

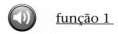 função 1

 função 2

 função 3

 função 4

 função 5

 função 6

 função 7

Conversa

Crie e leia descrições de ofertas de trabalho, e então formule perguntas e dê respostas sobre o emprego. Faça uma lista com os títulos de empregos e descreva brevemente como estes cargos funcionam. Depois, pergunte ao colega o que ele faz no trabalho.

CULTURA

Leia o texto e reflita sobre as perguntas.

O que é ser brasileiro?

Este é um conceito em permanente metamorfose. Uma coisa era "ser brasileiro" durante Brasil Colônia (enfrentando os colonizadores portugueses, espanhóis, franceses, holandeses), outra no século XIX (como jovem nação), outra hoje (em meio à querela[1] da globalização). Nossos melhores intelectuais como José de Alencar, Machado de Assis e Mário de Andrade tinham uma visão do país como um projeto a ser construído. A grande virtude do brasileiro é a informalidade; de alguma maneira continua como um índio tupinambá abrindo sua casa e sua família para os gringos[2] visitantes.

Há problema racial no Brasil?

O problema racial no Brasil é basicamente um problema econômico. É diferente dos Estados Unidos. E é um erro importar a "politica das cotas[3] raciais". Aqui, já foi cientificamente demonstrado, 90% dos brasileiros têm sangue mestiço e/ou negro. É didático o diálogo entre um embaixador americano e um brasileiro:

Embaixador americano: Vocês dizem que não são racistas, mas no Itamaraty não tem negro?

Embaixador brasileiro: É verdade, mas em compensação também não tem branco.

Como se sente o brasileiro?

O sentimento de brasileiridade conheceu pelo menos três instantes específicos:

– o da defesa da territorialidade,

– o da expectativa imperial, e

– o da consciência nacionalista.

Como digo em meu poema: "Que país é este"?

Uma coisa é um país,

Outra – um ajuntamento[4].

Uma coisa é um país,

Outra – o aviltamento[5].

(Respostas do poeta Affonso Romano de Sant'Anna para *Working Portuguese.*)

1. querela	*dispute, complaint*
2. gringo	*foreigner*
3. cotas	*quota, share*
4. ajuntamento	*gathering*
5. aviltamento	*debasement*

Perguntas

1. Quem é o brasileiro?
2. De que cor é sua pele?
3. O que diz Sant'Anna sobre o sentimento de brasileiridade?

Lição 6

Planejando a semana

OBJECTIVES

1. **Communication Skills: By the end of this lesson, you should be able to**
   - Talk about and ask questions related to the daily routine in the workplace
   - Organize a workplace schedule

2. **Culture and Business Relations: By the end of this lesson, you should be able to**
   - Understand something about Brazil's history and political system

3. **Grammar: By the end of this lesson, you should be able to**
   - Use some irregular verbs in the simple present in conversation
   - Use the future tense
   - Begin to use direct and indirect object pronouns

DIÁLOGOS

Os diálogos ilustram como a gramática e o vocabulário de cada lição são usados no contexto, formal e informalmente. Os pontos gramaticais abordados estão em **negrito**. Ouça os diálogos sem pausa acompanhando com a leitura.

Diálogos formais

 ### DIÁLOGO 1: Agenda de trabalho no escritório

Sr. Álvaro Ramos, do Departamento de Marketing, e Sra. Paula Melo, do Departamento de Vendas, conversam por telefone. Os dois trabalham na Cia. (Companhia) Mercotécnica.

(Verbos irregulares no presente, futuro com IR)

Sra. Melo:	Bom dia, Sr. Ramos. Como está o senhor hoje?
Sr. Ramos:	Muito bem, obrigado. E a senhora? Pode coordenar os nossos horários?
Sra. Melo:	Claro. **Temos** que fazer planos de promoção e vendas para a próxima semana. A que horas o senhor começa o trabalho na segunda-feira?
Sr. Ramos:	Começo às 9:30 da manhã. Mas às vezes há problema com o transporte da minha esposa e não **posso** chegar na hora porque preciso lhe dar uma carona. Aviso se tiver algum problema.
Sra. Melo:	Obrigada, é importante saber disto. **Prefiro** contactar os clientes toda segunda a partir das duas da tarde e preciso dos dados dos clientes.
Sr. Ramos:	Pesquiso os dados de manhã e passo a informação para a senhora de tarde.
Sra. Melo:	Está bem. Também necessitamos aumentar nossas vendas. **Vou falar** com José Paiva, nosso representante de vendas nessa área. O senhor pode contactar os distribuidores?
Sr. Ramos:	Lógico. **Vou fazer** o contato com os distribuidores na terça por telefone e por email. Também **vou mandar** convites pessoais aos nossos escritórios.

 ### DIÁLOGO 2: O melhor vendedor do ano

Gustavo, o Chefe do Departamento de Vendas, e sua secretária, Isabel, organizam o evento "O melhor vendedor do ano".

(Pronomes de objeto direto e indireto)

Gustavo:	Vamos fazer com que este evento promova uma grande motivação para nossos vendedores. Por onde começamos?
Isabel:	Vamos começar pelos convites em vez de usar memorando. Podemos encomendá-**los** pela internet. Chegam em dois dias. Assim, **os** envio antes da sexta-feira para os convidados e eles vão recebê-**los** com bastante antecedência.

Gustavo:	Acho ótima ideia! Vão se sentir muito importantes. O que mais podemos fazer? Vou confessar-**lhe** que não esperava tanta criatividade da sua parte.
Isabel:	Obrigada, Sr. Gustavo. Acho que o segundo passo será reservar o local para o evento. Pode ser no salão de festas do sindicato. Custa apenas R$100,00 (cem reais) para reservá-**lo**. Posso confirmar a reserva?
Gustavo:	Claro, pode confirmá-**la**! Lembre-**me** de falar com o contador da empresa para liberar os cheques.
Isabel:	Também temos que alugar mesas e cadeiras. O sindicato **as** aluga. É um pouco mais caro, mas vamos economizar em transporte, pois não vamos **nos** responsabilizar por isto.
Gustavo:	E o que vamos servir?
Isabel:	Já que a festa vai ser na sexta-feira à tarde, podemos servir salgadinhos ou fazer um churrasco.
Gustavo:	Prefiro os salgadinhos: minissanduíches, pão de queijo. . . A loja "Sabor aos pedaços" pode fornecê-**los** por um bom preço. E quanto às bebidas, podemos comprá-**las** no hipermercado Macro.
Isabel:	Está bem, Senhor Gustavo. Por favor, ligue-**me** quando já tiver os textos prontos para as placas de homenagem. Precisamos encomendá-**las** o quanto antes na Gráfica Paulista.
Gustavo:	Muito bem. Por enquanto é só! Não se preocupe! Eu **lhe** telefono assim que possível com os textos para as placas. Tenho que ir. Estou com pressa! Muito obrigado.

Diálogo informal

 DIÁLOGO 3: No refeitório da universidade

João Monteiro é estudante de Economia na Universidade de São Paulo (USP). Patrícia Carvalho é estudante de Relações Internacionais na USP.

(Outros verbos irregulares no presente)

Patrícia:	Oi, João. Você lembra do professor Eduardo, do semestre passado?
João:	Claro! Nosso professor de Economia.
Patrícia:	Eu acabo de falar com ele, e ele me disse que a universidade vai aprovar em breve um programa de intercâmbio com a Universidade de Georgetown, nos Estados Unidos.
João:	Nossa, que boa notícia!
Patrícia:	Pois é, eu **creio** que podemos conseguir uma bolsa de estudos. Eu quero muito ir e poder participar, mas o programa custa caro.
João:	Eu entendo. Eu também **tenho** que pedir uma bolsa para poder participar.
Patrícia:	Eu **prefiro** esperar até o ano que vem, porque no final deste ano é o casamento da minha irmã.
João:	Compreendo. Eu também não **vou** resolver isso agora não, mas você acha que **tem** chance de eles não gostarem desta iniciativa?
Patrícia:	Acho que não. O professor Eduardo disse que isto é algo que já foi aprovado, eles apenas não anunciaram o programa ainda.

VOCABULÁRIO 🔊

Ouça cada palavra ou frase e repita-a durante a pausa.

Expressões		
	Estou com pressa.	*I'm in a hurry.*
	Estou ocupado/a.	*I'm busy.*
	Boa notícia!	*Great news!*
Substantivos		
	agenda de trabalho	*work schedule, agenda*
	almoço	*lunch*
a	base de dados	*database*
	bolsa de estudos	*scholarship*
	churrasco	*barbecue*
o	cinema	*movies*
o/a	colega	*colleague*
o/a	comerciante	*shopkeeper, small-business owner*
	conferência	*conference*
o	convite	*invitation*
	governo	*government*
	igreja	*church*
	mercado	*market*
	orçamento	*budget*
	pedido	*order, request*
	placa de homenagem	*award plaque*
	prática	*practice*
os	presentes	*gifts, presents*
o	programa de intercâmbio	*exchange program*
	proposta	*proposal*
a	reunião	*meeting*
o	salão de festas	*ballroom, party facility*
	salgadinhos	*appetizers*
	trabalho burocrático	*paperwork*
o	transporte	*transport*
Adjetivos		
	aborrecido/a	*bored, upset*
	ansioso/a	*anxious*
	caro/a	*dear, expensive*
	cedo	*early*

chato/a	*boring*
chateado/a	*bored*
cortês	*polite, courteous*
eficiente	*efficient*
emocionado/a	*excited*
impaciente	*impatient*
interessado/a	*interested*
necessário/a	*necessary*
próximo/a	*near, close*
tarde	*late*

Verbos

acompanhar	*to accompany*
acordar	*to wake up*
alugar	*to rent*
aparecer	*to show up*
aprovar	*to approve*
arrumar	*to organize*
começar	*to begin*
comer	*to eat*
competir	*to compete*
compreender	*to understand*
conseguir	*to obtain, to get*
correr	*to run*
custar	*to cost*
dar	*to give*
despertar	*to wake up*
devolver	*to return*
dormir	*to sleep*
encomendar	*to order*
encontrar	*to find, to meet*
esperar	*to wait*
estar pronto/a	*to be ready*
enviar	*to send*
fabricar	*to manufacture*
levar	*to take*
marcar encontros	*to schedule, to make appointments*
preferir	*to prefer*
servir	*to serve*
subir	*to go up, to climb*

usar	*to use*
vencer	*to win*
verificar	*to verify*

Advérbios	
às vezes	*sometimes*
já	*already*
quando	*when*
seguinte	*next, following*
sempre que	*whenever*

GRAMÁTICA

Verbos irregulares / *Irregular verbs*

1. **Presente do indicativo em -cer / *Simple present: verbs ending in* -cer.**

A primeira pessoa é irregular:

> *For all verbs ending in* **-cer***, the first person is irregular:*
> conhecer: eu conheço *I know*
> aparecer: eu apareço *I show up*
> vencer: eu venço *I win*

2. **Mudança de pronúncia / *Change in pronunciation***

Quando a vogal dentro do radical de verbos em **-er** for e fechada (ê) ou o fechada (ô) na primeira pessoa do singular, ela será aberta (é, ó) na terceira pessoa do singular e plural.

> *When the stem vowel of verbs ending in* **-er** *is a closed e (ê) or o (ô) in the first-person singular, it is open (é, ó) in the third-person singular and plural.*

beber	correr
to drink	*to run*
Eu bebo (ê)*	corro (ô)*

*Vogal fechada no radical da primeira pessoa singular.
> *Closed vowel in the stem of the first-person singular.*

Ele bebe (é)*	corre (ó)*

*Vogal aberta no radical da terceira pessoa singular.
> *Open vowel in the stem of the third-person singular.*

Eles bebem (é)*	correm (ó)*

*Vogal aberta no radical da terceira pessoa plural.
> *Open vowel in the stem of the third-person plural.*

3. **Quando a vogal da raiz for "u" nos verbos terminados em -ir, o "u" permanece na primeira pessoa do singular e do plural, mas muda para "o" nas outras pessoas.**

> *When the stem vowel of a verb ending in* -ir *is "u", the "u" will not change in the first-person singular and plural forms, but it will change to "o" in the third-person singular and plural forms.*

subir	*to climb*
Eu subo	*I climb* (primeira pessoa singular *first-person singular*)
Ele **s**obe (ó)	*you climb*
Nós **s**ubimos	*we climb* (primeira pessoa plural *first-person plural*)
Eles sobem (ó)	*they climb*

Introdução aos pronomes oblíquos: Objeto direto / *Introduction to direct object pronouns*

1. **Os pronomes oblíquos de objeto direto são usados para substituir os objetos diretos em uma frase. Objeto direto é um complemento do verbo que é introduzido sem preposição.**

   Direct object pronouns are used to replace direct objects in a sentence. Direct objects are complements that follow the verb and are not preceded by a preposition.

   Na oração **Maria visita José todos os meses**, "José" é o objeto direto. Se tivéssemos de substituir "José" por um pronome oblíquo, esse pronome seria **o**. Assim, teríamos: Maria **o** visita todos os meses.

   *In the sentence "Maria visita José todos os meses," José is the direct object and could be replaced by "o" (him). The sentence could be rewritten, "Maria **o** visita todos os meses." (Maria visits him every month.)*

Pronomes Pessoais / *Personal Pronouns*

Pronome retos *Subject pronouns*	Pronomes oblíquos de objeto direto *Direct object pronouns*	Exemplos *Examples*
eu	**me**	O gerente **me** vê todo dia no escritório. *The manager sees me every day in the office.*
você	**o, a**	O gerente para o funcionário: "Eu **o** vejo na reunião." *The manager to the (male) employee: "See you in the meeting."* O gerente para a secretária: "Eu **a** vejo na reunião." *The manager to the (female) secretary: "See you in the meeting."*
ele	**o**	O gerente **o** vê na reunião. *The manager sees him in the meeting.*
ela	**a**	O gerente **a** vê na reunião. *The manager sees her in the meeting.*

nós	nos	O gerente **nos** vê na reunião. *The manager sees us in the meeting.*
voltar vocês	os, as	O gerente diz para os funcionários: "Eu **os** vejo na reunião." *The manager to the employees: "See you (pl.) in the meeting."*
		O gerente para as secretárias: "Eu **as** vejo na reunião." *The manager to the (female) secretaries: "See you (pl.) in the meeting."*
eles	os	O gerente **os** vê na reunião. *The manager sees them in the meeting.*
elas	as	O gerente **as** vê na reunião. *The manager sees them in the meeting.*

2. **O pronome de objeto direto pode também substituir coisas (o/a, os/as).**

The direct object pronoun can also replace things (it and them).
Ele compra **o carro**. Ele **o** compra. *He buys the car / he buys it.*
Eu vendo **a casa**. Eu **a** vendo. *I sell the house / I sell it.*
Ele compra **os carros**. Ele **os** compra. *He buys the cars / he buys them.*
Eu vendo **as casas**. Eu **as** vendo. *I sell the houses / I sell them.*

3. **Colocação de pronomes**

Pronoun placement

Em orações com apenas um verbo, geralmente o pronome é colocado antes do verbo.

In single-verb clauses, the pronoun generally comes before the verb.
Paulo **as** encontra no cinema. *Paulo meets them at the movies.*

Entretanto, quando um verbo inicia uma frase, o pronome se coloca depois do verbo (pronomes oblíquos não iniciam frases).

However, when a sentence begins with a verb, the pronoun is placed after the verb (a direct object pronoun cannot begin a sentence).
Encontro-**as** no cinema. *I meet them at the movies.*

Em orações com dois verbos, o pronome geralmente se posiciona após o segundo, ligando-se a ele através de um hífen.

In clauses with two verbs, the pronoun generally comes after the second verb, connected to it by a hyphen.
João quer levar-**me** ao cinema. *João wants to take me to the movies.*

Mas pode também ser colocado entre os verbos, sem hífen.

But it can also be placed between the verbs, without the hyphen.

João quer **me** levar ao cinema.

Os pronomes **o, a, os, as** as recebem um L, tornando-se **-lo, -la, -los, -las** sempre que forem postos depois de um segundo verbo no infinitivo. O **r** final do infinitivo cai, e a vogal que o precede (**a** ou **e**) ganha um acento.

*The pronouns **o, a, os,** and **as** are preceded by an L and become **-lo, -la, -los, -las**, whenever they are placed after a second verb in the infinitive form. The final **r** of the verb in the infinitive drops and, when the vowel preceding it is an **a** or an **e**, the **a** or **e** takes an accent.*

João quer levar **Kátia** ao cinema./João quer levá-**la** ao cinema.

João wants to take her to the movies.

Roberto vai esperar **o diretor** no restaurante./Roberto vai esperá-**lo** no restaurante.

Roberto will wait for him in the restaurant.

Manuel vai receber **os primos** no aeroporto./Manuel vai recebê-**los** no aeroporto.

Manuel will pick them up at the airport.

Você pode abrir a janela?/Posso abri-**la**. (A vogal **i** não leva acento.)

I can open it.

(In this example, the vowel i *does not take an accent.)*

Pronomes oblíquos: Objeto indireto / *Indirect object pronouns*

1. Os pronomes oblíquos de objeto indireto são usados para substituir os objetos indiretos em uma frase. Objeto indireto é um complemento do verbo que é introduzido por preposição.

   Indirect object pronouns are used to replace indirect objects in a sentence. An indirect object is a complement to the verb that is introduced by a preposition.

Na oração **Maria dá o livro para José, para José** é o objeto indireto. Se tivéssemos de substituir **para José** por um pronome oblíquo, esse pronome seria **lhe**:

Maria **lhe** dá o livro.

*In the sentence "Maria dá o livro para José," **"para José"** is the indirect object (*para *is a preposition), and can be replaced by **lhe**:*

Maria **lhe** dá o livro. *Maria gives him the book.*

Pronomes pessoais / *Personal pronouns*

Pronome retos *Subject pronouns*	Pronome oblíquos de objeto indireto *Indirect object pronouns*	Exemplos *Examples*
eu	me	O gerente **me** dá muito trabalho. *The manager gives me a lot of work.*
você ele ela	lhe	A secretária entrega o relatório **a você**. > A secretária **lhe** entrega o relatório. *The secretary hands you the report.* O/A chefe agradece **a ela**. > O/A chefe **lhe** agradece. *The boss thanks her.*

nós	nos	O representante **nos** envia esse e-mail toda semana. *The representative sends us this e-mail every week.*
vocês eles elas	lhes	Célia telefona **para vocês** todos os dias > Célia **lhes** telefona todos os dias. *Celia calls you every day.* O chefe dá presentes **aos funcionários** > o chefe **lhes** dá presentes. *The boss gives them presents.*

 Agora volte aos diálogos e ouça as outras versões com pausas, repetindo suas falas.

PRÁTICA

Exercícios

Exercício A

Complete as frases com a forma correta dos verbos entre parênteses no presente.

1. Eu geralmente _____ bem o português. (entender)
2. Ela _____ muita Coca-Cola. (beber)
3. Vocês não _____ meu chefe. (conhecer)
4. Eles _____ suas tarefas muitas vezes. (repetir)
5. Nós _____ americanos. (ser)
6. Eu sempre _____ os campeonatos de tênis. (vencer)
7. Você _____ muito rápido. (aprender)
8. Maria não _____ neste restaurante. (comer)
9. Eu _____ sete horas por noite. (dormir)
10. Geraldo _____ doente hoje. (estar)
11. Marcos não _____ no trabalho há dias. (aparecer)
12. As crianças _____ na árvore para brincar. (subir)
13. Eu _____ as palavras depois do professor. (repetir)
14. Eles _____ todos os jogos do campeonato. (vencer)
15. Ela nunca _____ fora de casa. (dormir)

Exercício B

Correlacione as colunas. Como se diz as seguintes palavras em português?

_____ 1. church	a. comerciante
_____ 2. far from	b. almoço
_____ 3. big	c. orçamento

_____ 4. open   d. grande

_____ 5. Sunday   e. pequeno

_____ 6. shopkeeper   f. proposta

_____ 7. budget   g. aberto

_____ 8. small   h. longe de

_____ 9. proposal   i. domingo

_____ 10. lunch   j. igreja

_____ 11. fringe benefits   k. cotação

_____ 12. work schedule   l. mercado

_____ 13. order   m. agenda de trabalho

_____ 14. market   n. pedido

_____ 15. quote   o. proposta de benefícios

Exercício C

Substitua os termos sublinhados por um pronome de objeto direto ou objeto indireto:

1. Na segunda, Clara vai contactar alguns clientes novos às 9 da manhã.
2. Um comerciante francês vai encontrar Clara no aeroporto.
3. Clara vai receber minha esposa e eu para um jantar.
4. Ela quer ver você antes da reunião.
5. Ela vai levar o marido junto na viagem.
6. Você pode abrir as janelas, por favor?
7. Clara dá um conselho a José.
8. Ele escreve um convite para mim e minha esposa.
9. Ela liga para os funcionários e marca uma reunião.
10. Ela conta para mim um segredo.

Exercício D

Preencha as lacunas com a forma correta dos verbos entre parênteses no tempo presente:

1. Marcelo e Kátia _____ (partir) para Nova Iorque amanhã.
2. Depois do trabalho, nós_____ (beber) uma cerveja.
3. Eu _____ (dirigir) qualquer tipo de automóvel.
4. Qual _____ (ser) o seu nome?
5. Você _____ (conhecer) o novo funcionário da empresa?
6. Túlio _____ (dormir) somente sete horas por dia.
7. A secretária sempre nos _____ (servir) um cafezinho.
8. Eu _____ (praticar) o português também no fim de semana.
9. A empresa _____ (usar) a máquina de fax todos os dias.

Exercício E

Substitua os objetos direto e indireto nas frases a seguir pelos pronomes adequados:

PARTE A

1. Vou dar um presente de aniversário <u>ao meu amigo</u>.
2. No meu aniversário, ele deu um livro <u>para mim</u>.
3. Esta tarde vou trazer um suéter <u>para você</u>.
4. Eu quero dar um CD <u>para eles</u>.
5. Esta noite eu vou trazer chocolate <u>para vocês</u>.

PARTE B

1. Quem jogou <u>a bola de papel</u> no professor?
2. Você quer conhecer <u>Isabel e Laura</u>?
3. Ela encontrou <u>meu irmão</u> na praia.
4. Não vai visitar <u>seus amigos</u> esta noite?
5. O quê? Você comeu <u>meu pudim</u>?

Experiência

Parte A

Descreva um dos seus dias da semana. Diga o que você faz normalmente durante seu dia de trabalho, e o que tem para fazer hoje. Também, descreva o que você vai fazer no fim de semana.

 ## Parte B

Descreva a rotina da Diretora de Vendas.

Responda as seguintes perguntas:

O que a gerente tem para fazer hoje?

Por que não gosta deste dia da semana?

O que faz na terça-feira?

Conversa

Fale sobre sua rotina diária, assim como a de seus colegas que exercem funções numa companhia. Desempenhe diferentes funções, converse sobre suas habilidades e pergunte o mesmo sobre a dos outros.

CULTURA

Leia o texto e reflita sobre as perguntas.

História e sistema político do Brasil

O Brasil é oficialmente descoberto[1] pelos portugueses no dia 22 de abril de 1500. Seu descobridor, Pedro Álvares Cabral, chega na cidade de Porto Seguro, no estado da Bahia. Chama a região de Terra de Santa Cruz, o primeiro nome do país. Mais tarde, passa a se chamar Brasil devido[2] a uma madeira[3], o pau-brasil (*brazilwood*), que solta[4] uma tinta vermelha[5], usada para tingir. Este é o primeiro produto de exportação brasileiro.

Os portugueses colonizam o Brasil. Mas no dia 7 de setembro de 1822, Dom Pedro I declara a independência do Brasil. Mais tarde, no dia 15 de novembro de 1889, o Marechal Deodoro da Fonseca proclama a República.

No presente momento, o Brasil é uma democracia. A estrutura do governo se divide em três sistemas: o executivo, o legislativo e o judiciário. O país tem um presidente eleito[6] a cada cinco anos. Ele é o chefe[7] do sistema executivo. O sistema legislativo compõe-se do Congresso Nacional, que consiste do Senado Federal e da Câmara dos Deputados. O sistema judiciário consiste do Supremo Tribunal Federal, do Supremo Tribunal de Justiça e de cortes[8] regionais.

O voto[9] no Brasil é obrigatório[10] entre os 18 e os 70 anos. Depois torna-se facultativo[11]. Ao contrário dos Estados Unidos, que só tem dois partidos políticos, o Brasil, em 2000, já tinha mais de 30.

1. descoberto	*discovered*
2. devido	*due to*
3. madeira	*wood*
4. soltar	*to release*
5. tinta vermelha	*red ink (dye)*
6. eleito	*elected*
7. chefe	*the head or chair*
8. corte	*court (of justice)*
9. voto	*vote*
10. obrigatório	*mandatory*
11. facultativo	*optional*

Compreensão do texto

1. Quem descobre o Brasil?
2. Quando?
3. Qual o regime político do Brasil?
4. Compare o sistema político e o voto do Brasil com o do seu país.

Lição 7

Rotina diária

OBJECTIVES

1. **Communication Skills: By the end of this lesson, you should be able to**
   - Describe your personal routine
   - Make work and family plans for the week and weekend
   - Coordinate your schedule with others

2. **Culture and Business Relations: By the end of this lesson, you should be able to**
   - Compare and contrast daily routines in Brazil and the United States
   - Begin to understand Brazilian religious beliefs

3. **Grammar: By the end of this lesson, you should be able to**
   - Better use irregular verbs
   - Use reflexive verbs and pronouns

DIÁLOGOS

Os diálogos ilustram como a gramática e o vocabulário de cada lição são usados no contexto, formal e informalmente. Os pontos gramaticais abordados estão em **negrito**. Ouça os diálogos sem pausa acompanhando com a leitura.

Diálogo formal

 DIÁLOGO 1: O que o senhor faz todos os dias?

A rotina diária pela manhã.

César Fontes, empresário do Brasil, morando nos Estados Unidos temporariamente, conversa com Mark Christopher, empresário dos Estados Unidos, nomeado representante no Brasil.

(Presente: verbos irregulares e alguns verbos reflexivos)

Mark:	Que bom finalmente poder falar com o senhor!
César:	Que prazer. **Sei** que o senhor **vai** ao Brasil logo. Quando **sai** dos Estados Unidos?
Mark:	**Saio** dentro de duas semanas. **Estou** muito entusiasmado. É um projeto com muito potencial.
César:	O senhor **vai** morar em um hotel ou com uma família?
Mark:	**Vou** com Kathy, minha esposa, e minha filha de sete anos. Por isso, não **vamos** viver com uma família. Preciso de sua ajuda. **Pode** dizer-me algo sobre a rotina diária de uma família em São Paulo?
César:	Claro. Pergunte o que quiser.
Mark:	Obrigado, meu amigo. No Brasil, você mora com sua família?
César:	Sim. Moro com minha família.
Mark:	A que horas vocês **se levantam**?
César:	Todos nós **nos levantamos** muito cedo, às 6:00h da manhã. Nosso filho caçula fica em casa com a empregada, mas o mais velho entra na escola às 7:30h.
Mark:	A que horas vocês começam a trabalhar?
César:	Laura e eu começamos às 9:00h da manhã.
Mark:	Como vocês **vão** ao trabalho?
César:	Eu **vou** de carro e levo meu filho mais velho para o colégio. Laura **prefere** ir de ônibus ou de metrô.

Diálogos informais

 DIÁLOGO 2: Rotina

Gabriela e Fernanda falam sobre a rotina diária.

(Presente: verbos irregulares e alguns verbos reflexivos)

Fernanda:	Oi, Gabi! Como **está** sua rotina este semestre?
Gabriela:	Nossa, eu **estou** com um horário bem apertado.
Fernanda:	O que você **faz** todos os dias?
Gabriela:	Durante a semana, **tenho** que acordar às 6:30h. Depois que eu **me levanto**, tomo banho e acordo o Rafael, meu irmão mais novo. Então eu o ajudo a **se vestir**, nós tomamos café-da-manhã juntos, e logo depois o levo para a escola.
Fernanda:	Quando é sua primeira aula?
Gabriela:	Às 8h da manhã. Fico na faculdade até meio-dia, e depois **saio** correndo para buscar o Rafael.
Fernanda:	E na parte da tarde, o que você **faz?**
Gabriela:	A Susana, minha irmã mais velha, **tem** uma papelaria no centro da cidade. Então **vou** para lá trabalhar e ajudá-la a atender os clientes. Mas, antes disto, deixo o Rafa na aula de natação. Suas aulas **são** às segundas, quartas e sextas.
Fernanda:	Puxa, seu horário **é** apertado mesmo!
Gabriela:	Eu **sei**. E à noite **tenho** aula de inglês às segundas e quartas, e às terças e quintas **faço** ginástica.

 DIÁLOGO 3: Diversão

O fim de semana de Luciana e Paula.

(Outros verbos irregulares no presente)

Luciana:	Oi, Paula, como **vai?**
Paula:	**Estou** bem, mas super cansada. Ainda bem que o fim de semana **está** chegando!
Luciana:	O que você costuma fazer nos fins de semana?
Paula:	No sábado de manhã, eu **tenho** aula de espanhol, e à tarde **vou** ao mercado com minha avó.
Luciana:	E à noite? Você **sai?**
Paula:	Quase sempre. Mas, quando **tenho** provas na universidade, fico em casa estudando.
Luciana:	E o que você **faz** nos domingos?
Paula:	Sempre **vou** para o sítio dos meus pais. Todos os meus primos **vão** também.
Luciana:	Que legal! O tempo passa rápido então. E **é** uma boa maneira de se divertir.

Paula:	É sim! E você **tem** que ir ao sítio com a gente num fim de semana desses.
Luciana:	Certo. Depois a gente combina. No próximo fim de semana não **vai** dar porque **é** o dia das mães.
Paula:	É mesmo. Eu ainda **tenho** que comprar um presente para a minha mãe.
Luciana:	Eu também. Por que não **damos** uma passadinha no shopping depois da aula?
Paula:	Boa ideia. Te encontro na saída, então. Até mais.

VOCABULÁRIO

Ouça cada palavra ou frase e repita-a durante a pausa.

Substantivos		
	aula	*class*
o/a	avô/avó	*grandfather/grandmother*
	batismo	*baptism*
	campo	*countryside, field*
	casamento	*wedding*
	corpo	*body*
o	costume	*habit*
o	dia de Todos os Santos	*All Saints Day*
o	dia todo	*full-time, the entire day*
	discoteca	*dance club*
	festejo	*celebration*
	ginástica	*gym*
	gosto	*taste*
	horário	*timetable, schedule*
o	jantar de negócios	*business dinner*
a	mão	*hand*
	meio período	*part time*
	montanhas	*mountains*
o	museu	*museum*
o	Natal	*Christmas*
	notícias, noticiário, o jornal	*news*
	papelaria	*stationery store*
	Páscoa	*Easter*
o/a	primo/a	*cousin*
	rosto	*face*
	rotina	*routine*

	sítio	ranch, small farm
	sobretudo	coat
	tempo integral	full time
	tempo parcial	part time
a	vantagem	advantage

Os esportes

o	basquete	basketball
o	futebol	soccer
	jogo, partida	game, match
o	tênis	tennis
o	vôlei	volleyball

Adjetivos

	algum(a) (alguns, algumas)	some
	apertado/a	tight
	católico/a	Catholic
	suficiente	enough, sufficient
	todo/a	every
	tradicional	traditional

Verbos

	agir	to act
	conversar	to have a conversation
	corrigir	to correct
	cuidar	to take care of
	esquecer-se	to forget
	exigir	to demand
	lembrar-se	to remember
	levantar-se	to get up
	ocupar-se	to keep busy
	pentear-se	to comb one's hair
	reagir	to react
	surgir	to appear
	surpreender-se	to be surprised
	vestir-se	to get dressed

Advérbios

	depois	afterwards
	diariamente	daily

GRAMÁTICA

Verbos irregulares / *Irregular verbs*

1. Vários verbos em português são considerados irregulares porque eles não têm a mesma conjugação dos verbos regulares em **-ar**, **-er**, **-ir**. Alguns destes verbos são: **dar, sair, ter, ver, vir, ir, subir, pôr.**

   Several verbs in Portuguese are considered irregular because they do not follow the same conjugation pattern of the regular verbs that end in -ar, -er, -ir. Some of the most important of these irregular verbs are: to give, to go out, to have, to see, to come, to go, to go up, to put.

Sujeito *Subject*	Dar *to give*	Sair *to go out*	Ter *to have*	Ver *to see*	Vir *to come*	Ir *to go*	Subir *to go up*	Pôr *to put*
eu	dou	saio	tenho	vejo	venho	vou	subo	ponho
você, ele/ela	dá	sai	tem	vê	vem	vai	sobe	põe
nós	damos	saímos	temos	vemos	vimos	vamos	subimos	pomos
vocês, eles/elas	dão	saem	têm	veem	vêm	vão	sobem	põem

2. Os verbos FAZER, TRAZER e DIZER, que terminam em **-zer**, também são irregulares e têm as seguintes conjugações.

   The verbs FAZER, TRAZER, and DIZER, each ending in -zer, are also irregular and are conjugated as follows.

Sujeito *Subject*	Fazer *to do or to make*	Dizer *to say*	Trazer *to bring*
eu	faço	digo	trago
você, ele/ela	faz	diz	traz
nós	fazemos	dizemos	trazemos
vocês, eles/elas	fazem	dizem	trazem

3. Os verbos SER e ESTAR, que correspondem ao verbo *to be*, também são irregulares, como já foi visto.

   The verbs SER and ESTAR, which correspond to the verb "to be," are also irregular, as we have already seen.

Sujeito *Subject*	Ser *to be*	Estar *to be*
eu	sou	estou
você, ele/ela	é	está
nós	somos	estamos
vocês, eles/elas	são	estão

4. **Às vezes, há uma mudança na conjugação da primeira pessoa devido a questões fonéticas, como acontece com os verbos CONHECER, DIRIGIR e CORRIGIR.**

Sometimes the first-person conjugation changes for phonetic reasons, as seen below in the examples CONHECER (to know), DIRIGIR (to drive), and CORRIGIR (to correct).

Sujeito *Subject*	Conhecer *to know*	Dirigir *to drive*	Corrigir *to correct*
eu	conheço*	dirijo**	corrijo**
você, ele/ela	conhece	dirige	corrige
nós	conhecemos	dirigimos	corrigimos
vocês, eles/elas	conhecem	dirigem	corrigem

*O verbo **conhecer**, quando conjugado na primeira pessoa do singular no presente, apresentará uma mudança na grafia do radical. A consoante final **c** de *conhec-* mudará para **ç** (c-cedilha) a fim de manter o som suave **(s)** diante da vogal **o** da primeira pessoa. De outra forma, o **c** soaria **(k)** diante do **o**.

*When the verb **conhecer** is conjugated in the first-person singular, the spelling of its stem changes. The final consonant c in **conhec-** changes to ç (c with a cedilla) in order to maintain the soft sound (s) before the vowel o of the first person. Otherwise, the c would sound (k) when placed before o.*

Os verbos **dirigir e **corrigir**, quando conjugados na primeira pessoa do singular no presente, apresentaráo uma mudança na grafia de seus radicais. A consoante final **-g** em **dirig-** e em **corrig-** mudarão para **-j** a fim de manter o som suave **(z)** (**j** como em "já") diante da vogal **o** da primeira pessoa. De outra forma, **-g** soaria **(g)** diante do **o**, como em "goiaba".

*When conjugated in the first-person singular, the verbs **dirigir** and **corrigir** change the spelling of their stems. The final consonant –g in **dirig-** and **corrig-** change to -j in order to maintain the soft sound (z) (as s in "pleasure") together with the vowel o of the first person. Otherwise, g would sound (g) (hard sound) when placed before the o as in "goat."*

Outros verbos conjugados como o verbo CONHECER na primeira pessoa (terminação **-cer**).

Other irregular verbs conjugated like the verb CONHECER in the first person include those in the list below. Note that they all end in **-cer**.

aparecer:	apareço	*to appear/ to show up*
reconhecer:	reconheço	*to recognize*
oferecer:	ofereço	*to offer*
agradecer:	agradeço	*to thank*
parecer:	pareço	*to seem, to look like*
esquecer:	esqueço	*to forget*

Outros verbos conjugados como os verbos DIRIGIR e CORRIGIR (terminação **-gir**).

*Other verbs that are conjugated like the verbs DIRIGIR and CORRIGIR in the first person include those in the list below. Note that they all end in **-gir**.*

agir:	ajo	*to act*
exigir:	exijo	*to demand*
finger:	finjo	*to pretend*
fugir:	fujo	*to escape*
reagir:	reajo	*to react*
surgir:	surjo	*to appear*

Verbos reflexivos / *Reflexive verbs*

1. **A ação expressa pelos verbos reflexivos se refere ao objeto direto, que também é sujeito da ação. O mesmo verbo pode ser ou não reflexivo, dependendo do objeto direto.**

   The action expressed by reflexive verbs involves a direct object that is also the subject performing the action. The same verb may or may not be reflexive depending on the direct object.

José olha a TV. *José looks at the TV.*

Neste caso, **José** é o sujeito e **TV** é o objeto direto da ação representada pelo verbo "olhar".

In this case, José *is the subject and* TV *is the direct object of the action represented by the verb* olhar.

José **se** olha no espelho. *José looks at **himself** in the mirror.*

José é o sujeito e **se** é o objeto direto (que substitui **José**).

José *is the subject and* **se** *is the direct object (replacing* **José***).*

Eu chamo meus amigos para a festa. *I invite my friends to the party.*

O sujeito é **eu** e o objeto direto é **meus amigos.**

The subject is eu *and the direct object is* meus amigos.

Eu **me** chamo Pedro. *I call **myself** Pedro. (My name is Pedro.)*

Eu é o sujeito e **me** é o objeto direto (que substitui **eu**).

Eu *is the subject and* **me** *is the direct object (replacing* **eu***).*

Eles lavam os carros. *They wash the cars.*

Eles é o sujeito e **os carros** é o objeto direto.

Eles *is the subject and* **os carros** *is the direct object.*

Eles **se** lavam antes do almoço. *They wash **themselves** before lunch.*

Eles é o sujeito e **se** é o objeto direto (que substitui **eles**).

Eles *is the subject and* **se** *is the direct object (replacing* **eles***).*

2. **Alguns verbos reflexivos, no presente do indicativo, e pronomes reflexivos:**

Some common reflexive verbs in the simple present and reflexive pronouns:

Sujeito *Subject*	Levantar-se (Regular) *to get up*	Surpreender-se (Regular) *to be surprised*	Vestir-se (Irregular) *to get dressed*
eu	me levanto	me surpreendo	me visto
você, ele/ela	se levanta	se surpreende	se veste
nós	nos levantamos	nos surpreendemos	nos vestimos
vocês, eles/elas	se levantam	se surpreendem	se vestem

Pronomes reflexivos / *Reflexive pronouns*

1. **Os pronomes reflexivos são pronomes de objeto direto que se referem à mesma pessoa do sujeito. São como um "reflexo" do sujeito.**

   Reflexive pronouns are direct object pronouns that refer to the subject. They function as "a reflection" of the subject.

Pronomes reflexivos / *Reflexive pronouns*

Sujeito *Subject*	Pronomes reflexivos	*Reflexive pronouns*
eu	me	*(to/for) myself*
você, ele/ela	se	*(to/for) yourself / (to/for) himself/herself*
nós	nos	*(to/for) ourselves*
vocês, eles/elas	se	*(to/for) yourselves / (to/for) themselves*

2. **Em geral, os pronomes reflexivos são colocados antes do verbo conjugado, nas formas afirmativa, negativa ou interrogativa.**

   In general, reflexive pronouns are placed in front of the conjugated verb in the affirmative, negative, or interrogative forms.

Afirmativa:

Eu **me** olho no espelho. *I look at myself in the mirror.*

Você **se** chama Maria. *You call yourself Maria. (Your name is Maria)*

Ele **se** lava cedo. *He washes himself early.*

Nós **nos** apresentamos hoje. *We introduced ourselves today.*

Elas **se** divertem na festa. *They have fun at the party.*

Ele **se** encontra com seu sócio às 2 da tarde. *He meets his partner at 2 in the afternoon.*

Negativa:

> Eu não **me** olho no espelho. *I don't look at myself in the mirror.*
>
> Você não **se** chama Maria. *You don't call yourself Maria. (Your name is not Maria.)*
>
> Ele não **se** lava cedo. *He doesn't wash himself early.*
>
> Nós não **nos** apresentamos hoje. *We didn't introduce ourselves today.*
>
> Elas não **se** divertem na festa. *They don't have fun at the party.*

Interrogativa:

> Eu **me** olho no espelho? *Do I look at myself in the mirror?*
>
> Você **se** chama Maria? *Do you call yourself Maria? (Is your name Maria?)*
>
> Ele **se** lava cedo? *Does he wash himself early?*
>
> Nós **nos** apresentamos hoje? *Did we introduce ourselves today?*
>
> Elas **se** divertem na festa? *Do they have fun at the party?*

3. **Na maioria das vezes, os verbos reflexivos em português não se traduzem em inglês em formas reflexivas. Em português, os seguintes verbos são usados na forma reflexiva, embora sua construção no inglês não o seja.**

> *In most cases, however, reflexive verbs in Portuguese are not translated as reflexive forms in English. In Portuguese, the following verbs are used in the reflexive form, although their construction in English is not reflexive.*

levantar-se	*to get up*
vestir-se	*to get dressed*
lembrar-se	*to remember*
esquecer-se	*to forget*
sentar-se	*to sit down*
deitar-se	*to go to bed*
sentir-se	*to feel*
divertir-se	*to have fun*
demorar-se	*to delay*
reunir-se	*to get together*

 Agora volte aos diálogos e ouça as outras versões com pausas, repetindo suas falas.

PRÁTICA

Exercícios

Exercício A

Use o **presente** para preencher as lacunas com a forma adequada do verbo entre parênteses:

1. Maria _____ ao banheiro muitas vezes ao dia. (ir)

2. Eu _____ vinte e sete anos. (ter)

3. Nós _____ americanos. (ser)

4. Você _____ bons presentes para sua família. (dar)

5. Como _____ vocês hoje? (estar)

6. Eles _____ filmes interessantes. (ver)

7. O que Marcos _____ nesta empresa? (fazer)

8. Eles _____ à festa hoje. (vir)

9. Eu _____ de casa às 7 da manhã. (sair)

10. Ele sempre _____ seu lanche. (trazer)

11. Mamãe nunca _____ "não". (dizer)

12. Os professores _____ muitos exames. (corrigir)

13. Nós não _____ a sua família. (conhecer)

14. Marcelo _____ muito depressa. (dirigir)

15. Carla _____ seu carro na garagem. (pôr)

Exercício B

Corrija as frases abaixo substituindo as palavras sublinhadas pela forma reflexiva correta.

Exemplo: Eu olho <u>eu</u> no espelho. X

"Eu me olho no espelho".

1. Ela chama <u>ela</u> Maria.

   _____

2. Nós lavamos <u>nós</u> todos os dias.

   _____

3. Você esfrega <u>você</u>?

   _____

4. Eu sempre surpreendo <u>eu</u>.

   _____

5. Vocês divertem <u>vocês</u> neste parque?

   _____

6. Patrícia olha <u>Patrícia</u> no espelho demais.

   _____

7. Mário levanta <u>Mário</u> às sete horas da manhã.

   _____

8. José e Maria penteiam <u>José e Maria</u> todo dia de manhã.

   _____

9. Elas sentaram <u>elas</u> ao lado da porta.

   _____

10. Nós deitamos <u>nós</u> à meia-noite.

   _____

11. Vocês cansam <u>vocês</u> muito facilmente.

   _____

12. Eu fantasio <u>eu</u> de pirata todo carnaval.

   _____

13. Antônio barbeia <u>Antônio</u> a cada dois dias.

   _____

14. Nós mudamos <u>nós</u> para esta cidade há muito tempo.

   _____

15. Você lembra <u>você</u> de mim?

   _____

Exercício C

Marque verdadeiro ou falso:

1. Verdadeiro/Falso   Cinema e mapa são palavras femininas em português.
2. Verdadeiro/Falso   Domingo é o primeiro dia da semana.
3. Verdadeiro/Falso   O verbo SER é usado em situações temporárias e o verbo ESTAR em permanentes.
4. Verdadeiro/Falso   "Eu me penteio". O verbo pentear-se é reflexivo.
5. Verdadeiro/Falso   Os seguintes números são 13, 30 e 3 – três, trinta e treze.
6. Verdadeiro/Falso   "Maria é mais grande do que Lúcia". Esta frase está errada.
7. Verdadeiro/Falso   Mal é "evil" e mau é "bad".
8. Verdadeiro/Falso   A primeira pessoa do plural em português é "vocês".
9. Verdadeiro/Falso   O verbo TER é irregular no presente do indicativo.
10. Verdadeiro/Falso   "Hi" em português pode ser "Oi", "Olá" ou "Tchau".

Exercício D

Complete as lacunas abaixo a partir das definições apresentadas ou substituindo as expressões sublinhadas:

1. Parte da casa onde se toma banho e se escovam os dentes: _____
2. Trabalhar <u>o dia todo</u> = trabalhar em _____
3. Lugar onde se vai para rezar ou orar: _____
4. Ela trabalha em <u>meio período</u> = ela trabalha em _____
5. Informação a respeito de um acontecimento novo: _____
6. Casaco grande que se usa por cima da roupa: _____
7. Todo dia: _____
8. Alegre: _____

9. Pegar peixe na água: _____

10. Grande morro, com mais de 1000 metros de altura: _____

 Exercício E

Ouça o aúdio e marque a resposta correta:

1. Verdadeiro/Falso   O almoço no Brasil é bem mais cedo.

2. Geralmente se almoça entre:

    a. Meio-dia e 2 da tarde

    b. 2 e 3 da tarde

    c. 1 e 2 da tarde

    d. 1 e meia e 3 da tarde

3. Segundo o áudio, os brasileiros almoçam:

    a. com a familia num restaurante

    b. com a família no trabalho

    c. sem a família

    d. com a família em casa

4. Verdadeiro/Falso   Geralmente se comem refeições rápidas.

5. Verdadeiro/Falso   John também vai para casa almoçar com sua família.

6. John geralmente come:

    a. salada e sanduíche

    b. salada e massa

    c. sanduíche e doces

    d. massa e doces

7. Onde John almoça?

    a. Num restaurante longe

    b. Numa lanchonete

    c. Na lanchonete da companhia ou num restaurante perto

    d. Num bar

Experiência

Parte A

CONVITE

Você vai criar um convite e enviar a um dos seus colegas. Siga as informações no convite modelo. Seja criativo.

Quem convida?

Para quê?

Onde?

Quando?

A que horas?

O que trazer?

Como vestir-se?

Informações extras

Parte B

Você recebeu o convite abaixo de um dos seus colegas. Responda o convite de acordo com a informação.

CONVITE

> **CHURRASCO**
>
> ### CONVITE PARA JANTAR
>
> **Data:** quinta-feira, 13 de maio
> **Hora:** 20:30h.
> **Local:** Restaurante do Sol
> **Preço:** R$40,00 (mínimo)
>
> **Ocasião:** Conversaremos sobre PROMOÇÕES COMERCIAIS NOS PAÍSES LATINO-AMERICANOS. Poderá entrevistar executivos do Brasil ou que fizeram promoções no Brasil e em outros países latino-americanos.
>
> **Não percam a oportunidade. Aguardamos sua presença.**

Conversa

Compare sua rotina diária em casa e no trabalho e pratique planejando um encontro, uma reunião de almoço, ou uma festa.

CULTURA

Leia o texto e reflita sobre as perguntas.

A religião

Existe uma expressão que diz: "Deus é brasileiro". Isto pode ser interpretado de várias formas. Uma delas é que Deus admite qualquer forma de pensamento[1] e de que há lugar para todos.

O Brasil, tendo sido descoberto pelos portugueses, é um país basicamente católico. O brasileiro segue o ritual católico para batizado[2], casamento[3], enterro e missa[4] do sétimo dia. Nem sempre vai à missa aos domingos. Mas reza[5] para Deus ou para um santo de sua devoção. Dá esmolas[6] e acende velas[7] para fazer pedidos. A santa padroeira do Brasil é Nossa Senhora Aparecida.

Além do catolicismo, o brasileiro segue outras religiões. Há protestantes e evangélicos de várias seitas, judeus, espíritas que seguem o ensinamento dos kardecistas (Allan Kardec, 1804-1869), e outros cultos mais contemporâneos. Há liberdade de religião e de expressão religiosa.

No Brasil, há o "sincretismo religioso": a fusão de elementos religiosos de crenças[8] diversas.

Com a influência africana, foi introduzido o *candomblé*, que acredita na força da natureza por meio de entidades chamadas *orixás*. Os mais conhecidos orixás são: Exu, o mensageiro dos deuses, associado a Satanás[9]; Iansã, a deusa do vento e das tempestades, associada a Santa Bárbara; Iemanjá, a deusa do mar, celebrada no Ano Novo; e Ogum, o deus guerreiro[10], associado a São Jorge.

A *umbanda* é uma religião espiritualista que combina o catolicismo, o kardecismo e crenças africanas.

Alguns brasileiros são supersticiosos e usam amuleto[11] para dar sorte[12]. Outros não fazem certas coisas que dão azar[13], como passar debaixo de uma escada[14].

1. pensamento	*thought*
2. batizado	*baptism*
3. casamento	*wedding, marriage*
4. missa	*mass*
5. rezar	*to pray*
6. esmola	*alms (a contribution to aid the poor)*
7. velas	*candle*
8. crenças	*beliefs*
9. Satanás	*Satan*
10. guerreiro	*warrior*
11. amuleto	*amulet, charm*
12. sorte	*luck*
13. azar	*bad luck*
14. escada	*ladder*

Compreensão do texto

1. Qual a religião mais comum no Brasil?

2. Quais as outras religiões ou crenças?

3. Compare sua religião com a mesma no Brasil.

Lição 8

Fazendo comparações e contrastes

OBJECTIVES

1. **Communication Skills: By the end of this lesson, you should be able to**
   - Make some comparisons between "these" and "those" (things, people, and jobs)
   - Shop for clothing
   - Identify colors

2. **Culture and Business Relations: By the end of this lesson, you should be able to**
   - Articulate some differences and similarities between typical job roles and responsibilities in the Portuguese-speaking world compared with the United States
   - Understand how to begin a business meeting in Brazil
   - Know what clothing is appropriate for the office and for social events

3. **Grammar: By the end of this lesson, you should be able to**
   - Use demonstrative pronouns and adjectives
   - Use contractions with prepositions

DIÁLOGOS

Os diálogos ilustram como a gramática e o vocabulário de cada lição são usados no contexto, formal e informalmente. Os pontos gramaticais abordados estão em **negrito**. Ouça os diálogos sem pausa acompanhando com a leitura.

Diálogo formal

 ### DIÁLOGO 1: Comparando modelos de produtos: Estes, esses ou aqueles?

Sr. Silva é a atacadista e Sra. Lima é o consumidora.

(Adjetivos e pronomes demonstrativos)

Sr. Silva:	**Nessas** mesas estão as amostras de nossos produtos fabricados.
Sra. Lima:	Obrigada. Posso vê-las agora?
Sr. Silva:	Lógico. **Estes** são nossos modelos de confecção.
Sra. Lima:	Gosto **desta** camisa azul, **dessa** outra verde e **daquelas** brancas. Elas têm o mesmo preço?
Sr. Silva:	Não, têm preços diferentes. **Estas** de cor viva são mais baratas, porque são de algodão. **Aquelas** brancas lá são de seda, portanto, são mais caras.
Sra. Lima:	Prefiro **estas** de algodão. E **esses** vestidos? Qual é o modelo mais caro? **Este** ou **aquele**?
Sr. Silva:	**Este** de algodão puro é mais caro do que **aquele** de rayon.

Diálogo informal

 ### DIÁLOGO 2: No shopping

Luciana e Paula estão no shopping procurando presentes para o dia das mães.

(Pronomes e adjetivos demonstrativos)

Luciana:	Paula, olha só que lindo **este** vestido!
Paula:	Que lindo! Mas minha mãe não gosta muito de vestidos... Você gosta **desse** relógio?
Luciana:	Gosto, mas prefiro **aquele** com a pulseira marrom. E o que você acha **daqueles** sapatos?
Paula:	Eles são bonitos, mas são muito caros. **Estes** aqui são mais baratos.
Luciana:	Não sei, acho que vou dar uma olhada **naquelas** bolsas.
Paula:	Boa ideia, Lu. E eu vou dar uma olhada **nessas** carteiras.
Luciana:	Paula, eu acho que vou comprar **esta** bolsa. Ela é da cor que a minha mãe gosta, e além **disto** está em promoção.
Paula:	Nossa, que linda! E eu vou levar **esta** carteira. O que você acha?
Luciana:	Perfeito! Vamos para o caixa?
Paula:	Vamos, porque daqui a pouco o shopping vai fechar.

VOCABULÁRIO 🔊

Ouça cada palavra ou frase e repita-a durante a pausa.

Expressões	
Boa ideia!	*Good idea!*
Lógico!	*Sure!*
Que lindo!	*How beautiful!*
Vamos!	*Let's go!*
em constraste com	*in contrast to*

Substantivos		
o	algodão	*cotton*
	amostra	*sample*
	atacadista	*wholesaler*
	carteira	*wallet*
	catálogo	*catalog*
a	coleção	*collection*
a	comparação	*comparison*
	compra	*purchase*
a	confecção	*ready-to-wear clothes*
o	cliente, consumidor	*customer*
	moda	*fashion*
	modelo	*model*
	olhada	*look*
	pechincha	*bargain*
	pessoa	*person*
	preço	*price*
a	promoção	*sale, promotion*
	pulseira	*bracelet* or *wristband*
o	rayon	*rayon*
	recibo	*receipt*
o	revendedor	*dealer*
	seda	*silk*
	varejo	*retail*

Roupas	
blusa	*blouse*
calças	*pants*
camisa	*(button) shirt*
camiseta	*T-shirt*

	meias	socks
	saia	skirt
	sapatos	shoes
	vestido	dress
os	óculos	glasses
	óculos de sol (ou escuros)	sunglasses

Pronomes

	alguém	someone
	ninguém	no one, nobody

Adjetivos

	antigo/a	old
	barato/a	cheap
	comparado/a	compared
	completo/a	complete
	diferente	different
	esperto/a	smart
	fabricado/a	manufactured
	fresco/a	fresh
	frustrado/a	frustrated
	insatisfeito/a	displeased
	lindo/a	beautiful
	mesmo/a	same
	muitos/as	many
	pobre	poor
	recente	recent
	rico/a	wealthy
	satisfeito/a	satisfied
	último/a	last
	útil	useful
	vivo/a	bright (color)

Cores

	amarelo	yellow
	azul	blue
	branco	white
	cinza	gray
	laranja, cor-de-abóbora	orange
	marrom	brown
	negro, preto	black

roxo	*purple*
rosa, cor-de-rosa	*pink*
verde	*green*
vermelho	*red*

Verbos

calçar	*to put on (socks, stockings, shoes, or gloves)*
comparar	*to compare*
comparar-se com	*to compare with*
estacionar	*to park*
incrementar	*to grow, increase*
iniciar	*to start, initiate*
nomear	*to nominate*
olhar	*to look*
promover	*to promote*
trocar	*to exchange*
usar	*to wear*
vender	*to sell*
vestir	*to put on (clothes)*
ver	*to see*
votar	*to vote*

Conjunções

pois	*as, since*
porque	*because*

Preposição

a partir de	*from*

Advérbios

apenas	*only*
assim	*thus, therefore*

GRAMÁTICA

Continuação do estudo sobre pronomes demonstrativos adjetivos e substantivos / *More about demonstrative adjectives and pronouns*

1. Introdução / *Introduction*

Os pronomes demonstrativos adjetivos e substantivos se referem a pessoas ou objetos, indicando sua posição em relação à pessoa que fala. Os demonstrativos devem concordar em gênero e número com os nomes aos quais se referem.

Demonstrative adjectives and pronouns refer to people or objects by indicating their position in relation to the speaker. Demonstratives must agree in gender and number with the nouns they modify.

este livro / **esta** caneta (objetos próximos à pessoa que fala)

this book / this pen (for objects that are next to the speaker)

esse* livro / **essa** caneta (objetos próximos à pessoa que ouve)

that book / that pen (for objects that are next to the listener.)

*Lembre se que esta forma não existe em inglês. Se precisar de uma tradução, use "that".

*Note that this form does not exist in English. If a translation is necessary, use "that."

aquele livro / **aquela** caneta (objetos distantes de quem fala e de quem ouve)

that book / that pen (simultaneously away from the speaker and the listener)

2. Adjetivos demonstrativos / *Demonstrative adjectives*

Singular		Plural	
Masculino	**Feminino**	**Masculino**	**Feminino**
este *(this)*	esta *(this)*	estes *(these)*	estas *(these)*
esse *(that)*	essa *(that)*	esses *(those)*	essas *(those)*
aquele *(that)*	aquela *(that)*	aqueles *(those)*	aquelas *(those)*

Quando seguidos de um nome, são chamados pronomes demonstrativos adjetivos, porque modificam o nome.

When these words are followed by a noun, they are called demonstrative adjectives because they modify the noun.

este carro / **esta** mesa	*this car / this table*
estes carros / **estas** mesas	*these cars / these tables*
esse senhor / **essa** senhora	*that gentleman / that lady*
esses senhores / **essas** senhoras	*those gentlemen / those ladies*
aquele menino / **aquela** menina	*that boy / that girl*
aqueles meninos / **aquelas** meninas	*those boys / those girls*

3. Pronomes demonstrativos substantivos / *Demonstrative pronouns*

São pronomes demonstrativos substantivos quando não são seguidos de um nome, pois substituem o nome. As formas dos pronomes demonstrativos substantivos são iguais às dos pronomes demonstrativos adjetivos, e há também uma forma neutra. Os pronomes demonstrativos substantivos neutros são invariáveis em gênero e número. São usados principalmente quando alguém se refere a uma ideia ou a algo cujo gênero não se pode ou não se deseja identificar. Assim, serão usados apenas para se referir a objetos, não a pessoas.

The same words are called demonstrative pronouns when they are not followed by a noun, as they replace that noun. The forms for the demonstrative pronouns are the same as those of demonstrative adjectives with one exception: there is also a neutral form. The neutral forms of the demonstrative pronouns are invariable in gender and number. Theses forms are used especially when someone refers to an idea or something whose gender cannot be expressed or one does not wish to identify. Therefore, they are employed only for things, not for people.

O que é **isto**? *What is* **this**?

Aquilo deve ser caro. **That** *must be expensive.*

Isso não se faz. **That** *should not be done. (reproach)*

Pronomes demonstrativos substantivos / *Demonstrative pronouns*

Singular	Plural	Neutro
este/esta *this (masc./fem.)*	estes/estas *these (masc./fem.)*	isto *this*
esse/essa *that (masc./fem.)*	esses/essas *that (masc./fem.)*	isso *that*
aquele/aquela *that (masc./fem.)*	aqueles/aquelas *those (masc./fem.)*	aquilo *that*

	Masculino	Feminino	Neutro
Singular	este *(this)*	esta *(this)*	isto *(this)*
	esse *(that)*	essa *(that)*	isso *(that)*
	aquele *(that)*	aquela *(that)*	aquilo *(that)*
Plural	estes *(these)*	estas *(these)*	
	esses *(those)*	essas *(those)*	
	aqueles *(those)*	aquelas *(those)*	

Qual é o seu livro? *Which (one) is your book?*
Este em cima da mesa. *This one on the table.*

Esta é minha casa nova. *This is my new house.*

Que rua é **essa**? *What street is that?*
É a rua Franklin. *It's Franklin Street.*

Qual é nossa sala de aula? *Which is our classroom?*
Aquela ao lado do laboratório. *That one beside the lab.*

Qual prédio é **aquele**? *Which building is that?*
É o prédio de Geologia. *It is the Geology Building.*

Aquela é a nova diretora do Departamento de Vendas. *That's the new director of the Sales Department.*

O que é **isto**? *What is this?*
É uma caneta. *It is a pen.*

O que é **isso**? *What is that?*
É o presente de aniversário de Pedro. *It's Pedro's birthday present.*

O que é **aquilo**? *What is that?*
É a máquina de xerox. *It's the copy machine.*

Combinações e contrações / *Combinations and contractions*

Quando uma preposição é seguida por um artigo, um demonstrativo, um pronome sujeito ou um advérbio, ela poderá combinar-se com a palavra que a segue. Tradicionalmente, usa-se o termo "combinação" quando a preposição se junta a outra palavra sem perda de elementos. Por exemplo: **ao (a + o)**. Quando a preposição sofre redução, ou seja, quando perde um ou mais sons, ao se juntar a outra palavra, usa-se o termo "contração". Por exemplo: **da (de + a)**. Em português, tanto a combinação quanto a contração são comuns e serão tratadas aqui sob o termo genérico "combinação". Abaixo segue uma lista de preposições que podem se combinar com outras palavras.

*When a preposition is followed by an article, a demonstrative or subject pronoun, or an adverb, the preposition can combine with the word that follows it. Traditionally, the term "combination" is used when a preposition is joined to another word without being shortened. For example, **ao (a + o)**. In contrast, the term "contraction" used when the preposition is reduced—that is, it loses one or more sounds—when it is joined to the word following it. For example, **da (de + a)**. In Portuguese, combinations and contractions are both common and will be referred to here by the generic term "combination." Below follows a list of prepositions that can be combined with other words.*

1. A

Com artigos definidos / *With definite articles*

		Combinação	Exemplo
A +	o	AO	Maria vai **ao** cinema com Pedro. *Maria goes **to the** theater with Pedro.*
	a	À*	Depois, eles vão à churrascaria. . . *Later, they are going **to the** steakhouse. . .*
	os	AOS	. . . e **aos** museus do centro. *. . . and **to the** museums downtown.*
	as	ÀS*	Maria gosta de ir **às** praias do Rio. *Maria likes to go **to the** beaches in Rio.*

Com pronomes demonstrativos / *With demonstrative pronouns*

		Combinação	Exemplo
A +	aquele(s)	ÀQUELE(S)*	Maria vai **àquele** cinema novo com Pedro. *Maria is going **to that** new movie theater with Pedro.*
	aquela(s)	ÀQUELA(S)*	Depois, eles vão **àquela** churrascaria famosa. . . *Later, they are going **to that** famous steakhouse. . .*
	aquilo	ÀQUILO*	Nada se compara **àquilo** (algo já mencionado) *Nothing can be compared **to that** (something previously referred to)*

*O acento grave indica que dois sons idênticos foram combinados.

The grave accent indicates that two identical sounds were combined.

2. DE

Com artigos definidos / *With definite articles*

		Combinação	Exemplo
DE +	o	DO	O gerente **do** departamento está de férias. *The manager **of the** department is on vacation.*
	a	DA	Maria é a secretária **da** firma. *Maria is the secretary **of the** company.*
	os	DOS	João é o chefe **dos** funcionários. *João is the boss **of the** employees.*
	as	DAS	O novo engenheiro é **das** Ilhas Virgens. *The new engineer is **from the** Virgin Islands.*

Com artigos indefinidos / *With indefinite articles*

		Combinação	Exemplo
DE +	um	DUM	Ela é **dum** país asiático. *She is **from an** Asian country.*
	uma	DUMA	Ele é **duma** ilha do Caribe. *He is **from a** Caribbean island.*
	uns	DUNS	Elas vêm **duns** países asiáticos. *They come **from some** Asian countries.*
	umas	DUMAS	Eles vêm **dumas** ilhas do Caribe. *They come **from some** Caribbean islands.*

Com pronomes demonstrativos / *With demonstrative pronouns*

		Combinação	Exemplo
DE +	aquele(s)	DAQUELE(S)	A cor **daquele** carro lá é azul. *The color **of that** car over there is blue.*
	aquela(s)	DAQUELA(S)	As folhas **daquela** árvore são amarelas. *The leaves **of that** tree are yellow.*
	aquilo	DAQUILO	Os jornais não falam mais **daquilo**. *The newspapers do not speak **of that** anymore.*
	este(s)	DESTE(S)	João não é **deste** país. *João is not **from this** country.*
	esta(s)	DESTA(S)	As cores **desta** bandeira são verde, amarelo, azul e branco. *The colors **of this** flag are green, yellow, blue and white.*
	isto	DISTO	Parte **disto** não está bom. *Part **of this** is not good.*
	esse(s)	DESSE(S)	A capa **desse** livro é dura. *The cover **of that** book is hard.*
	essa(s)	DESSA(S)	A cor **dessa** porta é a vermelha. *The color **of that** door is red.*
	isso	DISSO	Eu quero comer metade **disso** aí. *I would like to eat half **of that**.*

Com advérbios / *With adverbs*

		Combinação	Exemplo
DE +	aqui	DAQUI	Marta não é **daqui**. *Marta is not **from here**.*
	ali	DALI	Marta não é **dali** também. *Marta is not **from there** either.*
	aí	DAÍ	Ela é **daí**. *She is **from over there**.*

3. EM

Com artigos definidos / *With definite articles*

		Combinação	Exemplo
EM +	o	NO	Joana está **no** quarto. *Joana is **in the** bedroom.*
	a	NA	Ela não está **na** cozinha. *She is not **in the** kitchen.*
	os	NOS	Ela não está **nos** Estados Unidos. *She is not **in the** United States.*
	as	NAS	Ela está **nas** Ilhas Virgens. *She is **in the** Virgin Islands.*

Com artigos indefinidos / *With indefinite articles*

		Combinação	Exemplo
EM +	um	NUM	José mora **num** apartamento. *José lives **in an** apartment.*
	uma	NUMA	Ele não mora **numa** casa. *He does not live **in a** house.*
	uns	NUNS	Os pássaros estão pousados **nuns** postes da rua. *The birds are sitting **on some** lampposts on the street.*
	umas	NUMAS	Eles não estão **numas** árvores. *They are not sitting **in some** trees.*

Com pronomes demonstrativos / *With demonstrative pronouns*

		Combinação	Exemplo
EM +	aquele(s)	NAQUELE(S)	Rosa mora **naquele** apartamento lá. *Rosa lives in that apartment over there.*
	aquela(s)	NAQUELA(S)	Ela não mora **naquela** casa. *She does not live in that house.*
	aquilo(s)	NAQUILO	Eu não acredito **naquilo**. *I do not believe in that.*
	este(s)	NESTE(S)	Rosa está **neste** lugar? *Is Rosa in this place?*
	esta(s)	NESTA(S)	**Nesta** quinta, nós vamos comer fora. *On this coming Thursday, we will eat out.*
	isto	NISTO	Não confie **nisto**. *Do not rely on this.*
EM +	esse(s)	NESSE(S)	Ela mora **nesse** bairro. *She lives in that neighborhood.*
	essa(s)	NESSA(S)	Ela mora **nessa** rua. *She lives on that street.*
	isso	NISSO	Ela não pensa **nisso**. *She does not think about that.*

Com pronomes pessoais / *With subject pronouns*

		Combinação	Exemplo
EM +	ele(s)	NELE(S)	Você confia **nele**? *Do you rely on him?*
	ela(s)	NELA(S)	Não pense mais **nela**. *Do not think of her anymore.*

4. POR

Com artigos definidos / *With definite articles*

		Combinação	Exemplo
POR +	o(s)	PELO(S)	Eles foram demitidos **pelo** diretor. *They were dismissed by the director.*
	a(s)	PELA(S)	Ela foi contratada **pela** gerente. *She was hired by the (female) manager.*

5. PARA

Com artigos definidos / *With definite articles*

PARA +		Combinação	Exemplo
	o(s)	PRO(S)*	Fiz isso **pro** seu próprio bem. *I did that **for** your own good.*
	a(s)	PRA(S)*	Levei-a **pra** casa. *I took her **to** her home.*

* Somente usados em linguagem coloquial.

Only used in colloquial language.

Agora volte aos diálogos e ouça as outras versões com pausas, repetindo suas falas.

PRÁTICA

Exercícios

Exercício A

Leia o texto e marque verdadeiro ou falso:

Carolina é brasileira e tem 18 anos. Ela estuda Física na Universidade Federal do Rio de Janeiro. Ela tem aulas de manhã e faz quatro cursos: física, química, cálculo e astronomia. À tarde, ela trabalha no laboratório da universidade. Carolina é uma boa estudante. Às segundas, quartas e sextas, ela também tem aula de música à noite. Às terças e quintas, ela tem aula de inglês. Nos fins de semana, ela gosta de ir à praia, ao cinema e de fazer compras com suas amigas. Ela come fora com sua família no domingo à noite.

1. Verdadeiro/Falso   Carolina é do Brasil e tem 28 anos.

2. Verdadeiro/Falso   Ela estuda física, química, cálculo e astronomia.

3. Verdadeiro/Falso   Ela tem aulas de manhã e trabalha no laboratório da universidade mais tarde.

4. Verdadeiro/Falso   Às segundas, quartas e sextas, ela também tem aula de inglês à noite.

5. Verdadeiro/Falso   Ela não gosta de fazer nada nos fins de semana.

6. Verdadeiro/Falso   Nos fins de semana, Carolina gosta de ir ao clube com suas amigas.

7. Verdadeiro/Falso   Carolina e a família comem em restaurantes no domingo.

8. Verdadeiro/Falso   Carolina é uma boa aluna.

9. Verdadeiro/Falso   Carolina estuda na Universidade do Estado do Rio de Janeiro.

10. Verdadeiro/Falso   Carolina adora fazer compras sozinha.

Exercício B

Complete as lacunas abaixo com a cor apropriada:

1. No verão, as folhas das árvores estão _____.

2. No outono elas ficam _____.

3. O sol tem a cor _____.

4. Quando faz tempo bom, o céu fica _____.

5. As cores da bandeira americana são _____, _____ e
_____.

6. A cor que se usa no luto é a _____.

7. Quando o tempo está chuvoso, o dia fica _____.

Exercício C

Complete as lacunas com a forma apropriada dos pronomes adjetivos demonstrativos ou pronomes substantivos demonstrativos:

1. _____ carro é do meu pai. (longe de quem fala; perto de quem ouve)

2. _____ é minha casa nova. (perto de quem fala)

3. _____ é nossa sala de aula? (longe de quem fala; longe de quem ouve)

4. O que é _____ aí? (distância intermediária)

5. _____ meninas são minhas irmãs. (perto de quem fala)

6. _____ moto lá é branca.

7. _____ livro aqui pertence a Maria.

8. _____ livro aí é de Joaquim.

9. _____ bolas aqui são minhas.

10. _____ cinemas lá são ótimos.

Exercício D

Complete as lacunas com a forma apropriada dos verbos entre parênteses no presente do indicativo.

1. Augusto e Pedro _____ bons amigos. (ser)

2. Vocês _____ atrasados para a reunião. (estar)

3. Onde os seus pais _____? (morar)

4. Você _____ 30 anos? (ter)

5. Carlos e eu _____ nosso carro aqui. (estacionar)

6. Vocês _____ algum esporte? (praticar)

7. Este exercício _____ difícil. (ser)

8. João _____ na IBM. (trabalhar)

9. Eu _____ português regularmente. (estudar)

10. Nós _____ cedo todos os dias. (levantar-se)

Exercício E

Marque as palavras que você ouvir.

a. porém

b. além

c. sem

d. tem

e. ninguém

f. quem

g. alguém

h. vem

i. vintém

j. cem

k. também

l. armazém

m. trem

n. amém

o. bem

p. Belém

Experiência

Parte A

Procure alguém do Brasil. Pergunte sobre o trabalho no seu país. Pergunte sobre a estrutura de sua empresa e/ou sobre as responsabilidades dos diferentes cargos dentro de uma organização. Diga quem é, de onde é, onde trabalha ou trabalhou, e outros dados interessantes da entrevista.

Parte B

A partir da entrevista feita com um falante de português na parte A, e usando também outras fontes, compare num breve parágrafo as diferenças e semelhanças entre empresas no Brasil e nos EUA. Pode-se concentrar na estrutura organizacional ou no tamanho da empresa, ou discutir áreas como a hierarquia e a autoridade. NÃO USE DICIONÁRIO.

Conversa

Compartilhem o que sabem sobre o Brasil — fatos sobre o país e as indústrias, as estruturas organizacionais e o que é importante no trabalho e na vida diária. Terão a oportunidade de conversar, em geral, sobre qualquer coisa que aprenderam a falar nas primeiras duas unidades.

CULTURA

Leia o texto e reflita sobre as perguntas.

Etiqueta: Tempo e traje social

No Brasil, as reuniões de negócios começam, em geral, na hora certa. Mas 15 minutos de atraso[1] são aceitáveis, por causa do trânsito. Mesmo iniciando na hora marcada, uns dez a quinze minutos serão gastos com apresentações, sorrisos[2], um cafezinho e uma conversa sobre o tempo. Esta é a forma de "quebrar o gelo" e tornar a reunião mais amigável[3].

Os homens vestem terno[4] com gravata[5]. Mas, como na maioria das cidades brasileiras o clima é quente, alguns homens usam camisa[6] com manga curta[7], o que é aceitável. As mulheres usam blusa e saia ou calça[8], ou um conjunto executivo ou um terninho.

Em reuniões sociais, de noite, sobretudo quando é numa casa de família, o traje é casual chique, em outras palavras, calça com uma camisa, geralmente elegante e de seda ou outro tecido estampado, sem gravata. As mulheres usam vestidos ou trajes mais descontraídos e femininos.

Para um churrasco no fim de semana, o traje é sempre esportivo. Se convidarem para um banho de piscina, lembre-se de que o brasileiro usa sunga[9] e não calção de banho[10], o que é estranho para o americano, para quem a sunga é traje de nadador. A mulher usa maiô ou biquíni.

1. de atraso	*late*
2. sorrisos	*smiles*
3. amigável	*friendly*
4. terno	*suit*
5. gravata	*tie*
6. camisa	*shirt*
7. manga curta	*short sleeve*
8. calça	*pants*
9. sunga	*Speedo swimsuit*
10. calção de banho	*swim trunks*

Compreensão do texto

1. Como o homem se veste para uma reunião de trabalho?

2. E para uma reunião social?

3. A que horas chega?

4. Como você se veste para ir a uma festa?

5. Compare a forma de se vestir no Brasil com a do seu país.

UNIDADE 3

COMPROMISSOS SOCIAIS E VIAGEM

UNIT 3

SOCIAL INTERACTIONS AND TRIPS

Lição 9

Falando sobre o tempo (clima) e sobre viagens

OBJECTIVES

1. **Communication Skills: By the end of this lesson, you should be able to**
    *   Describe a setting or activity as it is happening
    *   Have a conversation about the weather
    *   Name and describe the seasons and discuss what you like and don't like about them
    *   Make travel plans, factoring in climate and weather conditions
2. **Culture and Business Relations: By the end of this lesson, you should be able to**
    *   Describe various travel destinations in Brazil
    *   Describe Brazilian weather conditions and compare them with those in other countries
3. **Grammar: By the end of this lesson, you should be able to**
    *   Use the present progressive (*estar* + *-ando/-endo/-indo/-ondo*) and *fazer*, *estar*, and *ter* to talk about the weather
    *   Use *fazer* to express time
    *   Generally understand the structure of the present progressive

DIÁLOGOS

Os diálogos ilustram como a gramática e o vocabulário de cada lição são usados no contexto, formal e informalmente. Os pontos gramaticais abordados estão em **negrito**. Ouça os diálogos sem pausa acompanhando com a leitura.

Diálogos formais

 ### DIÁLOGO 1: O que você está fazendo?

Em uma recepção de negócios, Paula Blaster, representante da Eletrodados S.A., Renato Blaster, marido de Paula, e Dr. Henrique Araújo, diretor administrativo da Telecom, estão conversando.

(O presente contínuo)

Paula:	Boa noite, Dr. Araújo. Este é o meu marido Renato.
Henrique:	Muito prazer. É ótimo vê-la novamente, Sra. Blaster.
Paula:	Obrigada. O Dr. Araújo **está trabalhando** para a Telecom.
Henrique:	É, **estou trabalhando** como diretor administrativo lá. O senhor também **está trabalhando** na área de telecomunicações?
Renato:	Não, eu sou professor universitário. **Estou dando** aulas de física nuclear na USP.
Henrique:	Que interessante! E a senhora? Ainda **está trabalhando** na Eletrodados?
Paula:	Estou. E também **estou dando** cursos para os estagiários à noite. Eu gosto muito do trabalho.
Henrique:	Ótimo! E vocês **estão passeando** aqui no Rio?
Paula:	É, na verdade, Renato e eu estamos de férias, então **estamos visitando** a cidade por uma semana.
Henrique:	Que bom. E eu **estou indo** para São Paulo amanhã a negócios. Como está o tempo lá?
Paula:	**Está fazendo** frio, principalmente à noite.
Henrique:	Eu imagino. Mas **estou levando** meu casaco.
Paula:	A sua esposa **está indo** com o senhor?
Henrique:	Não, na verdade ela **está organizando** uma exposição neste fim de semana. Ela é artista plástica.
Paula:	Entendo. Mas espero que o senhor tenha uma ótima viagem.
Henrique:	Obrigado. Até logo.

DIÁLOGO 2: Como está o tempo?

Sr. Mário Cardoso, gerente, chama a Srta. Ana Torres, secretária, a seu escritório para planejar uma viagem no dia seguinte.

(Uso das expressões de tempo)

Sr. Cardoso:	Bom dia, Srta. Torres. Pode vir ao meu escritório, por favor?
Srta. Torres:	Pois não.
Sr. Cardoso:	Como disse ontem, amanhã bem cedo estou indo para Maceió. A senhorita pode ver **como está o tempo** lá, por favor?
Srta. Torres:	Claro. Volto com a informação em um minuto.
Sr. Cardoso:	Obrigado. *Alguns minutos mais tarde. . .*
Srta. Torres:	Com licença, Sr. Cardoso. Hoje **está fazendo muito calor** em Maceió. A previsão para amanhã é de chuva. **A umidade está aumentando** rapidamente. **Está fazendo** 39 graus (Celsius*) agora.
Sr. Cardoso:	Obrigado. É melhor levar minha capa de chuva. . .

It is more common to say, "Está fazendo 39 graus agora." In Brazil, it would be implicit that it is 39 degrees Celsius.

Diálogos informais

 ## DIÁLOGO 3: Em uma ligação internacional: O que você está fazendo agora?

Marcela telefona para Camila para conversar.

(O presente contínuo)

Marcela:	Alô. Oi, Camila! Como vai? Como estão todos?
Camila:	Alô, Marcela? Não **estou ouvindo**. . . tem muito barulho aqui. . . fale mais alto, por favor.
Marcela:	Mas o que você **está fazendo** com todo este barulho?
Camila:	**Estamos dando** uma festa para os nossos amigos americanos.
Marcela:	Que legal! Quem está aí e o que vocês **estão comendo**?
Camila:	Alguns tira-gostos: pão de queijo, salgadinhos. . . e **estamos bebendo** caipirinha, cerveja e refrigerante. André e Bruno **estão preparando** o churrasco.
Marcela:	Quem **está tocando** violão?
Camila:	O João. E o Rodrigo **está ensinando** a Carol a dançar forró. Todos **estão dançando e cantando**. Queria que você estivesse aqui.
Marcela:	Eu também. E as crianças?
Camila:	Elas **estão** lá fora **jogando** vôlei e futebol. Isabella **está passeando** com o cachorro porque ele **está latindo** muito.
Marcela:	É, parece que vocês **estão se divertindo** muito.
Camila:	Sim, mas e você? O que você **está fazendo**?

Marcela:	Eu **estou estudando** e **trabalhando** muito. Mas agora **estou saindo** com a Débora. **Estamos indo** ao supermercado para comprar algumas coisas.
Camila:	Está bem. Diga a ela que **estou mandando** um abraço.
Marcela:	Está bem. Tenho que desligar agora porque a Débora **está me esperando**. Aproveitem bastante a festa! Tchau!
Camila:	Já **estamos aproveitando**! Tchau!

 DIÁLOGO 4: Quanto tempo faz. . . ?

Encontro entre amigos. Marcelo e Fábio não se veem há muito tempo.

(FAZER em expressões de tempo)

Marcelo:	Oi, Fábio! Há quanto tempo!
Fábio:	É verdade! O que você faz aqui?
Marcelo:	Agora moro em Campinas.
Fábio:	**Faz quanto tempo que** você se mudou?
Marcelo:	**Faz três meses** agora. E você? Ainda trabalha na biblioteca da Unicamp?
Fábio:	Trabalho. Já **faz cinco anos** agora.
Marcelo:	Que legal! E eu estou casado agora.
Fábio:	Parabéns! **Faz quanto tempo?**
Marcelo:	Na verdade, me casei há 3 meses. A Renata está grávida.
Fábio:	Nossa, que mudança radical!
Marcelo:	Nós nos mudamos para cá porque os pais dela moram aqui. Já estão aqui há 25 anos.
Fábio:	Legal, cara. Depois vocês têm que me visitar.
Marcelo:	Pode deixar. Depois te mando um email.
Fábio:	OK. Até mais.

VOCABULÁRIO 🔊

Ouça cada palavra ou frase e repita-a durante a pausa.

Expressões	
Com licença.	*Excuse me.*
Como está o tempo/o clima?	*How is the weather/climate?*
Está (muito) frio.	*It's (very) cold.*
Está (muito) quente.	*It's (very) hot.*
Está chovendo/chuvoso.	*It's raining/rainy.*
Está fresco.	*It's cool.*

Está nevando.	*It's snowing.*
Está nublado.	*It's cloudy.*
Está úmido.	*It's humid.*
Está ventando.	*It's windy.*
Está caindo muita chuva.	*It's raining a lot.*
Está caindo uma tempestade.	*There's a storm.*
Está fazendo sol.	*It's sunny.*
Faz (muito) calor.	*It's (very) hot.*
Faz (muito) frio.	*It's (very) cold.*
Faz 17 graus (centígrados).	*It's 17 degrees (Celsius).*
Não me diga!	*You don't say!*
O céu está estrelado.	*The sky is full of stars.*
O tempo está bom/ótimo/ ruim/péssimo.	*The weather is good/great/bad/horrible.*
Parece que vai chover. . .	*It seems that it's going to rain. . .*
Que tempo faz em São Paulo?	*What's the weather like in São Paulo?*

Substantivos

o	ar condicionado	*air conditioning*
o/a	artista plástico/a	*artist*
o	cachecol	*scarf*
	cachorro	*dog*
o	calor	*heat*
	capa de chuva	*raincoat*
o	cara	*pal, man*
o	céu	*sky*
	churrasco	*barbecue*
	chuva	*rain*
o	clima	*climate*
a	exposição	*exhibition*
	frio	*cold*
	gelo	*ice*
o	guarda-chuva	*umbrella*
a	informação	*information*
	inverno	*winter*
	luvas	*gloves*
	neblina	*fog*
as	nuvens	*clouds*
	outono	*autumn*
	porta	*door*

a	previsão	*forecast*
	primavera	*spring*
	relâmpago	*lightning*
o	sol	*sun*
o	suéter	*sweater*
as	telecomunicações	*telecommunications*
a	tempestade	*storm*
	tempo	*weather*
o	trovão	*thunder*
	vento	*wind*
o	verão	*summer*
a	viagem de negócios	*business trip*
o	violão	*acoustic guitar*

Adjetivos

	chuvoso/a	*rainy*
	escorregadio/a	*slippery*
	forte	*strong*
	fresco/a	*fresh, cool*
	leve	*light*
	molhado/a	*wet*
	nublado/a	*cloudy*
	úmido/a	*humid*

Verbos

	aumentar	*to increase, raise*
	cair	*to fall*
	chover	*to rain (third person only)*
	escorrer	*to slide*
	fazer	*to do*
	imaginar	*to imagine*
	nevar	*to snow (third person only)*
	parecer	*to seem*
	relampejar	*to flash (with lightning)*
	ventar	*to blow (with wind)*

Advérbios

	ainda	*still*
	fora	*out, outside*
	geralmente	*generally*
	ontem	*yesterday*
	rapidamente	*fast, quickly*

GRAMÁTICA

Usos do presente contínuo / *Uses of the present progressive*

O presente contínuo descreve uma ação que está acontecendo no momento da fala. O verbo principal indica o que o sujeito está "fazendo agora".

The present progressive describes an action that is in progress at the time we are talking. The main verb indicates what the subject is "doing now."

Ele está falando no telefone com um cliente (agora). *He is talking on the phone with a client (now).*

O presente contínuo é formado com o presente do verbo **estar** seguido do gerúndio do segundo verbo, que descreve a ação que está sendo executada: **falando, comendo, assistindo** etc. Esta forma equivale à forma do verbo terminado em *-ing* em inglês: *talking, eating, watching* etc. Para formar o gerúndio, omite-se a terminação do infinitivo (**-r**) e acrescenta-se a terminação **-ndo**.

*The present progressive is formed with the present tense of **estar** (to be) followed by the present participle (or the gerund) of the second verb, which is the verb that describes the action that is being performed: talking, eating, watching. This form is equivalent to the **-ing** form in English. To form the present participle, drop the end of the infinitive (**-r**) and add the ending **-ndo**.*

amar:	ama**ndo**
viver:	vive**ndo**
partir:	part**indo**

Abaixo seguem alguns exemplos do presente contínuo para verbos com terminações diferentes:

Below are some examples of the present progressive for verbs with different endings:

-AR

Eu estou estud**ando** português agora. *I am studying Portuguese now.*

Pedro está jog**ando** futebol. *Pedro is playing soccer.*

-ER

Nós estamos l**endo** a lição. *We are reading the lesson.*

Eles estão com**endo** o bolo. *They are eating the cake.*

-IR

Vocês estão **indo** para a praia. *You are going to the beach.*

Ela está sa**indo** de casa. *She is leaving the house.*

PÔR: O verbo **pôr** forma o gerúndio em **pondo** bem como os verbos dele derivados (repor > repondo; compor > compondo), que não apresentam acento no infinitivo.

*The present participle of the verb **pôr** is **pondo**. The ending -ondo is used for all of the verbs deriving from pôr: **repor> respondo; compor> compondo**. The verbs derived from **pôr** do not have a circumflex accent in their infinitive form.*

Conjugação do presente contínuo / *Conjugation of the present progressive*

	Presente de ESTAR *Present of ESTAR*	**+ gerúndio** *Present participle*	**Exemplos**	*Examples*
eu	estou	+ abrindo	Estou abrindo a porta	*I am opening the door*
você, ele/ela	está	+ assistindo	Está assistindo a um filme	*You are/she/he is watching a film*
nós	estamos	+ correndo	Estamos correndo	*We are running*
vocês, eles/elas	estão	+ cantando etc.	Estão cantando	*You/they are singing*

Presente contínuo com verbos reflexivos / *Present progressive with reflexive verbs*

Quando se usa um verbo reflexivo no presente contínuo, geralmente o pronome vem antes do verbo reflexivo.

When you use a reflexive verb in the present progressive, the pronoun generally comes before the verb.

Nós estamos **nos** divertindo muito no Brasil. *We are having a lot of fun in Brazil.*

Pedro e Ana estão **se** casando hoje. *Pedro and Ana are getting married today.*

Formação do presente contínuo com verbos reflexivos / *Present progressive with reflexive verbs*

Pronome sujeito *Subject pronoun*	**Pronome reflexivo antes do verbo reflexivo** *Reflexive pronoun before the verb*	*English*
eu	Estou me levantando agora.	*I'm getting up now.*
você, ele/ela	Está se vestindo.	*You're/she/he is getting dressed.*
nós	Estamos nos divertindo na festa.	*We're having a good time at the party.*
vocês, eles/elas	Estão se preparando para ir ao Brasil.	*You/they are getting ready to go to Brazil.*

Usando as expressões de tempo (atmosférico) / *Using weather expressions*

Quando se deseja perguntar a alguém a respeito do clima, diz-se:

Como **está** o tempo? *ou* Que tempo **faz?**

Tanto o verbo "estar" quanto o verbo "fazer" podem ser usados, indistintamente. A pergunta pode ser complementada com um nome de lugar, por exemplo, quando se deseja saber o tempo em uma cidade ou um país específico. Assim, pergunta-se: "Como está o tempo em Miami" ou "Que tempo faz aí em Recife?"

Às vezes, há mais de uma forma de se responderem essas perguntas, usando-se diferentes verbos. Por exemplo, pode-se dizer indistintamente:

Está muito frio *ou* **Faz** muito frio.

Outras vezes, só uma forma é possível, como em:

Está chuvoso.

Cada caso será estudado separadamente.

When asking about the weather, one says: "Como está o tempo?" For this question, either "estar" or "fazer" can be used: "Como está o tempo?" or "Que tempo faz?" When you need to know about the weather at a specific location, you add the name of the place at the end of the question: "Como está o tempo em Miami?" (How is the weather in Miami?) or "Que tempo faz aí em Recife?" (How is the weather there in Recife?).

Sometimes there is more than one way to answer these questions, using different verbs. For example, we can say either:

Está muito frio *(it is very cold)* or Faz muito frio *(it is very cold).*

Sometimes, only one of the verbs can be used: Está chuvoso *(it is rainy).*

Each one of these cases will be studied separately.

1. FAZ / ESTÁ + substantivo / Faz / está + *noun*

Os substantivos "calor", "frio" e "sol" podem ser precedidos do verbo **fazer** ou **estar**, indistintamente, conjugados na terceira pessoa do singular.

*The nouns "calor" (heat), "frio" (cold), and "sol" (sun) can be preceded by either of the verbs **fazer** or **estar** conjugated in the third-person singular. Whereas in Portuguese these verbs can be followed by nouns that indicate weather conditions, in English, "it is" can be followed only by adjectives such as hot, cold, and sunny.*

Faz / Está muito **frio** hoje. *It is very cold today.*

Faz / Está muito **calor**. *It is very hot.*

Faz / Está **sol** lá fora. *It is sunny outside.*

2. TEM + substantivo / Tem + *noun*

Alguns substantivos que expressam condições meteorológicas são precedidos pelo verbo **ter**.

*Some nouns that express meteorological phenomena are preceded by the verb **ter**.*

Tem gelo nas montanhas. *There is ice on the mountains.*

Tem muito vento hoje. *It is very windy today.*

Tem muita neblina na estrada. *It is very foggy on the road.*

3. ESTÁ + adjetivo / Está + *adjective*

Os adjetivos que expressam sensação térmica ou condições meteorológicas são precedidos do verbo **estar**.

*The adjectives that express thermal sensations or meteorological conditions are preceded by the verb **estar**.*

Está **chuvoso** hoje. *It is rainy today.*

Está **nublado**. *It is cloudy.*

Está **quente** demais. *It is too hot.*

Está **frio**. *It is cold.*

Está **fresco**. *It is cool.*

Está **úmido**. *It is humid.*

Está **ensolarado**. *It is sunny.*

Está **claro**. *It is clear.*

4. ESTÁ + verbos terminados em **-ndo** (gerúndio) / Está + -ndo (*-ing) form of a verb (present participle)*

As condições atmosféricas podem ser expressas através do verbo **estar**, conjugado na terceira pessoa do singular, seguido de um verbo no gerúndio, quando a ação está acontecendo no momento da fala.

*Weather conditions can be expressed by means of the verb **estar** conjugated in the third-person singular followed by a verb in the gerund **-ndo** form ("-ing" form in English) when one needs to express an action that is happening at the moment of speech.*

Está ventando. *It is windy.*

Está chovendo. *It is raining.*

Está nevando. *It is snowing.*

Está relampejando. *It is lightning.*

Está trovejando. *It is thundering.*

As expressões usadas com **fazer** no item 1 acima podem ser empregadas também no gerúndio:

*The expressions used with **fazer** in item 1 above can also be used with the -ing form:*

Está fazendo frio. *It is cold.*

Está fazendo calor. *It is hot.*

Está fazendo sol. *It is sunny.*

Além dessas expressões, há outras comuns com o verbo **fazer** no gerúndio:

*Besides these expressions, there are others that are usually seen with **fazer** in the gerund.*

Está fazendo bom tempo. *The weather is good.*

Está fazendo mau tempo. *The weather is bad.*

Está fazendo um tempo ruim. *The weather is bad.*

Está fazendo 35 graus (Celsius)! *It is 35 degrees Celsius.*

O verbo **cair** no gerúndio precede a palavra **tempestade**:

*The verb **cair** (to fall) in the gerund precedes the word **tempestade** (storm).*

Está caindo uma tempestade. *There is a storm.*

FAZER + expressões de tempo / *To do + expressions of time*

O verbo **FAZER**, conjugado na terceira pessoa do singular do presente do indicativo, pode ser usado com expressões de tempo para exprimir o tempo decorrido desde o início da ação que, geralmente, estende-se até o momento presente da fala.

*The verb **FAZER** conjugated in the third-person singular of the simple present can be used together with expressions of time to indicate the time that has passed since the beginning of the action, which generally continues to the moment of the speech.*

Faz quanto tempo que você vive na Carolina do Norte? *How long have you been living in North Carolina?*

Faz dois anos agora que eu vivo na Carolina do Norte. *It's been two years now that I live in North Carolina* or *I have been living in North Carolina for two years now.*

Faz três meses que estudamos português. *We have been studying Portuguese for three months.*

Também é possível inverter a ordem da frase. Nesse caso, o **que** é omitido:

*It's also possible to invert the order of the sentence. In this case, **que** is omitted:*

Vivo na Carolina do Norte faz dois anos. *I've been living in North Carolina for two years.*

Estudamos português faz três meses. *We've been studying Portuguese for three months.*

O verbo **haver**, conjugado na terceira pessoa do singular, também pode ser usado com expressões de tempo. Ele pode substituir o verbo **fazer** nos exemplos acima, apresentando o mesmo significado.

*The verb **haver** conjugated in the third-person singular can also be used with expressions of time. It can replace the verb **fazer** in the sentences above with no change in meaning.*

Há três meses estudamos português *ou* Faz três meses que estudamos português. *We've been studying Portuguese for three months.*

 Agora volte aos diálogos e ouça as outras versões com pausas, repetindo suas falas.

PRÁTICA

Exercícios

Exercício A

Complete as lacunas conjugando o verbo entre parênteses no **presente contínuo**:

1. Carla e eles _____ a um baile de Carnaval. (ir)
2. John _____ um banho frio. (tomar)
3. Carla e John _____ feijoada no restaurante do hotel Othon Palace. (comer)
4. Carla _____ o quarto. (arrumar)
5. Nós _____ para os Estados Unidos na quarta-feira de cinzas. (voltar)
6. Carla _____ o jornal. (ler)
7. Vocês _____ para a companhia aérea? (ligar)
8. John e Carla _____ as malas. (fazer)
9. Eu _____ com a empregada do hotel. (discutir)
10. Você _____ água, porque sente muita sede. (beber)

Exercício B

Marque a opção correta:

1. O dia está lindo. O _____ está azul.

   vento

   sol

   céu

   neblina

2. Está _____ muito. Leve um guarda-chuva.

   ventando

   chovendo

   calor

   frio

3. Está fazendo _____ e _____. Vou usar roupas leves.

   sol e calor

   frio e chuva

   vento e umidade

   gelo e neve

4. O dia está _____. Não pára de chover desde ontem.

   seco

   chuvoso

   ótimo

   chovendo

5. Parece que vai _____ e ficar tudo branco.

   ventar

   chover

   nevar

   esfriar

6. Há muitas _____ no céu. Parece que vai chover.

   nuvens

   neblinas

   aves

   claridade

7. Está muito _____ lá fora. Menos de 0 grau Celsius.

   calor

   frio

   quente

   fresco

8. O _____ faz os carros escorregarem nas estradas.

   sol

   gelo

   calor

   frio

9. A _____ foi muito forte ontem à noite e destruiu várias casas.

   frio

   calor

   tempestade

   gelo

10. Os motoristas não veem nada com a _____ forte.

    tempo

    neblina

    calor

    frio

Exercício C

Correlacione as colunas: Como se diz estas palavras em português?

_____ 1. lightning		a. chuva
_____ 2. wet		b. trovão
_____ 3. rain		c. relâmpago
_____ 4. fall		d. fresco
_____ 5. summer		e. úmido
_____ 6. fresh, cool		f. verão
_____ 7. humid		g. molhado
_____ 8. slippery		h. gelo
_____ 9. ice		i. outono
_____ 10. thunder		j. escorregadio

Exercício D

Complete as lacunas com as palavras apropriadas:

1. O _____ é a estação do frio.

2. O _____ é a estação do calor.

3. Na _____ há mais flores.

4. No _____, as folhas caem das árvores.

5. No Brasil, em janeiro, _____ muito calor. (fazer)

6. Em março, geralmente, _____ muito. (chover)

7. No inverno, _____ um pouco de frio. (haver)

8. Está _____: parece que vai chover. (relampejar)

9. _____ três anos que não neva aqui. (fazer)

10. Nevou muito e ainda _____ gelo no telhado da casa. (ter)

Exercício E

Ouça o diálogo e marque a resposta correta.

1. Verdadeiro/Falso: _____ Eduardo vai ao Brasil passear apenas.

2. Carmen vai:

   a. ao Recife

   b. ao Rio de Janeiro

   c. a Portugal

   d. a Orlando

3. Verdadeiro/Falso: _____ Recife não está à beira do mar.

4. Segundo Carmen, a Ilha da Madeira sofreu influência _____.

5. Este ano Marlene vai com a família para:

   a. o Peru, Argentina

   b. Venezuela

   c. o Uruguai

   d. Angola

6. Quantos anos faz que Marlene não vai a Orlando? _____

7. Andreia é filha de:

   a. Eduardo

   b. Marlene

   c. Carmen

8. Segundo Carmen, como é o clima na Ilha da Madeira? _____

9. O que Carmen vai levar em sua mala?

   a. casacos

   b. shorts e maiôs

   c. vestidos de festa

10. Em que lugar do Brasil vive a família de Carmen?

    a. Rio de Janeiro

    b. São Paulo

    c. Recife

    d. João Pessoa

Experiência

Parte A

Pegue um papel e uma caneta. Sente-se. Escreva por 2 ou 3 minutos o que está acontecendo aí. Escolha um lugar onde, pelo menos, uma ação está acontecendo. Sem usar o dicionário, e usando o gerúndio com o verbo **estar**, descreva o ambiente e o que está ocorrendo. Anote o que não souber em inglês.

Parte B

Escolha um lugar na América Latina ou no Brasil. Procure na internet ou em outro lugar informações para descobrir o clima e a natureza do local, e também como o tempo está lá agora. Escreva algumas sentenças sobre o clima e o ambiente, e compare com o tempo que está fazendo aqui e agora. Finalmente, diga por que gostaria de estar lá ou não.

Conversa

Fale sobre o tempo e as estações, e do que gosta de fazer em climas diversos e sob diferentes condições de tempo. Para fazer a descrição, use o gerúndio. Exemplo: É inverno, está chovendo muito e fazendo pouco sol.

CULTURA

Leia o texto e reflita sobre as perguntas.

O tempo

Nos países que estão ao sul do Equador, os meses das estações do ano não são iguais[1] aos dos Estados Unidos ou de outros países do Hemisfério Norte. Por exemplo, quando é inverno neste país, é verão no Brasil; por isso, no Hemisfério Sul faz calor no Natal[2]. As aulas vão de março a julho, e depois de agosto até o começo de dezembro.

As estações do ano e o tempo no Brasil

Primavera		
Em outubro, o tempo está bom.	Em novembro faz sol.	Em dezembro chove.
Verão		
Em janeiro faz muito calor.	Em fevereiro faz sol.	Em março está nublado.
Outono		
Em abril o tempo não é bom.	Em maio está fresco.	Em junho faz frio.
Inverno		
Em julho faz muito frio.	Em agosto venta.	Em setembro, o tempo está ameno[3].

1. iguais	*the same*
2. Natal	*Christmas*
3. ameno	*mild*

Compreensão do texto

1. Quais são as estações do ano?

2. Que tempo faz no verão?

3. E no inverno?

4. Compare as estações brasileiras com as de seu país.

ECK-IN DE TRANSFERÊ
NNECTION CHECK-IN
IBARQUE / CÂMBIO / S
PARTURE / EXCHANGE / R
IDA
IT
NIBUS / TÁXI / LOCADOR
S / TAXI / RENT A CAR
JARDA-VOLUMES
CKERS
TACIONAMENTO
RKING

Lição 10

10

Fazendo reservas e lidando com dinheiro

OBJECTIVES

1. **Communication Skills: By the end of this lesson, you should be able to**
   - Make plane, bus, or train reservations
   - Purchase tickets, negotiating preferences and prices
   - Ask and answer questions related to changing money

2. **Culture and Business Relations: By the end of this lesson, you should be able to**
   - Identify particular holidays and events in Brazil to factor into business and/or personal travel plans
   - Identify geographical information about Brazil
   - Know some Brazilian rules of etiquette

3. **Grammar: By the end of this lesson, you should be able to**
   - Use the present progressive tense with more confidence
   - Use idiomatic expressions with *há, faz, estar, ter*
   - Begin to use indirect verbs similar to *gosto de* (*me interessa*, *me falta*)
   - Know how and when to use idiomatic verb forms for polite requests (*gostaria de*)

DIÁLOGOS

Os diálogos ilustram como a gramática e o vocabulário de cada lição são usados no contexto, formal e informalmente. Os pontos gramaticais abordados estão em **negrito**. Ouça os diálogos sem pausa acompanhando com a leitura.

Diálogos formais

 DIÁLOGO 1: Em uma agência de viagem em São Paulo

O Sr. Peterson conversa com a agente de viagem, Adriana.

(Usando o condicional)

Adriana:	Boa tarde, em que posso ajudá-los?
Sr. Peterson:	**Gostaríamos** de informações sobre viagens dentro do Brasil.
Adriana:	Quais lugares no Brasil lhes interessam?
Sr. Peterson:	**Gostaríamos** de conhecer o Nordeste.
Adriana:	Sim, há muitos voos diretos e baratos para Salvador, na Bahia. Depois vocês **poderiam** ir para Pernambuco e fazer um roteiro de carro pelo litoral. As praias de lá são muito bonitas e famosas, e o aluguel do carro fica em conta. Sugiro que vocês não deixem de visitar Olinda e Recife.
Sr. Peterson:	Parece-me ótimo.
Adriana:	Perfeito. Um momento que vou providenciar as passagens.
Sr. Peterson:	Obrigado.

 DIÁLOGO 2: Obtendo horário de ônibus e trem

A Sra. Santos pede informações sobre os horários de trem e de ônibus para Fabiana, funcionária da estação.

(Usando o condicional)

Sra. Santos:	Boa tarde.
Fabiana:	Boa tarde, posso ajudá-la?
Sra. Santos:	Sim, queria informações sobre horários e preços de viagens de ônibus e de trem.
Fabiana:	Aonde a senhora deseja ir?
Sra. Santos:	**Gostaria** de ir para Vitória, no Espírito Santo. Há passagens para sexta-feira depois das seis da tarde?
Fabiana:	Não, sinto muito. Para sexta à noite todos os ônibus e trens estão lotados. É Carnaval no Brasil neste fim de semana, então todos estão viajando com antecedência. Não **poderia** ser para sexta mais cedo?
Sra. Santos:	Não, trabalho até as seis da tarde.
Fabiana:	Temos ônibus especiais saindo no sábado às 7h, 8h, 9h e 10h da manhã, por causa da demanda. E também há um trem expresso que sai às 7h30.
Sra. Santos:	Qual é o tempo da viagem?

Fabiana:	Oito horas de ônibus e nove de trem.
Sra. Santos:	Quanto custa a passagem de ida e volta? Ir de trem é mais caro ou mais barato do que ir de ônibus?
Fabiana:	A passagem do ônibus executivo é trinta e dois reais e a do trem expresso é quarenta reais.
Sra. Santos:	OK. Vou comprar a passagem de trem.
Fabiana:	A senhora tem que entrar naquela fila.
Sra. Santos:	OK, obrigada.

 ## DIÁLOGO 3: Na casa de câmbio

A Sra. Souza quer trocar seus dólares. Ela fala com Fernando, um funcionário da casa de câmbio.

(Pedidos formais: usando o condicional)

Sra. Souza:	**Gostaria** de trocar dólares, por favor.
Fernando:	A Sra. **gostaria** de trocar dólares por reais?
Sra. Souza:	Sim, qual é a cotação do dia?
Fernando:	O dólar está a dois reais e dez centavos.
Sra. Souza:	Queria trocar duzentos dólares, por favor. Vocês também trocam cheques de viagem?
Fernando:	Sim, senhora. Preciso do seu passaporte. Por favor, assine aqui. *[Ele conta o dinheiro.]* Aqui está.
Sra. Souza:	Obrigada, boa tarde.
Fernando:	Foi um prazer atendê-la.

Diálogos informais

 ## DIÁLOGO 4: Uma boa viagem!

Conversa entre dois amigos sobre uma viagem.

(Verbos com complemento)

Gabriela:	Oi, Lucas. E aí ? Você vai mesmo para o Rio amanhã?
Lucas:	Vou. Eu e a Priscila queremos ir bem cedo. Também **nos interessa** conhecer Parati.
Gabriela:	E depois vocês vão para Minas Gerais?
Lucas:	É, a gente vai para o festival de inverno de Ouro Preto.
Gabriela:	Acho uma boa ideia, porque é um lugar muito legal, principalmente se vocês **se interessam** pela arte barroca e pela história do Brasil.
Lucas:	Nós vamos pegar um voo do Rio a Belo Horizonte, assim visitamos a capital, e depois vamos de carro até Ouro Preto. O que lhe parece?
Gabriela:	Muito bom. A Priscila ainda quer ir para o sul?
Lucas:	Talvez Curitiba. Dizem que é uma cidade muito moderna.
Gabriela:	É verdade. E a cidade oferece muitas atrações também. Então, tenham uma boa viagem!

DIÁLOGO 5: Entre amigos na estação

Lúcia está tentando trocar seu dinheiro na lanchonete da estação. Seu amigo, Ricardo, a ajuda.

(Usando o presente para pedidos informais)

Lúcia:	Oi, você **pode** trocar uma nota de 50 para mim? A moça do caixa não tem troco.
Ricardo:	Espere um minutinho. Acho que não tenho 5 notas de 10, não.
Lúcia:	Ah, então pode deixar.
Ricardo:	Eu posso te emprestar dez reais. Aqui está.
Lúcia:	Obrigada, depois te pago.
Ricardo:	Imagina. . .

States

Acre (13)	Pernambuco (10)
Alagoas (11)	Piauí (6)
Amapá (4)	Rio de Janeiro (24)
Amazonas (1)	Rio Grande do
Bahia (17)	Norte (8)
Ceará (7)	Rio Grande do
Espírito Santo (21)	Sul (27)
Goiás (18)	Rondônia (14)
Maranhão (5)	Roraima (2)
Mato Grosso (15)	Santa Catarina (26)
Mato Grosso do	São Paulo (23)
Sul (22)	Sergipe (12)
Minas Gerais (20)	Tocantins (16)
Pará (3)	
Paraíba (9)	**Federal District**
Paraná (25)	Brasília, D. F. (Distrito Federal) (19)

International boundary
State boundary
National capital
State capital

0   200   400 Kilometers
0   200   400 Miles

PARA VIAJAR AO BRASIL: DADOS ESTATÍSTICOS E INFORMAÇÕES

Capital: Brasília, D.F. (Distrito Federal)

Área total (km²): 8.514.215,3

População: 196 milhões de habitantes

Densidade demográfica: 19,42 (hab./km²)

Produto Interno Bruto (PIB): US $1,665 trilhões

Moeda: Real

Regiões: Norte/Nordeste/Centro-Oeste/Sudeste/Sul

ESTADOS E CAPITAIS:

Acre – Rio Branco	Paraíba – João Pessoa
Alagoas – Maceió	Paraná – Curitiba
Amapá – Macapá	Pernambuco – Recife
Amazonas – Manaus	Piauí – Teresina
Bahia – Salvador	Rio de Janeiro – Rio de Janeiro
Ceará – Fortaleza	Rio Grande do Norte – Natal
Distrito Federal – Brasília	Rio Grande do Sul – Porto Alegre
Espírito Santo – Vitória	Rondônia – Porto Velho
Goiás – Goiânia	Roraima – Boa Vista
Maranhão – São Luís	Santa Catarina – Florianópolis
Mato Grosso – Cuiabá	São Paulo – São Paulo
Mato Grosso do Sul – Campo Grande	Sergipe – Aracaju
Minas Gerais – Belo Horizonte	Tocantins – Palmas
Pará – Belém	

VOCABULÁRIO

Ouça cada palavra ou frase e repita-a durante a pausa.

Expressões	
Em que posso ajudá-lo?	*How may I help you?*
Há taxa para o serviço?	*Is there a service charge?*
O senhor troca dinheiro?	*Do you exchange money?*
Qual é o valor do dólar hoje?	*How much is the dollar worth today?*
Quanto está o dólar?	*How much is the dollar worth?*

O que um gerente de viagem pode dizer	
Deseja passagem de ida e volta?	*Do you want a round-trip ticket?*
Para quantas pessoas?	*For how many people?*
Quando deseja partir?	*When do you want to leave?*
Quando é o regresso/o retorno/a volta?	*When is the return?*
Quando é o voo?	*When is the flight?*
Quantas passagens deseja?	*How many tickets do you want?*

O que você pode dizer	
A que horas são os voos para. . . ?	*What time are the flights to. . . ?*
Há voo direto para. . . ?	*Are there direct flights to. . . ?*
Há voos diários para. . . ?	*Are there daily flights to. . . ?*
O voo faz escala?	*Does the flight make any stops?*
Qual é o preço da viagem?	*What is the cost of the trip?*
Quanto custa a passagem?	*How much is the ticket?*
Queria informação sobre os voos para. . .	*I would like information on flights to. . .*

No aeroporto		
	aeroporto	*airport*
	agência bancária	*bank agency*
	alfândega	*customs*
	assento na janela	*window seat*
	assento no corredor	*aisle seat*
o	avião	*plane*
o	balcão de atendimento/check-in	*check-in counter*
o	balcão de informações	*information counter*
	banca de revistas	*newsstand*
	banheiro feminino, banheiro masculino	*women's restroom, men's restroom*
o	café	*coffee shop*
o	caixa 24 horas, caixa eletrônico	*ATM machine*
	casa de câmbio	*money exchange*
	chegada	*arrival*
o	embarque doméstico	*domestic departure*
o	embarque internacional	*international departure*
	esteira de bagagem	*baggage claim area, conveyor belt*
	loja franca	*duty-free shop*
	parada, escala; a conexão	*stop, connection; connecting flights*
	partida	*departure*
a	passagem	*ticket*
	polícia federal	*federal police*

o	portão	*door, gate*
o	portão de desembarque	*arrival gate*
o	portão de embarque	*departure gate*
	praça, área de alimentação	*food court*
o	restaurante	*restaurant*
	saída	*exit*
	sala de espera	*waiting room*
o	telefone público	*public phone*
o	terminal	*terminal*
a	toalete	*restroom*
a	viagem de ida e volta	*round trip*
	visto	*visa*
o	volume	*volume*
	voo	*flight*

Substantivos

	câmbio	*exchange*
	carro alugado	*rental car*
os	cheques de viagem	*traveler's checks*
	costa	*coast*
	dinheiro	*money*
a	estação	*station*
a	imigração	*immigration*
	navio	*ship*
	povoado	*town*
	reserva	*reservation*
	taxa de câmbio	*exchange rate*

Verbos

	achar	*to find*
	caminhar	*to walk*
	chegar	*to arrive*
	faltar	*to lack*
	importar	*to care*
	impressionar	*to make an impression*
	incomodar	*to disturb*
	interessar	*to interest*
	mostrar	*to show*
	perder	*to lose*
	procurar	*to look for*

Adjetivos	
adiado/a	*postponed*
atrasado/a	*delayed*
cancelado/a	*canceled*
cômodo/a	*comfortable*
desocupado/a	*available*
incômodo/a	*uncomfortable*
vazio/a	*empty*
Preposição	
até	*until*
por causa de	*because of*

GRAMÁTICA

Usos de complementos de alguns verbos / *Usage of some verbs requiring complementary objects*

Alguns verbos necessitam ter seus significados complementados por uma palavra ou grupo de palavras que se chama objeto. Por exemplo, quando se diz "dou", se perguntará: você dá o quê para quem? Logo, é preciso complementar o verbo com essas respostas. No caso do verbo "dar", poderemos dizer: "dou <u>uma flor</u> <u>para minha mãe</u>". O verbo "dar" então é normalmente acompanhado de dois complementos. O primeiro, "uma flor", se chamará objeto direto, porque é introduzido sem preposição; o segundo, 'para minha mãe', é chamado de objeto indireto, já que é introduzido por uma preposição, neste caso, "para".

Normalmente, o objeto direto pode ser substituído pelo pronome pessoal oblíquo de objeto direto e o objeto indireto pode ser substituído pelo pronome pessoal oblíquo de objeto indireto. Se fôssemos substituir um dos objetos acima por pronomes, poderíamos dizer:

Dou-a para minha mãe. (a = uma flor, objeto direto) *ou*

Dou-lhe uma flor. (lhe = para minha mãe, objeto indireto)

A seguir apresentamos uma lista de verbos e como seus complementos devem ser usados.

*Some verbs need to have their meanings complemented by a word or group of words (object). For example, when one says **dou** (I give), we can ask: you give what and to whom? Then, it is necessary to complement the verb using these answers. In the case of the verb **dar**, we can say: <u>dou uma flor para minha mãe</u> (I give a flower to my mother). Therefore, the verb **dar** (to give) is usually followed by two types of complements. The first one, **uma flor** (a flower), is the direct object and is introduced without a preposition; the second one, **para minha mãe** (to my mother), is the indirect object, which is introduced by a preposition, in the example, **para** (to).*

The direct object can be replaced by a direct object pronoun, and the indirect object can be replaced by an indirect object pronoun. If one of the objects in the example above were replaced by a pronoun, you could say:

Dou-a para minha mãe. *I give it to my mother. (it = direct object)* or

Dou-lhe uma flor. *I give her a flower. (her = indirect object)*

Following is a list of verbs with the complements that each takes.

1. Verbo GOSTAR

Substantivos como complemento / *Nouns as complements*

O verbo GOSTAR é transitivo indireto, ou seja, seu significado exige um complemento que deve ser introduzido por uma preposição. Tal preposição será sempre o DE, que poderá aparecer combinada com artigos ou pronomes.

> *The verb GOSTAR (to like) is an indirect transitive verb, that is, its meaning needs to be complemented by a noun or group of nouns introduced by a preposition. This preposition will always be DE, which can be combined with articles or pronouns.*

> Eu gosto **de** uvas. *I like grapes.*

> Eles gostam **dos** (de + os) amigos. *They like their friends.*

> Nós gostamos **dessas** (de + essas) aulas de português. *We like those Portuguese classes.*

Apesar de ser um verbo transitivo indireto, GOSTAR não pode ser complementado por um pronome de objeto indireto (me, nos, lhe, lhes).

> *Although GOSTAR is an indirect transitive verb, it cannot be complemented by an indirect object pronoun (me, nos, lhe, lhes).*

> Eu gosto dos meus chefes. ~~Eu gosto lhes~~. *I like my bosses.*

Em lugar disso, usa-se o pronome pessoal reto na substituição, combinando-o com a preposição DE:

> *As an alternative, the subject pronoun, combined with the preposition DE, is used in the substitution.*

> Eu gosto **deles** (DE + eles = meus chefes). *I like them.*

Veja outros exemplos com a terceira pessoa do singular e do plural como complemento.

> *See other examples (below) that present the third-person singular and plural as complements.*

> Nós gostamos <u>do professor</u>. *We like the teacher.*
> Nós gostamos **dele** (de + ele = professor). *We like him.*

> Os meninos gostam <u>da diretora</u>. *The boys like the director.*
> Os meninos gostam **dela** (de + ela = diretora). *The boys like her.*

> Eu gosto <u>dos brasileiros</u>. *I like the Brazilians.*
> Eu gosto **deles** (de + eles = brasileiros). *I like them.*

> Nós gostamos <u>das pessoas simples</u>. *We like simple people.*
> Nós gostamos **delas** (de + elas = pessoas simples). *We like them.*

Para as outras pessoas, diz-se:

> *For the remaining persons, you can say:*

> Os alunos gostam de **mim**. *The students like me.*
> Os professores gostam de **nós**. *The teachers like us.*

> O gerente gosta de **você**. *The manager likes you.*
> O gerente gosta de **vocês**. *The manager likes you guys.*

Conjugação do presente do indicativo / *Conjugation of the present indicative*

Eu gosto do professor de Economia.	*I like the professor of Economics.*
Você não **gosta** deste produto?	*Don't you like this product?*
Ele gosta da praia.	*He likes the beach.*
Nós gostamos de cinema.	*We like movies.*
Vocês gostam de matemática?	*Do you like math?*
Eles gostam desta casa.	*They like this house.*

Verbos como complemento / *Verbs as complements*

1. Quando **gostar de** é seguido por outro verbo, este deve estar na forma infinitiva. *When **gostar de** is followed by a verb, the verb must be in the infinitive form.*

   Elas gostam de usar o computador. *They like to use the computer.*

   Maria gosta de estudar muito antes da prova. *Maria likes to study a lot before the exam.*

2. Verbos PARECER, INTERESSAR, IMPORTAR, FALTAR, INCOMODAR e IMPRESSIONAR / *Verbs* PARECER (*to seem*), INTERESSAR (*to interest*), IMPORTAR (*to care*), FALTAR (*to lack*), INCOMODAR (*to disturb*), *and* IMPRESSIONAR (*to impress, or make an impression*)

Os complementos dos verbos acima são objetos indiretos ou pronomes oblíquos de objeto indireto (me, nos, lhe, lhes).

The complements of the verbs listed above are indirect objects or indirect object pronouns (me, lhe, nos, lhes).

Parece-me	*It seems to me*
Parece-lhe	*It seems to him/her*
Parece-nos	*It seems to us*
Parece-lhes	*It seems to them*

No português falado, o pronome vem antes do verbo. No português escrito, vem depois.

In spoken Portuguese the pronoun comes before the verb, whereas in written Portuguese it comes after the verb.

Me parece que vai chover (falado). *It seems to me that it is going to rain (spoken).*

Parece-me que vai chover (escrito). *It seems to me that it is going to rain (written).*

Poderíamos ir àquele restaurante italiano. O que lhe parece? *We could go to that Italian place. What do you think?*

Me parece uma ótima ideia! *I think it's a great idea!*

Não lhes parece que já vimos este filme antes? *Doesn't it seem to you (plural) that we have already seen this film before?*

Interessa-lhe saber algo sobre o Brasil? *Are you interested in knowing something about Brazil?*

Eles se importam com a opinião dos outros? *Do they care about other people's opinions?*

O que lhe falta na vida? *What else do you need in life?*

Falta-me mais tempo e dinheiro. *I need more time and money.*

Este barulho nos incomoda muito. *This noise disturbs us a lot.*

Esta arquitetura me impressiona muito. *This architecture impresses me a lot.*

3. **A forma condicional dos verbos GOSTAR, QUERER e PODER (terminação em -ia)** / *The conditional form of the verbs GOSTAR, QUERER, and PODER (ending in -ia)*

Quando se necessita expressar um desejo ou um pedido formal ou cortês, usam-se os verbos acima conjugados no condicional. Abaixo segue uma tabela que mostra a conjugação desses verbos.

The conditional form of the verbs above is used when you need to express a wish or a formal or polite request. Below is a table with the conjugation of these verbs.

Pedido formal ou cortês

Polite or formal request	**gostar** *to like; would like*	**querer** *to want; would like*	**poder** *can; could*
eu	gostaria	quereria	poderia
você, ele/ela	gostaria	quereria	poderia
nós	gostaríamos	quereríamos	poderíamos
vocês, eles/elas	gostariam	quereriam	poderiam

4. **Expressões para indicar pedidos formais** / *Expressions that indicate polite requests*

Você **gostaria** de viajar ao Brasil? *Would you like to travel to Brazil?*

Sim, **gostaria** muito de visitar o Brasil para praticar meu português. Meu marido e eu **quereríamos** conhecer o Rio de Janeiro, São Paulo e o Nordeste. *Yes, I'd like to visit Brazil to practice my Portuguese. My husband and I would like to go to Rio, São Paulo and the Northeast.*

Você **gostaria** de reservar as passagens? *Would you like to make a reservation?*

Sim, você **poderia** me fazer esse favor? *Yes. Could you do me that favor?*

Claro! Em qual dia e horário vocês **poderiam** viajar? *Sure. What day and time would you be able to travel?*

Bem, primeiro **gostaria** de consultar meu marido. Ele **quereria** o mês que vem. *Well, first I'd like to talk to my husband about that. He would like (to travel) next month.*

Então você me liga depois com as informações. Você **gostaria** de saber dos preços? *Then call me later with the information. Would you like to know the prices?*

✔ Agora volte aos diálogos e ouça as outras versões com pausas, repetindo suas falas.

PRÁTICA

Exercícios

Exercício A

Correlacione a coluna da esquerda com a da direita.

John liga para o hotel no Rio de Janeiro e conversa com o gerente:

_____ 1. Em que posso ajudá-lo?		a. Chegamos na cidade dia 20 de junho.
_____ 2. Para quantas pessoas?		b. Dois. Um para mim e minha esposa e outro para meus dois filhos.
_____ 3. Para quando gostaria de fazer a reserva?		c. Eu gostaria de fazer uma reserva, por favor.
_____ 4. Quando gostaria de partir?		d. Saímos no dia 15 de julho.
_____ 5. Quantos quartos o senhor gostaria de reservar?		e. Para mim e minha família. Somos quatro ao todo.

John pergunta ao gerente:

_____ 6. Vocês trocam dinheiro no hotel?		f. Temos lavanderia, piscina, café da manhã, TV a cabo e ar condicionado nos quartos e várias lojas no saguão.
_____ 7. E o senhor sabe o valor do dólar hoje?		g. Não, todos os serviços estão incluídos na diária.
_____ 8. Quais são os serviços oferecidos pelo hotel?		h. Não, senhor. Não trocamos. Mas há uma casa de câmbio do outro lado da rua.
_____ 9. Há alguma taxa para esses serviços?		i. Para venda, o dólar está a 2 reais e 10 centavos.
_____10. Obrigado.		j. De nada.

Exercício B

Complete as lacunas usando os verbos entre parênteses no presente contínuo:

1. Nós _____ nosso escritório. (mostrar)

2. Meu irmão _____ para a prova. (estudar)

3. Vocês _____ amanhã? (partir)

4. Meu chefe _____ o novo projeto. (discutir)

5. Eu _____ um novo emprego. (procurar)

6. Nancy _____ música. (ouvir)

7. Eles _____ uma casa nova. (comprar)

8. Você e João _____ uma reunião com os acionistas da empresa? (planejar)

9. Eu _____ uma reserva no hotel. (fazer)

10. O helicóptero _____ sobre São Paulo. (voar)

Exercício C

Complete as lacunas segundo a definição das palavras:

1. Cartão usado para fazer compras: _____
2. Documento oficial em país estrangeiro: _____
3. Lugar onde se compram revistas, jornais etc.: _____
4. Pequeno restaurante que serve refeições rápidas: _____
5. Lugar de entrada para um voo: _____
6. Área em um shopping ou aeroporto onde há restaurantes e lugares para fazer refeições: _____
7. Lugar onde se pega dinheiro rapidamente: _____
8. Lugar em aeroportos onde se compram coisas isentas de imposto: _____
9. Lugar onde se inspecionam bagagens e mercadorias em trânsito: _____
10. Local público equipado com vaso sanitário, pias etc.: _____
11. Autorização para entrada em certos países: _____
12. Aeronave de propulsão a motor, que tem asas: _____
13. Local em aeroporto por onde saem as malas no final da viagem: _____
14. Lugar que dá acesso ao lado de fora: _____
15. Aparelho usado para se comunicar e que pode ser utilizado por qualquer pessoa: _____

Exercício D

Complete os pedidos formais com verbos na forma adequada.

1. _____ (gostar) de tomar um vinho tinto, por favor.
2. A senhora _____ (poder) dizer os preços das passagens?
3. Nós _____ (desejar) viajar para Salvador.
4. Já que vai ao escritório do Sr. Márcio, a senhora _____ (entregar) estes papéis?
5. O banco ainda está aberto? Eu _____ (precisar) trocar uns cheques de viagem.
6. O senhor _____ (gostar) de um cafezinho?
7. Eu lhe _____ (acompanhar) com muito prazer.
8. Eles _____ (gostar) de falar com o senhor.
9. Os senhores _____ (poder) esperar lá fora, por favor?
10. Nós _____ (saber) fazer umas perguntas.

Exercício E

Ouça o áudio e marque verdadeiro ou falso:

1. Verdadeiro/Falso   O pacote turístico custa em torno de mil dólares por pessoa.

2. Verdadeiro/Falso   Todas as refeições estão incluídas.

3. Verdadeiro/Falso   A reserva é para um grupo de cinco pessoas.

4. Verdadeiro/Falso   A viagem do Recife ao Rio de ônibus dura três dias.

5. Verdadeiro/Falso   Ela escolhe o voo das nove da manhã para o Rio.

6. Verdadeiro/Falso   Ela sai para Foz do Iguaçu na sexta às oito da manhã.

7. Verdadeiro/Falso   Ela não tem que mostrar sua identidade, mas sim o passaporte.

8. Verdadeiro/Falso   Ela quer passagens para três pessoas.

9. Verdadeiro/Falso   A Varig e a TAM são excelentes companhias aéreas brasileiras.

10. Verdadeiro/Falso   A viagem do Rio a Foz do Iguaçu no fim de semana tem conexão em São Paulo.

Exercício F

Correlacione: Qual o significado dos verbos que seguem?

_____	1. votar	a. increase
_____	2. transferir	b. initiate
_____	3. arquivar	c. promote
_____	4. marcar encontro	d. file
_____	5. promover	e. name
_____	6. verificar	f. distribute
_____	7. distribuir	g. transfer
_____	8. iniciar	h. make an appointment
_____	9. nomear	i. vote
_____	10. incrementar	j. verify

Experiência

Parte A

Você está planejando uma viagem ao Brasil! Escreva um pequeno parágrafo descrevendo seus planos. Diga porque está procurando informações sobre a viagem, para quando, e qual o meio de transporte que vai usar. Descreva o que você vai fazer durante a viagem. O que você vai ver? De que atividades você vai participar? O que lhe interessa no Brasil?

Parte B

Procure num jornal a taxa de câmbio do dólar para o real. Veja quantos reais você pode trocar por dólar em um banco nos Estados Unidos ou no Brasil. Mande uma mensagem aos seus colegas, recomendando qual a melhor troca de dólares por reais.

Conversa

Faça reservas para viajar de trem, de avião e/ou de ônibus, por telefone ou pessoalmente com um agente de viagem. Também, troque dólares por reais e assegure-se de que o câmbio é o melhor possível.

CULTURA

Leia o texto e reflita sobre as perguntas.

No Brasil, seja brasileiro

O que fazer:

1. Estenda e aperte a mão[1] ao ser apresentado a uma pessoa.
2. Use a forma de tratamento certa: senhor, senhora ou senhorita.
3. Pergunte como vai a família, pois a família é importante para o brasileiro.
4. Vista roupa[2] apropriada para cada ocasião, se tiver dúvidas, pergunte.
5. Aceite um cafezinho ou um copo de água[3] quando lhe for oferecido, ou ofereça o mesmo quando visitarem sua casa.
6. Tenha paciência com o horário, a pontualidade brasileira não é exata, mas flexível.
7. Acostume-se[4] a esperar em filas[5] para ser servido.
8. Dê uma gorjeta[6] de, pelo menos, 10% em restaurantes.
9. Dê uma gorjeta ao taxista ou arredonde a conta.
10. Leve flores[7] ou uma caixa[8] de chocolate ou bombons[9] para a dona da casa, quando for convidado.

O que não fazer:

1. Não use gestos quando não souber o que significam. O gesto para OK, em inglês, é obsceno no Brasil.
2. Não se assuste quando as pessoas chegarem muito perto ou o abraçarem para cumprimentar. O espaço entre duas pessoas é menor, e gestos de afeto ou apreciação são comuns.
3. Não se afaste quando beijarem sua face ao cumprimentar.
4. Não beba cerveja[10] ou refrigerante diretamente na garrafa[11].
5. Não coma pizza com a mão.
6. Não use calções (*shorts*) no verão, só na praia.
7. Não use sandálias com meias ou o chamarão de "gringo", nome comum para estrangeiro.

8. Não ponha "ketchup" na sua batata frita[12].

9. Não deixe a mulher pagar a conta[13] quando a convidar para jantar fora a primeira vez.

10. Não deixe de perguntar quando tiver uma dúvida.

1.	aperte a mão	*shake hands*
2.	roupa	*clothes*
3.	copo de água	*a glass of water*
4.	acostume-se	*get used to*
5.	filas	*lines*
6.	gorjeta	*tip*
7.	flores	*flowers*
8.	caixa	*box*
9.	bombons	*chocolates*
10.	beba cerveja	*drink beer*
11.	garrafa	*bottle*
12.	batata frita	*French fries*
13.	pagar a conta	*to pay the bill*

Compreensão do texto

1. O que você deve fazer para se integrar no Brasil?

2. O que não deve fazer?

3. Como o comportamento no Brasil é diferente do comportamento de onde você vive?

Lição 11

Fazendo reservas por telefone

OBJECTIVES

1. **Communication Skills: By the end of this lesson, you should be able to**
   - Plan a business meeting
   - Make hotel and restaurant reservations by phone
   - Write a basic memo listing tasks

2. **Culture and Business Relations: By the end of this lesson, you should be able to**
   - Use proper courtesy expressions on the phone and when conducting business

3. **Grammar: By the end of this lesson, you should be able to**
   - Use direct and indirect pronouns and place them correctly in a sentence

DIÁLOGOS

Os diálogos ilustram como a gramática e o vocabulário de cada lição são usados no contexto, formal e informalmente. Os pontos gramaticais abordados estão em **negrito**. Ouça os diálogos sem pausa acompanhando com a leitura.

Diálogos formais

 ### DIÁLOGO 1: Um encontro de negócios

O Sr. Renato Andrade, vice-presidente da empresa, está acertando detalhes de um encontro de negócios com Clara Paiva, relações públicas.

(Pronomes de objeto direto e indireto)

Sra. Paiva:	Boa tarde, Sr. Andrade, como vai?
Sr. Andrade:	Bem, obrigado. A senhora já fez as reservas no restaurante?
Sra. Paiva:	Sim, já **as** fiz.
Sr. Andrade:	A senhora poderia fazer as ligações para os nossos sócios hoje?
Sra. Paiva:	Sim, eu **lhes** telefonarei e direi que temos reservas para o sábado à noite.
Sr. Andrade:	Excelente, a senhora poderia fazer os convites também?
Sra. Paiva:	Sim, eu **os** farei amanhã e **os** enviarei.
Sr. Andrade:	A senhora poderia **lhes** enviar os relatórios pelo correio?
Sra. Paiva:	Sim, na verdade **os** enviarei por email, assim eles **os** receberão imediatamente.
Sr. Andrade:	Obrigado.

Um memorando: Pedidos formais

Leia o memorando do Sr. Andrade para a Sra. Paiva e identifique as tarefas mencionadas na conversa deles por telefone.

Memorando

De: Sr. Andrade

Para: Sra. Paiva

Lista de pedidos urgentes:

— Fazer as reservas no restaurante para este sábado,

— Ligar para nossos sócios,

— Informar-lhes sobre a reserva,

— Fazer os convites,

— Enviar os convites pelo correio,

— Mandar os relatórios por email.

DIÁLOGO 2: Fazendo reservas num hotel

A Sra. Paiva telefona para um hotel para fazer reservas.

(Usando o condicional)

Sra. Paiva:	Alô, hotel Miramar?
Funcionária do hotel:	Sim, hotel Miramar, em que posso ajudar?
Sra. Paiva:	Estou falando dos Estados Unidos. **Gostaria** de fazer reservas. Há quartos disponíveis?
Funcionária:	Para quando deseja as reservas?
Sra. Paiva:	Para este sábado, dia 8 de abril.
Funcionária:	Para quantas pessoas?
Sra. Paiva:	Para três pessoas: um casal e uma pessoa solteira.
Funcionária:	Quanto tempo desejam ficar no hotel?
Sra. Paiva:	**Gostaríamos** de ficar uma semana, até sábado, dia 15 de abril.
Funcionária:	Muito bem, temos quartos disponíveis. Preferem um quarto de casal e outro de solteiro?
Sra. Paiva:	**Gostaria** de reservar dois quartos de casal. Eles têm banheiro privado?
Funcionária:	Claro, todos os quartos têm.
Sra. Paiva:	Perfeito. Quanto custa a diária?
Funcionária:	São oitenta dólares por noite.
Sra. Paiva:	O preço inclui o café da manhã?
Funcionária:	Sim, inclui.
Sra. Paiva:	Bem, queria fazer as reservas dos quartos, por favor.
Funcionária:	Precisamos do número do seu cartão de crédito para efetuar as reservas.
Sra. Paiva:	OK. O número do meu cartão é: Visa 220-563-0001.
Funcionária:	Muito obrigada, Sra. Paiva.

Diálogo informal

 ## DIÁLOGO 3: Recomendando um restaurante

A Sra. Paiva está procurando um bom restaurante para sábado. Ela pede a opinião da Carol sobre o Restaurante Leblon.

(Pronomes de objeto direto)

Sra. Paiva:	Oi, Carol. Você comeu no Restaurante Leblon na semana passada, não é? O preço é fixo? Você gostou?
Carol:	Sim, eu **o** recomendo. O restaurante é ótimo. O preço varia conforme o prato.
Sra. Paiva:	O que você recomenda para a sobremesa?

Carol:	Eu comi pudim de leite e **o** recomendo. É uma delícia. Eles também têm Romeu e Julieta: goiabada com queijo.
Sra. Paiva:	E qual prato você recomenda?
Carol:	Obviamente a feijoada, que vem com feijão, arroz, fatias de laranja, carnes, farofa, e couve. Você também pode pedir para ela ser servida com os ingredientes à parte.
Sra. Paiva:	Está bem. Vou fazer uma reserva para amanhã.
Carol:	Ótimo. Mas não **a** faça para as 13h porque, neste horário, o restaurante fica muito cheio. Acho que você vai gostar muito da comida. Até logo.

VOCABULÁRIO

Ouça cada palavra ou frase e repita-a durante a pausa.

Expressões

Tomara que. . .	*I hope that. . .*
Eu acho que. . .	*I think that. . .*
O café da manhã está incluído?	*Is breakfast included?*
Preciso de um quarto para esta noite.	*I need a room for tonight.*
Tem serviço de quarto?	*Do you have room service?*
Deseja um ou dois quartos?	*Do you want one or two rooms?*
Desejam quartos separados?	*Do you (pl.) want separate rooms?*
Em nome de quem?	*Under whose name (should it be)?*
Há quarto vago?	*Are there any rooms available?*
Por quantos dias?	*For how many days?*
Quanto custa o quarto com uma cama?	*How much is a room with a single bed?*
Quanto custa?	*How much does it cost?*
Quanto tempo vai (vão) ficar?	*How long will you (you, pl.) stay?*
Quantos são?	*How many of you are there?*
Quero fazer uma reserva.	*I would like to make a reservation.*
Tem quarto com duas camas?	*Are there any rooms with two beds?*

Substantivos

a	especialidade	*specialty*
a	dica	*tip*
o	jantar	*dinner*
as	ligações	*phone calls*
	lista de pedidos urgentes	*to-do list*
	prato	*dish*
	reserva	*reservation*

	vinho	*wine*
	vinho tinto	*red wine*
	No hotel	
a	recepção	*front desk/reception*
	banheiro	*bathroom*
	cama	*bed*
	chuveiro	*shower*
	depósito	*deposit*
	fronha	*pillow case*
o	cobertor	*blanket*
o	lençol	*sheet*
	serviço de quarto	*room service*
a	televisão	*television*
	toalha	*towel*
	travesseiro	*pillow*
	vaga	*vacancy*
	O telefone	
o	cartão telefônico	*phone card*
	chamada	*call*
	chamada local	*local call*
	chamada telefônica	*phone call*
	chamada a cobrar	*collect call*
	código internacional	*international code*
	com ajuda da telefonista	*operator assisted*
	discar direto	*to call direct*
	interurbano	*long-distance call*
as	mensagens	*messages*
	particular	*private*
	prefixo	*area code*
	separado	*separate*
	Em uma conversa	
	Alô?	*Hello?*
	Aqui é a Cláudia.	*This is Claudia speaking.*
	atender o telefone	*to answer the phone*
	bater o telefone na cara de alguém	*to hang up on someone*
	desligar o telefone	*to hang up the phone*
	É a Cláudia.	*This is Claudia.*
	Gostaria de falar com o Álvaro.	*I would like to speak with Alvaro.*

identificar-se	*to identify oneself*
O Álvaro está, por favor?	*Is Alvaro there, please?*
perguntar por alguém	*to ask for someone*
Quem fala?	*Who is speaking?*
Quem gostaria?	*Who is speaking? (as in: who wishes to speak?*

Verbos

pagar	*to pay*
pedir	*to ask for*
pendurar	*to hang up*
reservar	*to make a reservation*
sugerir	*to suggest*

Advérbios

| nunca | *never* |
| sempre | *always* |

GRAMÁTICA

Aprofundando seu conhecimento sobre os pronomes de objeto direto e indireto / *More on using direct and indirect object pronouns*

1. Pronomes de objeto direto / *Direct object pronouns*

O objeto direto se refere a coisas ou pessoas que completam a ação do verbo. O objeto direto responde à pergunta: "o que" ou "quem" e é diretamente afetado pela ação.

The direct object refers to things or people that complete the action of the verb. The direct object pronoun answers the question "what" or "who" and is directly affected by the action.

O que o José faz? *What is José doing?*
Faz **a lição.** *He is doing his homework.*

O que eles estão vendo? *What are they watching?*
Estão vendo **o programa de televisão.** *They are watching the TV program.*

Quem a secretária está chamando? *Who is the secretary calling?*
Está chamando **o gerente.** *She is calling the manager.*

O pronome de objeto direto é usado em lugar do substantivo.

The direct object pronoun is used to replace the noun.

José faz **a tarefa?** *Does José do **his homework**?*
Sim, ele **a** faz. *Yes, he does **it.***

Eles estão vendo **o jogo de futebol?** *Are they watching the **soccer game**?*
Sim, eles **o** estão vendo. *Yes, they are watching **it**.*

A secretária está chamando **o gerente?** *Is the secretary calling **the manager**?*
Sim, ela **o** está chamando. *Yes, she is calling **him**.*

Pronomes de objeto direto / Direct object pronouns

Pronomes de objeto direto *Direct object pronouns*	Pronomes em inglês *Pronouns in English*	Exemplos *Examples*
me	me	Meu namorado **me** vê todos os dias. *My boyfriend sees me every day.*
o	you, him, it	O diretor **o** visita. *The director visits you/him/it.*
a	you, her, it	A diretora **a** recebe. *The director (female) receives you/her/it.*
nos	us	A companhia **nos** contratou por três meses. *The company hired us for three months.*
os	them	Ele **os** escuta com atenção. *He listens to them attentively.*
as	them	Os alunos **as** estudam. *The students study them.*

Posição dos pronomes do objeto direto / *Position of the direct object pronouns*

Os pronomes dos objeto direto são colocados antes ou depois do verbo, de acordo com o contexto (formal ou informal).

The direct object pronouns are placed before or after the verb, according to the context (formal or informal)

Formal: O gerente chama-**o** a seu escritório. (depois do verbo – *after the verb*)
The manager calls him to his office.

Informal: O gerente **o** chama ao seu escritório. (antes do verbo – *before the verb*)
The manager calls him to his office.

Em frases negativas, o pronome do objeto é colocado sempre após o advérbio "não".

In negative sentences, the object pronoun is always placed after the adverb "não."

O gerente não **o** chama ao seu escritório.

The manager does not call him to his office.

Quando há dois verbos juntos (verbo conjugado + infinitivo), o pronome do objeto direto pode vir depois do infinitivo (formal), ou antes da expressão verbal (informal).

When there are two verbs together (conjugated verb + infinitive), the direct object pronoun can be placed after the infinitive (formal), or before the verbal phrase (informal).

Formal: Que carro lindo! Eu quero comprá-**lo**.
What a beautiful car! I want to buy it.

Informal: Que carro lindo! Eu **o** quero comprar.
What a beautiful car! I want to buy it.

Quando os pronomes **o**, **a**, **os**, **as** são colocados após o infinitivo, retira-se o **r** final, usa-se um hífen e acrescenta-se a letra **l** diante do pronome.

*When the pronouns **o**, **a**, **os**, **as** are placed after the infinitive, the final **r** is removed, and a hyphen and the letter **l** are placed before the pronoun.*

Que carro lindo! Quero comprá-lo.

What a beautiful car! I want to buy it.

Observações

(a) Se a vogal final do verbo for **a** ou **e**, usa-se um acento gráfico: **a** torna-se **á**; ou seja, leva um acento agudo (´); e **e** torna-se **ê**; leva acento circunflexo (^).

*If the verb ends in **a** or **e**, an accent mark is used: **a** becomes **á**; i.e. has an acute accent (´); and **e** becomes **ê**, with a circumflex accent (^).*

Comprar (to buy)

Aquele carro é lindo! Quero comprá-lo.

That car is beautiful! I want to buy it.

Vender (to sell)

Este carro está velho. Quero vendê-lo.

This car is old. I want to sell it.

(b) Se a vogal final for **i**, não se usa acento gráfico.

*If the verb ends in **i**, no accent mark is needed.*

Abrir (to open)

As portas estão trancadas. Preciso abri-las.

The doors are locked. I need to open them.

(c) Quando o verbo está conjugado na primeira pessoa do plural (**-amos**, **-emos**, **-imos**), retira-se o **s** final do verbo, usa-se um hífen e, em seguida, acrescenta-se **l** antes do pronome.

*When the verb is conjugated in the first-person plural (**-amos**, **-emos**, **-imos**), the final **s** is removed and a hyphen and the letter **l** are added to the pronoun.*

	Formal	Informal
Nós abrimos a porta.	Abrimo-**la**.	Nós **a** abrimos.
Conhecemos esses rapazes muito bem.	Conhecemo-**los**.	Nós **os** conhecemos muito bem.
Compramos os carros.	Compramo-**los**.	Nós **o** compramos.

(d) Quando o verbo está conjugado na terceira pessoa do plural, terminando em **m**, usa-se hífem e acrescenta-se **n** antes do pronome. Por exemplo:

When the verb is conjugated in the third-person plural, ending in **m**, *use a hyphen and add the letter* **n** *before the pronoun.*

	Formal	Informal
Eles amam seus irmãos.	Eles amam-**nos**.	Eles **os** amam.
Eles vendem seus produtos.	Eles vendem-**nos**.	Eles **os** vendem.
Eles partem o pão.	Eles partem-**no**.	Eles **o** partem.

2. Pronomes de objeto indireto / *Indirect object pronouns*

O pronome do objeto indireto refere-se a coisas ou pessoas que completam a ação indiretamente, ou seja, através de uma preposição.

O pronome do objeto indireto indica "para quem" a ação se dirige e é usado em lugar da expressão: para + ele/ela = **lhe**.

The indirect object pronoun refers to things and people that complete the action indirectly, i.e., through a preposition.

The indirect object pronoun expresses "to whom" the action is addressed, and it is used to replace the phrase: para + ele/ela = **lhe**.

	Formal	Informal
Eu entrego este presente para meu irmão.	Eu entrego-**lhe** este presente.	Eu entrego este presente **para ele.**
I give this present to my brother.	*I give him this present.*	*I give this present to him.*

Pronomes de objeto indireto / *Indirect object pronouns*

Pronomes objeto indireto *Indirect object pronouns*	Pronomes em inglês *Pronouns in English*	Exemplos *Examples*
me (a/para mim)	*to/for me*	Meu pai **me** escreve uma carta. *My father writes me a letter.*
lhe (a/para você, ele/ela)	*to/for you, him, her*	A companhia **lhe** envia um contrato. *The company sends you/him/her a contract.*
nos (a/para nós)	*to/for us*	A agência **nos** oferece bom serviço. *The agency gives us good service.*
lhes (a/para vocês, eles/elas)	*to/for them*	O diretor vai **lhes** dar a notícia. *The director is going to give them the news.*

Posição dos pronomes de objeto indireto / *Position of the indirect object pronouns*

Os pronomes de objeto indireto também são colocados depois do verbo em contexto formal e antes do verbo em contexto informal. Por exemplo:

The indirect object pronouns are placed after the verb in a formal context, and before the verb in an informal context. For example:

Formal	Informal
A agência recomenda-**lhes** este hotel. *The agency recommends (to you) this hotel.*	A agência **lhes** recomenda este hotel *ou* A agência recomenda este hotel **a vocês**. *The agency recommends this hotel (to you).*

Em frases negativas, o pronome de objeto indireto também é colocado sempre após o advérbio "não" ou "nunca", não importando o contexto.

In negative sentences, the object pronoun is always placed after the adverbs "não" (no) or "nunca" (never), regardless of the context.

A agência não **lhes** recomenda este hotel. *The agency does not recommend this hotel to you.*

Quando há dois verbos juntos (verbo conjugado + infinitivo), o pronome do objeto indireto pode vir antes, no meio ou depois do verbo composto. Exemplos:

When the verb is conjugated in a verbal phrase with an infinitive, the indirect object pronoun can come before, between, or after the two verbs.

Eu **lhe** desejo falar. *I wish to speak to you.*

Eu desejo **lhe** falar.

Eu desejo falar-**lhe**.

3. Resumindo o uso dos pronomes de objeto direto e indireto / *Summarizing the use of direct and indirect object pronouns*

Pronomes de objeto direto e objeto indireto / *Direct object and indirect object pronouns*

Sujeito da ação *Subject of the action*	Pronomes de objeto direto: O quê? *Direct object pronouns: What?*	Pronomes de objeto indireto: Para quem? *Indirect object pronouns: For whom?*
eu	me	me
você, ele/ela	o/a	lhe
nós	nos	nos
vocês, eles/elas	os/as	lhes

Observações

(a) Em português os pronomes de objeto direto e indireto não são usados na mesma frase ao mesmo tempo. Seguem alguns exemplos de como substituir o objeto direto ou indireto por um pronome na frase.

In Portuguese, the direct and indirect object pronouns are not used in the same sentence at the same time. Here are some examples of how to replace a pronoun by either the direct or indirect object in a sentence.

Pedro escreveu <u>uma carta</u> <u>para sua mãe</u>. *Pedro wrote a letter to his mother.*

Se quisermos substituir o objeto direto: *If we choose to replace the direct object:*

Pedro **a** escreveu para sua mãe. *Pedro wrote it to his mother.*

Se quisermos substituir o objeto indireto: *If we choose to replace the indirect object:*

Pedro **lhe** escreveu uma carta. *Pedro wrote her a letter.*

Gabriel comprou <u>presentes</u> <u>para nós</u>. *Gabriel bought presents for us.*

Substituindo o objeto direto: *Replacing the direct object:*

Gabriel **os** comprou para nós. *Gabriel bought them for us.*

Substituindo o objeto indireto: *Replacing the indirect object:*

Gabriel **nos** comprou presentes. *Gabriel bought us presents.*

Maria deixou <u>um recado</u> <u>para mim</u>. *Maria left a message for me.*

Substituindo o objeto direto: *Replacing the direct object:*

Maria **o** deixou para mim. *Maria left it for me.*

Substituindo o objeto indireto: *Replacing the indirect object:*

Maria **me** deixou um recado. *Maria left me a message.*

Marcos mandou <u>mensagens</u> <u>para os representantes do Canadá</u>. *Marcos sent messages to the representatives from Canada.*

Substituindo o objeto direto: *Replacing the direct object:*

Marcos **as** mandou para os representantes do Canadá. *Marcos sent them to the representatives from Canada.*

Substituindo o objeto indireto: *Replacing the indirect object:*

Marcos **lhes** mandou mensagens. *Marcos sent them messages.*

(b) Nenhum pronome de objeto deve ser usado no início da frase. Caso o sujeito seja omitido, ele deverá ser anexado após o verbo, usando-se um hífen.

No object pronoun can be used in the beginning of a sentence. If the subject is omitted, the object pronoun has to be attached after the verb, using a hyphen.

Mário **lhe** telefonou. *Mario called you/him/her.*

Mário telefonou-**lhe**. / Telefonou-**lhe**.

Eu **a** vejo no sábado. *I'll see you on Saturday.*

Vejo-**a** no sábado.

✔ Agora volte aos diálogos e ouça as outras versões com pausas, repetindo suas falas.

PRÁTICA

Exercícios

Exercício A

Correlacione a coluna da esquerda com a da direita:

_____	1. dica	a. price
_____	2. o café da manhã	b. bed
_____	3. prato	c. shower
_____	4. preço	d. inside
_____	5. quarto	e. breakfast
_____	6. cama	f. sheet
_____	7. a recepção	g. dish
_____	8. banheiro	h. to ask/to order
_____	9. chuveiro	i. room
_____	10. o lençol	j. bathroom
_____	11. travesseiro	k. to pay
_____	12. delicioso	l. tip, suggestion
_____	13. pagar	m. reception desk
_____	14. pedir	n. pillow
_____	15. dentro de	o. delicious

Exercício B

Complete as lacunas usando a forma apropriada do verbo entre parênteses no condicional:

1. Carla _____ (gostar) de ir ao cinema hoje à noite.

2. Maurício e Antônio _____ (dever) chegar mais cedo ao trabalho hoje, mas não puderam.

3. Nós _____ (poder) levar o seu primo ao aeroporto de manhã.

4. Eles _____ (gostar) de tomar um café?

5. Você _____ (desejar) falar comigo?

6. Você e seu marido _____ (gostar) de se sentar juntos no avião?

7. Minha namorada e eu _____ (ir) nos casar até o início do ano que vem, mas não foi possível.

8. Quem _____ (poder) me fazer o favor de acender a luz?

9. Carla e João _____ (gostar) de se encontrar na hora do almoço para discutir os resultados da reunião.

10. Eu _____ (poder) falar com o seu chefe?

Exercício C

Substitua as palavras destacadas por **pronomes de objeto direto** ou **pronomes de objeto indireto**:

1. Ela escreveu **as cartas** ontem? _____?

2. Você quer conhecer **o Fábio e a Marli**? _____?

3. Eu posso ajudar **você**. _____.

4. A professora viu **eu** colando na prova. _____.

5. A senhora conheceu **meu irmão e eu** quando éramos crianças. _____
_____.

6. Eu peguei **minhas duas irmãs** no aeroporto hoje. _____
_____.

7. Jorge prefere visitar **os primos**. _____.

8. Levei **a cadeira** para a varanda. _____.

9. Li **o livro** em apenas duas horas. _____.

10. O professor deu um 8 **para mim**. _____.

11. Cláudia enviou uma carta **para você**. _____.

12. Mário ensina química **para seu filho**. _____.

13. Rubens disse **para a mãe** que queria sair. _____.

14. O garçom serviu **para mim e Pedro** o prato da casa. _____.

15. Ele ofereceu um bom emprego **para você e seu irmão**. _____.

16. Marta perguntou **para Sérgio e Antônio** se eles queriam jantar. _____
_____.

17. Roberto vendeu seu carro **para Teresa e sua prima**. _____.

Exercício D

Complete o diálogo com os pronomes de objeto direto ou de objeto indireto.

Ana: Amanhã, eu vou a uma festa na casa do Ricardo. Você conhece meu amigo Ricardo?

Paulo: Sim, eu (1) _____ (Ricardo) conheço. Ele é muito divertido.

Ana: A irmã de Ricardo também é muito divertida. Nós somos amigas. Sempre vemos filmes juntas.

Paulo: Onde vocês (2) _____ (filmes) veem?

Ana: Nós vemos filmes no cinema. Na próxima vez, nós vamos convidar (3) _____ (você) para ir também.

Paulo: Quando vocês forem ao cinema, você podem (4) _____ (para mim) ligar. Eu posso (5) _____ (para minhas amigas) ligar também. E nós podemos ir todos juntos.

 ### Exercício E

Ouça o áudio e responda as perguntas a seguir:

1. Para quantas pessoas Mary quer fazer uma reserva?
2. Que tipo de comida Mary prefere?
3. Quantas variedades de pratos brasileiros há no restaurante?
4. A que horas é servido o jantar?
5. A que horas abre o serviço de bar no restaurante?
6. O que a recepcionista sugere como aperitivo?
7. Cite um prato principal do restaurante.
8. Por que a feijoada só é servida no almoço?
9. Qual é o custo em média por pessoa para se comer no restaurante?
10. Cite uma sobremesa servida no restaurante.

Experiência

Parte A

Escreva um diálogo onde uma pessoa faz reservas por telefone como a recepcionista no restaurante.

Parte B

Escreva um parágrafo descrevendo uma cena em um restaurante com o garçom e dois convidados. Certifique-se de usar pronomes de objetivos diretos e indiretos.

Conversa

Pratique fazendo e respondendo perguntas como "Onde você está?", "Aonde ele vai?" e "Como ela irá?" Também conte onde você foi e como chegou a um evento.

CULTURA

Leia o texto e reflita sobre as perguntas.

Salários

No Brasil, o salário é pago todos os meses. Nos Estados Unidos também, mas costuma-se dizer: ganho tal quantia por ano. Já o brasileiro diz por mês. No Brasil, também existe o décimo terceiro salário, ou seja, na época do Natal as pessoas recebem um salário extra. Algumas companhias do governo ou particulares preferem dividir o pagamento do 13° salário em duas parcelas[1], pagam uma na metade do ano e a outra parte no fim do ano. Quem faz hora extra recebe pagamento extra ou esta hora pode ser usada como tempo de folga[2] posterior.

Existe um salário mínimo, que é reajustado geralmente uma vez por ano. É muito menor do que nos Estados Unidos.

O salário e as férias são registrados numa carteira de trabalho, o que serve de documento para a aposentadoria. A CTPS (Carteira de Trabalho e Previdência Social) é o documento que registra as etapas da atividade profissional dos brasileiros. Todo trabalhador precisa ter uma. Ela reúne informações que garantem o acesso a diversos direitos trabalhistas, como a aposentadoria, o seguro-desemprego[3] e o FGTS (Fundo de Garantia por Tempo de Serviço).

Quem pode requerer a CTPS

Brasileiros natos ou naturalizados

Estrangeiros com visto permanente

Asilados[4] políticos e refugiados

Estrangeiros residentes na fronteira com o Brasil

Dependentes de pessoal diplomático estrangeiro

Artistas ou desportistas estrangeiros com visto temporário

Cientistas, professores e técnicos estrangeiros a serviço do governo brasileiro

1. parcela	*part*
2. folga	*leave, day off*
3. seguro-desemprego	*unemployment insurance*
4. asilados	*exiled (refugees)*

Compreensão do texto

1. O seu salário é mensal ou anual?
2. Você tem férias? Quando?
3. Você pode pedir carteira de trabalho no Brasil? Por quê?
4. Seu sistema é semelhante ao brasileiro?

Lição 12

12

Como chegar ao seu destino

OBJECTIVES

1. **Communication Skills: By the end of this lesson, you should be able to**
   - Ask and follow directions
   - Use a map and a taxi to assist you in getting where you want to go
   - Talk in simple terms about something that happened in the past

2. **Culture and Business Relations: By the end of this lesson, you should be able to**
   - Apply Brazilian etiquette to business functions and social situations
   - Understand the difficulties of making a living in Brazil

3. **Grammar: By the end of this lesson, you should be able to**
   - Form commands with regular and irregular verbs
   - Better use commands in the affirmative and negative forms
   - Form the preterit of regular verbs ending in -ar, -er, and -ir

DIÁLOGOS

Os diálogos ilustram como a gramática e o vocabulário de cada lição são usados no contexto, formal e informalmente. Os pontos gramaticais abordados estão em **negrito**. Ouça os diálogos sem pausa acompanhando com a leitura.

Diálogos formais

 ### DIÁLOGO 1: Mostrando o caminho

Dr. Jorge Lopes tem um almoço de negócios no Restaurante Mangabeiras. Ele pede informações para chegar lá à secretária Ângela.

(O imperativo)

Ângela:	O senhor me chamou, Dr. Lopes?
Jorge Lopes:	Chamei sim, Ângela. A senhorita* sabe como eu chego até o Restaurante Mangabeiras?
Ângela:	É fácil. O senhor sabe onde fica a Praça Tiradentes?
Jorge:	Acho que sim. Tenho que subir a Avenida do Contorno, não é?
Ângela:	Exatamente. **Suba** a Av. do Contorno até a Praça Tiradentes e depois **vire** à esquerda.
Jorge:	Um momento. Vou anotar. E depois de dobrar à esquerda. . .?
Ângela:	**Siga** em frente e **continue** subindo a Av. Afonso Pena. O Restaurante Mangabeiras vai estar à direita, antes do senhor chegar à Praça do Papa.
Jorge:	A senhorita sabe se é fácil estacionar lá?
Ângela:	**Não se preocupe!** Eles têm estacionamento particular com manobrista.
Jorge:	Que bom! Obrigado pela ajuda.
Ângela:	De nada, Dr. Lopes. **Disponha.**

*A *senhorita* is used here to indicate a formal conversation between the employer, Jorge, and his employee, Ângela, but usually after working together for a longer period of time, the form of address would change to *você*.

 ### DIÁLOGO 2: Um almoço de negócios

Dr. Jorge Lopes chega ao Restaurante Mangabeiras para almoçar com Dr. Paulo Trindade.

(Usando o passado)

Jorge:	Boa tarde, Dr. Trindade. O senhor **chegou** há muito tempo?
Paulo:	Não, não se preocupe. Acabo de chegar aqui.
Jorge:	Ótimo. Este restaurante parece ser muito agradável.
Paulo:	É verdade. Gosto de vir aqui porque o ambiente é calmo. E o senhor? Está gostando de morar na cidade?
Jorge:	Estou sim, muito. O clima é excelente, e a cidade é bem mais tranquila do que São Paulo.

Paulo:	Por quanto tempo o senhor **viveu** em São Paulo?
Jorge:	Por quatro anos. Sou de São José dos Campos e **me mudei** para lá quando fui admitido na Fiat.
Paulo:	Ótimo! E por que o senhor foi transferido para Belo Horizonte?
Jorge:	A minha esposa é daqui e **decidi** pedir uma transferência depois que **nos casamos**. Agora a Natália está grávida e está muito contente, porque estamos perto da sua família.
Paulo:	Que ótimo. Parabéns! Bem, agora vamos ao trabalho.

Diálogos informais

 ### DIÁLOGO 3: Como chegar à sua casa?

Luís está tentando chegar à casa de Manuela. Ela o ajuda por telefone.

(O imperativo)

Luís:	Manuela, como chego à sua casa? Me **explique** como chego até aí.
Manuela:	Lógico! É bem fácil. O melhor é pegar o ônibus do hotel.
Luís:	Tem ponto de ônibus perto do hotel?
Manuela:	Sim, **preste** atenção. **Saia** do hotel, **dobre** à esquerda e **caminhe** até o final da quadra. No sinal, **atravesse** a Avenida São João. O ponto de ônibus está logo ali, em frente ao correio.
Luís:	Está bem, eu sei onde fica o correio. Que ônibus pego?
Manuela:	Tem papel e lápis aí? **Escreva**, por favor: **pegue** o ônibus número quarenta e sete, que vai até o Jardim Paulista. Saem muitos ônibus, um a cada dez minutos.
Luís:	E onde eu desço?
Manuela:	São só cinco minutos de ônibus. **Desça** na primeira parada do Jardim Paulista. **Pergunte** ao motorista.
Luís:	Está claro. E daí, para onde vou?
Manuela:	**Siga** adiante pela calçada. **Passe** a igreja à sua esquerda, **ande** até o cruzamento com a Rua do Museu, mas **não atravesse** a rua. **Vire** à direita e minha casa é o segundo prédio, número cinquenta e dois.

 ### DIÁLOGO 4: Reencontro entre amigos

Luís chega à casa de Manuela. Eles estão muito emocionados com este reencontro depois de tanto tempo.

(Usando o passado)

Manuela:	Nem acredito! Faz quatro anos que não nos vemos!
Luís:	É verdade! **Nos vimos** pela última vez quando você **terminou** o curso de Administração de Empresas e **voltou** ao Brasil.
Manuela:	Exatamente. Me **formei** na Universidade de Georgetown e **voltei** para minha casa em Curitiba. . . Depois **me casei**.
Luís:	Quando **se casou**?

Manuela:	**Me casei** com Vítor um ano depois.
Luís:	Vocês se **conheceram** nos Estados Unidos, né*?
Manuela:	Não foi bem assim. **Nos conhecemos** no Brasil, na FGV [Fundação Getúlio Vargas].
Luís:	Mas ele também **estudou** nos Estados Unidos, não **foi**?
Manuela:	Sim, é verdade. Mas ele **estudou** na Universidade do Texas durante dois anos.
Luís:	Você também **trabalhou** no Banco Noroeste?
Manuela:	Eu não, mas o Vítor sempre **trabalhou** nesse Banco. **Trabalhei** para o Citibank por dois anos.

*Né is the short form for *não é?*, used when we are asking for confirmation about a specific piece of information.

VOCABULÁRIO

Ouça cada palavra ou frase e repita-a durante a pausa.

Expressões	
Nem acredito. . .	*I can't believe it. . .*
Parabéns!	*Congratulations!*
Preste atenção.	*Pay attention.*
Sim, claro.	*Yes, sure.*
Direção	
abaixo	*below*
acima	*above*
atrás, detrás de	*behind*
à direita	*to the right*
direto	*straight ahead*
à esquerda	*to the left*
no final	*at the end*
Tempo	
amanhã	*tomorrow*
anteontem	*the day before yesterday*
antes de	*before*
depois de amanhã	*the day after tomorrow*
logo	*soon*
ontem à noite	*last night*
passado/a	*last, previous*
recentemente	*recently*

Substantivos

o	andar térreo	*ground floor*
	calçada	*sidewalk*
	centro	*downtown*
o	corredor	*hallway*
	correio, agência de correios	*post office*
o	elevador	*elevator*
	escada	*stairs*
	escadaria	*staircase*
	estacionamento	*parking*
	farmácia	*pharmacy*
	livraria	*bookstore*
o/a	manobrista	*valet (parking attendant)*
	mercado ao ar livre	*open-air market*
o/a	motorista	*driver*
o	degrau	*step*
	ponto de ônibus	*bus stop*
	praça	*square*
o	quarteirão	*block*
o	sinal de trânsito, semáforo	*traffic light*
	sorveteria	*ice cream parlor*
	tráfego, trânsito*	*traffic*
	*ATENÇÃO: tráfico	*drug traffic*

Verbos

ajudar	*to help*
andar	*to walk*
chamar	*to call, hail (a taxi)*
cruzar, atravessar	*to cross*
descer	*to go down, to descend*
entrar	*to go in, to enter*
explicar	*to explain*
insistir	*to insist*
seguir	*to follow, to continue*

GRAMÁTICA

Imperativo / *Commands*

1. O imperativo é usado para dar ordem, indicar direção ou fazer um pedido formal, referindo-se à segunda pessoa do singular ou do plural. Para formar o imperativo com verbos regulares, elimine a terminação do verbo (**-ar/-er/-ir**) conjugado no presente do indicativo para a primeira pessoa, **-o**, e acrescente as seguintes terminações:

   *Commands are used to give orders, indicate directions, or to make a formal request while referring to the second person, singular or plural. To form the commands with regular verbs, drop the ending of the verbs (**-ar/-er/-ir**) conjugated in the simple present tense for the first person, **-o**, leaving the verb stem, and add the following endings:*

	Referindo-se a "você" *Referring to "you" (singular)*	**Referindo-se a "vocês"** *Referring to "you" (plural)*
-ar	**e:** Ande!	**em:** Andem!
-er	**a:** Escreva!	**am:** Escrevam!
-ir	**a:** Abra!	**am:** Abram!

2. Em geral, as frases que indicam imperativo não mencionam a pessoa a quem se referem. Essa pessoa pode ser mencionada com um vocativo. Por exemplo: "João, volte aqui!" No imperativo, não se usa o pronome, que está implícito na conjugação do verbo.

   In general, the sentences that indicate commands do not mention the person they refer to. This person can be mentioned by using a vocative. Example: John, come back here! When using the imperative form, the pronoun is omitted, because it is implicit in the conjugation of the verb.

   Compre seus presentes de Natal agora. (você: singular)

   Buy your Christmas presents now. (you, singular)

   Comprem seus presentes de Natal agora. (vocês: plural)

   Buy your Christmas presents now. (you, plural)

3. Para formar o imperativo na forma negativa, coloque a palavra **não** antes do verbo.

   *To form commands in the negative form, place the word **não** before the verb.*

   Não fume em sala de aula. *Don't smoke in the classroom. (you, singular)*

   Não fumem em sala de aula. *Don't smoke in the classroom. (you, plural)*

Exemplos de outros verbos regulares no imperativo / *Examples of other regular verbs in the imperative*

Infinitivo dos verbos regulares *Infinitive of regular verbs*	Verbo conjugado na primeira pessoa singular do presente do indicativo *Verb conjugated in the first-person singular of the simple present*	Você *Form used when giving a command to one person*	Vocês *Form used when giving a command to more than one person*
fal**ar**	falo	(não) fal**e**	(não) fal**em**
com**er**	como	(não) com**a**	(não) com**am**
part**ir**	parto	(não) part**a**	(não) part**am**

4. Imperativo de verbos irregulares

Commands using irregular verbs

● Mudança de radical / *Stem change*

Alguns verbos, quando conjugados na primeira pessoa do presente indicativo, apresentam uma irregularidade no radical. Essa variante de radical é a que deve ser usada no imperativo também.

O verbo **fazer**, quando conjugado na primeira pessoa singular do presente, torna-se **faço**. Quando se remove o **o** final, tem-se o novo radical **faç-**, ao qual se acrescentam as terminações **-a** (singular) e **-am** (plural), para os verbos terminados em **-er** e **-ir** no infinitivo. Assim, obtemos as formas **(não) faça** e **(não) façam**. Veja os outros exemplos a seguir.

When some verbs are conjugated in the first-person singular of the present indicative, they adopt an irregular stem formation. This stem variant is the new form that must be used in the imperative, too.

*When conjugated in the first-person present singular the verb **fazer** becomes **faço**. When the final -o is removed, the form left is the new stem **faç-**, to which the endings -a (singular) and -am (plural) are added (for verbs that end in -er and -ir in the infinitive). Therefore, we have the forms **(não) faça** and **(não) façam**. See the examples below.*

Infinitivo *Infinitive*	Primeira pessoa do singular *First-person singular*	Imperativo – singular *Imperative – singular*	Imperativo – plural *Imperative – plural*
fazer	faço	(não) faça	(não) façam
trazer	trago	(não) traga	(não) tragam
dormir	durmo	(não) durma	(não) durmam
pedir	peço	(não) peça	(não) peçam
vir	venho	(não) venha	(não) venham
ver	vejo	(não) veja	(não) vejam

● Irregularidades na ortografia / *Irregular spellings in the imperative*

Alguns verbos terminados em **-ar** no infinitivo farão o imperativo em **-ue**, no singular, e **-uem**, no plural. O "u" intermediário é para manter o som [g] ou [k] duros.

*Some verbs ending in **-ar** in the infinitive form the imperative by adding **-ue** (singular) and **-uem** (plural) to the stem. The intermediary "u" is used to maintain the hard sounds /g/ or /k/.*

Infinitivo *Infinitive*	Primeira pessoa do singular *First-person singular*	Imperativo – singular *Imperative – singular*	Imperativo – plural *Imperative – plural*
chegar	chego	(não) che**gue**	(não) che**guem**
jogar	jogo	(não) jo**gue**	(não) jo**guem**
ligar	ligo	(não) li**gue**	(não) li**guem**
explicar	explico	(não) expli**que**	(não) expli**quem**
ficar	fico	(não) fi**que**	(não) fi**quem**

Note: The **c** changes to **q** after **e** or **i** to preserve the hard /k/.

● Verbos irregulares no presente do indicativo e no imperativo / *Irregular verbs in the simple present and in the imperative*

Alguns verbos são totalmente irregulares, tanto no presente indicativo quanto no imperativo. Por favor, decore-os.

Some verbs are completely irregular both in the simple present and the imperative. Please memorize them.

Infinitivo *Infinitive*	Primeira pessoa do singular *First-person singular*	Imperativo – singular *Imperative – singular*	Imperativo – plural *Imperative – plural*
dar	**dou**	(não) **dê**	(não) **deem**
ser	**sou**	(não) **seja**	(não) **sejam**
estar	**estou**	(não) **esteja**	(não) **estejam**
ir	**vou**	(não) **vá**	(não) **vão**
saber	**sei**	(não) **saiba**	(não) **saibam**

Introduzindo o pretérito perfeito do indicativo / *Introducing the preterit*

O pretérito perfeito é um tempo verbal que expressa ações totalmente acabadas no passado. Quando um verbo é conjugado no pretérito perfeito, ele receberá terminações específicas, que serão acrescentadas ao seu radical. O radical é obtido retirando-se as terminações **-ar, -er** ou **-ir** dos verbos no infinitivo. Cada verbo receberá as terminações de acordo com o grupo ao qual pertence (segundo terminem em **-ar, -er** ou **-ir**). Todos os verbos regulares seguirão o mesmo padrão e receberão as mesmas terminações. Veja a tabela abaixo.

The preterit is a verb tense that expresses actions that occurred and were completed in the past. When a verb is conjugated in the preterit, a specific set of endings will be attached to its stem. The stem can be obtained by removing the ending of the verb (-ar, -er or -ir) in the infinitive. Each verb will get the endings according to the group to which they belong. All of the regular verbs will follow the same pattern and will have the same endings. See the table below.

Pronomes *Pronouns*	Verbos regulares terminados em: / *Regular verbs ending in:*		
	-AR	**-ER**	**-IR**
eu	fal**ei**	com**i**	part**i**
você, ele/ela	fal**ou**	com**eu**	part**iu**
nós	fal**amos**	com**emos**	part**imos**
vocês, eles/elas	fal**aram**	com**eram**	part**iram**

1. Alguns verbos irregulares mais comuns / *Some of the most common irregular verbs*

Há alguns verbos irregulares no pretérito perfeito. Verbo irregular é aquele cujo radical muda quando é conjugado. Note-se que os verbos **ir** e **ser** são conjugados exatamente da mesma forma no pretérito perfeito; os verbos **estar** e **ter** também têm algo em comum. Abaixo seguem as conjugações dos verbos irregulares no pretérito perfeito mais usados. Decore-os.

*There are some irregular verbs in the preterit. An irregular verb is one that has a change in the stem when it is conjugated. Notice that the verbs **ir** and **ser** are conjugated exactly the same way in the preterit; the verbs **estar** and **ter** have something in common, too. Below are some of the irregular verbs in the preterit that are mostly used. Memorize them.*

	IR *(to go)*	**SER** *(to be)*	**ESTAR** *(to be)*	**TER** *(to have)*
eu	fui	fui	estive	tive
você, ele/ela	foi	foi	esteve	teve
nós	fomos	fomos	estivemos	tivemos
vocês, eles/elas	foram	foram	estiveram	tiveram

Eu **fui** ao cinema ontem. *I went to the movies yesterday.*

Eu **fui** bonita quando jovem. *When I was young I was pretty.*

Nós **estivemos** no Rio de Janeiro em agosto de 2008. *We were in Rio de Janeiro in August 2008.*

Meus primos **tiveram** um lindo bebê no mês passado. *My cousins had a beautiful baby last month.*

2. **Alguns dos verbos regulares mais usados no pretérito perfeito /** *Some of the regular verbs that are commonly used in the preterit*

Como os verbos regulares seguem todos o mesmo padrão, fica fácil conjugá-los, desde que se saiba a que grupo eles pertencem. Abaixo seguem alguns dos verbos regulares mais usados no pretérito perfeito e seus respectivos exemplos.

As all of the regular verbs follow the same conjugation pattern, it is easy to conjugate them as long as one knows to which group they belong. Below are some of the regular verbs that are most commonly used in the preterit and examples for each.

Alguns dos verbos regulares mais usados no pretérito perfeito / *Some of the verbs most commonly used in the preterit*

	-AR		-ER		-IR	
Pronomes *Pronouns*	**GOSTAR** *to like*	**TRABALHAR** *to work*	**VIVER** *to live*	**CONHECER** *to know*	**ABRIR** *to open*	**OUVIR** *to listen*
eu	gost**ei**	trabalh**ei**	viv**i**	conhec**i**	abr**i**	ouv**i**
você, ele/ela	gost**ou**	trabalh**ou**	viv**eu**	conhec**eu**	abr**iu**	ouv**iu**
nós	gost**amos**	trabalh**amos**	viv**emos**	conhec**emos**	abr**imos**	ouv**imos**
vocês, eles/elas	gost**aram**	trabalh**aram**	viv**eram**	conhec**eram**	abr**iram**	ouv**iram**

Eu **gostei** muito da peça de ontem. *I liked the play yesterday.*

Nós **trabalhamos** muito no sábado passado. *We worked a lot last Saturday.*

Ela **viveu** muitos anos na Inglaterra. *She lived in England for many years.*

Eles **conheceram** a Europa quando eram crianças. *They got to know Europe when they were children.*

Você já **abriu** a porta? *Have you opened the door already?*

Vocês **ouviram** esse barulho? *Did you hear that noise?*

✔ Agora volte aos diálogos e ouça as outras versões com pausas, repetindo suas falas.

PRÁTICA

Exercícios

Exercício A

PARTE A: Complete as lacunas com as expressões apropriadas:

anteontem   escada   atender   ontem   amanhã   livraria   endereço   alô

interurbano   tráfego   aqui   porta   gostaria   semáforo   correio/agência de correio

[No consultório do Dr. Ademar]

Telma: O telefone está tocando. Você pode (1)_____, por favor?

(Sofia pega o fone)

Sofia: (2)_____, quem fala?

Ana: (3)_____ é Ana. (4)_____ de falar com o Dr. Ademar.

Sofia: O Dr. Ademar já foi. Só volta ao consultório amanhã.

PARTE B: Complete as lacunas segundo a definição das palavras:

1. Local onde se despacham cartas: _____
2. Local onde se vendem livros: _____
3. Série de degraus por onde se pode subir ou descer: _____
4. Série de dados (nome de rua, número de casa etc.) que torna possível a localização de um imóvel: _____
5. Sinal luminoso de trânsito: _____
6. Movimento ou fluxo de veículos: _____
7. O dia depois de hoje: _____
8. O dia anterior a hoje: _____
9. Dois dias anteriores a hoje: _____
10. Chamada telefônica à longa distância: _____
11. Abertura que serve de entrada em um recinto: _____

Exercício B

Complete as lacunas com a forma correta do verbo entre parênteses no pretérito perfeito:

1. Eles _____ (escrever) para os amigos.
2. Isabel e seu marido _____ (comprar) um apartamento novo.
3. Eles _____ (convidar) os amigos para visitá-los.
4. Meus primos não _____ (comprar) o apartamento novo.
5. Eu _____ (explicar) o problema.
6. Isabel e seu marido _____ (ouvir) a explicação.

7. Eles _____ (dizer) que tudo estava bem.

8. Isabel e seu marido _____ (almoçar) na minha casa.

9. Eles _____ (mostrar) fotos do apartamento.

10. Eles _____ (partir) de minha casa às 8:00h.

Exercício C

Observe o mapa abaixo e faça o que se pede:

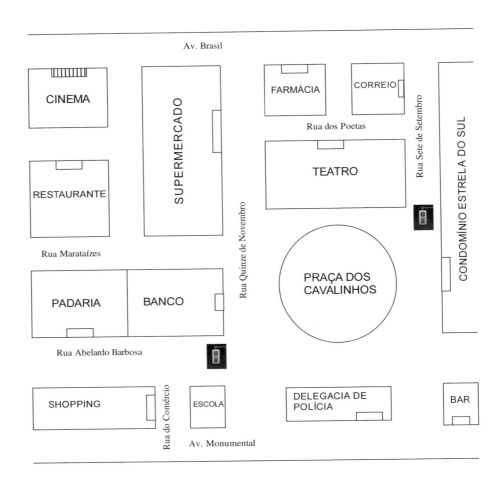

1. Patrícia sai de casa (Condomínio Estrela do Sul) e vai ao shopping fazer compras, mas antes precisa passar no correio, para mandar uma carta, e no supermercado. Descreva o caminho percorrido por Patrícia, usando o pretérito perfeito.

2. Depois de fazer compras no shopping, Patrícia quer ir ao cinema encontrar o namorado, mas antes tem que passar no banco. Descreva o caminho que Patrícia percorre, usando o presente do indicativo.

3. Depois do cinema, o namorado de Patrícia a leva para casa, mas antes vão jantar no restaurante. Dê comandos ao casal, usando o imperativo.

Exercício D

Coloque as frases a seguir no pretérito perfeito:

1. Patrícia vê um filme no cinema com seu namorado.
2. Patrícia e o namorado vão ao teatro.
3. Nós comemos no restaurante com eles.
4. Eles partem do restaurante às dez da noite.
5. Patrícia tem que passar pela farmácia.
6. Patrícia e eu estamos na escola.
7. Ela entrega o trabalho ao professor.
8. Eu sempre jogo as cartas na caixa do correio.
9. Eu toco violão na festa de Patrícia.
10. Patrícia traz para casa os remédios que a mãe pede.

 ### Exercício E

Escute o trecho a seguir e marque verdadeiro ou falso.

1. Verdadeiro/Falso   Domingues está ligando para a Sra. Clark para convidá-la para jantar com um grupo de executivos do Brasil e de Portugal.
2. Verdadeiro/Falso   O jantar vai ser no domingo.
3. Verdadeiro/Falso   O jantar é no restaurante Rancho Fundo.
4. Verdadeiro/Falso   A Sra. Clark não conhece esse restaurante.
5. Verdadeiro/Falso   Domingues pode ir ao hotel buscar a Sra. Clark.
6. Verdadeiro/Falso   O restaurante é perto do hotel da Sra. Clark.
7. Verdadeiro/Falso   A Sra. Clark não gosta de caminhar.
8. Verdadeiro/Falso   A Sra. Clark não se lembra do endereço do restaurante.
9. Verdadeiro/Falso   O hotel onde a Sra. Clark está hospedada fica na avenida Brasil.
10. Verdadeiro/Falso   O jantar será às seis horas da noite.

Experiência

Parte A

Escolha um ponto de partida e um ponto de chegada. Depois escreva as instruções de como chegar ao destino. Exemplo: Ir até o terceiro andar, virar à direita, seguir direto e logo dobrar à esquerda. Você deve enviar estas instruções ao seu instrutor por email.

Parte B

Nesta hora de bate-papo, continue a praticar como indicar o caminho e receba instruções de como chegar a um lugar. Fale sobre coisas do passado. Conte o que fez ontem à noite e na semana passada, ou no verão passado.

Conversa

Miniconversas

Leia as miniconversas com um colega e faça diálogos semelhantes.

MINICONVERSA 1:

A: No sábado passado, eu **passei** um filme brasileiro muito interessante em casa, "Central do Brasil".

B: Ah! Eu **ouvi** dizer que este filme é muito bom, mas não **consegui** vê-lo. Do que se trata?

A: É a história de uma mulher e um garoto que têm seus destinos cruzados.

B: Como eles se encontram?

A: Na estação de trens Central do Brasil, no Rio, onde a mulher trabalha escrevendo cartas para os analfabetos que passam por lá. O garoto, Josué, quer mandar uma carta para encontrar seu pai.

B: E Josué não tem mãe?

A: Na verdade, a mãe de Josué morre atropelada em frente da estação, e então Dora decide ajudá-lo a encontrar seu pai. Eles fazem uma viagem para o Nordeste do Brasil, e a viagem muda suas vidas.

B: Parece muito interessante! Mas não quero saber o final. Vou assistir ao filme no fim de semana.

MINICONVERSA 2:

A: Sabe quem **ganhou** a Copa do Mundo de futebol em junho de 2002?

B: Claro que sei! **Foi** o Brasil, campeão pela quinta vez.

A: É, e em dezembro Ronaldinho **foi** considerado o melhor jogador de futebol do mundo pela terceira vez.

B: Ele é um jogador excelente mesmo. E o time do Brasil tem muita sorte porque só tem craques!

A: Você é fã do time brasileiro mesmo!

B: Sim, e quando você for ao Brasil você tem que assistir a um jogo no Maracanã, no Rio. É um dos maiores estádios de futebol do mundo!

A: Eu vou sim. Deve ser delirante!

MINICONVERSA 3:

A: Falando em ganhar, eu **contei** que nossa empresa **ganhou** o prêmio de campeã de vendas do ano passado?

B: Que bom! Parabéns!

A: Obrigada. Vamos tentar manter o número de vendas este ano ou até mesmo aumentá-lo.

B: Boa sorte!

MINICONVERSA 4:

A: Garçom, por favor **traga** um suco de laranja para a senhora.

B: Obrigada, mas estou satisfeita.

A: Como quiser, mas estou às suas ordens para o que precisar.

B: Eu sei, o senhor é muito gentil. Mas sei um pouco de português para. . .

A: Bom, me permite pagar a conta?

B: Muito obrigada, mas não é necessário.

Prepare uma miniconversa. Escolha o assunto. Trabalhe com um/uma colega.

CULTURA

Leia o texto e reflita sobre as perguntas.

A dura realidade brasileira

O dia a dia de muitos brasileiros é difícil. Nas cidades, uma grande parte da população é pobre e vive do salário mínimo[1]. Ganham por mês uns duzentos e cinqüenta dólares. Por isso, muitos vivem na favela[2], conjuntos improvisados de casas, construídas com material disponível. Muitos não encontram emprego e fazem trabalho informal. Alguns são vendedores de rua, chamados camelôs[3]. Infelizmente, muitas crianças também vivem na rua como se pode ver no filme *Pixote, a lei do mais fraco* (Héctor Babenco, 1981). Outra atividade informal é o jogo do bicho[4], uma loteria na qual se aposta em animais. Este tipo de loteria não é legalizado, mas emprega muitas pessoas.

A zona rural, sobretudo o Nordeste brasileiro, tem sido atingida pela seca durante anos, e seus habitantes migram para o Sul do país para ganhar a vida e sobreviver. São os retirantes[5], que foram retratados pelo pintor Cândido Portinari. Em 1984, fundou-se o Movimento dos Sem-Terra (MST), trabalhadores que não têm onde viver e que, entre outras coisas, pedem terras ao governo para plantar e viver lá. Outros trabalhadores da zona rural são os bóias-frias[6]; *bóia* significa comida. Eles trabalham, por dia ou semana, em lugar onde tem plantio[7] e colheita[8]. Levam a comida em marmitas[9] e a comem fria.

Muitas mulheres trabalham como empregadas domésticas, por mês, com salário fixo, vivendo ou não na casa onde trabalham. As domésticas têm carteira de trabalho assinada e direito à aposentadoria[10]. Outras são diaristas, isto é, trabalham e ganham por dia e podem trabalhar em diferentes casas.

Pouco a pouco, organizações tentam resolver a situação dos desprivilegiados. Para ajudar a mulher, foi criada a delegacia da mulher[11], onde trabalham principalmente mulheres para auxiliar no combate à violência e ao abuso doméstico e onde elas se sentem protegidas do machismo[12].

1. salário mínimo	*minimum wage*
2. favela	*slum on a hillside, shantytown*
3. camelôs	*street vendors*
4. jogo do bicho	*a lottery game in which one bets on animals*
5. retirante	*migrant*

6. bóia-frias	*seasonal farm workers who eat cold food they bring from home*
7. plantio	*planting*
8. colheita	*harvest*
9. marmita	*similar to a camping mess kit*
10. aposentadoria	*retirement*
11. delegacia da mulher	*police station for women*
12. machismo	*chauvinism*

Compreensão do texto

1. Como vive o brasileiro pobre?

2. Como ganha dinheiro?

3. E a mulher?

4. Compare o trabalho das classes mais baixas da sociedade, na cidade e na zona rural, com os trabalhos do seu país.

UNIDADE 4

REUNIÕES

UNIT 4

MEETINGS

Lição 13

Tratando de negócios em um restaurante

OBJECTIVES

1. **Communication Skills: By the end of this lesson, you should be able to**
   - Set up and participate in a business lunch
   - Order from a menu
   - Talk about trips and actions in the past

2. **Culture and Business Relations: By the end of this lesson, you should be able to**
   - Participate in a Brazilian meal in a restaurant
   - Understand something about Brazilian cuisine

3. **Grammar: By the end of this lesson, you should be able to**
   - Form the past tense with regular and irregular verbs
   - Be increasingly familiar with the use of prepositions *em, para, de*

DIÁLOGOS

Os diálogos ilustram como a gramática e o vocabulário de cada lição são usados no contexto, formal e informalmente. Os pontos gramaticais abordados estão em **negrito**. Ouça os diálogos sem pausa, acompanhando com a leitura.

Diálogos formais

 DIÁLOGO 1: Marcando um almoço de negócios

A Sra. Mendes conversa com o Sr. Castro para marcar um almoço de negócios com ele no dia seguinte.

(Pretérito perfeito: verbos regulares)

Sra. Mendes:	Bom dia, Sr. Castro. O gerente da nossa empresa, Gabriel Fonseca, me **falou** que o senhor **chegou** na cidade ontem. Gostaria de marcar um almoço com o senhor para amanhã.
Sr. Castro:	Claro. Estou livre amanhã e só vou voltar para o Rio de Janeiro no domingo. **Decidi** visitar a família neste fim de semana, por causa do feriado.
Sra. Mendes:	Perfeito! O senhor pode me encontrar no restaurante Fino Prato ao meio-dia? Eu já **telefonei** para lá e eles têm lugares disponíveis para amanhã neste horário.
Sr. Castro:	Combinado. Eu a vejo amanhã neste horário. Pode deixar que eu ligo para o restaurante para fazer as reservas.
Sra. Mendes:	Ótimo! O Gabriel me **contou** que a sua esposa está grávida. Parabéns! **Gostei** muito de saber da novidade.
Sr. Castro:	Obrigado, Sra. Mendes. Nós também **ficamos** muito felizes quando **recebemos** a notícia. E a sua família? Vai bem?
Sra. Mendes:	Sim, estão todos muito bem. Ontem minha filha **viajou** para os Estados Unidos. Ela vai ficar lá por seis semanas, estudando inglês.
Sr. Castro:	Que bom! Acredito que em pouco tempo ela vai trabalhar no grupo também.
Sra. Mendes:	Espero que sim! Obrigada e até amanhã.
Sr. Castro:	Obrigado. Até logo.

 DIÁLOGO 2: Almoço entre dois empresários

A Sra. Mendes e o Sr. Castro encontram-se para seu almoço de negócios. Eles são muito bem recebidos pela recepcionista e pelo garçom do Restaurante Fino Prato.

(Uso das preposiçoẽs EM, PARA e DE)

Sr. Castro:	Uma mesa **para** dois, por favor.
Recepcionista:	Onde preferem sentar? Aqui dentro ou do lado **de** fora?
Sra. Mendes:	Aqui dentro, perto da janela, por favor.
Recepcionista:	Acompanhem-me, por favor. Esta mesa está boa **para** os senhores?

Sra. Mendes:	Sim, está ótima.
Recepcionista:	Muito bem, o garçom virá **em** um minuto.
Garçom:	Boa noite. Aqui está o cardápio. Os senhores gostariam **de** beber algo?
Sra. Mendes:	**Para** mim, um guaraná Antárctica, sem gelo, por favor.
Sr. Castro:	**Para** mim uma caipirinha, por favor.
Garçom:	Estão prontos **para** fazer o pedido? O que gostariam **de** comer? Que tal começar com uma sopa ou uma entrada?
Sra. Mendes:	Eu gostaria **de** tomar a sopa do dia. Vou querer também arroz à grega com peito **de** frango grelhado.
Garçom:	Muito bem! E o senhor? O que deseja?
Sr. Castro:	Eu vou querer o arroz de carreteiro e uma picanha argentina.
Garçom:	Ótimo! Um momento, por favor.
Sr. Castro:	Então, vamos **aos*** negócios?
Sra. Mendes:	Sim, vamos falar **do** nosso projeto. *Algum tempo depois. . .*
Garçom:	Que tal a comida?
Sra. Mendes:	Deliciosa. O senhor tem pimenta?
Garçom:	Certamente! Um instante, por favor. Aqui está. Gostariam **de** comer sobremesa?
Sra. Mendes:	Eu vou querer um sorvete **de** chocolate.
Sr. Castro:	Eu já estou satisfeito, obrigado.
Garçom:	Gostaria **de** tomar um cafezinho?
Sr. Castro:	Sim, um cafezinho. Traga-nos a conta, por favor.
Garçom:	Aqui está a conta. Obrigado e voltem sempre!
	Eles pagam a conta e deixam 10% de gorjeta.

* A preposição "a" equivale à preposição "para" neste contexto.

The preposition a *is equivalent to* para *in this context.*

Diálogo informal

 DIÁLOGO 3: Falando sobre acontecimentos do presente e do passado

Paula foi ao aeroporto receber Mike, que acaba de chegar dos Estados Unidos.

(Pretérito perfeito: verbos regulares e irregulares)

Paula:	Como **foi** a viagem?
Mike:	**Foi** muito boa durante quase todo o voo, mas quando **chegamos** perto do Amazonas, **teve** uma tempestade e alguma turbulência.
Paula:	Que pena! Você **veio** pelo Texas?
Mike:	**Passei** pelo Texas, mas **vim** de Atlanta, na Geórgia.
Paula:	Esta é a primeira vez que você visita o Brasil?

Mike:	Não, já **estive** aqui duas vezes antes. **Estive** em São Paulo há cinco anos e em Belo Horizonte no ano passado.
Paula:	Você **gostou** de São Paulo?
Mike:	A cidade **me impressionou** muito, porque é imensa e muito moderna. Você já **esteve** nos Estados Unidos?
Paula:	Sim, **fui** a Miami e a Nova Iorque. Mas **foi** uma viagem rápida de negócios.

VOCABULÁRIO

Ouça cada palavra ou frase e repita-a durante a pausa.

Expressões

O garçom

Aqui está a conta.	*Here's the bill.*
Aqui está o cardápio.	*Here's the menu.*
Às suas ordens.	*At your service/disposal.*
Bom apetite!	*Enjoy your meal!*
Como está a comida?	*How is the food?*
Em nome de quem está a reserva?	*In whose name is the reservation?*
Esta mesa está boa?	*Do you like this table?*
Hoje eu lhes recomendo. . .	*Today, I recommend. . .*
O que desejam beber/tomar?	*What would you like to drink?*
O que gostariam de pedir?	*What would you like to order?*
Onde os senhores preferem sentar-se?	*Where do you prefer to sit?*
Os senhores têm uma mesa reservada?	*Do you have a reservation?* or *Have you reserved a table?*
Sigam-me, por favor.	*Follow me, please.*

O cliente

A conta, por favor.	*The check, please.*
Aceitam cartão de crédito?	*Do you accept credit cards?*
Onde ficam os toaletes?	*Where are the restrooms?*
Sou vegetariano/a.	*I am vegetarian.*
Traga a conta, por favor.	*Please bring us the check.*

Substantivos

No restaurante

o	cardápio, menu	*menu*
a	colher	*spoon*
	copo	*glass*
	faca	*knife*
o	garçom/ a garçonete	*waiter/waitress*

	garfo	*fork*
	gorjeta	*tip*
	guardanapo	*napkin*
o	lugar para não fumante	*no smoking section*
	sobremesa	*dessert*
os	talheres	*silverware*
	tigela	*bowl*
	A comida	
	almoço	*lunch*
o	arroz	*rice*
o	bife	*steak*
	biscoito	*cookie*
o	café da manhã	*breakfast*
a	carne	*meat*
	entrada	*appetizer*
o	feijão	*beans*
	frango	*chicken*
o	jantar	*dinner*
	manteiga	*butter*
	molho	*sauce*
	ovo	*egg*
o	pão	*bread*
o	peixe	*fish*
	pimenta	*pepper*
	presunto	*ham*
	queijo	*cheese*
o	sal	*salt*
	salada	*salad*
o	sanduíche	*sandwich*
	sopa	*soup*
o	sorvete	*ice cream*
o	tira-gosto	*appetizer*
	As bebidas	
	água	*water*
	cafezinho	*coffee in a demitasse cup*
	cerveja	*beer*
o	guaraná	*a typical Brazilian soft drink*
o	leite	*milk*

o	refrigerante	*soda*
	suco natural	*juice*
o	maracujá	*passion fruit*

Adjetivos

	assado/a	*roasted, baked*
	cozido/a	*cooked*
	frito/a	*fried*
	grelhado/a	*grilled*
	recheado/a	*stuffed, filled*
	saboroso/a	*tasty, delicious*
	saudável	*healthy*

Verbos

agradecer	*to thank*
almoçar	*to have lunch*
confirmar	*to confirm*
emprestar	*to lend*
jantar	*to have dinner*
pedir emprestado	*to borrow*
pedir/ dar licença	*to excuse*
permitir	*to permit*
trazer	*to bring*
sentar-se	*to sit*
tomar café da manhã	*to have breakfast*
cozinhar	*to cook*

Preposições

a, para	*to (expressing direction)*
de	*of, from*
em	*at, in*

GRAMÁTICA

Mais sobre a formação do pretérito perfeito / *More about forming the preterit*

1. **Pretérito de verbos regulares e de verbos com alteração na ortografia /** *Preterit of regular verbs and of verbs with changes in spelling*

Como já foi estudado na lição anterior, o pretérito perfeito é usado para indicar ações que aconteceram no passado. Em muitos casos, é equivalente ao passado simples em inglês *(I did, you did, etc.)*. Veja a tabela de formação do passado para os verbos regulares na lição 12 e compare com a tabela abaixo.

As we have seen in the last lesson, the preterit is used for events completed in the past. In many cases it is equivalent to the simple past in English (I did, you did, etc.). Refer to the chart of the preterit for regular verbs in lesson 12 and compare it to the chart below.

Mais alguns verbos regulares no pretérito perfeito / *More regular verbs in the preterit*

	-AR	-ER	-IR
Pronomes *Pronouns*	RESERVAR *to reserve*	RECEBER *to receive*	PERMITIR *to permit*
eu	reserv**ei**	receb**i**	permit**i**
você, ele/ela	reserv**ou**	receb**eu**	permit**iu**
nós	reserv**amos**	receb**emos**	permit**imos**
vocês, eles/elas	reserv**aram**	receb**eram**	permit**iram**

2. Casos especiais de pretérito perfeito dos verbos regulares terminados em -ar, -er, -ir / *Special cases of the preterit for regular verbs ending in -ar, -er and -ir*

Alguns verbos regulares sofrem mudança de grafia na primeira pessoa do singular, quando são conjugados no pretérito perfeito. É muito importante lembrar que a mudança acontece **apenas na primeira pessoa do singular.**

*Some irregular verbs change their spelling in the first-person singular when they are conjugated in the preterit. It is very important to keep in mind that this change happens **only in the first-person singular.***

● Ç → C

Nos verbos a seguir, o **ç** do infinitive marca o som /s/ (exemplo: dan**ç**ar), já que a letra **c** combinada a vogal **a**, **o** ou **u** é pronunciada com o som /k/ (exemplos: lou**c**a, pou**c**o, mara**c**ujá). Antes das vogais **e** e **i**, usa-se a letra **c** e pronuncia-se /s/ (exemplo: Dan**c**e com ele!) Portando, no pretérito, o **ç** do radical de alguns verbos se transforma em um **c** na conjugaçao da primeira pessoa do singular, porque a sua terminaçao, **-ei** inicia-se por a letra **e**. Exemplo: Eu dan**c**ei muita na festa de sábado.

*In the verbs below, the **c** in the infinitive form represents the sound /s/ (example: dan**ç**ar); because the letter **c**, when preceding the vowels **a**, **o**, or **u**, is pronounced as /k/ (examples: lou**c**a, pou**c**o, mara**c**ujá). Preceding the vowels **e** or **i**, the letter **c** is used instead, and it is pronounced as /s/. For example: Dan**c**e com ele! (Dance with him!) Therefore, in the preterit, the letter **ç** changes into a **c** in the conjugation of the first-person singular because its ending, **-ei**, begins with an **e**. Example: Eu dan**c**ei muito na festa do sabádo. (I danced a lot at the party on Saturday.)*

Mudança Ç → C em alguns verbos / *Change from Ç → C in some verbs*

Pronomes *Pronouns*	COMEÇAR *to begin*	DANÇAR *to dance*	CAÇAR *to hunt*
eu	comecei*	dancei*	cacei*
você, ele/ela	começou	dançou	caçou
nós	começamos	dançamos	caçamos
vocês, eles/elas	começaram	dançaram	caçaram

*Note-se que apenas a primeira pessoa singular apresenta mudança de ç → c.

Notice that only the first-person singular changes its spelling from ç → c.

● C → QU

Nos verbos a seguir, o **c** na raiz do infinitivo transforma-se em **qu** na conjugação da primeira pessoa do singular. Isso acontece porque é preciso manter o som duro /k/ como no verbo infinitivo. Como a terminação da primeira pessoa singular é **-ei**, se usássemos **c**, o som resultante seria um /s/. Mas precisamos de um /k/, como se disse. Dessa forma, substitui-se o **c** por **qu**, com o objetivo de manter o mesmo som final da raiz em todas as pessoas.

*In the verbs below, the **c** in the infinitive stem changes into **qu** in the conjugation of the first-person singular. This happens because it is necessary to maintain the same hard sound /k/ that is present in the infinitive stem. As the ending used to conjugate the first-person singular is **-ei**, if we used **c**, the resulting sound would be /s/. But we need a /k/, as has been said. Therefore, **qu** is used to replace **c**, with the purpose of maintaining the same final sound from the stem for all of the persons.*

Mudança C → QU em alguns verbos / *Change from C → QU in some verbs*

Pronomes *Pronouns*	FICAR *to stay*	EXPLICAR *to explain*	TOCAR *to play*
eu	fiquei*	expliquei*	toquei*
você, ele/ela	ficou	explicou	tocou
nós	ficamos	explicamos	tocamos
vocês, eles/elas	ficaram	explicaram	tocaram

*Note-se que apenas a primeira pessoa singular apresenta mudança de c → qu.

Notice that only the first-person singular changes its spelling from c → qu.

● G → GU

Nos verbos a seguir, o **g** do infinitivo transforma-se em **gu** na conjugação da primeira pessoa do singular. Isso ocorre para se manter o som duro /g/ na conjugação da primeira pessoa singular.

*In the verbs below, the **g** in the infinitive stem changes into **gu** in the conjugation of the first-person singular. This happens because it is necessary to maintain the same hard sound /g/ that is present in the infinitive stem.*

Mudança G → GU em alguns verbos / *Change from G → GU in some verbs*

Pronomes *Pronouns*	CHEGAR *to arrive*	JOGAR *to play*	CARREGAR *to carry*
eu	cheguei*	joguei*	carreguei*
você, ele/ela	chegou	jogou	carregou
nós	chegamos	jogamos	carregamos
vocês, eles/elas	chegaram	jogaram	carregaram

*Note-se que apenas a primeira pessoa singular apresenta mudança de g → gu.

Notice that only the first-person singular changes its spelling from g → gu.

3. Pretérito perfeito de verbos irregulares / *Preterit of irregular verbs*

Todos os verbos que seguem são considerados irregulares no pretérito perfeito. Para facilitar nosso estudo, dividiremos esses verbos em dois grupos:

Grupo 1. os que apresentam uma mudança na raiz quando são conjugados e

Grupo 2. os que não apresentam mudança na raiz, mas cujas terminações são diferentes daquelas usadas para os verbos regulares.

All of the following verbs are considered irregular in the preterit. In order to make it easy to study them, we divide these verbs into two groups:

Group 1. verbs that have a change in the stem when they are conjugated; and

Group 2. verbs that do not present a change in the stem, but whose endings differ from those in the regular verbs.

Grupo 1: Verbos irregulares com mudança na raiz / *Group 1: Irregular verbs with a stem change*

TRAZER e SABER (raízes no pretérito perfeito: TROUX- e SOUB-)
*TO BRING and TO KNOW (stems in the preterit: **TROUX-** and **SOUB-**)*

O pretérito dos verbos **trazer** e **saber** tem em comum o grupo de vogais **ou** no interior da raiz. Além disso, apresentam as mesmas terminações, que também são irregulares nas três pessoas do singular. A terminação para as pessoas do singular será sempre **-e**. Para as pessoas do plural, quase todos os verbos irregulares apresentados aqui usarão as terminações dos verbos regulares terminados em **-er** (**-emos** para a primeira pessoa e **-eram** para a segunda e terceira pessoas). Finalmente, o **x** das conjugações de **trazer** é pronunciado /s/.

*The preterit of the verbs **trazer** and **saber** have in common a grouping of vowels – **ou** – within their stems. They also present the same endings, which are also irregular for the three persons of the singular. The ending used for the persons in the singular will always be **-e**. For the persons in the plural, use the same endings as in the regular **-er** verbs (**-emos** for the first person and **-eram** for the second and third persons) for almost all the irregular verbs presented here (except "ver"). Finally, the **x** in the conjugations of **trazer** is pronounced /s/.*

Verbos irregulares com mudança na raiz no pretérito perfeito / *Irregular verbs with a stem change in the preterit*

Pronomes *Pronouns*	TRAZER *to bring*	SABER *to know*
eu	tr<u>ou</u>xe	s<u>ou</u>be
você, ele/ela	tr<u>ou</u>xe	s<u>ou</u>be
nós	tr<u>ou</u>xemos	s<u>ou</u>bemos
vocês, eles/elas	tr<u>ou</u>xeram	s<u>ou</u>beram

DIZER e QUERER (raízes no pretérito perfeito: DISS- e QUIS-)
TO SAY and TO WANT (stems in the preterit: DISS- and QUIS-)

Os verbos **dizer** e **querer** têm em comum as mesmas terminações para as pessoas do plural (**-emos** para a primeira pessoa e **-eram** para a segunda e terceira pessoa). As pessoas do singular de **dizer** apresentam a terminação **e**, como em **trazer** e **saber**, enquanto as pessoas do singular de **querer** não apresentam terminação alguma.

*The verbs **dizer** and **querer** have the same endings in plural (**-emos** for the first person and **-eram** for the second and third persons). The persons in the singular of **dizer** end with **-e**, as happens for **trazer** and **saber**, whereas singular persons of **querer** have no ending at all.*

Verbos irregulares com mudança na raiz no pretérito perfeito / *Irregular verbs with a stem change in the preterit*

Pronomes *Pronouns*	DIZER *to say*	QUERER *to want*
eu	disse	quis
você, ele/ela	disse	quis
nós	dissemos	quisemos
vocês, eles/elas	disseram	quiseram

PODER, PÔR e FAZER

Os verbos **poder**, **pôr** e **fazer** apresentam a mesma forma de irregularidade para a primeira pessoa do singular e para a primeira e terceira do plural. Os verbos **poder** e **pôr** conjugam-se com **u**, e o verbo fazer com **i**. A terceira pessoa do singular usa **o** e **e**, respectivamente.

*The verbs **poder**, **pôr**, and **fazer** present the same irregular form in the first-person singular and in the first- and third-persons plural. The verbs **poder** and **pôr** are conjugated with **u** and the verb **fazer** with an **i**. The third-person singular has an **o** and **e**, respectively.*

Verbos irregulares com mudança na raiz no pretérito perfeito / *Irregular verbs with a stem change in the preterit*

Pronomes *Pronouns*	PODER *to be able to*	PÔR *to put*	FAZER *to do/to make*
eu	pude	pus	fiz
você, ele/ela	pôde	pôs	fez
nós	pudemos	pusemos	fizemos
vocês, eles/elas	puderam	puseram	fizeram

Grupo 2: Verbos irregulares sem mudança na raiz / *Group 2: Irregular verbs without a change in the stem*

VIR e VER (raiz no pretérito perfeito: V- para ambos)
TO COME *and* TO SEE *(stem in the preterit: V- for both)*

O verbo **vir** é completamente irregular com relação às suas terminações para as pessoas do singular; para as pessoas do plural, existe um **i** que se coloca antes das terminações normais para os verbos regulares do grupo **-er**. O verbo **ver**, apesar de pertencer ao grupo **-er**, tem suas terminações tiradas do grupo **-ir** de verbos regulares.

> *The verb **vir** (to come) is completely irregular in its singular endings; for the plural, an **i** is placed before the normal endings used for the **-er** group of regular verbs. The verb **ver** (to see), although it belongs to the **-er** group, takes its endings from the regular verbs ending in **-ir**.*

Verbos irregulares sem mudança na raiz no pretérito perfeito / *Irregular verbs without a stem change in the preterit*

Pronomes *Pronouns*	VIR *to come*	VER *to see*
eu	vim	vi
você, ele/ela	veio	viu
nós	viemos	vimos
vocês, eles/elas	vieram	viram

DAR (raiz no pretérito perfeito: D-)
TO GIVE *(stem in the preterit: D-)*

O verbo **dar** tem uma característica especial. A terminação para a primeira pessoa singular é **-ei** (terminação da primeira pessoa singular dos verbos terminados em **-ar**), enquanto as terminações para todas as outras pessoas são tiradas dos verbos pertencentes ao grupo **-er**.

> *The verb **dar** (to give) has a special characteristic. The ending for the first-person singular is **-ei** (which is the ending for the first-person singular of the **-ar** group verbs), whereas the endings for all the other persons are taken from the verbs that belong to the **-er** group.*

Verbo irregular sem mudança na raiz no pretérito perfeito / *Irregular verb without a stem change in the preterit*

Pronomes *Pronouns*	DAR *to come*	como em *as in*
eu	dei	am**ei** (de am**ar**)
você, ele/ela	deu	vend**eu** (de vend**er**)
nós	demos	vend**emos** (de vend**er**)
vocês, eles/elas	deram	vend**eram** (de vend**er**)

Agora volte aos diálogos e ouça as outras versões com pausas, repetindo suas falas.

PRÁTICA

Exercícios

Exercício A

Complete as lacunas com a palavra ou as expressões apropriadas:

gorjeta   tira-gosto   guardanapo   lugar para não fumante   almoço

garçom/garçonete   talheres   garfo   faca   vegetariano

1. Se você não come carne de tipo nenhum, você é _____.
2. Refeição que se faz próximo ao meio-dia: _____.
3. Talher usado para cortar os alimentos: _____.
4. Quem serve os clientes em restaurantes, bares, cafés etc.: _____.
5. Objeto de quatro dentes usado para segurar os alimentos e levá-los à boca: _____.
6. Pequena gratificação em dinheiro dada a quem prestou um serviço: _____.
7. Pequena toalha, de pano ou de papel, usado para limpar os lábios: _____.
8. Se você não fuma, em um restaurante você pede um _____.
9. Conjunto de objetos usados à mesa para cortar e segurar os alimentos: _____.
10. Petisco salgado que se come fora das refeições para acompanhar bebidas: _____.

Exercício B

Complete as lacunas conjugando os verbos entre parênteses no pretérito perfeito:

Oi, Kátia, como vai?

Na segunda-feira, a Célia e eu (1)_____ (estar) em sua casa, mas não (2)_____ (ter) muita sorte: uma vizinha sua nos (3)_____ (dizer) que você (4)_____ (sair). A Célia (5)_____ (trazer) aquela revista que você (6)_____ (querer) comprar na semana passada, mas não (7)_____ (ter) dinheiro. Nós não (8)_____ (poder) esperar muito, porque eu tinha malas para arrumar e um voo para pegar. A Célia (9)_____ (querer) me dar uma carona, mas eu não (10)_____(poder) esperar até às 5 da tarde, quando as aulas dela terminavam, porque o voo (11)_____ (ser) às 3:30. Então, o Zé me (12)_____ (dar) uma carona. A viagem

(13)_____ (ser) tranquila. Dois colegas da universidade (14)_____

(vir) comigo para o Rio.

No avião, eu (15) _____ (ver) um filme interessante chamado "Deus é Brasi-

leiro". Você já (16)_____ (ver) esse filme? Conte-me as novidades daí. Beijos.

Ricardo

Exercício C

Leia a resposta de Kátia para Ricardo e responda às perguntas:

Querido Ricardo,

Estou em Fort Lauderdale, na casa do Mauro e da Teresa. Nós visitamos a Disney-world ontem e fiquei muito feliz. Nossos amigos são muito divertidos. Eles adoram sair para todos os lugares. Vimos muitos pontos turísticos na semana passada. Teresa é uma escritora famosa aqui. Ela escreve livros para crianças. Como estão as coisas no Brasil? Eu já estou com saudades de você.

Fort Lauderdale é uma cidade muito bonita, mas não falei inglês aqui ainda. Os amigos de Mauro e Teresa são quase todos brasileiros. Até alguns amigos americanos deles sempre conversam comigo em português ou espanhol. Mauro e eu jogamos futebol na praia, quando fomos a Key West, e comemos num restaurante muito bom. Agora, vou para uma festa. Mauro e Teresa já estão me esperando no carro.

Um beijo para você.

Kátia

1. O que Mauro e Teresa gostam de fazer?
2. O que eles fizeram ontem?
3. O que Teresa faz em Fort Lauderdale?
4. Por que Kátia não falou ainda em inglês?
5. O que Mauro e Kátia fizeram na praia?

Marque V para verdadeiro e F para falso:

6. _____ Na opinião de Kátia, Fort Lauderdale é uma cidade bonita.
7. _____ Mauro tem amigos americanos.
8. _____ Teresa foi a Key West.
9. _____ Os amigos americanos de Mauro falaram com Kátia em inglês.
10. _____ Kátia tem saudades de Mauro.

Exercício D

O semestre já começou, Ricardo e Kátia já voltaram para a universidade. Complete a conversa deles pelo telefone usando os seguintes verbos no presente ou no infinitivo:

ouvir   pedir   perder   sair   dar   trazer   dizer   poder   dever

Ricardo: Sim. Meu cantor favorito é o Caetano Veloso.

Kátia: Você (1) _____ música popular brasileira?

Ricardo: Você quer (2) _____ comigo no sábado, ir a um restaurante?

Kátia: Claro. Nós (3) _____ uma boa refeição. Depois eu (4) _____ a comida para minha casa. Minha mãe (5) _____ que o Pizza Hut é bom.

Ricardo: Eu sempre (6) _____ o seu número de telefone.

Você pode (7) _____ seu telefone de novo para mim?

Kátia: Sim, (8) _____. Você (9) _____ escrever na sua agenda.

Exercício E

Ouça a conversa e marque V para verdadeiro ou F para falso.

Depois, responda as perguntas de 6 a 10 baseando-se no texto que você ouviu.

1. _____ A Sra. Clark, a Srta. Smith e Domingues estão no restaurante só para tomar um cafezinho.

2. _____ Há mulheres e homens executivos no grupo.

3. _____ A Srta. Smith disse que tomou um táxi para o restaurante.

4. _____ Há pinturas e artesanatos no restaurante, e é por isso que a Sra. Clark não gosta de lá.

5. _____ A Srta. Smith preferiu tomar uma caipirinha.

6. Qual é a especialidade do restaurante?

7. Como é servido o frango ao molho pardo?

8. O que Domingues deseja a todos os presentes?

9. De onde são os representantes da IBM?

10. O que Domingues recomenda para a sobremesa?

Experiência

Parte A

Veja o cardápio a seguir. O que você gostaria de pedir para o jantar? Escolha alguma coisa de cada parte do cardápio e diga ao garçom o que você deseja comer.

Cardápio do Bufê

Horário de atendimento: das 12:00h às 16:00h

(Previsão: sujeito a alterações)

BUFÊ DE DOMINGO

Entradas

Variedades de 20 saladas, entre elas:

Salada Três Sabores

Salada Caribe: beterraba, maçã verde e milho verde

Feijão branco com atum

Maionese de frios

Pepino com iogurte

Sushi

Tábua de frios

Berinjela napolitana

Cuscuz

Pratos Quentes

Ravióli de ricota com rúcula ao molho de cogumelo seco (massa recheada servida com molho branco)

Penne Delícia (massa seca ao dente, tomate, queijo e manjericão)

Chester assado

Filé de frango à milanesa (filé de frango empanado)

Escalope de filé mignon ao molho de castanhas do Pará (filé mignon grelhado)

Risoto de bacalhau (arroz cozido com bacalhau e condimentos)

Aperitivos exclusivamente para consumo no restaurante e incluídos no preço da refeição.

Preços: Adultos: R$ 24,00

Crianças de 6 a 10 anos: R$ 9,70

Crianças de 1 a 5 anos: Isentas

BUFÊ DIÁRIO

Entradas

Variedades de 20 saladas, entre elas

Salada Waldorf com peito de peru defumado

Salada Califórnia

Salpicão de frango

Tomates recheados

Maionese de legumes

Pimentões fritos

Tábua de frios

Carpaccio

Cuscuz

Pratos Quentes

Macarrão com ricota, com nozes, ao molho branco e uvas-passas (massa recheada)

Farfalle Especial (massa seca ao dente, anéis de lula e molho pesto)

Tender com laranja (tender assado)

Peito de peru à Califórnia (peito de peru assado servido com frutas em calda)

Escalope de filé mignon a Rossini (filé mignon grelhado, molho especial e patê de foie)

Paella á valenciana (arroz cozido com frutos do mar)

SOBREMESAS

Sorvetes de maçã, abacaxi e morango

Sorvetes de coco e flocos, cobertura de chocolate e creme, coco, e chantilly

Salada de frutas

Bolo de chocolate

Torta de abacaxi

Parte B

O que você fez ontem à noite? O que jantou? Comeu alguma sobremesa? Você não resistiu à tentação. O principal nesse jantar foi a sobremesa. Veja o cardápio. Responda as perguntas e sobretudo "Qual ou quais sobremesa(s) você escolheu?"

Conversa

Continue praticando como dar e receber instruções de como chegar a um lugar. Descreva o que você fez na última vez em que viajou, se foi a um restaurante, a um jantar, ou a uma recepção de negócios.

CULTURA

Leia o texto e reflita sobre as perguntas.

Comida

A cozinha brasileira é uma mistura de comida internacional e nacional com influência da cozinha africana.

O café da manhã é ligeiro[1]: geralmente, um suco de fruta[2] espremido[3] na hora ou uma fruta fresca, acompanhada de um pãozinho[4] com manteiga, queijo ou geleia[5]. O café é indispensável. Pode ser preto ou com leite[6] e açúcar[7].

No almoço serve-se feijão com arroz[8] e bife com batatas fritas, acompanhado de verduras[9] ou de uma salada de alface, tomate e cebola. Geralmente tempera-se[10] a salada com sal[11], pimenta[12], azeite[13] e vinagre.

Para quem tem pressa, há o prato do dia ou prato feito, ou seja, o restaurante tem um prato pronto a preço mais barato. Uma alternativa é a comida a quilo, que é um bufê, onde se escolhe a comida, coloca-se no prato, e o prato é pesado. Outros param nos bares da esquina para comer um misto quente, um sanduíche com presunto e queijo.

O prato típico brasileiro é a feijoada[14], servida na quarta-feira e no sábado. É arroz e feijão, acompanhado de carnes variadas cozidas no próprio feijão, couve[15] picada, farofa[16] e fatias de laranja[17]. A comida vem acompanhada de uma caipirinha: uma aguardente de cana-de-açúcar, misturada com limão[18] e gelo[19].

É muito gostoso. Bom apetite!

1. ligeiro	*light*
2. suco de fruta	*fruit juice*
3. espremido	*squeezed*
4. pãozinho	*small bread*
5. geleia	*jam, jelly*
6. leite	*milk*
7. açúcar	*sugar*
8. feijão com arroz	*rice with beans*
9. verduras	*vegetables*
10. tempera-se	*one seasons*
11. sal	*salt*

12.	pimenta	*pepper*
13.	azeite	*olive oil*
14.	feijoada	*Brazilian-style bean stew, usually made with pork, dried meat, and sausages*
15.	couve	*kale or collard greens*
16.	farofa	*accompanying dish made of manioc flour browned in butter or oil, sometimes mixed with eggs and other ingredients*
17.	fatias de laranja	*orange slices*
18.	limão	*lime*
19.	gelo	*ice*

Compreensão do texto

1. O que se come e bebe no café da manhã?
2. Como é o seu almoço?
3. Qual o prato típico brasileiro?
4. Compare o almoço brasileiro com o do seu país.

Lição 14

Planejando uma reunião e aceitando um convite

OBJECTIVES

1. **Communication Skills: By the end of this lesson, you should be able to**
   - Make a telephone call to set up a business meeting
   - Accept an invitation over the phone
   - Write and email a message to a friend
   - Write a memo to colleagues about an upcoming meeting
   - Give someone else instructions to set up a business meeting with a group

2. **Culture and Business Relations: By the end of this lesson, you should be able to**
   - Initiate a meeting with a Portuguese-speaking business person
   - Understand how to take care of your health in Brazil

3. **Grammar: By the end of this lesson, you should be able to**
   - Better use the preterit of regular and irregular verbs
   - Understand how to use *faz* + time expressions + *que* + verb in the preterit and how this form differs from the use of *fazer* in the simple present

DIÁLOGOS

Os diálogos ilustram como a gramática e o vocabulário de cada lição são usados no contexto, formal e informalmente. Os pontos gramaticais abordados estão em **negrito**. Ouça os diálogos sem pausa, acompanhando com a leitura.

Diálogos formais

 ### DIÁLOGO 1: Planejando uma reunião de negócios

O Sr. Peter Wilson, Vice-Presidente da Southeastern Co., fala com a Sra. Maria Campos, secretária do Sr. José Saraiva. Ele lhe dá uma lista com instruções para a preparação da reunião e apresentação do produto no Brasil.

(Revisão do imperativo)

Sr. Wilson:	Sra. Campos, como está?
Sra. Campos:	Muito bem, obrigada. E o senhor? Em que posso ajudá-lo?
Sr. Wilson:	O Sr. Saraiva me pediu que lhe passasse a primeira lista de instruções para nossa visita ao Brasil.
Sra. Campos:	Ah, pois não. Pode falar, por favor.
Sr. Wilson:	Bem, **anote**, por favor. **Envie-me** por email a lista dos executivos que vão participar da reunião.
Sra. Campos:	Devo incluir os endereços?
Sr. Wilson:	Sim, **inclua** os nomes, cargos e endereços.
Sra. Campos:	Envio as respostas dos memorandos?
Sr. Wilson:	Sim, e **comunique-se** comigo.
Sra. Campos:	Devo reservar o Salão de Exposição para o dia 27 de abril?
Sr. Wilson:	Ah, sim, naturalmente. Depois de confirmar a data, **alugue** o salão mais adequado.
Sra. Campos:	Devo pagar adiantado ou depois da apresentação?
Sr. Wilson:	Por favor, **não pague** adiantado. **Prepare-me** o orçamento com todos os gastos de transporte, de aluguel do salão e da equipe de exposição.

 ### DIÁLOGO 2: Um memorando

O Sr. José Saraiva pede ao Marcelo, estudante universitário e estagiário na empresa, para escrever um memorando aos funcionários.

Sr. Saraiva:	Bom dia, Marcelo! Gostaria de pedir-lhe um favor.
Marcelo:	Às suas ordens, Sr. Saraiva.
Sr. Saraiva:	Gostaria que você escrevesse um memorando para os funcionários da empresa. Aqui está o modelo.

MEMORANDO

Assunto:

De:

Data:

Para:

Hora:

Sr. Saraiva:	Este memorando é para lembrar todos os funcionários da nossa festa de Natal. Verifique seu email. Há uma mensagem da Sra. Campos com toda a informação sobre o evento.
Marcelo:	Pois não, Sr. Saraiva.

 ## DIÁLOGO 3: Tarefa cumprida

Marcelo mostra o memorando ao Sr. Saraiva antes de colocá-lo no quadro de avisos para os funcionários.

Marcelo:	Com licença, Sr. Saraiva. Gostaria de mostrar o memorando antes de afixá-lo no quadro de avisos. Ficou assim:

MEMORANDO

Assunto: Festa de Natal da Empresa

De: Recursos Humanos

Data: 30/11/10

Para: Funcionários

Hora: 10:30 h.

Todos os funcionários da empresa e suas famílias estão convidados para a nossa Festa de Natal!

Data: Sexta-feira, 17 de dezembro de 2010.

Horário: 11:00 h.

Local: Refeitório da Empresa.

Na sexta-feira, dia 17/12/10, haverá uma festa para os funcionários e suas famílias no refeitório da empresa às 11:00 da manhã. Neste dia, os funcionários não necessitam comparecer ao trabalho. Haverá jogos com prêmios e presentes de Natal para as crianças. Quanto aos adultos, não esqueçam de trazer os presentes do "amigo oculto"!*

Solicitamos e agradecemos sua presença.

Sr. José Saraiva:	Ficou ótimo, Marcelo!
Marcelo:	Muito obrigado, Sr. Saraiva.
Sr. José Saraiva:	De nada, Marcelo.

* Em algumas áreas do Brasil se usa "amigo secreto" em vez de "amigo oculto".

  * In some areas of Brazil amigo secreto *is used instead of* amigo oculto *for* Secret Santa.

Escrevendo uma mensagem informal:

Mensagem eletrônica informal / *Informal email message*

FORMATO:

Oi [nome],

[cumprimento]

[texto]

[despedida],

[assinatura]

Uma mensagem eletrônica para um amigo.

Rafael escreve um email a Pedro para convidá-lo para um churrasco no sábado.

Assunto: Churrasco no sábado!

De: Rafael Cavalcante <rcaval@empresa.com>

Data: 13/12/2009

Para: Pedro Motta <pmotta@empresa.com>

Oi Pedro,

Tudo bem?

Estou te escrevendo porque neste sábado vai ser meu aniversário e vou dar um churrasco lá em casa. Queria que você viesse com a sua namorada. O pessoal deve chegar por volta de 10h da manhã. O João disse que vai trazer o violão para tocar para a gente. Acho que vai ser animado! Me dê um toque dizendo se você vem mesmo. De qualquer maneira, a gente se vê na faculdade amanhã de manhã.

Um abraço,

Rafa

P.S.: Você sabe o que vai cair na prova de física na sexta? Até agora não tive tempo de estudar! Quando der, me escreva. Obrigado.

Diálogo informal

 DIÁLOGO 4: Amigos no telefone

Rafael e Pedro conversam por telefone sobre programas para o fim de semana.

(Revisão de passado)

Rafael:	Alô?
Pedro:	Oi, Rafael. Sou eu, Pedro. **Acabei** de ler sua mensagem.
Rafael:	Oi, Pedro! E aí? Você acha que vai dar para você vir aqui no sábado?
Pedro:	Pois é, cara. De manhã a Juliana tem prova na faculdade. **Prometi** buscá-la no campus ao meio-dia. Então a gente deve chegar um pouco mais tarde.
Rafael:	Tranquilo. Eu **marquei** para as dez, mas você sabe como é: o pessoal nunca chega na hora marcada.
Pedro:	Beleza. Pode contar com a nossa presença. Você está a fim de ir ao estádio domingo? Vai ter um clássico às 11h da manhã.
Rafael:	Ih, cara. . . acho que não vai dar. . . minha avó **marcou** um almoço na casa dela no domingo.
Pedro:	Entendo. Ainda não **comprei** os ingressos, então o jogo fica para a próxima.
Rafael:	E a prova de física na sexta? Você **anotou** qual é a matéria que a gente tem que estudar?
Pedro:	São os 3 primeiros capítulos, e o pior é que até agora só **estudei** o capítulo 1. Acho que vou me dar mal desta vez. . .
Rafael:	Nem me fala. . . Eu nem **comecei** a ler a matéria! Bom, vou ver se começo a estudar agora. Valeu.
Pedro:	Até mais.

VOCABULÁRIO

Ouça cada palavra ou frase e repita-a durante a pausa.

Expressões	
A que horas vai me pegar?	*What time are you going to pick me up?*
Adoraria!	*I would love to!*
Aguardamos e agradecemos sua resposta imediata.	*We await your response and appreciate your immediate attention.*
alguma coisa mais	*something else*
assim	*like this, so*
às suas ordens	*at your service*
com muito prazer	*with pleasure*
com urgência	*as soon as possible (ASAP)*

pois não!	certainly!
por celular	by cell phone
por volta de	around, approximately
Se houver algum problema. . .	If there is any problem. . .
Solicitamos e agradecemos sua presença.	We request and thank you for your presence.

Substantivos

	amigo secreto/oculto	secret friend (Secret Santa)
a	aceitação	acceptance
o	aluguel	rent
	anúncio	announcement, advertisement
	assunto urgente	urgent matter
	capítulo	chapter
	cargo	function, position
a	confirmação	confirmation
	correio eletrônico, e-mail	e-mail
	empecilho	problem, impediment
	estagiário	intern
	gasto	expense
	importância, o montante, honorário	amount, fee, cost
as	instruções	instructions
	lista	list
	memorando	memo
o	Natal	Christmas
a	participação	participation
	presença	presence
	projeto	plan, project
a	recomendação	recommendation
	recusa	refusal
	sala de reunião	meeting room
o	salão de exposição	exhibition hall

Adjetivos

	agradável	pleasant
	apropriado/a, adequado/a	appropriate
	conveniente	convenient
	disponível	available
	fantástico/a	fantastic
	habitual	regular, usual

inadequado/a	*inappropriate*
irresistível	*irresistible*
urgente	*urgent*

Verbos

acabar de (+ infinitivo)	*to have just + verb*
acompanhar	*to accompany*
afixar	*to post*
alugar	*to rent*
anotar	*to take note*
anunciar	*to announce*
associar-se	*to join, to become a member*
comunicar-se	*to communicate, to inform*
deixar um recado	*to leave a message*
encorajar	*to encourage*
estar de acordo	*to agree*
favor (+ infinitivo: favor comunicar, favor comparecer)	*please + verb (please inform, please attend)*
fazer os trâmites	*to take care of administrative procedures*
fazer uma reunião	*to have a meeting*
marcar a data	*to set a date*
pagar adiantado	*to pay in advance*
planejar uma reunião	*to set up, plan a meeting*
preparar o memorando	*to draft a memorandum*
propor	*to propose*
receber	*to receive*
recomendar	*to recommend*
reconsiderar	*to reconsider*
solicitar	*to ask for, to solicit*

Conjunção

mas	*but*

GRAMÁTICA

Pretérito dos verbos (Revisão) / *Review of the preterit*

Dependendo do grupo ao qual o verbo regular pertença no infinitivo (**-ar**, **-er** ou **-ir**), no pretérito regular, ele terá um conjunto específico de terminações. Reveja as terminações abaixo para cada grupo e decore-as.

*Depending on the group the regular verb belongs to in its infinitive form (**-ar**, **-er**, or **-ir**), in the preterit, it follows a specific set of endings. Review those endings below and memorize them.*

Pronomes	Verbos regulares / *Regular Verbs*		
Pronouns	**-AR** **TRABALHAR** *to work*	**-ER** **COMER** *to eat*	**-IR** **ABRIR** *to open*
eu	trabalh**ei**	com**i**	abr**i**
você, ele/ela	trabalh**ou**	com**eu**	abr**iu**
nós	trabalh**amos**	com**emos**	abr**imos**
vocês, eles/elas	trabalh**aram**	com**eram**	abr**iram**

Alguns verbos mudam na primeira pessoa do singular por causa de regras de pronúncia. Observe os quadros a seguir.

> *Some verbs change in the first person due to pronunciation rules. See the tables below.*

Verbos terminados em **-car**: **c** torna-se **qu** na primeira pessoa do singular / *Verbs ending in -car: c becomes qu in the first-person singular*

Pronomes	Mudanças na ortografia / *Spelling changes*		
Pronouns	**tocar** *to play*	**ficar** *to stay*	**explicar** *to explain*
eu	to**qu**ei	fi**qu**ei	expli**qu**ei

Verbos terminados em **-gar**: **g** torna-se **gu** na primeira pessoa do singular / *Verbs ending in -gar: g becomes gu in the first-person singular*

Pronomes	Mudanças na ortografia / *Spelling changes*		
Pronouns	**chegar** *to arrive*	**jogar** *to play*	**pagar** *to pay*
eu	che**gu**ei	jo**gu**ei	pa**gu**ei

Nos verbos terminados em **-çar**: **ç** torna-se **c** na primeira pessoa do singular / *For verbs ending in -çar: ç becomes c in the first-person singular.*

Pronomes	Mudanças na ortografia / *Spelling Changes*		
Pronouns	**começar** *to begin*	**dançar** *to dance*	**almoçar** *to have lunch*
eu	come**c**ei	dan**c**ei	almo**c**ei

Alguns verbos são de natureza totalmente irregular. A melhor opção ainda é memorizá-los. Veja a lista de alguns verbos irregulares a seguir. Consulte a lições 12 e 13 para os quadros das conjugações destes verbos.

Some verbs are totally irregular. The best option is to memorize them. Below you will find a list of some of the irregular verbs. Refer to the tables in lessons 12 and 13 for their conjugations.

Verbos irregulares no preterito / *Irregular verbs in the preterit*	
dar	querer
dizer	saber
estar	ser
fazer	ter
ir	trazer
poder	ver
pôr	vir

FAZER em expressões de tempo com o pretérito / *FAZER (to do) in time expressions with the preterit*

O pretérito combinado com o verbo **fazer** é usado também para indicar quanto tempo se passou desde que uma ação ocorreu no passado. Em português, usa-se as formas seguintes:

*The preterit combined with the verb **fazer** is also used to indicate how long ago an action took place in the past. In Portuguese the following forms are used:*

1. **FAZ + (período de tempo) + que + pretérito** / *Time duration + ago + past tense verb*

   Faz quanto tempo que você viveu na Colômbia? *How long ago did you live in Colombia?*

   Faz dez anos **que vivi** na Colômbia. *I lived in Colombia ten years ago.*

2. **Pretérito + faz + (período de tempo)** / *Past tense verb + time duration + ago*
   Pode-se inverter a ordem da frase sem "que".

   *The word order can be reversed, omitting **que**.*

   Vivi na Colômbia **faz** dez anos. *I lived in Colombia ten years ago.*

   O avião **saiu faz** duas horas. *The plane left two hours ago.*

✔ Agora volte aos diálogos e ouça as outras versões com pausas, repetindo suas falas.

PRÁTICA

Exercícios

Exercício A

Marque a opção que melhor completa a frase:

1. Antes de contratar os serviços de uma empresa, devemos fazer _____.

   a. uma compra

   b. um orçamento

   c. uma confirmação

   d. um pedido

2. Caso _____ seja boa, fechamos o negócio.

   a. a proposta

   b. o pedido

   c. os trâmites

   d. a entrega

3. Quando se quer utilizar um espaço que pertence a outros, devemos pagar _____.

   a. um aluguel

   b. uma gorjeta

   c. uma compra

   d. um empréstimo

4. Se temos muita pressa em fazer algo, é porque se trata de _____.

   a. alguma coisa mais

   b. um impedimento

   c. uma conversa

   d. um assunto urgente

5. Não encontro _____ que nos foi enviado ontem.

   a. o salão de exposição

   b. a carta

   c. o memorando

   d. a reunião

6. Se queremos uma coisa com pressa, queremos a coisa _____.

   a. sem urgência

   b. com urgência

   c. tranquilamente

   d. para depois

7. O encontro realizou-se tranquilamente. Não houve _____.

    a. impedimento

    b. pedido

    c. reunião

    d. uma conversa

8. O diretor mandou uma _____. Ele realmente vem à reunião.

    a. salão de exposição

    b. memorando

    c. confirmação

    d. assunto urgente

9. Foi grande o prejuízo. O _____ perdido está estimado na casa dos milhões.

    a. memorando

    b. quantia

    c. assunto

    d. montante

10. O Dr. Lima não está. Gostaria de _____?

    a. deixar um recado

    b. fazer uma reunião agora

    c. marcar a data

    d. fazer os trâmites

Exercício B

Complete as frases com o verbo no pretérito perfeito.

1. Ontem nós _____ até tarde. (trabalhar)

2. Eu _____ (tocar) a campainha mas ninguém _____ (ouvir).

3. Você _____ (ficar) feliz com a notícia?

4. Eles _____ (chegar) tarde à reunião da semana passada.

5. Nós _____ (comer) no restaurante perto da praia com os nossos sócios.

6. Eles _____ (abrir) uma garrafa de champanhe para comemorar os bons negócios.

7. Eu _____ (explicar) a eles que nós também estamos felizes.

8. Eu _____ (dar) parabéns e _____ (desejar) felicidades nos empreendimentos futuros.

9. Eu não _____ (poder) ficar até o fim, mas o Gilberto _____ (poder).

10. Depois eu _____ (saber) que todos _____ (dançar) para comemorar.

Exercício C

Escolha correto para certo ou incorreto para errado.

1. Correto/Incorreto   Eu esteve no bar ontem.
2. Correto/Incorreto   Vocês foram ao cinema.
3. Correto/Incorreto   Nós não pudimos ir com vocês.
4. Correto/Incorreto   Fiz o que pude.
5. Correto/Incorreto   Carla me dei um presente.
6. Correto/Incorreto   Ela fez um bolo de chocolate.
7. Correto/Incorreto   Eles viram para a universidade de ônibus.
8. Correto/Incorreto   Nós traxemos o bolo para a festa.
9. Correto/Incorreto   Eles quiseram comemoram no bar.
10. Correto/Incorreto   Mas eu não quiso.

Exercício D

Correlacione as colunas: Quanto tempo se passou?

_____ 1. Faz um ano que. . .   a. cheguei ao Rio de Janeiro. (ontem)

_____ 2. Faz uma hora que. . .   b. estive em Portugal. (estamos em agosto, fui em março)

_____ 3. Faz um dia que. . .   c. consegui este emprego. (estamos em agosto, foi em junho)

_____ 4. Não faz muito tempo que. . .   d. me mudei para São Paulo. (nesta mesma data no ano passado)

_____ 5. Faz 5 meses que. . .   e. espero pelo Sr. Castro. (cheguei às 4 e são 5)

 ## Exercício E

Ouça e responda:

1. Verdadeiro/Falso: O Sr. Cintra recomenda dois dias para a duração das negociações.
2. Verdadeiro/Falso: Um memorando será enviado a todos os participantes.
3. Verdadeiro/Falso: O Sr. Cintra requer o salão de exibição.
4. Verdadeiro/Falso: O advogado da empresa se chama Dr. Soares.
5. Verdadeiro/Falso: O Sr. Wilson sugere a última semana de maio para a reunião.
6. Verdadeiro/Falso: O Sr. Cintra não está interessado no produto da firma do Sr. Wilson.
7. Verdadeiro/Falso: A reunião é para a apresentação dos produtos da Southeastern Co.
8. Verdadeiro/Falso: O nome da secretária do Sr. Wilson é Sra. Campos.
9. Verdadeiro/Falso: As datas da reunião são 27 e 28 de abril.
10. Verdadeiro/Falso: O escritório do Sr. Cintra é nos Estados Unidos.

Experiência

Parte A

Escreva um memorando para seu assistente pedindo para marcar uma reunião dentro de algumas semanas, entre os membros de sua empresa e um outro grupo que deseje designar. Especifique o horário, o lugar e o propósito da reunião. Deixe claro também quem gostaria que comparecesse.

Parte B

Escreva uma nota para um/uma amigo/a, confirmando o encontro e marcando dia, hora e o que gostaria de fazer nesta ocasião.

Conversa

Comece dizendo ao seu assistente o que ele deve fazer para marcar uma reunião de negócios com outros membros de sua empresa (ex.: um encontro com o conselho de diretores, um encontro com os vendedores, etc.) e fale sobre o que deve ser incluído na agenda. Pratique com seu colega também o que ambos gostariam que ficasse resolvido na reunião.

Após esta reunião, vamos ter outra reunião importante para fechar um negócio com um cliente do estrangeiro. Prepare a agenda da reunião. Escolha o tema principal e desenvolva o assunto e os argumentos para convencer seu cliente de que esta parceria favorece a ambos.

Se for uma reunião informal — de família — faça os preparativos para comemorar os 80 anos do seu avô. Durante a festa, você fará uma saudação e um resumo do valor individual deste membro da família e o que ele significa para você.

CULTURA

Leia o texto e reflita sobre as perguntas.

Saúde[1]

A comida e o clima são muito diferentes no Brasil. Acostume-se[2] primeiro, antes de fazer extravagâncias. Experimente comidas novas, mas controle-se na quantidade, sobretudo na pimenta.

Beba água filtrada[3] ou em garrafa[4]. Também se vende água em copo. A água da torneira[5] não faz mal, mas não é aconselhável bebê-la, pois quem não está acostumado pode ter diarreia. Para o calor, beba muita água, ou água de coco, use roupa leve, óculos escuros[6] e um protetor solar[7].

Se não se sentir bem, vá a uma farmácia ou drogaria. O farmacêutico pode receitar-lhe um remédio[8] ou uma pílula[9].

Se não melhorar, vá ao médico. Telefone antes para pedir uma consulta[10]. Outra alternativa é ir a um posto de saúde[11] ou ao pronto-socorro[12], se for uma emergência. Há sempre médicos de plantão[13].

Em último caso vá a um hospital. Há os particulares e os públicos. Uma grande parte da população brasileira usa o Sistema Único de Saúde (SUS), onde o atendimento é gratuito.

1. a saúde	*health*
2. acostumar-se	*to get used to*
3. água filtrada	*filtered water*
4. garrafa	*bottle*
5. torneira	*faucet, tap*
6. óculos escuros, óculos de sol	*sunglasses*
7. o protetor solar	*sunscreen lotion*
8. remédio	*medicine*
9. pílula	*pill*
10. consulta	*appointment*
11. posto de saúde	*health clinic*
12. pronto-socorro	*emergency room*
13. médicos de plantão	*doctors on call*

Compreensão do texto

1. Como cuida de sua saúde?

2. O que faz para protegê-la num outro país?

3. Aonde vai quando não se sente bem?

4. E se piorar muito?

5. Tem um plano de saúde particular ou usa o sistema público?

Lição 15

Escrevendo cartas formais e informais e marcando um encontro

OBJECTIVES

1. **Communication Skills: By the end of this lesson, you should be able to**
   - Write a letter requesting a meeting
   - Accept in writing a request for a meeting
   - Discuss how to offer a new product
   - Write a letter to apply for a job
   - Write an informal letter

2. **Culture and Business Relations: By the end of this lesson, you should be able to**
   - Use the correct form of address and letter style for requesting a meeting with someone in Brazil or another Portuguese-speaking country
   - Understand how a bank functions in Brazil

3. **Grammar: By the end of this lesson, you should be able to**
   - Use polite expressions to initiate and engage in a meeting
   - Understand how to form the future tense for regular and irregular verbs
   - Understand some usages of the future subjunctive in Portuguese in sentences with *se* and *enquanto*
   - Understand the use of the future tense in a more formal context in contrast to the *ir* + infinitive form

DIÁLOGOS E CORRESPONDÊNCIAS

Os diálogos ilustram como a gramática e o vocabulário de cada lição são usados no contexto, formal e informalmente. Os pontos gramaticais abordados estão em **negrito**. Ouça os diálogos sem pausa, acompanhando com a leitura.

Diálogo e correspondências formais

 DIÁLOGO 1: Proposta

Márcio e Simone estão preparando uma carta de oferta de um novo produto na América Latina.

(O futuro)

Simone:	O que vocês **anunciarão**?
Márcio:	**Vamos anunciar** a criação de três novos produtos digitais.
Simone:	Qual o nível dos seus produtos?
Márcio:	Nossos produtos têm o nível mais avançado de tecnologia digital no mundo.
Simone:	Para que **será** usada esta tecnologia?
Márcio:	As aplicações desta tecnologia incluem os usos mais modernos em comunicação pessoal, transmissão de dados comerciais e soluções para uma rede de comércio eletrônico.
Simone:	O que a equipe de *marketing* **fará** para conhecer o mercado?
Márcio:	**Fará** uma pesquisa tanto do mercado regional quanto do nacional.
Simone:	Quais as estratégias que **usarão**?
Márcio:	**Faremos** uma sondagem para estabelecer a demanda do mercado em cada área.
Simone:	Como **vão promover** os produtos junto aos consumidores?
Márcio:	**Iniciaremos** uma campanha de promoção nos meios de comunicação.
Simone:	A promoção **será** na televisão?
Márcio:	Sim, o presidente **assinará** contratos com a televisão e a rádio.
Simone:	A companhia conhece o impacto da NAFTA nas negociações?
Márcio:	**Pesquisaremos** os trâmites do comércio internacional entre os EUA, Canadá e Brasil. Também **levaremos** em conta o MERCOSUL.
Simone:	Parece que temos um bom plano. Por que não preparamos uma proposta a nossos investidores e aproveitamos para convidá-los para uma reunião?
Márcio:	Excelente ideia! **Faremos** isso!

CARTA 1

Carta de proposta de novos produtos aos investidores da empresa

Leia a carta que Simone e Márcio escreveram para enviar aos diretores e investidores da empresa.

Destinatário	Diretores e Investidores
Referência	Ref.: Oferta de novos produtos
Saudação	Prezados Senhores:
Texto	Vimos por meio desta apresentar proposta de três novos produtos digitais.
Estamos interessados em expandir nossas operações no Brasil e sabemos que sua empresa está na vanguarda do mercado brasileiro em indústrias de comunicação sem fio. É com imenso prazer que anunciamos a criação de três novas peças de tecnologia digital, e desejamos ter a oportunidade de estabelecer uma relação comercial com sua companhia para a distribuição dos novos produtos no Brasil.
Nossos produtos possuem o mais avançado nível de tecnologia digital do mundo. As aplicações desta tecnologia incluem as inovações mais recentes na comunicação pessoal por telefone e correio eletrônico, e na transmissão de dados comerciais pela rede eletrônica. Nossos sistemas digitais farão conexões mais rápidas e eficazes, com mais segurança e sem problemas de interferência.
Anexamos a esta correspondência nosso folheto de promoção com uma descrição detalhada dos novos produtos.
Estamos seguros de que temos a tecnologia que lhes permitirá ampliar as vendas de produtos e de títulos de ações em seus mercados. Caso aceitem uma aliança comercial com nossa empresa, propomos iniciar uma campanha de promoção, na qual faremos uma pesquisa de mercado e teremos fundos especiais para a capacitação dos empregados.
Utilizaremos a tecnologia mais avançada do mundo nas áreas de comunicação pessoal, transmissão de dados comerciais e soluções para rede de comércio eletrônico.
Haverá uma reunião com os diretores da empresa e os empresários interessados em uma possível parceria neste projeto no próximo dia 06 de setembro, às 9:00, no mini-auditório da empresa. Apresentaremos os novos produtos e nossas estratégias de pesquisa de mercado e de promoção junto aos consumidores. Também discutiremos o orçamento para lançar os produtos e o retorno do investimento.
Contamos com a participação de todos. Favor confirmar presença por telefone (011) 543-2100 ou por email: emaildaempresa@empresa.com.br.
Despedida/ Término	Atenciosamente,
Assinatura	Simone Moraes
Nome completo e cargo	Simone Moraes
Gerente de Produção

EMAIL FORMAL 1

Email de confirmação de presença

Leia e observe como um email comercial pode ter uma estrutura muito parecida à estrutura de uma carta formal.

Assunto:	Presença na apresentação dos novos produtos
De:	Ricardo Fagundes <fagundes@ENGETEC.com>
Data:	19/8/10
Para:	Simone Moraes <moraes@digitalindustries.com>

Prezada Sra. Simone Moraes:

Agradecemos seu convite para estabelecer parceria no projeto dos novos produtos de tecnologia digital. Estamos satisfeitos em saber que a Digital Industries escolheu nossa empresa para fazer uma aliança comercial. Estamos muito interessados nos produtos e serviços que nos apresentaram na proposta enviada recentemente.

Gostaríamos de saber, com segurança, qual é a compatibilidade de estrutura para usar a nova tecnologia digital. Também gostaríamos de comparar as cotações que VV.SS.* nos enviaram com o orçamento para pesquisa de mercado e publicidade. Portanto, confirmamos nossa presença na reunião do dia 06 de setembro.

Estamos certos de que juntos poderemos estabelecer uma aliança comercial com vantagens para ambas as partes.

Atenciosamente,

Ricardo Fagundes
Assessor Financeiro
ENGETEC

*VV. SS. = *Vossas Senhorias; formal usage of* you *in the plural; the singular would be V. S. = Vossa Senhoria.*

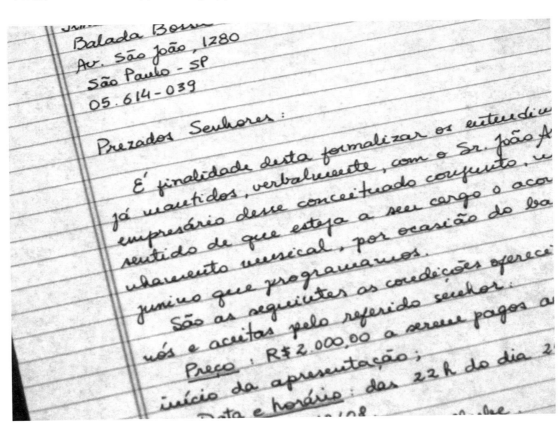

CARTA 2

Outra carta formal: carta de pedido de emprego

Peter Reagan envia uma carta de pedido de emprego ao Sr. Fernando Souto, da GENTEC.

Leia a carta e tente identificar as partes de uma carta formal.

---

13 de junho de 2006

Sr. Fernando Souto

Diretor de Vendas e Relações Internacionais
Indústrias GENTEC
Brasília, D.F., Brasil

Ref.: Pedido de emprego

Prezado Sr. Souto,

Em resposta ao anúncio publicado por sua Companhia na revista semanal *Atualidades Tecnológicas nas Américas* do dia 12 do corrente mês, também publicado na Internet (www.conselheiro.com/brasil/mercados), tomo a liberdade de candidatar-me ao cargo de Diretor Adjunto de Vendas Internacionais na sua empresa.

Creio ter as qualificações necessárias para candidatar-me ao posto, seja pela minha formação superior, seja pela experiência profissional. Obtive o meu MBA na Universidade de Georgetown, e me formei em Engenharia de Computadores na Universidade Tecnológica de Baltimore. Nos últimos três anos, desde que me formei até o presente momento, trabalhei como Assistente de Vendas e treinei técnicos para a Companhia Digital, em Baltimore, nos Estados Unidos.

Tenho interesse especial em trabalhar em sua firma como representante comercial e treinar o pessoal especializado nas mais recentes tecnologias digitais. Falo fluentemente português, além de espanhol e inglês. Também gosto de viajar e tenho experiência em promover intercâmbios comerciais e tecnológicos entre os Estados Unidos, o Brasil e a América Latina. Trabalhei com muitos executivos e técnicos de filiais norte-americanas no Brasil e em outros países sul-americanos, e por isto tenho conhecimento do sistema de trabalho e das diferenças existentes entre os dois hemisférios.

Segue em anexo uma cópia do meu currículo para sua consideração. Viajarei brevemente ao Brasil e estarei em São Paulo de 14 a 23 de julho. Caso receba uma resposta favorável de V.S., será um prazer e uma honra ter a oportunidade de ser entrevistado pessoalmente pela sua empresa.

Agradeço desde já a atenção prestada.

Cordialmente,

Peter Reagan

Peter Reagan
1234 Connecticut Ave.
Washington, D.C. 20041, U.S.A.

Diálogo e correspondências informais

CARTA 3

Carta informal: Marcela escreve para sua amiga Ana Paula

Marcela escreve uma carta à amiga Ana Paula para contar as novidades. Elas não se veem há muito tempo.

Leia a carta informal abaixo e observe sua simples estrutura: data, saudação, a mensagem, despedida e assinatura.

(O futuro do subjuntivo)

Cabo Frio, 27 de junho de 2006

Querida Ana Paula,

Como vai? Que saudade de você! Nossa, nem acredito que estou te* escrevendo uma carta! A última vez que escrevi para alguém deve ter sido em meados dos anos 90, quando ainda não tinha computador aqui em casa. Mas quando a gente se falou no semestre passado, me lembro que você me disse que estava sem email, então decidi te escrever para contar as novidades.

Bom, como você deve ter ouvido falar, terminei meu curso de Relações Públicas no final do ano passado. Foi uma luta ter que estudar e trabalhar ao mesmo tempo, mas felizmente consegui me formar. Nem acreditei! O André vai se formar no final deste ano e estamos pensando em nos casar até 2008, mas primeiro queria comprar um apartamento. Enfim, você sabe que não é fácil, então por enquanto estamos juntando dinheiro e eu já estou comprando algumas coisinhas para a nossa casa. A outra novidade é que parei de trabalhar na EMAPEP e agora estou trabalhando com minha irmã. Você se lembra que ela tinha uma pequena confecção de biquíni? Pois é, agora o negócio está crescendo e resolvi dar uma ajuda a ela. Além do mais, é muito melhor trabalhar em família. Por enquanto, está dando tudo certo e estou gostando muito do trabalho.

Também queria te dizer que vou ter duas semanas de folga no mês que vem e estava pensando em ir para Campos de Jordão te visitar, e também aproveitar para participar do Festival de Inverno em julho. Você se lembra que foi no Festival de 98 que eu conheci o André? Nossa, já faz um tempão! Bom, eu espero que você esteja na cidade e que a gente possa se encontrar. Depois me diga o que você acha dos meus planos.

Tenho que ir agora para buscar a Mariana no curso de inglês. **Se você quiser** passar uns dias na praia, venha me visitar aqui em Cabo Frio que vou adorar! Ah, e **se você já tiver** um novo endereço eletrônico, me escreva! Meu endereço é o mesmo: marcela@isp.com.br, mas meu telefone mudou; anote aí: (011) 2233-4455.

Um grande abraço,

Marcela

*Te is used instead of *lhe*, and sometimes *o* and *a*, in informal contexts.

CARTA 4

Ana Paula responde à carta da sua amiga Marcela.

> Campos de Jordão, 8 de julho
>
> Oi Marcela! Tudo bem?
>
> Adorei receber sua carta! Parabéns pela formatura e pelo novo emprego. Eu fiquei sabendo que você estava se formando pelo Rodrigo, sobrinho da sua vizinha. Ele trabalha com meu irmão lá em São José dos Campos, lembra? Pois é, ele esteve aqui em casa em dezembro e me contou a novidade. Queria ter te mandado pelo menos um cartão, mas o final do ano foi muito confuso para mim e acabou não dando para eu escrever.
>
> Eu não sei se você ficou sabendo que a minha avó faleceu uma semana depois do Natal. Ela já estava muito doente e infelizmente não resistiu à pneumonia desta vez. Foi muito triste porque foi na época das festas de fim de ano, mas agora estamos mais conformados.
>
> Enfim, a minha irmã mais nova passou no vestibular e ficamos felizes por ela. Ela está estudando Administração lá na universidade. Pelo menos tivemos esta alegria na virada do ano. Eu continuo no mesmo emprego e devo me casar com o Eduardo até maio do ano que vem. Ele já está quase terminando de pagar as prestações do apartamento.
>
> Vai ser ótimo **se você puder** me visitar este mês. Este ano o Festival vai começar no dia 18 de julho. Eu espero que você possa ficar aqui com a gente durante suas duas semanas de folga. Você pode ficar no quarto da vovó. O André vem com você? **Se ele vier**, vou falar com o Eduardo para ele adiar a viagem para Londrina, que ele estava pensando em fazer daqui a 10 dias.
>
> Eu ainda estou sem computador e sem email, mas tento te ligar no fim de semana. Obrigada pela carta! Também estou com muita saudade!
>
> Um abração,
>
> Aninha

 ### DIÁLOGO 2: Novidades

Marcela e Ana Paula conversam por telefone sobre as novidades.

(O futuro com IR + infinitivo, o futuro do subjuntivo)

Marcela:	Alô.
Ana Paula:	Oi, Marcela. Sou eu, Aninha.
Marcela:	Oi, Aninha! Que surpresa! Como você está?
Ana Paula:	Eu estou bem.
Marcela:	Sinto muito pela sua avó. Eu não sabia.
Ana Paula:	Obrigada. Tudo aconteceu de repente e nem deu para te contar na época. Mas que bom que você e o Andre já **vão se casar**! Você está animada?
Marcela:	Estou superanimada, sim, mas agora está todo mundo eufórico aqui em casa por causa da Mariana que está grávida e **vai ter** gêmeos. Foi confirmado ontem.
Ana Paula:	Que legal! Ela já tem uma menina, né?

Marcela:	É, ela tem a Gabriela, que já **vai completar** três anos em dezembro.
Ana Paula:	Puxa, como o tempo passa rápido. . . Mas me conta: você **vai poder** mesmo passar uns dias aqui?
Marcela:	Claro! **Vou comprar** minha passagem hoje. O André não **vai poder** ir porque ele está trabalhando. Mas acho até melhor assim, porque aí a gente pode matar a saudade, e eu vou aproveitar mais a viagem.
Ana Paula:	Que ótimo que você está vindo! **Vai ser** bom porque o Eduardo também **vai viajar** no dia 18, então não **vou precisar** dar atenção a ele **enquanto você estiver** aqui. Mas me conta: quando você **vai chegar**?
Marcela:	**Vou chegar** no dia 17 à noite. Você acha que não tem problema mesmo eu ficar na sua casa?
Ana Paula:	Claro que não! Já falei com a minha mãe, e estamos te esperando. Será um prazer.
Marcela:	Obrigada! Mal posso esperar! E você? Não quer passar uns dias aqui na praia comigo depois?
Ana Paula:	Não sei se **vai dar** porque o Eduardo **vai voltar** de Londrina. Mas depois a gente combina alguma coisa. Quem sabe eu não vou em outubro, no feriado?

VOCABULÁRIO

Ouça cada palavra ou frase e repita-a durante a pausa.

As partes de uma carta de negócios		
	anexos	*attachments, enclosures*
	assinatura	*signature*
	assunto, referência	*subject line, reference*
	cabeçalho	*letterhead*
	data	*date*
	despedida, término	*closing*
	destinatário	*addressee*
as	iniciais de identificação	*initials*
a	introdução	*introduction*
	linha de referência (ref.:)	*subject line (re:)*
o	nome antes da assinatura	*name typed before the signature*
a	saudação	*greeting*
	texto	*body (of written text)*
O cabeçalho inclui:		
o	nome de sua empresa	*name of your company*
	tipo de negócio	*type of business*

Destinatário	
endereço completo	*complete address*
o nome da empresa do destinatário	*name of the addressee's company*
o nome do destinatário	*name of the addressee*
Saudação	
Caro/a Senhor(a):	*Distinguished Sir/Madam:*
Prezado/a Cliente:	*Dear Client:*
Prezado/a Senhor(a):	*Dear Sir/Madam:*
Prezado/a Sr(a). Rodrigues:	*Dear Mr./Mrs. Rodrigues:*
Prezados Senhores:	*Dear Sirs:*
Assunto	
Ref. ou com referência a. . .	*Regarding or with respect to. . .*
Texto	
Agradeceria(-íamos) se nos informasse(m) sobre. . .	*I/we would appreciate more information about. . .*
Com relação ao seu pedido de (data). . .	*Regarding your order dated. . .*
Confirmando nossa conversa (telefônica). . .	*To confirm our (telephone) conversation. . .*
Em resposta à sua carta datada de. . .	*In answer to your letter dated. . .*
Sentimos ter que comunicar-lhe(s) que. . .	*We regret having to tell you that. . .*
Tenho o prazer de comunicar-lhe(s) que. . .	*It is my pleasure to tell you that. . .*
Despedida/Término	
Agradecemos antecipadamente sua atenção	*Thank you in advance for your attention*
Aguardamos sua resposta	*Awaiting your answer*
Atenciosamente	*Attentively*
Cordialmente	*Cordially*
Firmamos atenciosamente	*Sincerely*
assinatura	*signature*
Substantivos	
assunto	*subject*
carta	*letter*
carta de pedido	*letter of request*
código postal, CEP	*zip code*
correio	*mail*
curriculum vitae (C.V.), currículo	*resume*
entrevista	*interview*

o	envelope	*envelope*
	época	*time, period*
	gêmeos/as	*twins*
	mini-auditório	*mini-auditorium*
	orçamento	*budget*
	pedido de emprego	*job application*
	peso	*weight*
	pesquisa	*research, investigation*
o	post-scriptum (P.S.)	*postscript*
a	rede	*network*
	referência	*reference*
o/a	remetente	*sender*
	retorno do investimento	*ROI – Return On Investment*
a	saudação	*greeting*
	selo	*stamp*
a	solução	*solution*
os	trâmites	*procedure, channels*

Pronome de tratamento

VV. SS. (Vossas Senhorias) V. S. (Vossa Senhoria)	*Very formal treatment referring to "you" (Sir/s and Madam/s)*

Verbos

aproveitar	*to enjoy*
contar	*to count*
investigar	*to investigate*
obter	*to obtain*
requerer	*to require*

Adjetivos

animado/a	*cheerful, excited*
assinado/a por	*signed by*
comercial	*commercial*
frágil	*fragile*
internacional	*international*
sem fio	*wireless*
vago/a	*vacant*
via aérea	*by air mail*

GRAMÁTICA

Futuro simples / *Future tense*

Este tempo verbal expressa ações que ocorrem no futuro. É equivalente à forma *will/ shall + infinitivo* em inglês.

The future tense expresses actions that occur in the future. It is equivalent to the verb form will/shall + infinitive *in English.*

Dentro de três meses, **falarei** português no Brasil. *In three months I'll speak Portuguese in Brazil.*

Ela **chegará** ao Rio de Janeiro no mês que vem e **trabalhará** em nossa firma. *She will arrive in Rio de Janeiro next month and will work for our company.*

1. A maioria dos verbos são regulares no futuro. O futuro conjuga-se com a forma completa do **infinitivo** dos verbos das três conjugações (**-ar, -er, -ir**), seguida das terminações que indicam o futuro.

   Most of the verbs are regular in the future tense. The future tense is conjugated using the complete form of the infinitive of the three verb conjugation types (-ar, -er, and -ir verbs) followed by the future endings.

FUTURO / *Future*

Pronomes *Pronouns*	FALAR	COMER	ABRIR
	Infinitivo (**-ar**) + terminação	Infinitivo (**-er**) + terminação	Infinitivo (**-ir**) + terminação
eu	fala**rei**	come**rei**	abri**rei**
você, ele/ela	fala**rá**	come**rá**	abri**rá**
nós	fala**remos**	come**remos**	abri**remos**
vocês, eles/elas	fala**rão**	come**rão**	abri**rão**

Exemplos de outros verbos regulares no futuro (primeira pessoa) / *Examples of other regular verbs in the future (first person)*

Pronome de primeira pessoa do singular *First-person singular pronoun*	Infinitivo (**-ar**) + terminação **-ei**	Infinitivo (**-er**) + terminação **-ei**	Infinitivo (**-ir**) + terminação **-ei**
eu	trabalha**rei**	se**rei**	i**rei**
	viaja**rei**	corre**rei**	conduzi**rei**
	esta**rei**	volta**rei**	dormi**rei**
	joga**rei**	resolve**rei**	pedi**rei**
	fecha**rei**	bebe**rei**	servi**rei**
	da**rei**	entende**rei**	segui**rei**
	começa**rei**	aprende**rei**	repeti**rei**

Há apenas três verbos irregulares no futuro simples em português. Eles são: **fazer, dizer** e **trazer**. Os radicais desses verbos mudam para **far-, dir-** e **trar-**, respectivamente, mas as terminações são as mesmas usadas para os verbos regulares.

There are only three irregular verbs in the simple future in Portuguese. They are: **fazer** *(to do/to make),* **dizer** *(to say), and* **trazer** *(to bring). The stems for these verbs change to* **far-,** **dir-,** *and* **trar-,** *respectively. The endings, however, are the same used for the formation of the regular verbs.*

Futuro simples: verbos irregulares / *Irregular verbs in the simple future*

Pronomes *Pronouns*	fazer	dizer	trazer
eu	far**ei**	dir**ei**	trar**ei**
você, ele/ela	far**á**	dir**á**	trar**á**
nós	far**emos**	dir**emos**	trar**emos**
vocês, eles/elas	far**ão**	dir**ão**	trar**ão**

Você **trará** os relatórios para a reunião amanhã? *Will you bring the reports to the meeting tomorrow?*

Sim, **trarei**. O gerente **dirá** que **faremos** um corte de gastos. *Yes, I will. The manager will announce that we will cut expenses.*

2. **Os pronomes de objeto precedem a forma do futuro /** *Object pronouns precede the future form.*

Eu **lhe** escreverei o relatório na próxima semana. *I will write the report for you next week.*

Nós **a** levaremos ao aeroporto às 5 horas da tarde. *We will take her to the airport at 5 p.m.*

3. **No português há duas outras construções verbais para descrever eventos no futuro, algumas já vistas anteriormente. Essas construções são geralmente usadas em contextos informais ou na linguagem falada.**

In Portuguese there are two additional verbal constructions besides the future tense that are used to describe future events. Such constructions are generally used in informal contexts and spoken language.

Uso do presente do indicativo para indicar futuro / *Use of simple present to indicate the future*

O tempo presente pode ser usado com um significado de futuro, sobretudo se houver um advérbio de tempo.

The simple present tense can be used to indicate a future event, especially when it is used with an adverb indicating time.

Telefono (ligo) para você amanhã. *I will call you tomorrow.*

Amanhã **assisto** a todas as aulas de Administração. *Tomorrow I will attend all the business classes.*

No próximo ano **compro** um carro novo. *Next year I will buy a new car.*

IR + infinitivo / "To go" + infinitive

A construção formada pelo verbo **ir**, conjugado no presente do indicativo, mais o verbo principal pode ser usada com um significado de futuro.

*The construction **ir**, conjugated in the simple present tense, + the main verb in the infinitive form can be used to express the future.*

Vou visitar meus pais no próximo domingo. *I'm going to visit my parents this coming Sunday.*

Minha esposa e eu **vamos almoçar** com eles. *My wife and I are going to have lunch with them.*

Futuro do subjuntivo / *Future subjunctive*

O **futuro do subjuntivo** é tipicamente usado depois das conjunções **se, quando** e **enquanto** para indicar uma situação hipotética ou imaginária no futuro.

*The future subjunctive is typically used after the conjunctions **se** (if), **quando** (when) and **enquanto** (while) to indicate a hypothetical or imaginary situation in the future.*

Quando eu **tiver** tempo, vou visitar o Rio de Janeiro. *When I have time, I will visit Rio de Janeiro.*

Se nós **ganharmos** uma bolsa de estudos, vamos para o Brasil no verão. *If we get a scholarship, we will go to Brazil in the summer.*

Enquanto ele **estiver** de férias, ele vai acordar tarde. *As long as he is on vacation, he will wake up late.*

Formação do futuro do subjuntivo:

Forming the future subjunctive:

- Conjugar o verbo no pretérito perfeito na terceira pessoa do plural (eles/elas).
- Eliminar a terminação **-am**.
- Acrescentar **-mos** para a pessoa **nós**, e **-em** para as pessoas **vocês, eles** e **elas**. As outras pessoas (eu, você, ele/ela) não recebem terminações.
  - *Conjugate the verb in the third-person plural (eles/elas) in the preterit.*
  - *Remove the ending **-am**.*
  - *Add **-mos** for the first-person plural (we), and **-em** for the second- and third-persons plural (you plural and they plural). No ending is attached to the other persons (I, you singular, and he/she/it).*

Futuro do subjuntivo do verbo TER / *Future subjunctive of the verb TER (to have)*

eu	tiver
você	tiver
ele/ela	tiver
nós	tivermos
vocês	tiverem
eles/elas	tiverem

Eles tiver**am** → **Se, quando** ou **enquanto**

Quando Pedro **tiver** dinheiro, ele vai comprar uma casa nova. *When Peter has some money, he will buy a new house.*

Enquanto nós **tivermos** trabalho de casa, vamos estar muito ocupados. *While we have homework to do, we will be very busy.*

Se eles **tiverem** tempo, eles vão ao cinema no fim de semana. *If they have time, they will go to the movies on the weekend.*

PRÁTICA

Exercícios

Exercício A

Identifique as partes da seguinte carta comercial:

a. nome completo e cargo

b. texto

c. saudação

d. cabeçalho

e. assinatura

f. destinatário

g. referência

h. data

i. despedida/término

_____ 1. INDÚSTRIAS DOIS IRMÃOS
Av. Pres. Vargas 500, sala 1204
20.000-211 Rio de Janeiro, RJ

_____ 2. 12 de agosto de 2003

_____ 3. Gerência de Produção
Indústrias de Comunicações
Brasília, D.F.

_____ 4. Ref.: Pedido de novos produtos

_____ 5. Prezados Senhores:

_____ 6. Estamos interessados. . .

_____ 7. Atenciosamente,

_____ 8. *Marco Silva*

_____ 9. Marco Silva
Gerente de Compras

Exercício B

Complete as lacunas com o futuro simples dos verbos entre parênteses:

1. Amanda _____ (discutir) o problema com seus pais.

2. Ela e o irmão _____ (visitar) a Europa no ano que vem.

3. Eu e meus amigos _____ (cantar) no concerto.

4. Eu _____ (comprar) uma casa em breve.

5. Você e Regina _____ (fazer) compras no shopping à tarde?

6. Aurélio _____ (telefonar) para sua família durante o intervalo.

7. Você não _____ (tocar) piano na festa?

8. Os gerentes _____ (ter) uma reunião mais tarde.

9. Eu _____ (fazer) um relatório para a firma.

10. Quem _____ (jogar) futebol no sábado?

11. O que _____ (abrir) os jogos olímpicos deste ano?

12. Quando nós _____ (comer) naquele restaurante de novo?

13. Nós _____ (fazer) uma prova de manhã cedo.

14. Vocês _____ (correr) no parque hoje?

15. Cláudia _____ (escrever) uma carta para seus pais.

Exercício C

Pedro Paulo viajará ao Japão. Você é o secretário (ou a secretária) dele e, antes de sair para o almoço, deixou este bilhete para seu chefe. Complete com formas apropriadas dos verbos no imperativo:

Caro Dr. Pedro Paulo,

Espero que sua viagem ao Japão seja produtiva. Antes de embarcar,

(1)_____ (lembrar-se) de executar as seguintes tarefas: (2)_____ (enviar) os emails para Tóquio com os detalhes de sua apresentação;

(3)_____ (averiguar) os documentos que deixei sobre sua mesa; (4) _____ (pagar) as contas de luz e telefone; (5) _____ (confirmar) a reserva do hotel, suíte 115; (6) _____ (arrumar) suas malas com o essencial, e não (7) _____ (esquecer-se) de levar um casaco para sair à noite. Por favor, (8) _____ (assinar) os documentos que deixei em cima de sua mesa. Ah, já ia esquecendo: (9) _____ (responder) meus emails. (10) _____ (fazer) uma boa viagem e nos vemos em breve,

Bernardo Marques

Exercício D

Complete as lacunas usando o presente simples com valor de futuro:

1. Eu _____ (terminar) esse relatório amanhã. Hoje estou muito cansado.

2. Nós _____ (ir) para Chicago no mês que vem para uma conferência.

3. Sandra e a irmã _____ (vir) para a cidade na semana que vem.

4. Ok, amanhã vocês _____ (ver) o restante do filme. Já para a cama, crianças!

5. Você _____ (fazer) anos no mês que vem. Vamos comemorar!

6. Vocês e seu irmão _____ (passar) aqui no escritório amanhã para assinarem o contrato?

7. No ano que vem, nós _____ (comprar) uma casa nova.

8. No semestre que vem, eu _____ (começar) a aprender uma língua diferente.

9. Amanhã eu _____ (fechar) o contrato de qualquer forma.

10. Daqui a pouco, nós _____ (seguir) para o Canadá.

Exercício E

Complete o texto com as palavras que faltam:

(1)_____ especial interesse em trabalhar nesta empresa pela oportunidade de

trabalhar no Brasil como (2)_____ comercial e (3)_____ especializado

nas mais recentes (4)_____ digitais. Falo (5)_____ com fluência e

além disto (6)_____ um curso de português profissional para executivos na

(7)_____. Também (8)_____ de viajar e promover (9)_____

comerciais e tecnológicos entre os Estados Unidos, Brasil e (10)_____.

Experiência

Suponha que você queira marcar uma reunião quando você for ao Brasil em três semanas. Escolha uma das três situações a seguir:

1. Você está escrevendo para o presidente da empresa para a qual deseja vender seu produto ou ideia,

2. Você está escrevendo para alguém da gerência a respeito de um cargo que deseja ocupar na empresa (decida o título que usará),

3. Você está escrevendo para o presidente de uma empresa para falar sobre um encontro que quer marcar. O objetivo é iniciar discussões preliminares sobre a possibilidade de ter esta empresa manufaturando os produtos de sua empresa.

Escreva uma carta de uma página falando a razão da visita, quando deseja estar lá e pedindo para marcar a reunião.

Conversa

Parte A

Converse com colegas. Vocês vão ajudar uns aos outros e pedir ajuda ao instrutor, se necessário, para escrever sua carta ao gerente brasileiro que planeja visitar dentro de algumas semanas (descrito em "Experiência"). As discussões serão sobre o que incluir na carta para que ela seja apropriada de acordo com a cultura do país.

Parte B

Faça um convite, oral ou escrito, chamando alguém para a festa de seu noivado, que acontecerá dentro de algumas semanas. Especifique o lugar, dê o endereço, o dia e o horário. Peça que a pessoa responda (RSVP) confirmando o comparecimento e diga se vem sozinha ou acompanhada.

CULTURA

Leia o texto e reflita sobre as perguntas.

Vida diária: No banco

Ir ao banco no Brasil é uma experiência diferente. Há um sistema de segurança[1] muito grande. A pessoa entra no banco por uma porta giratória[2]. Se a campainha[3] tocar, precisa remover os objetos metálicos do bolso[4] ou da bolsa[5]. O dinheiro estrangeiro pode ser trocado[6] no banco ou em casas de câmbio[7] pelo real. Um dólar vale aproximadamente dois reais, mas varia diariamente. Há o dólar comercial e o dólar turismo, que têm valores diferentes. O banco troca tanto dinheiro vivo como cheque de viagem[8]. No entanto, a forma mais fácil de trocar dinheiro é usando o caixa automático[9] ou o Banco 24 Horas, que é o caixa eletrônico nacional. Pode-se usar também o cartão de crédito[10].

1. o sistema de segurança	*security system*
2. porta giratória	*revolving door*
3. campainha	*bell, alarm*
4. bolso	*pocket*
5. bolsa	*purse*
6. trocado	*exchanged*
7. casa de câmbio	*exchange house*
8. o cheque de viagem	*traveler's check*
9. o caixa automático	*ATM*
10. o cartão de crédito	*credit card*

Compreensão do texto

1. Aonde vai para trocar seus dólares por reais?
2. O que se pode trocar?
3. Como vai trocar?
4. Compare a ida ao banco no Brasil com a visita ao banco no seu país.

Lição 16

Coordenando uma reunião de negócios

OBJECTIVES

1. **Communication Skills: By the end of this lesson, you should be able to**
   - Report on a past business meeting
   - Participate in a business meeting as a leader and attendee
   - Outline the agenda for a business meeting
   - Talk about business in the past and now

2. **Culture and Business Relations: By the end of this lesson, you should be able to**
   - Participate in a business meeting
   - Know how to get a driver's license in Brazil

3. **Grammar: By the end of this lesson, you should be able to**
   - Understand how to form the imperfect past tense for regular and irregular verbs
   - Begin to use the imperfect tense for actions in the past

DIÁLOGOS

Os diálogos ilustram como a gramática e o vocabulário de cada lição são usados no contexto, formal e informalmente. Os pontos gramaticais abordados estão em **negrito**. Ouça os diálogos sem pausa, acompanhando com a leitura.

Diálogos formais

 ### DIÁLOGO 1: Fazendo a revisão da reunião de negócios

O diretor da empresa, o Sr. Antônio Valadares, conversa com Márcio Monteiro, o gerente de vendas.

(Uso do pretérito imperfeito)

Sr. Valadares:	Quando foi a reunião?
Sr. Monteiro:	Foi no dia 28 de abril.
Sr. Valadares:	Onde foi a reunião?
Sr. Monteiro:	Foi no edifício do escritório da Companhia Central-Madeiras.
Sr. Valadares:	Quem **estava** presente?
Sr. Monteiro:	**Estavam** presentes sete executivos, três dos Estados Unidos e quatro do Brasil. **Estavam** também a advogada da empresa brasileira e a secretária do presidente.
Sr. Valadares:	Que horas **eram** quando a reunião começou?
Sr. Monteiro:	**Eram** 9:30h quando a reunião começou.
Sr. Valadares:	Que **faziam** enquanto **esperavam**?
Sr. Monteiro:	Enquanto **esperávamos** pelo Chefe Executivo, **tomávamos** café e **conversávamos** sobre o evento do dia anterior. Também **líamos** algumas seções do nosso relatório, e a secretária **preparava** as cópias para distribuir aos presentes.
Sr. Valadares:	No dia anterior, os senhores fizeram uma demonstração do novo mobiliário. **Havia** muita gente na exposição?
Sr. Monteiro:	**Havia** bastante gente, sim. **Estavam** lá executivos e empregados especializados, e donos de negócios de madeira e móveis.
Sr. Valadares:	Como foi a demonstração?
Sr. Monteiro:	Muito boa. Enquanto as pessoas **olhavam** as peças da exposição, nosso gerente de produção **descrevia** a fabricação.
Sr. Valadares:	Os senhores também **participavam**?
Sr. Monteiro:	Sim, nós também **mostrávamos** vídeos do equipamento de manufatura e os catálogos de materiais.
Sr. Valadares:	Como foi a reunião? Todos apresentaram seus relatórios?
Sr. Monteiro:	Sim, mas não os **discutíamos** em detalhe como nos Estados Unidos. **Tínhamos** que prestar muita atenção aos comentários do presidente. Ele sempre **tinha** a prioridade na discussão.
Sr. Valadares:	Quais **eram** os pontos principais da agenda?
Sr. Monteiro:	Primeiro o presidente falou da exposição e disse que **estava** muito impressionado com os produtos. Depois cada gerente **apresentava**

	seu relatório e **analisava** os fatores mais importantes da produção, do mercado, do orçamento e dos aspectos legais.
Sr. Valadares:	Que horas **eram** quando vocês terminaram a reunião?
Sr. Monteiro:	**Era** uma da tarde quando terminamos e fomos todos juntos almoçar às duas. **Fazia** um tempo maravilhoso naquela tarde.

DIÁLOGO 2: Falando com o presidente

Como era antes e como é agora. Comparação entre negócios no passado e no presente.

(Uso do pretérito imperfeito)

Sr. Wilson:	Sua empresa existe há quantos anos, Sr. Cardoso?
Sr. Cardoso:	Este negócio é muito antigo, pertence à minha família faz muitos anos.
Sr. Wilson:	Quem o começou?
Sr. Cardoso:	Meu bisavô começou o negócio por volta de 1800 com alguns de seus familiares.
Sr. Wilson:	Como **era** naquela época?
Sr. Cardoso:	**Era** uma pequena carpintaria onde **se faziam** móveis rústicos.
Sr. Wilson:	**Tinha** recursos naturais?
Sr. Cardoso:	Sim, **havia** muita madeira boa na região e eles **sabiam** trabalhar e talhar a madeira de acordo com o estilo europeu.
Sr. Wilson:	Quantas pessoas **trabalhavam** na empresa?
Sr. Cardoso:	No início **eram** cinco ou seis pessoas. Depois o negócio cresceu, **vendiam** cada vez mais, então contrataram muitos empregados. Em 1950, já **era** uma companhia de móveis bem grande.
Sr. Wilson:	Quais são as principais diferenças entre o negócio naqueles anos e agora?
Sr. Cardoso:	Naquele tempo os carpinteiros **faziam** muito trabalho manual, não **usávamos** tanto maquinário, **vendíamos** para lojas regionais, não **exportávamos**. . .
Sr. Wilson:	Por que não **exportavam**?
Sr. Cardoso:	Não **havia** facilidades de comunicação nem de transporte, o governo **impunha** muitas regras e impostos com muita burocracia nos trâmites legais.
Sr. Wilson:	E outros países como os EUA, não **se interessavam** pelos móveis brasileiros?
Sr. Cardoso:	Antes não **se interessavam** muito pelo nosso estilo de mobiliário, mas quando isto **acontecia**, **havia** tantos problemas com o processo de compra e venda e tantos gastos que **desistiam**. . .
Sr. Wilson:	E agora o Tratado de Livre Comércio ajuda a exportação?
Sr. Cardoso:	Ah sim, sem dúvida. Agora houve uma grande mudança. As companhias se juntam, fazem trocas entre amigos e familiares, pedem dinheiro ao banco, compram madeiras mais finas, e também se juntam para exportar.
Sr. Wilson:	Então, agora é também possível fazer encomendas?
Sr. Cardoso:	Exatamente. Antes não **era** possível.

Diálogos informais

 DIÁLOGO 3: Um dia péssimo

Patrícia e Renata conversam depois de uma prova na Faculdade de Direito.

(Uso do pretérito imperfeito)

Patrícia:	Oi Renata. E aí? Você foi bem na prova?
Renata:	Não sei. . . Achei um pouco difícil. Não tive muito tempo para estudar ontem porque tive um dia péssimo.
Patrícia:	O que aconteceu?
Renata:	Quando eu **estava** voltando da faculdade de manhã, meu carro enguiçou e não **podia** pedir ajuda porque meu celular não **tinha** bateria. Decidi procurar um orelhão para ligar para o meu pai, mas não **encontrava** nenhum.
Patrícia:	E o que você fez?
Renata:	Voltei para o carro e depois de algum tempo um cara que **estava** passando me perguntou se eu **precisava** de alguma ajuda, então perguntei se ele **tinha** um telefone para me emprestar. Ele me emprestou o celular e liguei para o escritório do meu pai, mas só **dava** ocupado. Finalmente consegui falar com ele e expliquei o que **havia** acontecido.
Patrícia:	Que chato! E você descobriu qual **era** o problema com o carro?
Renata:	A água do radiador **tinha** fervido, porque o carro **havia** aquecido demais. Tivemos que esperar um pouco, mas depois conseguimos levar o carro para a oficina.
Patrícia:	Que bom que no final deu tudo certo.
Renata:	Pois é, mas à tarde eu recebi um telefonema da minha prima e ela **estava** passando muito mal. Ela **queria** ir para um hospital, então peguei um táxi e fomos para o pronto-socorro.
Patrícia:	E o que ela **estava** sentindo?
Renata:	Ela **tinha** muita dor e os médicos **achavam** que era apendicite, então eles a deixaram em observação por algumas horas. Depois de alguns exames, eles decidiram que ela **tinha** mesmo que fazer uma cirurgia.
Patrícia:	Nossa, e ela está bem agora?
Renata:	Felizmente sim. Mas eu acabei ficando no hospital até as 7 da noite. Quando cheguei em casa, **estava** exausta! Tentei estudar para a prova, mas como não **conseguia** me concentrar direito, decidi ir para cama mais cedo.

DIÁLOGO 4: Velhos tempos

Fernanda e Camila conversam durante o intervalo da aula sobre os velhos tempos.

(Uso do pretérito imperfeito)

Fernanda:	Camila, como foi a festa de aniversário de casamento dos seus avós no sábado?
Camila:	Foi ótima! Eles comemoraram 60 anos de casados. Minha mãe e meus tios ficaram emocionados. E a festa **estava** muito animada.
Fernanda:	Como os seus avós se conheceram?
Camila:	Os dois **estudavam** no Colégio Pedro II e **frequentavam** o mesmo clube nos fins de semana. Minha avó conta que naquela época ela **era** muito jovem e ainda não **pensava** em namorar, mas meu avô diz que já **estava** de olho nela.
Fernanda:	Quantos anos sua avó **tinha**?
Camila:	Quando eles se conheceram ela só **tinha** 11 anos, mas eles começaram o namoro mais tarde, logo depois que ela **havia** completado 15 anos. Quando eles se casaram, minha avó **tinha** 19 anos e meu avô **tinha** 21.
Fernanda:	Nossa, eles **eram** muito jovens quando se casaram!
Camila:	É verdade. Naquela época, a mulher **se casava** muito cedo e não **trabalhava**, porque ela **ficava** em casa cuidando do marido e dos filhos. Minha avó conta que antes do casamento ela não **podia** nem sair sozinha com o meu avô, porque meu bisavô não **permitia**.
Fernanda:	E eles tiveram filhos muito cedo?
Camila:	Tiveram. O primeiro nasceu quando minha avó **tinha** 21 anos. Depois eles tiveram mais 3 filhos. A minha mãe foi a terceira.
Fernanda:	Deve ter sido difícil. Acho que gosto mais da nossa época, porque agora temos muito mais liberdade.
Camila:	É verdade, mas por outro lado, acho que agora os relacionamentos são bem mais difíceis. Enfim, minha avó diz que tem muita saudade do tempo em que minha mãe e meus tios **eram** pequenos. Acho que entendo o que ela quer dizer com isto.

VOCABULÁRIO

Ouça cada palavra ou frase e repita-a durante a pausa.

Expressões	
coordenar ou dirigir uma sessão ou grupo	*to lead a session or group*
dar tudo certo	*to turn out OK*
estar de olho em (alguém)	*to be interested in (somebody)*
por outro lado	*on the other hand*
Que chato!	*How boring!*

Substantivos

	acordo	*agreement*
	advogado/a	*lawyer*
a	apendicite	*appendicitis*
o	bate-papo	*chat*
	bateria	*battery*
o/a	bisavô/ó	*great-grandfather, great-grandmother*
	Câmara do Comércio	*Chamber of Commerce*
	carpintaria	*carpentry*
	cirurgia	*surgery*
o	consumidor	*consumer*
	cópias	*copies*
a	demonstração	*demonstration*
a	discussão	*discussion*
a	dor	*pain*
	equipamento	*equipment*
	estilo	*style*
	evento	*event*
a	exportação	*export*
a	fabricação	*manufacturing process*
	ganho	*gain, profit*
a	importação	*import*
a	inversão, investimento	*investment*
a	liberdade	*freedom*
	madeira	*wood*
	mobiliário, mobília	*furniture*
	oficina	*garage (repair shop)*
o	orelhão	*public phone*
	pergunta	*question*
	pontos	*points*
a	prioridade	*priority*
	pronto-socorro	*emergency room*
a	qualidade	*quality*
	recursos	*resources*
	regra	*rule*
	relatório	*report*
as	seções	*sections*
a	sessão	*session*

tio/a	*uncle/aunt*
Tratado de Livre Comércio	*NAFTA*

Verbos

brindar	*to toast*
concentrar	*to concentrate*
concordar	*to agree*
contratar	*to hire, contract*
descrever	*to describe*
discutir	*to discuss*
enguiçar	*to break down (car)*
esclarecer	*to clarify*
esperar	*to wait*
ficar	*to stay*
nascer	*to be born*
numerar	*to number*
suspender, ser suspenso	*to adjourn, to be adjourned*
treinar	*to train*

Adjetivos

ambos/as	*both*
amigável	*amicable*
comum, usual	*ordinary*
europeu/europeia	*European*
parcial	*partial*
principal (pl. principais)	*main*
receptivo/a	*amenable*
rústico/a	*rustic*
sozinho/a	*alone, by yourself*

Conjunção

enquanto	*while*

Preposição

sobre	*about, on*

GRAMÁTICA

Introduzindo o pretérito imperfeito / *Introducing the imperfect past tense*

O imperfeito é usado para descrever ações contínuas no passado. Em muitos casos se traduz ao inglês com expressões verbais para o passado como, **I was doing** ou **I used to do.**

The imperfect tense is used to describe continuous actions in the past. In many cases, the English is translated with verbal expressions of the past, such as "I was doing" or "I used to."

1. Formação do pretérito imperfeito / *Structure of the imperfect past tense*

Para formar o imperfeito, muda-se a terminação do infinitivo:

In order to form the imperfect, the endings of the infinitive are changed:

Verbos em **-ar** → **-ava**

Verbos em **-er, -ir** → **-ia**

2. Verbos regulares e irregulares / *Regular and irregular verbs*

IMPERFEITO regular / *Regular imperfect*

Pronomes *Pronouns*	falar	comer	abrir	haver (impessoal)*
eu	fal**ava**	com**ia**	abr**ia**	——
você, ele/ela	fal**ava**	com**ia**	abr**ia**	**havia** *there was/were*
nós	fal**á**vamos	com**í**amos	abr**í**amos	——
vocês, eles/elas	fal**avam**	com**iam**	abr**iam**	——

*O verbo **haver** no sentido de existência é impessoal e conjuga-se apenas na terceira pessoa do singular, esteja a sentença no singular ou no plural.

Whether the sentence is in the singular or in the plural form, the verb haver, *when expressing existence, is impersonal and can only be conjugated in the third-person singular.*

Havia uma pessoa na sala de aula. *There was a person in the classroom.*

Havia duas pessoas na sala de aula. *There were two students in the classroom.*

Há apenas quatro verbos irregulares no imperfeito:

There are only four irregular verbs in the imperfect:

IMPERFEITO irregular / *Irregular imperfect*

Pronomes *Pronouns*	ser	ter	vir	pôr
eu	era	tinha	vinha	punha
você, ele/ela	era	tinha	vinha	punha
nós	éramos	tínhamos	vínhamos	púnhamos
vocês, eles/elas	eram	tinham	vinham	punham

Os verbos VER e IR conjugam-se, regularmente, retirando-se o **-er** e o **-ir** do infinitivo e acrescentando-se as terminações típicas do imperfeito. No caso de IR, as terminações constituem a própria conjugação.

*VER and IR are conjugated regularly by removing the **-er** and **-ir** from the infinitive and adding the typical endings of the imperfect. In the case of IR, the endings constitute the entire conjugation.*

Pronomes *Pronouns*	ver	ir
eu	via	ia
você, ele/ela	via	ia
nós	víamos	íamos
vocês, eles/elas	viam	iam

Use a tabela abaixo para familiarizar-se com a conjugação da primeira pessoa do singular de alguns verbos no imperfeito.

Use the table below to get acquainted with some verbs in the imperfect tense.

Exemplos de conjugação / *Examples of conjugation*

Pronome de primeira pessoa do singular **First-person pronoun**	Infinitivo / *Infinitive* Radical + terminação de imperfeito / *Stem + imperfect ending*		
	estudar *estudava*	resolver *resolvia*	sair *saía*
	olhar *olhava*	responder *respondia*	partir *partia*
eu	jogar *jogava*	ler *lia*	servir *servia*
	fechar *fechava*	correr *corria*	sentir *sentia*
	estar *estava*	trazer *trazia*	mentir *mentia*
	dar *dava*	escrever *escrevia*	assistir *assistia*

3. Usos do imperfeito / *Uses of the imperfect*

Usa-se o imperfeito em:

The imperfect is generally used for:

● Ações habituais, repetidas no passado. Algumas expressões associadas com o imperfeito são: sempre, muitas vezes, todos os dias, todas as semanas, todos os anos, frequentemente, às vezes.

Habitual actions repeated in the past. Some expressions associated with the imperfect are: always, many times, every day, every week, every year, frequently, sometimes.

Corria todas as manhãs. *I **used to run** every morning.*

● Ação progressiva ou "em progresso" no passado.

Progressive action or action "in progress" in the past.

Jantavam quando telefonei. *They **were eating dinner** when I called.*

● Descrição de condições físicas ou emocionais no passado.

Description of physical or emotional conditions in the past.

Éramos muito felizes, mas **sentíamos** muito frio quando **vivíamos** no Canadá. *We **were** very happy, but we **usually were** very cold when we **were living** in Canada.*

● Para dizer a hora no passado.

To tell time in the past.

Eram 8 horas da manhã quando a aula começou. *It was 8 a.m. when the class began.*

Para descrever as condições do tempo ou clima no passado.

To describe the weather or climatic conditions in the past.

Que tempo **fazia** quando você foi esquiar? *How **was** the weather when you went skiing?*

Fazia mau tempo. **Nevava** e **chovia.** *The weather **was** bad. It was snowing and raining.*

Para dizer a idade de uma pessoa no passado.

To tell the age of a person in the past.

Eu **tinha** dez anos quando vim aos Estados Unidos. *I **was** ten years old when I came to the United States.*

 Agora volte aos diálogos e ouça as outras versões com pausas, repetindo suas falas.

PRÁTICA

Exercícios

Exercício A

Complete as lacunas com as palavras ou expressões adequadas:

exportação   importação   ganho   gastos   brindar   consumidor   qualidade

bater   papo   Tratado de Livre Comércio

1. Se você quer _____, você deseja conversar sem compromisso, sobre coisas amenas.

2. _____ é quem consome, compra mercadorias ou serviços.

3. _____ é a venda ou envio de produtos de um país para outro.

4. Se você quer cortar _____, então é melhor começar economizando energia.

5. _____ é a entrada em certo país de produtos provenientes de outro país.

6. NAFTA: _____

7. O que se ganhou; lucro: _____

8. Um produto ou serviço de _____ é um produto ou serviço muito bom.

9. Um bom contrato é sempre motivo suficiente para se _____.

Exercício B

Escolha a resposta correta, usando verbos no pretérito imperfeito.

1. Meu antigo chefe nunca _____ às reuniões de gerentes.

    a. vim

    b. fui

    c. ia

    d. vieram

2. Quando eu _____, eu _____ o chefe de pessoal.

    a. trabalhava/era

    b. trabalhamos/era

    c. trabalhava/fomos

    d. trabalhei/eram

3. Os empresários _____ quando chegamos.

    a. jantariam

    b. jantavam

    c. jantou

    d. jantava

4. _____ cinco horas da tarde quando ela chegou.

    a. É

    b. Foi

    c. Era

    d. Eram

5. Vocês _____ muitos relatórios para entregar?

    a. tinham

    b. tinha

    c. havia

    d. haviam

6. _____ muitas coisas ainda por fazer.

    a. Foi

    b. Tinha

    c. Havia

    d. Haviam

7. As meninas _____ os cadernos sobre a mesa quando chegavam em casa.

    a. tinha

    b. punham

    c. eram

    d. haviam

8. Nós sempre _____ os filmes juntos.

    a. corriam

    b. tinha

    c. havíamos

    d. víamos

9. _____ muito frio quando cheguei aos Estados Unidos.

    a. Tinham

    b. Éramos

    c. Fazia

    d. Haviam

10. _____ cinco da tarde quando Maria chegou do trabalho.

    a. Era

    b. Eram

    c. Havia

    d. Haviam

Exercício C

Complete as lacunas com os verbos entre parênteses no futuro simples:

a. O Rio de Janeiro _____ (exportar) um bilhão de dólares em petróleo até 2014.

b. A indústria petroquímica _____ (assinar) contrato com a Petrobras em outubro do ano que vem.

c. Eles _____ (fazer) várias fusões com o Pólo do Rio.

d. Com certeza, isso _____ (trazer) novos investimentos para a região.

e. A Petrobras _____ (estudar) novas medidas para reduzir o impacto sobre o meio ambiente.

f. O Governo também _____ (modernizar) a região portuária do Grande Rio.

g. Em Itaguaí, o Porto de Sepetiba _____ (ser) um dos maiores e mais modernos portos da América Latina.

h. A região _____ (passar) a oferecer um maior campo de trabalho.

i. Durante a reinauguração, o presidente _____ (dizer), por rádio e televisão, algumas palavras sobre o deslocamento progressivo das atividades portuárias do Centro para Itaguaí.

j. As melhorias do porto _____ (permitir) a exportação de 30 milhões de toneladas de minério de ferro por ano.

Exercício D

Reescreva as frases a seguir corrigindo-as:

1. Mañana terei uma reunião com o jerente de vendas da meu empresa.

2. Nun memorando que receberemos em agosto último, ele nos alertou que sera necessário aumentar a volume de vendas.

3. A empresa têm que vender mas para ser competitiva.

4. Mais pessoalemte não concordo.

5. Acharei que para nos tornar mais competitivos e lucrativos temos que melorar a cualidade de nossos produtos.

Exercício E

Ordene as frases de acordo com o diálogo.

_____ a. Vamos aos detalhes da produção.

_____ b. Mas será necessário contratar e treinar mais pessoal especializado.

_____ c. Desejamos uma aliança comercial com a Central Madeiras com dois objetivos.

_____ d. Se manufaturarmos aqui parcialmente, o preço do produto completo será mais baixo e teremos mais vendas.

_____ e. Sr. Souza, o que nós podemos oferecer aqui no Brasil?

_____ f. O primeiro é a distribuição no Brasil das novas peças fabricadas pela mobiliadora Southeastern.

_____ g. Sr. Souza, teremos clientes para este novo produto?

_____ h. No Brasil podemos utilizar madeira e vidro nacional, e a manufatura e habilidade de sua mão de obra.

_____ i. Sr. Lopes, quais são as vantagens para a nossa empresa?

_____ j. Podemos introduzir alguns maquinários novos.

_____ k. Em nosso relatório tudo indica que se nós tivermos assistência financeira na campanha de promoção atrairemos muitos consumidores no mercado brasileiro e de outros países.

_____ l. O Sr. Cintra e eu já começamos a investigar o mercado.

_____ m. O segundo objetivo é a manufatura parcial dos novos móveis nas fábricas da Central Madeiras, para vendas internas e para exportação.

Experiência

Parte A

Teremos uma reunião. Organize uma agenda para a reunião. Dê as instruções de como prepará-la para as pessoas que participarão da reunião e, se desejar, dê instruções adicionais para seu assistente, mencionando os materiais e o equipamento necessários para a reunião, e o que será servido na mesma.

Parte B

Fale sobre sua infância. O que você fazia nas suas férias?

Conversa

Desenvolva uma agenda para uma reunião e, então, comece a reunião com alguns participantes da mesma. Analise a agenda de seus colegas e faça críticas construtivas. Venha para a aula com sua agenda preparada.

Compare com o que você fazia na sua companhia anterior.

CULTURA

Leia o texto e reflita sobre as perguntas.

O carro: Quer dirigir[1]?

Você tem carteira de motorista[2]? Se tiver uma carteira internacional tem validade de um mês, se ficar mais tempo no Brasil, tire uma carteira nacional no DETRAN (Departamento de Trânsito).

Como tirar uma carteira de motorista:

● Escolha o Centro de Formação de Condutores (Auto-Escola) de sua preferência. São necessários: documento de identidade, fotos 3x4*, comprovante de residência e pagamento[3] das taxas exigidas.

● O interessado também deve fazer o exame de aptidão física e mental (exame médico e psicotécnico).

● Depois do exame de aptidão física e mental, você deverá participar das aulas teóricas e técnicas e preparar-se para o exame. O exame teórico possui 30 questões e você precisará acertar no mínimo 21 delas.

● Aprovado no exame teórico, você poderá fazer aulas práticas de direção na companhia de um instrutor.

● Por último, você prestará o exame prático de direção em via pública urbana e rural e prova de baliza[4].

● Aprovado nesta fase, o candidato receberá permissão para dirigir sozinho.

Requisitos para o condutor possuir a Carteira Nacional de Habilitação:

● Ter 18 anos ou mais;

● Saber ler e escrever;

● Possuir carteira de identidade.

*Foto 3x4: *Brazil uses the metric system, so this kind of picture is 3 centimeters wide and 4 centimeters long (about 1¼ inches wide by 1½ inches long). This is the standard size for the photographs used in most identification documents in Brazil.*

1. dirigir, guiar	*to drive*
2. carteira de motorista	*driver's license*
3. pagamento	*payment*
4. prova de baliza	*parallel parking test*

Compreensão do texto

1. Você vai dirigir no Brasil?

2. Você tem carteira?

3. Quanto tempo você vai ficar no Brasil?

4. Se precisar de uma carteira de motorista, quais os requisitos necessários?

5. Há os mesmos requisitos no seu país?

UNIDADE 5

DESAFIOS GERENCIAIS

UNIT 5

MANAGEMENT CHALLENGES

Lição 17

Vendendo sua ideia e negociando um acordo

OBJECTIVES

1. **Communication Skills:** By the end of this lesson, you should be able to
   - Conduct a sales meeting or personal interview
   - Negotiate a win-win solution

2. **Culture and Business Relations:** By the end of this lesson, you should be able to
   - Set a mood appropriate to the goals of both parties in a one-on-one sales meeting or interview
   - Use knowledge of Brazilian culture to facilitate the meeting

3. **Grammar:** By the end of this lesson, you should be able to
   - Understand the main differences in using the simple past and imperfect past tenses
   - Understand the structure and use of the conditional tense to form polite expressions
   - Be familiar with hypothetical "if" clauses

DIÁLOGOS

Os diálogos ilustram como a gramática e o vocabulário de cada lição são usados no contexto, formal e informalmente. Os pontos gramaticais abordados estão em **negrito**. Ouça os diálogos sem pausa, acompanhando com a leitura.

Diálogos formais

 DIÁLOGO 1: Numa entrevista para conseguir um emprego

Fernando Góis, Diretor de Vendas e Relações Internacionais, faz uma entrevista com Peter Rios, candidato ao cargo de Assistente Técnico e de Vendas.

(Pretérito perfeito e pretérito imperfeito)

Fernando:	Sr. Rios, no seu currículo o senhor informa que **estudou** na Universidade de Georgetown. Qual **foi** a sua especialização?
Peter:	**Estudei** na Escola de Administração de Empresas, na qual **me formei**.
Fernando:	Quantos anos **frequentou** o curso para obter o seu MBA?
Peter:	**Frequentei** durante dois anos, mas depois **interrompi** os estudos e **fiz** um treinamento em um setor da IBM em Miami, na Flórida.
Fernando:	O que o senhor **fazia** no seu treinamento?
Peter:	**Era** assistente do Departamento de Estratégia Internacional. **Fazia** pesquisa sobre os sistemas de gerenciamento de negócios na América Latina.
Fernando:	**Viajou** a algum país do cone sul?
Peter:	Não **viajei** durante meu estágio na IBM, mas **viajei** mais tarde quando **trabalhava** para a Companhia Digital Industries.
Fernando:	Que cargo **ocupava** nesta empresa?
Peter:	Primeiro **fui** Assistente de Vendas Internacionais para a América Latina, e depois **fui** promovido a Consultor de Sistemas no Brasil e na Argentina.
Fernando:	Como **pôde** ser um técnico especializado se **trabalhava** para a companhia?
Peter:	Bem, eu **me interessava** muito pela parte técnica dos sistemas *hardware*. Então, enquanto **trabalhava** na companhia em tempo integral, também **assistia** a aulas noturnas na Universidade Técnica de Baltimore. **Praticava** nos laboratórios da universidade e também nos laboratórios da companhia.
Fernando:	E depois do estágio na IBM, o senhor **terminou** seu curso de Administração?
Peter:	Sim, **completei** meu bacharelado e logo em seguida **fiz** meu MBA. **Foram** mais quatro anos de estudo, e então **comecei** a treinar nossos clientes internacionais na Digital Industries.
Fernando:	Onde o senhor **aprendeu** português?
Peter:	Meu pai **era** um empresário que **fazia** negócios com o Brasil e eu **viajava** muito com minha família para lá e para outros países da América Latina.

Fernando:	Ah, agora entendo porque fala tão bem o nosso idioma. Onde **vivia** quando **cursava** o ensino médio?
Peter:	**Morava** em São Paulo, e quando **completei** 18 anos **regressamos** aos Estados Unidos.
Fernando:	Excelente, não sabia que **havia** morado no Brasil. Agora estou certo de que poderá sentir-se muito à vontade entre os brasileiros.

 DIÁLOGO 2: Como fazer uma entrevista

A Srta. Alaíde Montes está numa entrevista para um cargo em uma Companhia Publicitária.

(Usando o condicional)

Srta. Montes:	Bom dia, **gostaria** de falar com o Sr. Soares.
Secretária:	**Poderia** dizer-me seu nome, por favor? Tem o seu nome agendado?
Srta. Montes:	Sou Alaíde Montes, candidata ao cargo no Departamento de Publicidade. O Sr. Soares disse que **gostaria** de falar comigo esta manhã, e que **estaria** no seu escritório a partir das 10 horas.
Secretária:	Bem, Srta. Montes, vejo que seu nome está na agenda para hoje. Sua entrevista **seria** às dez, mas o Sr. Soares ainda está ocupado com alguns clientes. Se **importaria** de esperar uns quinze minutos no salão da frente?
Srta. Montes:	De modo nenhum. Aguardo.
	Mais tarde, durante a entrevista
Sr. Soares:	Então, diga-me, o que a senhorita **faria** se quisesse aumentar o número de clientes para uma nova linha de produtos?
Srta. Montes:	Antes de mais nada, **faria** uma sondagem de mercado para planejar a campanha publicitária.
Sr. Soares:	**Teríamos** que aumentar o orçamento das promoções?
Srta. Montes:	Bem, se a companhia pudesse aumentar o orçamento, **contrataria** mais empregados para a pesquisa de mercado, e **aumentaria** os anúncios nas estações de rádio e na televisão.
Sr. Soares:	Muito bem, Srta. Montes, **gostaria** de encontrá-la novamente na semana que vem. A senhorita **teria** disponibilidade de horário na quinta-feira?

 DIÁLOGO 3: Fazendo um acordo

Alexandre e Roberto discutem uma proposta de orçamento para começar uma obra.

(Revisão: pretérito perfeito e condicional)

Alexandre:	Boa tarde, Dr. Roberto, sente-se, por favor.
Roberto:	Muito obrigado.
Alexandre:	O senhor **gostaria** de tomar um cafezinho?
Roberto:	**Gostaria** sim, obrigado.
Alexandre:	E então, o senhor **teve** tempo de rever a nossa proposta?

Roberto:	**Tive** sim, e foi esta razão que me **trouxe** até aqui. **Gostaria** de discutir o orçamento com o senhor.
Alexandre:	Perfeitamente. O senhor tem alguma dúvida?
Roberto:	**Gostaria** de saber se este é seu preço final, porque considero o valor um pouco alto.
Alexandre:	Bem, o senhor sabe que trabalhamos com matéria-prima de altíssima qualidade, e nossos produtos têm 5 anos de garantia. Se eu pudesse, eu o **faria**, mas infelizmente não há como mudar o valor do material. Este é o meu preço final.
Roberto:	Já que não pode suavizar o preço, que outros valores adicionais o senhor pode me oferecer?
Alexandre:	Bem. . . **Poderíamos** agilizar a obra e entregar na metade do tempo previsto e dobrar o tempo de garantia para 10 anos.
Roberto:	Agora sim, estamos falando a mesma língua! E qual **seria** a forma de pagamento?
Alexandre:	O senhor **pagaria** 20% na assinatura do contrato, e o restante após a execução do serviço.
Roberto:	Bom, sendo assim acho que está razoável. Quando o senhor **poderia** começar a obra?
Alexandre:	**Poderia** começá-la amanhã às 7h. Caso tudo corra bem, a obra será entregue dentro de 15 dias.
Roberto:	Perfeito. Então vamos ao contrato.
Alexandre:	Ótimo! Tenho certeza que ao final da obra o senhor voltará para nos contratar para a execução de outros serviços.
	Eles trocam um aperto de mãos.

Diálogos informais

 DIÁLOGO 4: Volta às aulas.

Letícia e Débora voltam às aulas e falam sobre suas férias.

(Pretérito perfeito e pretérito imperfeito)

Letícia:	Oi Débora! Como **foram** suas férias?
Débora:	**Foram** ótimas! E as suas?
Letícia:	**Foram** boas também. Você **viajou**?
Débora:	Sim, eu **fui** para Guarapari com a minha família. **Ficamos** lá por 15 dias.
Letícia:	Que ótimo! Pegar uma praia é sempre bom. Vocês **viajaram** de carro?
Débora:	Meus pais **foram** de carro com minhas irmãs, mas eu **fui** de ônibus, porque quando eles **viajaram** eu ainda **estava** trabalhando. Só **entrei** de férias uma semana depois.
Letícia:	E o que vocês **fizeram** lá, além de ir para a praia?

Débora:	Eu **dormi** muito. **Acordava** tarde todos os dias, depois **ia** à praia, e à noite **saíamos** para nos encontrarmos com alguns amigos em algum bar ou para dançarmos. **Passava** meu tempo lendo também e visitando algumas praias no Espírito Santo que ainda não **conhecia**. E você? O que você **fez** nas férias?
Letícia:	Eu **fiquei** aqui na maior parte do tempo. Não **tive** férias lá na loja, então **trabalhei** muito. **Acordava** cedo todo dia e **ficava** no escritório até as 6h. Mas pelo menos eu não **tinha** que ir para a faculdade à noite. Às vezes **ia** ao cinema com meu namorado ou **ficávamos** lá em casa mesmo e **pedíamos** uma pizza.

 ## DIÁLOGO 5: Uma conversa pelo telefone para pedir um favor

Gabriela telefona para Paloma para pedir um favor.

(Usando o condicional)

Gabriela:	Eu **gostaria** de falar com a Paloma, por favor.
Juliana:	Quem **queria** falar com ela?
Gabriela:	Meu nome é Gabriela. Sou uma amiga dela do trabalho.
Juliana:	Um minutinho, por favor.
	Logo depois. . .
Paloma:	Alô. Gabi?
Gabriela:	Oi Paloma, tudo bem?
Paloma:	Tudo, e você?
Gabriela:	Tudo bem. Estou ligando porque **queria** te perguntar uma coisa. Você se lembra que você me disse que tem um tio que trabalha lá no Consulado? **Gostaria** de saber se eu **poderia** agendar uma entrevista com ele para tirar meu visto.
Paloma:	Você já tem passaporte?
Gabriela:	Ainda não, mas vou providenciá-lo esta semana. Tirei as fotos ontem.
Paloma:	Pois é, primeiro você **precisaria** do seu passaporte. Depois você **teria** que pagar uma taxa pela internet e só depois disto você **poderia** marcar a entrevista.
Gabriela:	Você **saberia** me dizer qual é o valor da taxa?
Paloma:	Olha, quando eu renovei meu visto no semestre passado tive que pagar quarenta e oito reais, mas não sei se este valor mudou. Você acha que **teria** seu passaporte em mãos dentro de 10 dias?
Gabriela:	Acho que sim. Liguei para a Polícia Federal e eles me disseram que emitem o passaporte em uma semana. Você **poderia** me passar o telefone do seu tio lá no Consulado?
Paloma:	Claro! Só um instante que vou pegar minha agenda.

VOCABULÁRIO

Ouça cada palavra ou frase e repita-a durante a pausa.

Expressões		
	dar um aperto de mãos	*to shake hands*
	de fato	*truly, really*
	de modo nenhum	*by no means*
	tenho certeza	*I'm certain*

Substantivos		
o	sistema de comunicações	*communications system*
	aperto	*pressure*
a	aprovação	*approval*
o/a	assistente	*assistant*
	bacharelado	*bachelor's degree*
	campanha publicitária	*advertising campaign*
	candidato/a	*candidate*
	competência	*competence, ability*
	compromisso	*appointment, commitment*
	consulado	*consulate*
	consultor/a	*consultant*
	contrato	*contract*
	crescimento	*growth*
a	disponibilidade	*availability*
	dúvida	*doubt, concerns*
	empresário/a	*businessman/woman*
	entrevista de emprego	*job interview*
	entrevistador/a	*interviewer*
	equipamento	*equipment, apparatus*
	escala	*scale*
	estágio	*traineeship, internship*
	estratégia	*strategy*
	estrutura	*structure*
a	execução	*execution*
o	expediente	*working hours*
	firma privada	*private firm*
	forma de pagamento	*conditions of payment*
	garantia	*warranty*
o	idioma	*language*
a	indicação	*indication*

	infra-estrutura	*infrastructure*
o	instante	*moment*
	licença, a permissão	*permit, permission*
	matéria-prima	*raw material*
	medo	*fear*
	meio-termo	*compromise, agreement*
	mestrado	*master's degree*
	obra	*construction*
a	poluição	*pollution*
	propaganda publicitária	*publicity*
o	restante	*remainder*
os	sistemas de gerenciamento de negócios	*business management systems*
a	sondagem, pesquisa	*survey*
	taxa	*fee*
	treinamento	*training*

Adjetivos

ambiental	*environmental*
compatível	*compatible*
orgulhoso/a	*proud*
pouco/a	*little, not much*
razoável	*reasonable*

Verbos

comprometer	*to compromise*
entregar	*to hand over, deliver*
entrevistar	*to interview*
fotografar	*to photograph*
ganhar	*to win*
garantir	*to guarantee, to assure*
gritar	*to shout*
interromper	*to interrupt*
mudar	*to change*
prosseguir	*to move ahead*
sentar-se	*to take a seat, to sit down*

Advérbios

infelizmente	*unfortunately*
normalmente	*usually*
novamente	*again*

Preposição

após	*after*

GRAMÁTICA

Pretérito perfeito e imperfeito: Revisão e comparação dos usos / *Preterit and imperfect: Review and comparison of uses*

PERFEITO / *The Preterit*	IMPERFEITO / *The Imperfect*

1. "Conta a estória" ou relata uma sequência de acontecimentos passados.
 	
Tells the story or relates a sequence of past events.
 	
  Ela se **levantou** cedo, **tomou** banho e **saiu** depressa para o trabalho. *She woke up early, took a shower and left quickly for work.*
	1. Descreve a situação que serve de pano de fundo, ou que prepara o cenário da estória.
	
	Describes the background or sets the stage for the story.
	
	  Pela manhã, ela se lembrou que **tinha** muito trabalho a fazer no escritório. *In the morning she remembered that she had a lot of work to do in the office.*

2. Enfatiza o começo ou o fim de uma ação já completada no passado. (primeiro fiz isso, depois aquilo. . .)
 	
Emphasizes the beginning or the end of an action completed in the past (e.g., "First, I did this, then I did that. . .").
 	
  Primeiro ela **digitou** as cartas; depois **foi a** uma reunião. *First she typed the letters; then she went to a meeting.*
	2. Descreve uma ação em progresso no passado.
	
	Descreve uma ação habitual no passado.
	
	Describes an action in progress in the past (e.g., "I was doing this. . .when. . .").
	
	Describes a habitual action in the past (e.g., "I used to do this. . .").
	
	  Ela **estava** na reunião, quando o telephone tocou. Ele sempre **tocava** nas reuniões. *She was in the meeting when her cell phone rang. It always rang during meetings.*

3. Resume uma condição passada.
 	
Sums up a past condition.
 	
  Ela **precisou** chegar mais cedo no trabalho. *She needed to get to work earlier.*
	3. Descreve uma condição física, mental ou emocional no passado.
	
	Describes a physical, mental, or emotional condition in the past.
	
	  Ela **estava** muito cansada no fim do dia. *She was very tired at the end of the day.*

4. Expressões normalmente associadas com o pretérito são: ontem, o ano passado, a semana passada, ontem à noite, de repente, finalmente, etc.
 	
Some expressions normally associated with the preterit: yesterday, last year, last week, last night, suddenly, finally, etc.
 	
  Finalmente você **chegou**! *Finally you arrived!*
	4. Expressões associadas com o imperfeito são: sempre, muitas vezes, frequentemente, todos os dias, todas as semanas, todos os anos, às vezes, enquanto, etc.
	
	Some expressions normally associated with the imperfect: always, many times, often, every day, every week, every year, sometimes, while, etc.
	
	  Ela **chegava** tarde do trabalho todo dia. *She arrived late from work every day.*

5. Para dizer a hora no passado; para dizer a idade de uma pessoa no passado.

   To tell time in the past; to tell the age of a person in the past.

   Era 1 hora da tarde quando começou a chover. *It was 1 p.m. when it began to rain.*

Condicional ou futuro do pretérito / *The conditional tense*

1. O tempo verbal do condicional expressa ações que **poderiam ocorrer,** mas podem não acontecer devido às circunstâncias. Na maioria dos casos, o condicional se refere a situações hipotéticas, contrárias à realidade. Equivale à forma *would/should* + infinitivo em inglês.

   The conditional tense expresses actions that **could occur,** *but might not happen due to circumstances. In most cases, the conditional refers to hypothetical contrary-to-fact situations. It is equivalent to the verb form* would/should + infinitive *in English.*

   O que você **faria** com um milhão de dólares? *What* **would you do** *with a million dollars?*

   Compraria a casa de meus sonhos e **iria** de férias ao Havaí. *I* **would buy** *the house of my dreams and* **would go** *on vacation to Hawaii.*

2. Formação do condicional / *Forming the conditional tense*

A maioria dos verbos formam o condicional regularmente. O condicional, como o futuro, se conjuga com o infinitivo dos verbos das três conjugações (**-ar, -er, -ir**), seguido das terminações indicativas do condicional: **-ia, -ia, -íamos, -iam.**

Most verbs are regular when forming the conditional tense. The conjugated form of the conditional tense, like the future, is created by using the complete infinitive of the three verb conjugation types (**-ar, -er,- ir**) *followed by the conditional endings:* **-ia, -ia, -íamos, -iam.**

CONDICIONAL / *Conditional*

Pronomes *Pronouns*	infinitivo (-ar) + terminação *infinitive (-ar) + ending* FALAR *(to speak)*	infinitivo (-er) + terminação *infinitive (-er) + ending* COMER *(to eat)*	infinitivo (-ir) + terminação *infinitive (-ir) + ending* ABRIR *(to open)*
eu	falaria	comeria	abriria
você, ele/ela	falaria	comeria	abriria
nós	falaríamos	comeríamos	abriríamos
vocês, eles/elas	falariam	comeriam	abririam

CONDICIONAL: formação regular de outros verbos mais comuns / *Conditional: structure of other common regular verbs*

Pronome de primeira pessoa do singular *First-person singular*	infinitivo (-ar) + terminação *infinitive (-ar) + ending*	infinitivo (-er) + terminação *infinitive (-er) + ending*	infinitivo (-ir) + terminação *infinitive (-ir) + ending*
eu	trabalharia	seria	-iria
	viajaria	correria	conduziria
	estaria	resolveria	dormiria
	jogaria	comeria	pediria
	fecharia	beberia	serviria
	daria	entenderia	seguiria
	iniciaria	compreenderia	repetiria

3. Condicional ou futuro do pretérito: Formação irregular / *Conditional: Irregular structure*

Alguns verbos formam o condicional irregularmente, apesar de usarem as terminações regulares do condicional: **-ia, -ia, íamos, iam.** Os verbos irregulares no condicional apresentarão a terminação **-zer** no infinitivo, que serão mudados para **-r**. Os mais comuns são:

*Some verbs form the conditional irregularly, although they use the same conditional endings as regular verbs: **-ia, -ia, íamos, iam.** The irregular verbs in the conditional have the ending **-zer** in the infinitive, which changes to **-r**. The most common ones are:*

dizer → di**r-**, then regular endings are attached (*to say*)

fazer → fa**r-**, then regular endings are attached (*to do*)

trazer → tra**r-**, then add regular endings (*to bring*)

CONDICIONAL: formação irregular de verbos rais comuns / *Conditional: structure of common irregular verbs*

Pronomes *Pronouns*	dir + terminação de condicional *dir + ending*	far + terminação de condicional *far + ending*	trar + terminação de condicional *trar + ending*
eu	**dir**ia	**far**ia	**trar**ia
você, ele/ela	**dir**ia	**far**ia	**trar**ia
nos	**dir**íamos	**far**íamos	**trar**íamos
vocês, eles/elas	**dir**iam	**far**iam	**trar**iam

4. Outros usos do condicional / *Other uses of the conditional*

● Ação hipotética com "se" *Hypothetical action with an "if" clause*

O condicional é usado para expressar uma ação hipotética, contrária à realidade, que dependeria de certas condições para ser verdadeira. A ação no condicional se apresenta como uma consequência da condição no subjuntivo. Os verbos no subjuntivo passado serão geralmente introduzidos pelas pelavras **se**, **quando** e **enquanto**. Consulte as lições 19 e 20 para maiores detalhes sobre o subjuntivo.

The conditional is used to express a hypothetical, contrary-to-fact action, the completion of which depends on certain conditions to be true. The action in the conditional tense is presented as a consequence of the condition stated in the subjunctive clause. Verbs in the past subjunctive are generally introduced by the words se (if), quando (when), and enquanto (while). Please refer to lessons 19 and 20 for further details on subjunctive mood.

Se + subjuntivo passado → condicional *If + past subjunctive → conditional*

Se eu pudesse viajar, **iria** ao Brasil neste verão. ***If I could** travel, **I would go** to Brazil this summer.*

● Expressão de cortesia para fazer um pedido *To express polite requests*

O condicional é usado para expressar um pedido de forma cortês com alguns verbos como **poder, gostar de, desejar**. O verbo que segue sempre será usado no infinitivo.

You can use the conditional to make a request in a polite manner, using verbs such as **poder, gostar de,** *and* **desejar**. *The following verb will always be in the infinitive form.*

Condicional + infinitivo

Poderia abrir a janela, por favor? ***Could you** please open the window?*

Gostaria de ver outro modelo, por favor. ***I would like** to see another model, please.*

● O condicional é usado para expressar o futuro de uma ação passada *To express the future of a past action*

Para expressar o futuro de uma ação passada, geralmente no discurso indireto (ex.: Disse que faria. . .)

The conditional is also used to express the future of a past action, which is generally done in indirect speech (e.g., "He said he would. . .").

Meu cliente disse que **ligaria** mais tarde e **assinaria** o contrato. *My client said he **would call** later and **would sign** the contract.*

✔ Agora volte aos diálogos e ouça as outras versões com pausas, repetindo suas falas.

PRÁTICA

Exercícios

Exercício A

Marque a opção correta:

1. Telefônica e Verizon são empresas de:

   a. produtos agrícolas

   b. telecomunicações

   c. computadores

   d. tratores

2. Um dos primeiros passos para se trabalhar numa empresa é conseguir:

   a. um convite pra festa

   b. uma reunião

   c. um almoço com o gerente

   d. uma entrevista de emprego

3. Uma das maiores preocupações de empresas no ramo de automotores é com:

   a. a poluição ambiental

   b. o bacharelado

   c. a fibra ótica

   d. o satélite

4. Uma forma educada de cumprimentar alguém é:

   a. falar alto e gritar

   b. dar um aperto de mão

   c. interromper uma conversa

   d. dar tapinhas no ombro

5. Uma série de anúncios, promoções e eventos com o objetivo de exaltar as qualidades de certo produto comercial, para torná-lo vendável faz parte de uma:

   a. campanha eleitoral

   b. campanha publicitária

   c. entrevista de emprego

   d. um compromisso

6. Conhecimento ou a experiência adquirida formalmente em qualquer ramo de atividades:

   a. campanha eleitoral

   b. campanha publicitária

   c. treinamento

   d. um compromisso

7. Obrigação importante assumida por uma ou diversas pessoas:

    a. compromisso

    b. campanha publicitária

    c. entrevista

    d. treinamento

8. Se uma pessoa tem as qualidades ou habilidades para exercer um cargo, ela tem _____ para tal cargo.

    a. saudades

    b. medo

    d. indicação

    d. competência

9. Aumento de algo em dimensão, volume ou quantidade:

    a. competência

    b. decréscimo

    c. crescimento

    d. desespero

10. Especialização adquirida logo após o mestrado:

    a. doutorado

    b. graduação

    c. pesquisa

    d. pós-doutorado

Exercício B

Complete as lacunas com a forma apropriada do verbo entre parênteses no condicional:

Luís Carlos Abreu é gerente de produção da Lápis de Cor, uma empresa de roupa infantil brasileira. Luís trabalha longas horas, das 7 da manhã até as 6 da tarde. Mas Luís tem alguns sonhos. Se ele tivesse mais tempo livre, (1)_____ (tirar) quatro semanas de férias com sua família. Todos então (2)_____ (ir) para o Nordeste, onde (3)_____ (comer) pratos típicos da região. Luís (4)_____ (visitar) suas irmãs que moram em Recife e eles (5)_____ (passar) muito tempo juntos. (6) _____ (ser) o paraíso. Luís diz: "Eu e minha família (7) _____ (poder) pescar e (8) _____ (fazer) um grande almoço todo fim de semana. Nós (9) _____ (dizer) uns aos outros o quanto sentimos saudade. Eu (10) _____ (gostar) muito que isso acontecesse."

Exercício C

Use porque, mas, ou, nem, por isso, e mais.

1. Sei o número do prédio do meu advogado, _____ não o número do escritório.

2. As vendas caíram muito, _____ nos demitiram.

3. Não sei a cotação do dólar _____ da libra.

4. Não entregaram o relatório _____ estava cheio de erros.

5. Você vai à reunião _____ não?

6. Não foi à escola _____ estava doente.

7. Não foi à escola, _____ perdeu a prova.

8. Não foi à escola _____ fez a prova.

9. _____ eu _____ minha prima fomos à festa.

10. A festa é _____ interessante do que as aulas.

Exercício D

Complete as lacunas com os verbos entre parênteses conjugados no pretérito perfeito ou no pretérito imperfeito:

1. Ontem Maria _____ (sair) de casa atrasada.

2. Ela _____ (perder) o ônibus.

3. Ela _____ (ficar) no ponto por meia hora.

4. Foi quando _____ (começar) a chover.

5. Ela e sua irmã sempre _____ (ir) para a escola de metrô.

6. Mas a irmã de Maria _____ (estar) doente,

7. e, por isso, não _____ (poder) ir para a escola naquele dia.

8. Enquanto Maria _____ (esperar) debaixo de chuva,

9. _____ (passar) uma amiga de carro.

10. Ela lhe _____ (dar) uma carona.

11. Coitada! Ela já _____ (estar) toda molhada.

12. Mais tarde, quando Maria _____ (chegar) em casa,

13. sua mãe e sua irmã a _____ (esperar) para jantar.

Exercício E

Escreva V para verdadeiro ou F para falso para as frases abaixo:

_____ 1. O brasileiro de classe média não está acostumado a utilizar microondas.

_____ 2. O brasileiro prefere preparar sua comida de forma mais tradicional.

_____ 3. Pratos congelados estão mais de acordo com o gosto norte-americano.

_____ 4. O brasileiro não gosta de comidas com sabor adocicado.

_____ 5. A Sra. Rocha opta por utilizar mostras dos produtos no mercado.

_____ 6. O Sr. Cruz gostaria de falar com a Sra. Rocha, mas o assunto não é urgente.

_____ 7. Houve uma reunião do conselho ontem.

_____ 8. Não tem havido dificuldades para vender os produtos congelados e enlatados.

_____ 9. A queda das vendas não afeta os salários.

_____ 10. A falta de entusiasmo e de responsabilidade dos empregados é por causa dos salários.

Experiência

Parte A

Suponha que você seja o Sr. Adalton Cardoso das Indústrias Mercolato no Brasil. O Sr. Peter Clinton lhe envia uma carta, solicitando um emprego de gerente de vendas para os seus produtos farmacêuticos.

Responda a carta do Sr. Clinton por escrito. Diga que recebeu seu currículo e está muito impressionado com sua experiência de trabalho. Marque uma reunião e inclua a data e o horário. Seja criativo.

Parte B

Escreva uma carta de apresentação, inclua seu currículo resumido e solicite um emprego no Brasil.

Conversa

Vendendo o seu peixe. . .

Pratique com um colega, supondo que estão tendo uma reunião com o intuito de vender produtos ou ideias, ou ainda com o intuito de auto-promoção. Tente usar, quando possível, os pretéritos perfeito e imperfeito, o futuro, o condicional.

CULTURA

Leia o texto e reflita sobre as perguntas.

Trabalho

Nem sempre um trabalho entregue fora do prazo se dá pela falta de planejamento.

—*Marcelo Aguilar*

Um silêncio incômodo[1], e suspeito, percorria a sala de reuniões. Aquela aparente calmaria, enquanto aguardavam a chegada do diretor, era, na realidade, o prenúncio[2] de uma tempestade. O cronograma do projeto estava sobre a mesa. Todos se entreolhavam e se perguntavam: por que as coisas não ocorreram como planejamos? Cada um buscava, no seu íntimo, os motivos da perda de prazo. "Com certeza, a carreira do gerente deste projeto acabou. Foi ele quem não soube conduzir adequadamente", pensavam alguns. "Só não cumpri meu prazo[3] porque fulano[4] me encaminhou a parte dele cheia de erros[5], que eu tive de corrigir", pensavam outros. Tentavam achar uma resposta que os isentasse.

Num canto da mesa estava Ana Clara. Absorta em seus pensamentos, ela refletia: "por que a vida real é diferente da planejada? Por que as coisas não saem como queremos, ou imaginamos? Será que o tempo é nosso inimigo? Einstein falou que o tempo é relativo. Mas, relativo a que, mesmo? Como era aquela história do observador na teoria da relatividade? Deixa pra lá . . .". Seu semblante[6] mostrava o turbilhão[7] que passava por sua mente: "Os cursos de gerência de projetos nos treinam para identificar os processos e recursos críticos, os chamados 'gargalos'[8], e tentar reduzir o risco envolvido em cada um deles. Nos ensinam a desenhar gráficos de Gantt, de Pert, etc. Oferecem um treinamento básico sobre análise transacional para que possamos tentar reduzir as tensões entre as pessoas envolvidas, e conduzi-las para os objetivos definidos por todos. Tudo isso para tentar controlar o tempo?"

"Não, não, não. O tempo não se controla, o tempo flui"[9], continuava pensando Ana Clara. "Ah! Lembrei! Para tentar controlar as variáveis que afetam a execução das tarefas, no tempo!" Animada pela ideia, ela foi adiante: "Bom, o tempo flui, e não se controla. As tarefas estão definidas, e planejadas. O problema, então, está nas variáveis. Malditas variáveis[10]! Por que não se tornam constantes e previsíveis[11]? Opa, pensei besteira[12]. Se tudo fosse constante e previsível, não precisariam de nós, humanos. Somente nós temos uma certa capacidade de lidar[13] com o imprevisível[14], de enxergar mais de uma possibilidade e escolher entre elas. Sem as variáveis, podem nos substituir por uma máquina ou, pior, por um simples procedimento".

Olhando para o cronograma do projeto percebo, agora, que as variáveis associadas a problemas técnicos foram, de uma forma geral, bem resolvidas. O que realmente deu dor de cabeça foi lidar com os anseios[15] e desejos individuais. Aquela coisa tacanha de exercer o "seu pequeno poder". Mesmo quando era um simples problema técnico, que no final foi resolvido em poucas horas, foram gastas semanas até articular o consenso entre todos os envolvidos, em uma solução única e conhecida.

De repente, tudo ficou claro na mente de Ana Clara. "Tudo não passou de brigas por território. Que coisa mais primitiva! Já tenho MBA, mas acho que vou fazer psicologia para aprender a lidar com as minhas neuroses. E as dos outros". Barulho de porta se abrindo[16]. "Ihhh! O diretor não está com uma cara boa"[17].

1. incômodo	*uncomfortable*
2. prenúncio	*prediction*
3. cumpri meu prazo	*I kept my deadline*
4. fulano	*so-and-so*
5. cheio/a de erros	*full of mistakes*
6. o semblante	*face, facial expression*
7. turbilhão	*uproar*
8. gargalos	*bottlenecks*
9. o tempo flui	*time flows*
10. malditas variáveis	*damned variables*
11. previsíve (pl. previsíveis)	*predictable*
12. besteira	*nonsense*
13. lidar	*to deal with*
14. imprevisível	*unpredictable*
15. anseios	*anxiety*
16. barulho de porta se abrindo	*the noise of a door opening*
17. cara boa	*good look on one's face*

Compreensão do texto

1. Qual é o assunto deste texto?

2. Pode-se entregar o trabalho fora do prazo?

3. Quando?

4. A situação é a mesma no Brasil e nos Estados Unidos?

Lição 18

Avaliações de desempenho e de metas do departamento

OBJECTIVES

1. **Communication Skills: By the end of this lesson, you should be able to**
   - Set departmental and individual goals and objectives
   - Review criteria for evaluation
   - Conduct departmental and individual performance reviews

2. **Culture and Business Relations: By the end of this lesson, you should be able to**
   - Articulate important job performance criteria in the United States and their relative importance in Brazil
   - Understand how Brazilian creativity influences professionals in several industries

3. **Grammar: By the end of this lesson, you should be able to**
   - Understand the use of *ter* as an auxiliary verb
   - Understand the structure and use of the present perfect and past participle
   - Understand how and when to use the prepositions *por* and *para*

DIÁLOGOS

Os diálogos ilustram como a gramática e o vocabulário de cada lição são usados no contexto, formal e informalmente. Os pontos gramaticais abordados estão em **negrito**. Ouça os diálogos sem pausa, acompanhando com a leitura.

Diálogos formais

DIÁLOGO 1: Avaliação de desempenho

O Sr. Souza, chefe do Departamento Pessoal e de Recursos Humanos da companhia norte-americana no Brasil, conversa com a Srta. Mendes, gerente de vendas de novos produtos.

(Pretérito perfeito composto)

Sr. Souza:	Bom dia, Srta. Mendes. Sente-se, por favor.
Srta. Mendes:	Bom dia, Sr. Souza.
Sr. Souza:	Como já sabe, através do memorando que lhe enviei, gostaria de revisar com a senhorita alguns pontos principais da sua avaliação.
Srta. Mendes:	Pois não, Sr. Souza.
Sr. Souza:	Antes de mais nada, quero parabenizá-la pelo bom êxito nas vendas dos novos produtos que **temos lançado** no mercado brasileiro desde que começou a trabalhar para a nossa empresa.
Srta. Mendes:	Muito obrigada, Sr. Souza. Trabalhar para esta empresa **tem sido** uma grande satisfação.
Sr. Souza:	Continuarei com os aspectos positivos da sua avaliação. A senhorita **tem dado** provas excelentes de sua experiência na investigação de recursos e **tem demonstrado** expediente para solucionar problemas. Além disto, **tem usado** estratégias muito inovadoras e eficientes para recrutar novos clientes não só regionais, mas também em outros estados brasileiros.
Srta. Mendes:	Obrigada por apreciar minha participação na estratégia de mercado.
Sr. Souza:	Não é preciso agradecer; a senhorita merece. Apreciamos também todos os esforços que **tem feito** para adquirir a capacitação informática e tecnológica necessária para este cargo. **Tem adquirido** as habilidades adequadas a curto prazo e alcançado um nível de desempenho que a permite treinar outros assistentes em diferentes áreas.
Srta. Mendes:	Fico muito grata ao senhor, Sr. Souza, e à administração da empresa.

DIÁLOGO 2: Avaliação e promoção

O Sr. Santana, Vice-Presidente, conversa com o Sr. Garcia, Gerente.

(Pretérito perfeito composto e preposições PARA e POR)

Sr. Santana:	**Para** quais empresas e departamentos o senhor **tem trabalhado**?
Sr. Garcia:	**Tenho trabalhado para** as Agências de Consultoria privada em diferentes departamentos.
Sr. Santana:	**Para** quem são estas referências?
Sr. Garcia:	São **para** os Presidentes do Conselho Executivo.
Sr. Santana:	**Por** quanto tempo **tem trabalhado** nesta sucursal da empresa?
Sr. Garcia:	**Tenho trabalhado** aqui nesta sucursal **por** três anos.
Sr. Santana:	**Para** onde deseja ir em seu novo cargo?
Sr. Garcia:	Desejo ir **para** São Paulo.
Sr. Santana:	Por que escolheu esta região?
Sr. Garcia:	Porque tenho familiares lá e já trabalhei em uma empresa de São Paulo relacionada com a nossa companhia.
Sr. Santana:	**Por** onde **tem viajado** no Brasil?
Sr. Garcia:	**Tenho viajado** bastante principalmente **pelo** sudeste, nordeste e sul, **por** outras empresas brasileiras.
Sr. Santana:	**Por** quais razões o senhor se interessa em trabalhar com a Agência Internacional de Assessoramento Executivo?
Sr. Garcia:	**Para** fazer com que as empresas norte-americanas fiquem mais competitivas local e internacionalmente.
Sr. Santana:	Por que o senhor acha que as empresas podem ser mais competitivas com a assistência destes assessores?
Sr. Garcia:	Porque oferecem assessoria **para** exportar **para** novos mercados, **para** aumentar a produtividade, **para** ter acesso às novas tecnologias, **para** incrementar os serviços, **para** melhorar o mercado e as vendas, e **para** desenvolver programas de capacitação.
Sr. Santana:	Quanto é cobrado **pelo** serviço de assessoria?
Sr. Garcia:	O preço dos serviços privados varia, mas os serviços do Conselho Executivo Internacional não têm fins lucrativos.

Diálogos informais

DIÁLOGO 3: Rogério e Alfredo colocam o assunto de trabalho em dia

Rogério e Alfredo conversam depois do futebol.

(Pretérito perfeito composto)

Alfredo:	E aí, cara, beleza? Você sumiu!
Rogério:	É, eu sei. . . **Tenho estado** muito ocupado no meu trabalho, então não **tem dado** para eu vir aos jogos nas últimas semanas.

Alfredo:	Você **tem trabalhado** no turno da noite também?
Rogério:	Ultimamente sim. Estou organizando uma feira de construtores que vai ter aqui em Belo Horizonte no mês que vem, e isto **tem me dado** o maior trabalho e **tem tomado** todo meu tempo. Ainda bem que não **temos tido** aula lá na faculdade por causa da greve, senão não sei como eu faria para organizar este evento.
Alfredo:	Você **tem acompanhado** as notícias pelo jornal? Parece que a greve só vai terminar no mês que vem. Os professores vão ter um encontro na Assembleia no final do mês, então até lá nenhuma decisão vai ser tomada. Esta situação **tem me preocupado** demais.
Rogério:	Pois é, está cada dia mais difícil fazer curso superior neste país. Eu **tenho pensado** em fazer a prova para o mestrado no final do ano, mas esta greve **tem me deixado** meio desanimado. E você? O que **tem feito**?
Alfredo:	Nada de novo. **Tenho trabalhado** durante a semana e aos sábados **tenho ido** ao clube. Minha namorada e eu **temos ido** ao cinema quase todo domingo. Você **tem visto** algum filme ultimamente?
Rogério:	Não, tem um tempão que não vou ao cinema. Também **não tenho visto** televisão. Acho que preciso de férias.
Alfredo:	É, ficar de greve mas ter de trabalhar não dá. . . . A gente se vê. Até mais.

 ## DIÁLOGO 4: Preparativos de viagem

Mariana e Viviane planejam uma viagem para Nova York. Elas conversam sobre preços de passagens.

(Pretérito perfeito composto e preposições PARA e POR)

Mariana:	Viviane, você já comprou sua passagem **para** Nova York?
Viviane:	Ainda não. Eu **tenho estado** super apertada de trabalho lá no Banco do Brasil.
Mariana:	Pois é, eu também não comprei a minha ainda. Mas minha amiga do francês me contactou **por** email ontem e ela me disse que tem uma agência no centro que vende passagens **por** preços bem acessíveis. Ela me disse que eles **têm tido** preços competitivos desde que abriram o negócio no ano passado. Parece que agora eles estão com uma promoção **para** Nova York.
Viviane:	É mesmo? E onde fica esta agência?
Mariana:	Fica na Avenida Afonso Pena, perto do Palácio das Artes. Posso encaminhar a mensagem da Fernanda **para** você ir lá depois.
Viviane:	Obrigada. **Por** quanto tempo você está querendo ficar nos Estados Unidos?
Mariana:	Acho que vou poder ficar só **por** uma semana, senão a viagem sai cara **para** mim. Acho que só vou poder comprar minha passagem lá **pelo** final do mês, porque agora estou sem dinheiro.
Viviane:	**Pelos** meus cálculos, só vou poder comprá-la mais tarde, quando receber. Você está animada **para** a viagem?

Mariana:	Nossa, muitíssimo! Minha prima que mora em São Paulo já foi **para** Nova York várias vezes, e ela me disse que depois vai me ligar **para** me dar umas dicas. Acho que a gente vai aproveitar bastante!

VOCABULÁRIO

Ouça cada palavra ou frase e repita-a durante a pausa.

Expressões	
ganhar a vida	*to make a living*
procurar trabalho / emprego	*to look for a job*
ser empregado como, exercer a função de	*to be employed as*

Substantivos		
a	capacidade de negociação	*negotiating skills*
a	qualificação	*qualification*
a	admissão	*contracting*
	agência de empregos	*employment agency*
o	ambiente de trabalho	*atmosphere at the workplace*
	aspectos	*aspects*
a	avaliação	*evaluation*
	cálculo	*calculation*
	carreira	*career*
	comportamento	*behavior*
a	contratação, a admissão	*hiring*
	dados pessoais	*personal data*
	data de admissão	*employment date*
	emprego fixo	*permanent job*
	esforços	*efforts*
	êxito	*success*
	feira	*fair*
a	greve	*strike*
a	habilidade	*skill, ability*
	hora extra	*overtime*
a	igualdade de oportunidade	*equal opportunity*
	inovação	*innovation*
a	inscrição	*application*
	jornada de trabalho	*working time*
	jornada reduzida	*reduced working time*
	jornada semanal	*working hours per week*

	mercado de trabalho	*job market*
o	nível	*level, standard*
as	opções	*options*
a	permissão de trabalho	*work permit*
a	posição temporária, cargo temporário	*temporary position*
a	produtividade	*productivity*
os	programas de capacitação	*professional programs*
a	remuneração, salário, ordenado	*salary, wage*
as	retenções (salariais)	*withholdings*
	salário mínimo	*minimum wage*
a	satisfação	*pleasure*
	serviços	*services*
	visto	*visa*

Verbos

	acessar	*to access*
	admitir	*to hire*
	adquirir	*to acquire*
	avaliar	*to evaluate*
	decepcionar	*to disappoint*
	desanimar	*to discourage*
	desempenhar	*to perform*
	economizar	*to save*
	encaminhar	*to forward, to redirect*
	ganhar a vida	*to make a living*
	ingressar	*to enter*
	justificar	*to justify*
	parabenizar	*to congratulate*
	procurar trabalho emprego	*to look for a job*
	receber	*to receive, to earn*
	recrutar	*to recruit*
	rejeitar	*to reject*
	solucionar	*to solve, to resolve*

Adjetivos

	acessível	*affordable*
	anual	*yearly*
	apropriado/a	*suitable*
	bastante	*enough*

desanimado/a	*unmotivated*
escrito/a à mão	*handwritten*
mensal	*monthly*
por hora	*hourly*
profissional	*professional*
sazonal	*seasonal*
semanal	*weekly*

Preposições

durante	*during*
para	*for, to*
por	*for, through*

Advérbios

além disso	*moreover, besides*
senão	*otherwise*
ultimamente	*lately*

GRAMÁTICA

Verbo TER / *The verb "to have"*

Mostraremos aqui três usos do verbo TER: o primeiro relaciona-se ao sentido impessoal, em que significa "existir", o segundo com significado de "posse", e o terceiro em que funciona como verbo auxiliar em tempos verbais como o pretérito perfeito composto.

We will demonstrate three uses of the verb TER: the first in its impersonal form means "to exist," the second indicates "possession," and the third functions as an auxiliary verb used to form certain verb tenses, such as the present perfect.

1. O verbo TER impessoal significa "existir" e se conjuga na terceira pessoa do singular apenas, não importando o que venha depois dele, como o verbo HAVER, cuja forma impessoal é "há". O verbo TER pode ser usado impessoalmente em qualquer tempo verbal.

   The verb TER, when used in the impersonal, means "to exist" and is conjugated only in the third-person singular, regardless of what comes after it, like the verb HAVER, whose impersonal form is "há." The verb TER can be used in the impersonal form in any tense.

   Tem um carro parado no meio da rua. (presente) *There is a car standing in the middle of the street.*

   Tem muitas pessoas que não gostam do diretor. (presente) *There are many people who don't like the director.*

   Teve uma festa no escritório ontem. (pretérito perfeito) *There was a party at the office yesterday.*

2. **Como já foi estudado anteriormente, o verbo TER também significa "possuir" e é conjugado em todas as pessoas.**

> *As seen in previous lessons, the verb TER also means "to possess," and it has a full conjugation.*
>
> Eu **tenho** uma casa na praia. *I have a beach house.*
>
> **Temos** uma reunião hoje às 10:00. *We have a meeting today at 10:00 a.m.*

Revisão da conjugação do verbo TER no presente simples do indicativo / *Review of the verb TER conjugated in the simple present tense*

eu	tenho
você, ele/ela	tem
nós	temos
vocês, eles/elas	têm

3. **Verbo TER como auxiliar do pretérito perfeito composto /** *TO HAVE as an auxiliary verb to form the present perfect*

O pretérito perfeito composto é formado com o verbo auxiliar TER (no presente) seguido do particípio passado do verbo principal: TER + particípio passado. Portanto, este tempo verbal é equivalente a um dos usos do *present perfect* em inglês.

> *The present perfect (translated literally from Portuguese as "compound perfect preterit") is formed using the present tense of the auxiliary verb TER, followed by the past participle of the main verb in the sentence: TER + past participle of the main verb. This tense is equivalent to one of the uses of the present perfect in English.*
>
> Eu **tenho feito** meus exercícios de português. *I have done my Portuguese exercises.*
>
> Eles **têm chegado** cedo. *They have been arriving early lately.*

Agora que já sabemos como conjugar o verbo TER (veja a tabela acima), observemos a formação do particípio passado.

> *Now that we know how to conjugate the verb TER (see the conjugation chart above), let's take a look at the past participle.*

Particípio passado / *Past participle*

O particípio passado é uma forma nominal do passado. Pode ser usada combinada com outro verbo auxiliar nos tempos compostos, ou pode ser usada como um adjetivo.

> *The past participle is the nominal form (that is, it sometimes functions as a noun) of the past tense. It can either be combined with other auxiliary verbs in the compound tenses or used as an adjective.*
>
> trabalhado (*worked*), comido (*eaten*), feito (*done*), fechado (*closed*)

Como verbo *As a verb:*

> Ele tinha **fechado** a porta do escritório antes de sair. *He had closed the office door before he left.*

Como adjetivo *As an adjective:*

> A porta foi **fechada**. *The door was closed.*

1. Verbos regulares / *Regular verbs*

O particípio passado dos verbos regulares é formado com a raiz do verbo seguida das terminações **-ado** (para verbos terminados em **-ar**) ou **-ido** (para verbos terminados em **-er** e **-ir**).

*The past participle of regular verbs is formed with the stem of the verb followed by the endings **-ado** for **-ar** verbs, and **-ido** for **-er** and **-ir** verbs.*

Particípio passado dos verbos regulares / *Past participle of regular verbs*

Verbos terminados em -AR *Verbs ending in -ar*	Verbos terminados em -ER *Verbs ending in -er*	Verbos terminados em -IR *Verbs ending in -ir*
falar → falado	comer → comido	partir → partido

2. Verbos irregulares / *Irregular verbs*

Os seguintes verbos apresentam particípios irregulares:

The following verbs have irregular participles:

Infinitivo *Infinitive*	→ Particípio passado irregular *Irregular past participle*
abrir	→ **aberto** *(has/have) opened, (to be) open*
aceitar	→ **aceito** *accepted*
cobrir	→ **coberto** *covered*
dizer	→ **dito** *said*
eleger	→ **eleito** *elected*
entregar	→ **entregue** *delivered*
escrever	→ **escrito** *written*
fazer	→ **feito** *done, made*
ganhar	→ **ganho** *won*
gastar	→ **gasto** *spent*
limpar	→ **limpo** *cleaned*
morrer	→ **morto** *died, dead*
pagar	→ **pago** *paid*
pegar	→ **pego** *taken*
pôr	→ **posto** *put, placed*
prender	→ **preso** *arrested, trapped*
salvar	→ **salvo** *saved*
soltar	→ **solto** *released, set free*

| ver | → **visto** *seen* |
| vir | → **vindo** *come* |

Os verbos derivados da lista acima também seguem a forma irregular no particípio passado:

Verbs derived from the irregular verbs in the list above also have irregular past participles.

cobrir → descobrir → descoberto

abrir → reabrir → reaberto

ver → rever → revisto

3. O particípio passado como adjetivo / *The past participle as an adjective*

A maior parte dos particípios passados podem ser usados como adjetivos, concordando em gênero e número com os substantivos aos quais eles se referem.

Most past participles can be used as adjectives. When they are used this way, they agree in gender and number with the nouns they modify.

As janelas estão **abertas**, mas a porta está **fechada**. *The windows are open but the door is closed.*

Pedro é **casado**, mas sua irmã é **divorciada**. *Pedro is married but his sister is divorced.*

4. O particípio passado no pretérito perfeito composto / *The past participle in the present perfect*

A forma do particípio passado no pretérito perfeito composto é invariável. Isto significa que as terminações -**ado** e -**ido** não se modificam para concordar com o sujeito em gênero e número.

*The form of the past participle in the compound past preterit (present perfect) is invariable. This means that the conjugation always ends in -**ado** or -**ido** and does NOT change to agree with the subject in gender or number.*

Esta semana João **tem falado** muito por telefone e Maria **tem comido** muito em restaurantes. *This week, João has talked on the phone a lot and Maria has eaten in restaurants a lot.*

Este mês, meus pais **têm** me **visitado** com frequência. *This month, my parents have visited me frequently.*

Pretérito perfeito composto / *Present perfect*

Pronomes *Pronouns*	TER + FALAR (fal + -ado)	TER + COMER (com + -ido)	TER + PARTIR (part + -ido)
eu	tenho falado	tenho comido	tenho partido
você, ele/ela	tem falado	tem comido	tem partido
nós	temos falado	temos comido	temos partido
vocês, eles/elas	têm falado	têm comido	têm partido

Observação: Os pronomes reflexivos e os pronomes de objetos direto e indireto são colocados entre o verbo TER e o particípio passado.

Note: The reflexive, direct object, and indirect object pronouns are placed between the verb TER and the past participle.

Eles **têm** se **encontrado** todas as manhãs. *They **have met** every morning.*

Eu **tenho** lhe **dado** algumas informações secretas. *I **have given** him/her some secret information.*

5. **Expressões de tempo usadas com o pretérito perfeito composto /** *Expressions of time used with the present perfect*

Como o pretérito perfeito composto é usado para se referir a ações que se iniciaram no passado e ainda têm um efeito no momento presente, são associadas a ele algumas expressões de tempo típicas. Elas são: esta semana, este mês, este ano, desde. . . , por. . . , nos últimos (anos), etc.

As the present perfect refers to past events that are still happening or that have influence on the present moment, some expressions of time are associated with its use, such as: this week, this month, this year, since. . . , for. . . , in the last (years), etc.

Temos estudado português **por** seis meses. *We have studied Portuguese **for** six months.*

Fabiana tem feito um regime rigoroso **desde** o ano passado. *Fabiana has been on a very strict diet **since** last year.*

Nossa empresa tem crescido muito **nos últimos anos**. *Our company has grown a lot **in the past few years**.*

Preposições PARA e POR / *Prepositions PARA and POR*

1. **A preposição PARA / The preposition PARA**

Em geral, **PARA** indica direção.

Vou **para** o trabalho. *I go to work.*

"Para" pode indicar também uma meta com relação ao futuro ou um propósito.

Estudo **para** ter mais oportunidades. *I study to have more opportunities.*

Além disso, pode ser usada para indicar a pessoa que está recebendo a ação, e pode ainda indicar a data limite para que algo seja feito ou realizado. PARA em inglês pode ser equivalente tanto à preposição *to* quanto à preposição *for*.

*In general, **PARA** indicates direction. It also points to a goal in the future, for example, a destination or a purpose. It is also used to indicate a person who will receive an action, or to specify a deadline. **PARA** usually is translated as "to" or "for" in English.*

Meu gerente deu uma grande responsabilidade **para** mim. É projeto importante **para** o próximo mês.

Usos da preposição PARA / *Uses of PARA*

PARA se usa para expressar *PARA is used to express*	PARA responde às seguintes perguntas *PARA answers the following questions*	Exemplos *Examples*
Destino *Destination*	Para onde? *Where to?**	O ônibus vai **para** a cidade de São Paulo.* *The bus goes to São Paulo.* Meu irmão vai **para** Ouro Preto.* *My brother goes to Ouro Preto.*
Propósito *Purpose*	Para quê? *For what reason?*	Tenho que pegar um táxi **para** chegar à minha casa mais cedo. *I must take a taxi in order to arrive at my house earlier.* Esta roupa elegante é **para** ir a festas formais. *This elegant suit is to go to formal parties.*
Pessoa que recebe a ação *Recipient*	Para quem? *For whom?*	Este presente é **para** minha avó. *This gift is for my grandmother.* Ela trabalha **para** uma empresa norte-americana. *She works for a North American company.*
Data limite (prazo) *Deadline, fixed date*	Para quando? *For when?*	Os exercícios são **para** segunda-feira. *The exercises are for Monday.* Necessito de um traje de banho **para** o verão. *I need a bathing suit for summer.*

*Em português, depois do verbo **IR**, podemos usar tanto a preposição **A** quanto a preposição **PARA**.

*In Portuguese, after the verb **IR**, one can use either the preposition A or **PARA**.*

Ana **vai ao** supermercado fazer compras. Ana **vai para** o supermercado fazer compras. *Ana is going shopping at the supermarket.*

Rodrigo **vai ao** correio enviar uma carta. Rodrigo **vai para** o correio enviar uma carta. *Rodrigo is going to the post office to send a letter.*

2. A preposição POR / *The preposition* POR

Em geral, **POR** se usa para os outros casos que não são relacionados às perguntas de direção respondidas com **PARA**. **POR** normalmente pode se referir ao passado, e pode expressar uma variedade de situações com diferentes traduções em inglês, como se pode ver na tabela abaixo.

*In general, **POR** is used for cases that do not answer the questions answered by **PARA**. **POR** normally looks back at the past and can express a variety of situations with different translations in English, as can be seen in the table below.*

Usos da preposição POR / *Uses of POR*

Usos frequentes de POR *Some common uses of* POR	Alguns exemplos de perguntas com POR *Some examples of questions with* POR	Exemplos *Examples*
Razões, causas ou motivos *Reasons, causes, or motives*	**Por quê?** *Why?*	Não fui à conferência **por** estar doente. *I didn't attend the conference because I was sick.* Por causa do atraso do ônibus, chegamos tarde ao batismo. *Because the bus was late, we were late to the baptism.*
Duração de tempo (=durante) *Time duration (=during)*	**Por quanto tempo?** *For how long?*	Vivi em Londres **por** oito anos. *I lived in London for eight years.* Ontem à noite pratiquei meu português **por** duas horas. *Last night I practiced my Portuguese for two hours.*
Localização indefinida ou indicando caminho: através ou ao longo de *Indefinite location or indicating how to get somewhere: through, by, or along*	**Por onde?** *Where to?*	Andei **pelo*** centro da cidade. *I walked through downtown.* Ele veio à praia **pela** ponte Rio-Niterói. *He came to the beach on the Rio-Niterói bridge.* Caminhei **pela** praia por trinta minutos. *I walked along the beach for thirty minutes.* O carro passou **pelo** túnel. *The car went through the tunnel.*
Intercâmbio, preço *Exchange, price*	**Por quanto (comprou)?/Quanto pagou?** *How much (did you buy it for)?/How much did you pay?*	Comprei este livro **por** quarenta dólares. *I bought this book for forty dollars.* O hotel cobra oitenta dólares **pelo** quarto. *The hotel charges eighty dollars for the room.*
Agente da passiva *Agent of the passive action*	**Por quem?** *By whom?*	Este livro foi escrito **por** Luís Fernando Veríssimo. *This book was written by Luís Fernando Veríssimo.*

*Lembre-se das contrações de **por** com os artigos definidos **o** e **a** (lição 8).
*Remember the contractions of **por** with the definite articles **o** and **a** (lesson 8).*

Agora volte aos diálogos e ouça as outras versões com pausas, repetindo suas falas.

PRÁTICA

Exercícios

Exercício A

Complete as lacunas com a palavra ou expressão apropriada:

qualificação   agências de empregos   anual   hora extra   temporária

jornada de trabalho   salários   mercado de trabalho   escritos à mão   visto de trabalho

1. Um relatório _____ é aquele feito uma vez por ano.
2. O meu chefe não quer os documentos digitados ou datilografados, ele prefere os documentos _____ .
3. Uma posição _____ é aquela que não é permanente.
4. Para se trabalhar num país estrangeiro, precisa-se de um _____.
5. Sua _____ é longa: de 8 da manhã às 8 da noite todo dia.
6. O _____ no Brasil está saturado para certas carreiras: não há empregos suficientes.
7. Hoje em dia é preciso ter muita _____ porque a competição é grande.
8. Os _____ estão baixos e é difícil conseguir um emprego.
9. Hoje Luana chegou tarde em casa porque fez _____ no trabalho.
10. Nas cidades grandes, há várias _____ para ajudar a encontrar colocações para os trabalhadores.

Exercício B

Complete as lacunas com o pretérito perfeito composto.

1. Marina Lima_____ (trabalhar) muito ultimamente.
2. Como gerente de importação da Xerox do Brasil, ela e seus secretários imediatos _____ (viajar) para diferentes países.
3. E eles _____ (conseguir) várias negociações.
4. Marina _____ (praticar) seu inglês frequentemente.
5. _____ (fazer) bons negócios.
6. E aí? Como vocês _____ (divertir-se) ultimamente?
7. Nós _____ (ler) muitos romances.
8. Eu _____ (chegar) em casa muito tarde estes dias por causa das horas extras.
9. Joana _____ (procurado) por emprego todo dia por semanas.
10. Eu _____ (pensar) muito sobre esse assunto de uns tempos para cá.

Exercício C

Complete as lacunas a seguir com PARA ou POR:

Marina Lima trabalha (1)_____ a Xerox do Brasil (2)_____ muito tempo.

Eles a contrataram (3)_____ um salário de 100 mil dólares (4)_____ ano.

(5)_____ justificar tanto dinheiro, Marina tem que trabalhar várias horas

(6)_____ dia.

7. A família de Marta foi _____ Pernambuco ontem.

8. Vão viajar de carro _____ todo o Estado.

9. Vão ficar lá _____ dois meses.

10. Vai ser uma ótima experiência _____ toda a família.

11. Marta quer estudar _____ ser médica como sua irmã.

12. Eles vão _____ os Estados Unidos amanhã.

13. O pacote foi _____ o Brasil.

14. O pacote foi enviado _____ avião.

15. Não deixe _____ amanhã o que você pode fazer hoje.

Exercício D

Complete as lacunas a seguir com a forma apropriada do particípio passado:

1. Entre! A porta está _____ (abrir).

2. Eles têm _____ (dizer) a verdade desde o princípio.

3. Não consigo ler. As cartas estão _____ (escrever) em hebraico.

4. Descobriram muitos peixes _____ (morrer) na lagoa ontem.

5. Eles tem _____ (pagar) as prestações da casa em dia?

6. A administração do clube tem _____ (pôr) cloro na água da piscina com regularidade.

7. A quantia _____ (ganhar) na loteria foi irrisória!

8. Eu não tenho _____ (ver) seu irmão por aqui ultimamente.

9. A ladra foi _____ (pegar) pela polícia logo após o roubo.

10. Ela e o seu comparsa foram _____ (prender).

Exercício E

Complete de acordo com o áudio.

1. Sra. Faria: Deseja falar _____, Sr. Smith?

2. Sr. Smith: Sim, Sra. Faria. _____ de sua colaboração. . .

3. . . . em uma situação de _____.

4. Sra. Faria: Em que _____ servi-lo?

5. Sr. Smith: Recebemos um _____ de urgência. . .

6. . . . para uma _____ muito importante.

7. Não _____ terminar todos os pacotes. . .

8. para envio na _____.

9. Isto será possível somente se os _____ . . .

10. . . . terminarem as embalagens durante o _____.

Experiência

Parte A

Você tem um problema grave. Pense nas alternativas para a solução do problema. Explique o que você tentou no passado e não ajudou. Use o pretérito perfeito composto: "Eu tenho falado, eu tenho experimentado,. . ." etc.

Parte B

Pense sobre um problema hipotético envolvendo um empregado, a gerência ou um/uma amigo/a. Encontre um falante nativo de português, exponha o problema a esta pessoa e pergunte como ele ou ela o solucionaria. Depois coloque na pasta "O que o/a senhor/a faria?" as seguintes informações: (1) a situação em si; (2) o que faria; e (3) o que a pessoa que questionou faria no caso em questão.

Conversa

Fale sobre suas expectativas com relação a um determinado empregado. Em seguida, converse com seu chefe detalhadamente a respeito do desempenho desta pessoa, discutindo as estratégias de revisão do mesmo. Seu empregado pode ser dos Estados Unidos ou do Brasil. Utilize seus conhecimentos da cultura do país em questão para falar de suas expectativas com relação ao desempenho do empregado, dentro de um certo país, e avaliá-lo como um todo.

CULTURA

Leia o texto e reflita sobre as perguntas.

O "jeito" brasileiro

Carlos Trigueiro

"Jeito"[1] é um comportamento peculiar da cultura brasileira. De natureza criativa, se manifesta como uma reação improvisada para solucionar, de modo lícito ou não, determinadas situações do cidadão[2] brasileiro na vida cotidiana.

É impossível negar a criatividade dos brasileiros diante dos mais variados desafios[3], o que nos estimula a abrir um leque[4] de conjeturas[5] além do conceito consensual do "jeito".

1. A criatividade no ar

Provavelmente, o primeiro voo[6] pilotado e documentado de um objeto mais pesado que o ar foi o da aeronave[7] inventada por Alberto Santos Dumont, batizada por ele de "14 bis", com motor de 50 CV, e que decolou do Campo de Bagatelle, no dia 23 de outubro de 1906, em Paris. Cem anos depois, em 2006, especialistas internacionais em aviação reconhecem os feitos da empresa brasileira "Embraer", sediada[8] em São José dos Campos (SP), que se tornou um dos maiores fabricantes de jatos comerciais para transporte de até 120 passageiros.

2. A criatividade no mar

Após o primeiro choque do petróleo, em 1973, quando países exportadores do Oriente Médio aumentaram o preço do produto, países importadores viram-se na contingência de reduzir o consumo de combustíveis fósseis[9], explorar fontes alternativas de energia, ou buscar petróleo nos oceanos. Tendo em vista as reservas brasileiras desses combustíveis se encontrarem em águas profundas e ultraprofundas, especialistas da empresa estatal Petrobrás desenvolveram e, hoje, lideram tecnologias de exploração e produção de petróleo em águas profundas.

3. A criatividade na terra

Técnicos brasileiros desenvolveram tecnologias para utilização do álcool etílico[10]—etanol—como combustível em substituição à gasolina utilizada por veículos automotores. O vegetal escolhido para a produção de álcool foi a cana-de-açúcar[11], graças à sua adaptação ao clima do país e também pelas suas grandes extensões de terra. Essa tecnologia propiciou duas formas de uso do biocombustível[12]: adicionado à gasolina para reduzir o consumo de petróleo, ou utilizando-o em quantidade suficiente para abastecer veículos movidos a álcool hidratado. O domínio dessa tecnologia mudou o perfil do mercado, e as fábricas passaram também a produzir veículos "bicombustíveis", aptos a receber tanto álcool quanto gasolina.

1. jeito	*way of being*
2. o cidadão	*citizen*
3. desafios	*challenges*
4. o leque	*fan, span*
5. conjeturas	*suppositions*
6. voo	*flight*
7. a aeronave	*airplane*
8. sediada (verbo sediar)	*based*
9. os combustíveis fósseis	*fossil fuels*
10. álcool etílico	*ethanol*
11. cana-de-açúcar	*sugar cane*
12. o biocombustível	*biofuel*

Compreensão do texto

1. O que é o "jeito" brasileiro?

2. O brasileiro é criativo?

3. Como o brasileiro cria?

4. Compare a criação brasileira com a norte-americana.

5. Dê um exemplo de criatividade:

   no ar,

   no mar,

   na terra.

Lição 19

Tomando decisões administrativas

OBJECTIVES

1. **Communication Skills: By the end of this lesson, you should be able to**
   - Identify typical administrative problems
   - Make recommendations to solve these problems
   - Talk about health problems
   - Understand medical recommendations

2. **Culture and Business Relations: By the end of this lesson, you should be able to**
   - Define similarities and differences in problems facing American and Brazilian managers regarding gender and hierarchy
   - Describe different Brazilian musical rhythms and name well-known composers

3. **Grammar: By the end of this lesson, you should be able to**
   - Form and use adverbs
   - Begin to use the present subjunctive

DIÁLOGOS

Os diálogos ilustram como a gramática e o vocabulário de cada lição são usados no contexto, formal e informalmente. Os pontos gramaticais abordados estão em **negrito**. Ouça os diálogos sem pausa, acompanhando com a leitura.

Diálogos formais

DIÁLOGO 1: Recomendações para uma franquia no Brasil

O Sr. Roberto Vasconcelos vai ser o gerente de uma franquia da sua empresa norte-americana no Brasil. Ele precisa de conselhos de um assessor com experiência no Brasil (o Sr. Fábio Carvalho) para lidar com trabalhadores brasileiros.

(O presente do subjuntivo)

Sr. Vasconcelos:	Como lhe disse, Sr. Carvalho, **quero que me apresente** rapidamente algumas das expectativas e diferenças mais importantes ao lidar com trabalhadores no Brasil.
Sr. Carvalho:	Estou certo de que o senhor é um excelente gerente nos Estados Unidos. Mas antes de tudo **sugiro que se prepare** para enfrentar um ambiente social e cultural diferente.
Sr. Vasconcelos:	Já sei que há muitos problemas com a capacitação dos empregados.
Sr. Carvalho:	Correto. **Recomendo que tenha** um programa de treinamento para todos os novos empregados.
Sr. Vasconcelos:	Somente em aspectos técnicos?
Sr. Carvalho:	Não, **lhe proponho que inclua** a capacitação de serviços e relações pessoais.
Sr. Vasconcelos:	Ouvi falar que os empregados não são tão flexíveis aqui quanto nos Estados Unidos, não é verdade?
Sr. Carvalho:	Sim, este é um dos principais fatores do ambiente de trabalho brasileiro. **Recomendo que contratem** empregados locais que têm família na área onde está localizada a companhia.
Sr. Vasconcelos:	**Sugere-me que eu trate** os clientes de forma diferenciada. De que maneira devo fazer isto?
Sr. Carvalho:	No Brasil, **é importante que dê** atenção ao cliente com um tratamento mais familiar e personalizado, não como um cliente qualquer. Assim sua empresa terá e conservará clientes mais facilmente.
Sr. Vasconcelos:	O que o senhor nos aconselha sobre o sistema de remuneração?
Sr. Carvalho:	Isto é muito importante. Os chefes de família brasileiros não gostam de executar trabalhos temporários. Querem trabalhar por tempo integral e **preferem que a empresa lhes pague** mensalmente ou por projeto executado.
Sr. Vasconcelos:	E há também compensações extras?
Sr. Carvalho:	Sim, isto é extremamente importante, porque algumas delas são obrigatórias para todos os empregados, segundo as leis trabalhistas. **Aconselho que incluam** o décimo terceiro no cálculo da folha de pagamento, que é um salário extra. Este bônus salarial foi criado para ajudar com as despesas de fim de ano.
Sr. Vasconcelos:	E o seguro?

| Sr. Carvalho: | **Aconselho que a empresa esteja** em dia com o pagamento do seguro para todos os empregados. A empresa americana paga o seguro para o governo, e o INSS (Instituto Nacional de Seguro Social) o repassa para os empregados. |

 ## DIALÓGO 2: Uma consulta médica

Marcelo, o estagiário da empresa, não foi trabalhar esta manhã. Ele teve que ir ao médico.

(Presente do subjuntivo)

Dr. Nunes:	Bom dia, Marcelo! Em que posso ajudá-lo hoje?
Marcelo:	Bem, ouvi falar muito bem sobre o senhor e decidi consultá-lo a respeito de uma tosse crônica, que já me incomoda há muito tempo.
Dr. Nunes:	Há história de asma ou problemas cardíacos em sua família?
Marcelo:	Não. Meus pais e meus irmãos não sofrem desses problemas. Mas não conheci meus avós, portanto, não sei muito bem.
Dr. Nunes:	**Sugiro**, então, **que façamos** uma bateria de exames.
Marcelo:	O senhor tem alguma recomendação para aliviar a tosse **até que** os resultados dos exames **estejam** prontos?
Dr. Nunes:	**É importante que observe** quando mais tem os acessos de tosse, em que horários, em quais lugares, em contato com que coisas ou animais (pó, fumaça, gato, cachorro). . . **Sugiro**, inclusive, **que anote** esta informação nas próximas duas semanas.
Marcelo:	Sim, doutor. O senhor poderia recomendar-me um bom laboratório **para que os resultados saiam** o quanto antes possível?
Dr. Nunes:	**Recomendo que faça** seus exames na Santa Casa. Eles enviam os resultados em menos de vinte e quatro horas e aceitam seu plano de saúde.
Marcelo:	Obrigado, doutor. O senhor **recomenda que eu tome** algum remédio por enquanto?
Dr. Nunes:	Por enquanto prescreverei este xarope contra tosse, mas **aconselho que não o tome** quando tiver que dirigir, porque pode lhe causar sonolência. Mas **é importante que ataquemos** a verdadeira causa, a raiz do problema. Por isso, **peço que não perca tempo e marque** seus exames.
Marcelo:	Claro, doutor. Muito obrigado.
Dr. Nunes:	**Quero que volte** em duas semanas. Está bem?
Marcelo:	Pois não, doutor.

Diálogo informal

 DIÁLOGO 3: Projeto final

(Presente do subjuntivo)

Laura:	Oi, Catarina, você já sabe o que você vai fazer para o projeto final?
Catarina:	Acho que sim. Eu vou participar da Feira Anual de Tintas que vai ter em São Paulo no mês que vem e estou pensando em fazer meu projeto relacionado às novas tendências neste setor do mercado. E você? Já tem alguma ideia?
Laura:	Ainda não. Estou meio perdida. . . Você tem alguma sugestão para me dar?
Catarina:	**Sugiro que você pense** em visitar alguma companhia e **desenvolva** uma pesquisa de campo sobre um aspecto específico da organização da empresa.
Laura:	Você acha que seria fácil eu conseguir marcar uma visita com alguma empresa aqui na região?
Catarina:	Acho que sim. Primeiro, **recomendo que você faça** um levantamento das empresas que te interessam. Em seguida, **é importante que você entre** em contato com cada uma delas pessoalmente, **para que eles saibam** da importância do projeto e **para que eles compreendam** que, ao permitirem **que você faça** esta visita, eles vão ganhar em termos de *marketing* que você vai promover mais tarde.
Laura:	Compreendo. E quanto à apresentação? O que você **aconselha que eu crie?**
Catarina:	Acho que seria legal você fazer uma apresentação em *PowerPoint*. **Talvez seja interessante que você inclua** algumas fotos da empresa **e também coloque** um levantamento de dados do setor que você analisou durante sua visita. **É fundamental que você não esqueça** de incluir no final da apresentação algumas perguntas propostas aos alunos. Isto **permite que você promova** uma discussão em grupo e ao mesmo tempo **verifique** se eles estavam realmente prestando atenção.

VOCABULÁRIO

Ouça cada palavra ou frase e repita-a durante a pausa.

Expressões	
assumir a responsabilidade	*to be responsible for*
estar a par de, ciente de	*to be aware*
estar agradecido, grato	*to be thankful*
pôr em prática	*to execute, to put into practice*
Estou meio perdido.	*I'm kind of lost.*

Substantivos

a	ação	*action*
o	ambiente	*environment*
	analgésico	*painkiller*
	asma	*asthma*
a	apresentação	*presentation*
a	atenção	*attention*
	aumento salarial	*raise in salary*
	comando	*command*
	compromissos	*commitments*
	conselho	*advice*
	consulta	*appointment, consultation (with a doctor, a lawyer)*
os	cupons	*coupons*
	décimo terceiro salário	*13th salary*
	desejo	*wish, desire*
	domínio	*control*
a	dor	*pain*
a	dor de cabeça	*headache*
	expectativas	*expectations*
o	exame	*examination, test*
a	facilidade	*ease*
a	febre	*fever, high temperature*
a	gratificação, o bônus	*bonus*
	ideia	*idea*
	licença de trabalho	*job permit*
	mercadoria	*merchandise*
as	noções	*notions*
	propósito, a razão	*purpose, reason*
a	redução salarial	*salary cuts*
a	remuneração	*wage*
	seguro	*insurance*
	sonolência	*drowsiness, sleepiness*
as	sucursais, filiais	*branches*
a	sugestão	*suggestion*
	tendências	*tendencies*
a	tosse	*cough*
	visita	*visit*
o	xarope	*cough syrup*

Adjetivos

capacitado/a, qualificado/a	*qualified*
crônico/a	*chronic*
desfavorável	*unfavorable*
detalhado/a	*detailed*
específico/a	*specific*
exigente	*demanding*
flexível	*flexible*
hipotético/a	*hypothetical*
lento/a	*slow*
pedido/a	*requested*
rápido/a	*fast*

Verbos

conservar	*to keep, to maintain, to retain*
contribuir	*to contribute*
enfrentar	*to face up to*
ganhar	*to earn, to get, to gain, to win*
melhorar	*to get better, to improve*
prestar	*to give, to provide*
tomar	*to take, to make*
verificar	*to check, to verify*

Advérbios

aplicadamente	*diligently*
cuidadosamente	*carefully*
depois de	*afterwards*
extremamente	*extremely*
facilmente	*easily*
lentamente	*slowly*
mensalmente	*monthly*
principalmente	*mainly*
rapidamente	*briefly, quickly*
realmente	*really*

GRAMÁTICA

Advérbios / *Adverbs*

Advérbio é uma palavra que modifica verbos, adjetivos, outros advérbios ou ainda frases inteiras. A maioria dos advérbios em português é formada a partir de adjetivos.

An adverb is a word that modifies verbs, adjectives, other adverbs, or even entire sentences. Most of the adverbs in Portuguese are formed from adjectives.

Modificando um verbo / *Modifying a verb*

Meu chefe trabalha **aplicadamente**. *My boss works **diligently**.*

Modificando um adjetivo / *Modifying an adjective*

Ela é **muito** competente. *She is **very** competent.*

Modificando outro advérbio / *Modifying another adverb*

Ela digitou a carta **muito cuidadosamente**. *She typed the letter **very carefully**.*

Modificando uma frase inteira / *Modifying an entire sentence*

Infelizmente, não poderei ir à reunião. ***Unfortunately**, I will not be able to go to the meeting.*

1. **Um *adjetivo* é uma palavra que modifica ou descreve o substantivo.**

   An adjective is a word that modifies or describes a noun.

   o trem rápido / *the fast train*

   o carro lento / *the slow car*

2. **Pode-se transformar um adjetivo em advérbio com o acréscimo do sufixo -mente à sua forma feminina. Exemplo: lenta + mente = lentamente. A terminação -mente equivale a -*ly* em inglês.**

   *An adjective can be changed into an adverb by adding -**mente** to its feminine form. The ending -**mente** is equivalent to -**ly** in English.*

   rápido (adj.) → rápida (fem.) → **rapidamente** (adv.) sem acento

   rapid → rapidly

   A palavra resultante desse processo (advérbio em -**mente**) não terá acento.

   *The word that results from this process (the adverb ending in -**mente**) does not have an accent.*

   O trem passou rapidamente. *The train went by rapidly.*

   O carro parou lentamente. *The car stopped slowly.*

3. **Quando o adjetivo não apresenta uma forma feminina específica, simplesmente se lhe acrescenta -mente.**

   *When there is no specific feminine form for the adjective, simply add -**mente** to the word.*

   feliz (adj.) → felizmente (adv.)

   Felizmente, ele passou no exame. *Fortunately, he passed the exam.*

Modo subjuntivo / *The subjunctive mood*

Os verbos têm três modos, de acordo com o ponto de vista do sujeito falante:

O modo INDICATIVO expressa atos e situações reais.

O modo SUBJUNTIVO expressa ações subjetivas que são hipotéticas ou incertas na mente do sujeito falante.

O modo IMPERATIVO expressa ordens, comandos ou pedidos formais.

Verbs have three moods, according to the point of view of the speaker:

The INDICATIVE mood expresses facts and real situations.

The SUBJUNCTIVE mood expresses subjective actions that are hypothetical or uncertain in the mind of the speaker.

The IMPERATIVE mood expresses orders, commands, or formal requests.

Você tem aprendido o indicativo desde a lição 1. O imperativo já foi introduzido na lição 12; e o subjuntivo está sendo apresentado nesta lição.

You have learned the indicative mood from the beginning, in lesson 1. You were introduced to the imperative in lesson 12, and the subjunctive is now presented in this lesson.

Assim como o indicativo, o modo subjuntivo apresenta diferentes tempos: o presente (presente do subjuntivo), o passado (imperfeito do subjuntivo) e o futuro (futuro do subjuntivo). Nesta lição, você aprenderá o presente do subjuntivo.

As in the indicative mood, the subjunctive mood has different tenses: the present (present subjunctive), the past (imperfect subjunctive), and the future (future subjunctive). In this lesson you will learn the present subjunctive.

Presente do subjuntivo / *Present subjunctive*

1. Formação do presente do subjuntivo / *Forming the present subjunctive*

O presente do subjuntivo dos verbos regulares é formado a partir do presente do indicativo, retirando-se a terminação -**o** do verbo conjugado na primeira pessoa do singular e acrescentando-se as terminações do presente do subjuntivo, de acordo com o grupo ao qual o verbo pertença. Verbos terminados em -**ar**, no infinitivo, recebem terminações iniciadas por -**e**; e verbos terminados em -**er** e -**ir** recebem terminações iniciadas por -**a**.

*The present subjunctive for regular verbs is formed by dropping the final -**o** from the first-person singular conjugation of the present indicative, and then adding the present subjunctive endings that correspond to the verbs ending: -**ar** verbs take endings beginning with -**e** and -**er** and -**ir** conjugations take endings beginning with -**a**.*

-**ar:** -e
-**er, -ir:** -a

Formação do presente do subjuntivo para os três grupos de verbos regulares /
How to form the present subjunctive for the three groups of regular verbs

Infinitivo *Infinitive*	Presente indicativo Primeira pessoa do singular *Simple present first-person singular*	Presente subjuntivo Primeira pessoa do singular *Present subjunctive first-person singular*
fal**ar** *to speak*	falo	fale
com**er** *to eat*	como	coma
part**ir** *to leave*	parto	parta

Alguns verbos irregulares no presente do indicativo também têm o subjuntivo formado a partir da conjugação da primeira pessoa, substituindo a terminação do indicativo pelas terminações do subjuntivo. Decore-os.

> *Some verbs that are irregular in the simple present use the same irregular verb stem of the first-person present indicative to form the subjunctive, replacing the first-person ending of the indicative with the regular subjunctive ending. Memorize them.*

> TER: tenho → tenha
>
> PODER: posso → possa

Outros verbos, que são totalmente irregulares no indicativo, têm formas especiais no subjuntivo, coincidindo com a formação do modo imperativo em português. Observe como a forma da primeira pessoa do singular no presente indicativo é totalmente diferente da forma no presente do subjuntivo. Memorize estes verbos.

> *Other verbs that are totally irregular in the indicative have special forms in the subjunctive, which are the same forms used in the imperative mood. Observe the difference between the forms of the first-person singular in the simple present and the first-person singular in the present subjunctive. Memorize these verbs.*

> SER: sou → seja
>
> SABER: sei → saiba
>
> ESTAR: estou → esteja
>
> IR: vou → vá
>
> QUERER: quero → queira
>
> DAR: dou → dê

Nota: A formação do presente do subjuntivo, tanto para verbos regulares quanto para irregulares, sempre segue a mesma formação do imperativo ou comandos formais.

> *Note: The forms of the present subjunctive are always identical to those of the imperative or formal commands for both regular and irregular verbs.*

Presente do subjuntivo / *Present subjunctive*

Primeira pessoa sing. do presente do indicativo *First-person singular simple present*	Presente do subjuntivo (que. . .) *Present subjunctive (that. . .)*			
	eu	você, ele/ela	nós	vocês, eles/elas
REGULARES *REGULAR*				
falar → falo	fale	fale	falemos	falem
comer → como	coma	coma	comamos	comam
partir → parto	parta	parta	partamos	partam
fechar → fecho	feche	feche	fechemos	fechem
viver → vivo	viva	viva	vivamos	vivam
abrir → abro	abra	abra	abramos	abram
MUDANÇA NA ORTOGRAFIA DO SUFIXO (o → ue) *CHANGE IN THE SPELLING OF THE VERB SUFFIX (o → ue)*				
chegar → chego	chegue	chegue	cheguemos	cheguem
pagar → pago	pague	pague	paguemos	paguem
VERBOS IRREGULARES NO INDICATIVO, PORÉM, REGULARES NO SUBJUNTIVO *IRREGULAR VERBS IN THE SIMPLE PRESENT THAT ARE REGULAR IN THE SUBJUNCTIVE*				
fazer → faço	faça	faça	façamos	façam
ler → leio	leia	leia	leiamos	leiam
ter → tenho	tenha	tenha	tenhamos	tenham
trazer → trago	traga	traga	tragamos	tragam
ver → vejo	veja	veja	vejamos	vejam
vir → venho	venha	venha	venhamos	venham
VERBOS IRREGULARES QUE SÃO FEITOS A PARTIR DO IMPERATIVO, E NÃO DO PRESENTE DO INDICATIVO *IRREGULAR VERBS FORMED FROM THE IMPERATIVE AND NOT FROM THE SIMPLE PRESENT*				
dar → dou	dê	dê	demos	deem
estar → estou	esteja	esteja	estejamos	estejam
querer → quero	queira	queira	queiramos	queiram
saber → sei	saiba	saiba	saibamos	saibam
ser → sou	seja	seja	sejamos	sejam
ir → vou	vá	vá	vamos	vão

2. **Alguns usos do subjuntivo/Pedidos, comandos, desejos, recomendações e conselhos**

Some uses of the subjunctive: requests, commands, desires, recommendations, and advice

A professora deseja. . .	>	que os alunos **aprendam** português.
The professor wants		*the students to learn Portuguese.*
O Sr. Fernandes quer. . .	>	que sua empresa **tenha** bons lucros.
Mr. Fernandes wants. . .		*his business to have good profits.*
Os pais pedem. . .	>	que seus filhos **abaixem** o volume da música.
The parents ask		*their children to lower the volume of the music.*
Luana pede. . .	>	que José **lave** o carro.
Luana asks		*José to wash the car.*

Nestes casos, o verbo que está no subjuntivo é traduzido no infinitivo em inglês. Consequentemente, o subjuntivo é geralmente o verbo de uma oração subordinada ao verbo da oração principal. A oração ou frase do subjuntivo geralmente começa com a conjunção **que**.

*In these cases, the subjunctive verb is translated into English as an infinitive. In Portuguese, the subjunctive verb is generally the verb of a clause that is subordinate to the verb of the main clause. The subjunctive phrase or clause generally begins with the conjunction **que**.*

Verbos que comumente precedem o subjuntivo presente:

Verbs that commonly precede the present subjunctive:

Querer que. . . alguém **faça**. . . *To want. . . someone to do. . .*

Desejar que. . . . *To wish that someone would. . .*

Recomendar que. . . *To recommend that someone. . .*

Aconselhar que. . . *To advise that someone. . .*

Mandar que. . . , ordenar que. . . *To order that someone. . .*

Pedir que. . . *To ask that someone. . .*

Dizer (a alguém) que. . . *To tell someone to. . .*

Agora volte aos diálogos e ouça as outras versões com pausas, repetindo suas falas.

PRÁTICA

Exercícios

Exercício A

Preencha as lacunas com uma das seguintes palavras ou expressões apropriadas:

detalhado   propósito   sucursais   proposta   folha de pagamento   a par

décimo terceiro salário   exigente   capacitado/qualificado   aumento salarial

1. Minha empresa tem várias _____ pelo mundo.

2. Além do salário normal, os brasileiros recebem uma gratificação anual em dezembro denominada _____.

3. Um profissional com MBA é a princípio um profissional bem _____.

4. Meu chefe não estava _____ das mudanças no organograma da empresa.

5. A _____ deste mês vai ultrapassar a casa dos $500 mil.

6. O chefe precisa de um relatório _____, mostrando em minúcia todos os procedimentos adotados.

7. É muito difícil contentar meu chefe. Ele é muito _____.

8. Como os funcionários cumpriram todas as metas, foram recompensados com um _____.

9. O verdadeiro _____ da reunião era discutir os problemas de venda.

10. Mário recebeu uma _____ para trabalhar em outro lugar.

Exercício B

Complete as lacunas com os verbos na forma correta do subjuntivo presente.

1. Esperamos que este ano _____ (ser) bem produtivo.

2. Recomendo que vocês _____ (estar) no escritório bem cedo amanhã.

3. Ela deseja que nós _____ (ir) à reunião das 13 horas.

4. Tomara que minha secretária _____ (querer) trabalhar até mais tarde.

5. Duvidamos que eles _____ (saber) as respostas.

6. Não está certo que nós _____ (fazer) o curso de treinamento no mês que vem.

7. Acredito que ele não _____ (chegar) a tempo para a reunião.

8. É provável que eles _____ (dar) um aumento salarial aos funcionários.

9. O professores pedem que nós _____ (ler) todos os livros recomendados.

10. Aconselho que vocês _____ (trazer) os exercícios prontos amanhã.

Exercício C

Complete a frase usando o presente de subjuntivo.

Os Gomes vão sair de férias por alguns dias. Antes de viajar, eles deixam alguns pedidos para sua secretária Lurdes. Eles querem que. . .

1. Juliana, a filha / lavar o carro

2. Lucas e Joaquim / cuidar dos cachorros

3. A empregada / passar as roupas

4. Dona Lurdes / digitar as correspondências atrasadas

5. O carteiro / entregar a correspondência no escritório

6. Dona Lurdes / levar o casal no aeroporto

7. A empregada / ir ao supermercado

8. A empregada / comprar mantimentos

9. Os filhos / estudar para as provas

10. A secretária / pagar as contas da casa

Exercício D

Transforme as palavras entre parênteses em advérbios de modo, completando as lacunas:

1. Érica fica irritada _____ (com facilidade).

2. Os empregados nesta empresa recebem seus salários _____ (todo mês).

3. Nós fizemos todo o trabalho _____ (com rapidez).

4. _____ (de forma diferente) do que foi combinado, ele não apareceu no encontro.

5. Os alunos devem entregar os trabalhos _____ (de modo obrigatório) antes do fim da semana.

6. _____ (de modo raro) há muita coisa para se fazer no domingo.

7. Joelma trata as pessoas _____ (de forma carinhosa).

8. É preciso discutir as coisas _____ (com calma).

9. Eles sempre se referem ao pai _____ (com respeito).

10. Eles estavam _____ (com tranquilidade) conversando sobre política.

Exercício E

Ouça o áudio e marque V para verdadeiro e F para falso:

_____ 1. O gerente de vendas quer ajudar mas não está a par da prática em questão.

_____ 2. O décimo terceiro é um salário extra.

_____ 3. É pago em janeiro.

_____ 4. É pago em três partes.

_____ 5. O valor corresponde exatamente ao salário mensal do empregado.

_____ 6. A empresa deve pagar parte do décimo terceiro até 25 de novembro.

_____ 7. A segunda parte do décimo terceiro deve ser paga até o dia 20 de dezembro.

_____ 8. O gerente de vendas entende que o décimo terceiro é usado para cobrir os gastos do Natal e incentivar os empregados.

_____ 9. O gerente de vendas sabe exatamente o valor do décimo terceiro.

Experiência

Parte A

Ouça novamente um dos diálogos desta unidade. Escreva uma mensagem para o/a gerente, do qual é "cliente", e dê a ele ou ela alguns conselhos, usando o subjuntivo. Comece dizendo: "Eu recomendo/aconselho/sugiro, etc., que o senhor ou a senhora faça (ou outro verbo). . .para resolver o problema". Termine a frase justificando sua sugestão.

Parte B

Relacionamento no trabalho e tratamento diferenciado entre os sexos

Leia o texto e responda as perguntas a seguir.

Antônio Pereira trabalha numa firma americana de investimentos em Curitiba. Em sua estada no Estado do Paraná, Sr. Pereira é respeitado pela qualidade de seu trabalho e pelo tratamento amigável que dispensa aos colegas. Prevê-se que seja promovido, num futuro próximo, pelo escritório central de sua empresa, na Califórnia. Foi chamado para viajar até San Diego, pelo prazo de três meses consecutivos, para familiarizar-se com novas técnicas e o mais recente sistema operacional a ser aplicado no Brasil.

Após o primeiro mês, foi elogiado pelo seu excelente desempenho em San Diego, executou a contento as tarefas que lhe foram designadas, mas não sabe por que alguns de seus colegas, sobretudo as mulheres, pareciam distanciar-se dele. Segundo ele, sempre as tratou com respeito e cortesia, porém, parece que algo não as agradava com relação ao seu senso de humor e às piadas que ele tão bem sabia contar, e que alegravam seus colegas brasileiros. Ele também usava de certa intimidade ao cumprimentá-las, dando um ligeiro abraço ou tentando um beijinho na face — o que elas sempre recusavam. . .

Na avaliação feita pelo seu chefe, este lhe informou que quanto ao seu trabalho ele estava dentro do que a empresa esperava dele, mas que seu comportamento não era adequado quanto ao trato social com os colegas. Um curso para esclarecer o comportamento não-verbal dos americanos iria ser dado para funcionários estrangeiros. Para sua surpresa e, até certo ponto, desapontamento, o chefe exigiu que ele frequentasse tal curso. Para que um curso sobre este assunto? Seria a mania americana de aprimoramento contínuo por meio de *workshops*?

Compreensão e discussão do texto

1. O que há de estranho no comportamento do Sr. Pereira?
2. Como as mulheres percebem o seu comportamento?
3. Por que um curso seria útil para o Sr. Pereira?
4. Se ele continuar agindo assim, o que poderá acontecer?
5. Quais as diferenças de relacionamento entre colegas nos Estados Unidos e no Brasil?
6. Como o homem deve tratar a mulher, sobretudo profissionalmente, em ambos países?
7. O que caberia ao chefe explicar ao Sr. Pereira?

Conversa

Atue como um funcionário de alto escalão na gerência de várias empresas ou um funcionário em qualquer tipo de trabalho de sua escolha. Enfrente problemas nesta tarefa, tome decisões e explique a razão pela qual faria o que está sugerindo em cada situação.

CULTURA

Leia o texto e reflita sobre as perguntas.

Música brasileira: O samba e a bossa nova

O samba é talvez a principal forma de música brasileira, de origem africana. A palavra **samba** é de origem angolana (semba). Há várias formas de samba: o samba comum, o partido alto, o pagode[1], o samba de breque, o samba-canção, o samba-enredo do Carnaval e até a bossa nova.

O samba nasceu na Bahia, mas seu sucesso data do século 20 quando foi cultivado no Rio de Janeiro, que era a capital brasileira naquela época. O primeiro samba gravado foi "Pelo telefone", em 1903.

O samba aparece no termo "escola de samba", que designa um grupo de sambistas[2] e ritmistas que desfilam em grupos de até 3.000 pessoas durante o Carnaval, sobretudo no Rio de Janeiro. Como o samba era proibido no início do século, os sambistas o praticavam numa escola no bairro do Estácio de Sá, durante a noite. Daí a origem do nome. A primeira escola de samba foi a "Deixa falar".

O compositor Noel Rosa conseguiu unir o samba do morro, onde mora a maioria dos sambistas, com o do asfalto[3], ou seja, o da cidade. Entre os compositores e cantores tradicionais do samba destacam-se: Cartola, Nelson Cavaquinho e Zé Keti. Nos anos 70, o samba foi popularizado por Martinho da Vila, Clara Nunes e Beth Carvalho. Já nos anos 80, o pagode tornou-se popular, usando instrumentos novos, como o banjo. Zeca Pagodinho usa o pagode em seu nome.

Atualmente o samba continua sendo um dos gêneros musicais mais populares no Brasil ao lado da bossa nova. A **bossa nova** foi criada por João Gilberto, em 1958, e tornou-se popular internacionalmente, em 1963, com seu próprio criador, mas sobretudo com Antônio Carlos Jobim, o Tom Jobim—nome do aeroporto internacional do Rio de Janeiro—que tocava junto com Stan Getz. A bossa nova foi influenciada pelo jazz. Primeiro, a bossa nova era considerada música da classe média ou até mesmo da elite, mas tornou-se representante do público brasileiro com o passar dos anos.

1. o pagode	*a Brazilian rhythm, revelry*
2. o/a sambista	*samba dancer or composer*
3. asfalto	*asphalt, pavement*

Atividades

1. Vá à internet e ouça um samba e uma música de bossa nova. Compartilhe a experiência com seus colegas.

2. Procure escutar a música e entender a letra de **Balancê**. Esta música foi primeiramente cantada por Carmen Miranda. Há várias versões modernas. Uma versão popular é a cantada por Gal Costa, uma das cantoras mais conhecidas do Brasil. O título da música vem do verbo *balançar* e do substantivo *balanço*, que significa mexer o corpo ritmicamente, gingar. É um *samba*.

3. Tente escutar a música **Garota de Ipanema**. A música é de Antônio Carlos Jobim e a letra de Vinicius de Moraes, cantada por Gal Costa, no CD "Gal Costa canta Tom Jobim". É *bossa nova*.

4. Um outro ritmo brasileiro é o *frevo*. Procure escutá-lo. Há uma música que se chama **Frevo**. A música é também de Tom Jobim e a letra de Vinicius de Moraes, cantada por Gal Costa, no CD "Gal Costa canta Tom Jobim". O *frevo* é um ritmo do nordeste brasileiro, muito popular no Carnaval daquela região.

Perguntas

Depois de ter ouvido as músicas acima, responda:

1. Qual é sua música preferida? Por quê?
2. Qual o tema de **Balancê**?
3. Qual o tema de **Garota de Ipanema**?
4. Qual o tema de **Frevo**?
5. O que é o samba?
6. E a bossa nova?
7. E o frevo?
8. Quem é Antônio Carlos Jobim?
9. Quem é Gal Costa?

Lição 20

Discutindo o desempenho da companhia e de seus funcionários

OBJECTIVES

1. **Communication Skills: By the end of this lesson, you should be able to**
   - Discuss performance issues on a company and individual level

2. **Culture and Business Relations: By the end of this lesson, you should be able to**
   - Deal with meetings and deadlines

3. **Grammar: By the end of this lesson, you should be able to**
   - Use diminutives and augmentatives
   - Use the subjunctive to express emotion, doubt, or negation
   - Use the present and past (*imperfeito*) of the subjunctive

DIÁLOGOS

Os diálogos ilustram como a gramática e o vocabulário de cada lição são usados no contexto, formal e informalmente. Os pontos gramaticais abordados estão em **negrito**. Ouça os diálogos sem pausa acompanhando com a leitura.

Diálogos formais

 ### DIÁLOGO 1: Negócios internacionais

O Sr. Garcia é o novo gerente de uma franquia de sua empresa norte-americana no Brasil. Em sua primeira avaliação do progresso dos negócios com seu chefe nos Estados Unidos, Sr. Nogueira, ele fala da sua experiência na América Latina.

(Presente do subjuntivo)

Sr. Nogueira:	Como tem ido seu novo negócio no Brasil?
Sr. Garcia:	Muito bem. Me surpreende e me alegra muito **que haja** tantos empregados qualificados neste ramo de negócios.
Sr. Nogueira:	Eles trabalham horas suficientes durante a semana?
Sr. Garcia:	É surpreendente **que queiram** trabalhar muitas horas durante a semana.
Sr. Nogueira:	E nos fins de semana? Os empregados também trabalham?
Sr. Garcia:	Duvido **que trabalhem** nos fins de semana. É muito improvável **que venham** trabalhar aos domingos.
Sr. Nogueira:	Ouvi dizer que ainda não há clientes interessados nos novos produtos. É verdade?
Sr. Garcia:	Não é verdade **que não haja** clientes. Há muitos clientes na região, mas é necessário **que se faça** uma promoção local e regional dos produtos.
Sr. Nogueira:	Mas têm muitos gastos com transportes de mercadoria, certo?
Sr. Garcia:	Não é verdade **que tenhamos** tantos gastos com os transportes porque são muito baratos aqui.
Sr. Nogueira:	. . . mas entretanto é verdade que não tem havido muitos lucros.
Sr. Garcia:	Não é certo **que** no primeiro ano a empresa **tenha** muitos lucros.
Sr. Nogueira:	**Necessitam que lhes enviemos** mais técnicos?
Sr. Garcia:	Sim, é urgente **que tenhamos** aqui nos escritórios mais técnicos de capacitação **que saibam** português.
Sr. Nogueira:	Algo lhe surpreende **que seja** muito diferente daqui?
Sr. Garcia:	Me surpreende **que desenvolvam** uma relação pessoal com os clientes. É muito diferente nos Estados Unidos.

DIÁLOGO 2: Reunião de negócios

Dr. José e Dra. Adriana, engenheiros da Tecnocril, conversam no escritório.

(Passado do subjuntivo)

Dra. Adriana:	O senhor me chamou, Dr. José?
Dr. José:	Chamei. Gostaria **que a senhora fosse** a um encontro comigo daqui a uma hora com o arquiteto da Castor Engenharia. Precisamos definir alguns detalhes do nosso projeto.
Dra. Adriana:	Sinto muito, Dr. José. Eu tenho uma reunião em duas horas com o pessoal da produção. **Se eu não tivesse** este compromisso, poderia acompanhá-lo, mas esta reunião já está marcada há três semanas e temos que discutir a aquisição de novos maquinários para a nossa fábrica.
Dr. José:	E **se a senhora pedisse** ao gerente de produção para começar a reunião? Queria muito **que a senhora comparecesse** a este encontro comigo. Seria importante **que a senhora estivesse** presente para discutirmos algumas cláusulas do contrato também. Acho que o encontro não deve durar mais do que uma hora.
Dra. Adriana:	**Se o gerente de produção estivesse** na fábrica, poderia discutir isto com ele, mas ele ainda não retornou do almoço.
Dr. José:	E **se a senhora tentasse** contactá-lo por telefone? Ele deve estar com o celular.
Dra. Adriana:	Está bem. Vou ligar para ele agora. Queria **que o senhor me fizesse** um favor também. Será que o senhor poderia confirmar a data exata da reunião prevista para a semana que vem com o pessoal do escritório? Queria **que o senhor me enviasse** um memorando para depois encaminhá-lo a todos, assim o pessoal já deixa este compromisso agendado.
Dr. José:	Claro. **Se eu pudesse** escreveria este memorando agora, mas primeiro tenho que terminar este relatório para levá-lo ao nosso encontro. Posso mandar o memorando mais tarde?
Dra. Adriana:	Tudo bem. Obrigada.
Dr. José:	De nada. Ah! E gostaria **que a senhora me ligasse** assim **que conseguisse** falar com o gerente de produção.

Diálogos informais

 DIÁLOGO 3: Discutindo futebol no bar

Túlio e Ricardo conversam no bar sobre o jogo de futebol do Campeonato Brasileiro.

(Presente do subjuntivo)

Túlio:	Você vai ao jogão no domingo, Ricardo?
Ricardo:	Acho que sim. Espero **que eu possa** ir e **que o tempo esteja** melhor até lá.
Túlio:	Pois é. Está chovendo há um tempão. Espero **que nosso time jogue** bem no domingo. É importante **que ele ganhe** esta partida para ir para a fase final do campeonato.

Ricardo:	Não sei, não, estou meio pessimista. Passamos um aperto no último jogo e quase fomos eliminados. Tomara **que isto não aconteça** de novo.
Túlio:	É, e eu estou torcendo para **que o joelho do Edu melhore** até lá. Precisamos dele no domingo.
Ricardo:	É verdade. Me surpreende **que o técnico tenha tirado** o Adilson do time e **tenha colocado** o Fabrício no seu lugar. Na minha opinião, ele está cometendo um grande erro.
Túlio:	Este técnico só dá mancada. Por causa dele sofremos aquela falta no último jogo. Espero **que ele não seja** tão precipitado no domingo quanto ele foi no último jogo.
Ricardo:	Que pena **que não haja** a possibilidade de termos um outro técnico agora. É necessário **que toda a torcida inicie** uma campanha para **que ele seja substituído** o quanto antes.
Túlio:	Concordo, mas duvido **que possamos** fazer isto agora. Neste momento, o mais importante é **que a gente dê apoio** ao time para **que ele consiga** passar desta fase e para **que ele seja** classificado sem maiores dificuldades.

 ## DIÁLOGO 4: Planos para o Carnaval

Fabiana e Camila ainda não decidiram o que elas vão fazer durante o feriado de Carnaval. Elas conversam na saída da faculdade.

(Passado do subjuntivo)

Fabiana:	Oi Camila, você vai viajar no Carnaval?
Camila:	Na verdade, ainda não decidi. **Se eu tivesse** dinheiro, iria com meu irmão à Bahia, mas estou apertada agora e a passagem está muito cara. Ainda estou terminando de pagar o pacote de viagem à Florianópolis, que comprei no verão.
Fabiana:	E **se eu pudesse**, eu iria para Olinda, em Pernambuco. Eu tenho alguns primos que estão indo para lá na sexta e eles me ofereceram uma carona. **Se eu não tivesse** que trabalhar seria ótimo, mas acho que eles não vão liberar a gente lá no meu emprego não.
Camila:	Que chato! Seria ótimo **se você fosse**. Eu passei o Carnaval lá uma vez e gostei muito.
Fabiana:	Pois é, **se eu conseguisse** ser liberada lá no meu trabalho nós poderíamos ir juntas. Tenho certeza que meus primos iriam adorar **se você viajasse** conosco. Eles têm dois lugares sobrando no carro.
Camila:	Nossa, seria muito divertido **se a gente passasse** o Carnaval em Olinda! E **se você conversasse** com seu chefe?
Fabiana:	Vou tentar falar com ele amanhã.
Camila:	**Se não der certo**, você poderia ir ao sítio comigo no fim de semana. Minha família está querendo fazer um churrasco lá no domingo. Queria muito **que você viesse**.
Fabiana:	Obrigada. Amanhã eu te ligo assim que voltar do trabalho. Agora tenho que ir à biblioteca para devolver alguns livros.
Camila:	Está bem. **Se eu não estivesse** atrasada para a minha aula de ginástica iria contigo, mas tenho que correr senão vou perder o ônibus!
Fabiana:	Tudo bem, não tem problema. A gente se fala amanhã. Até logo!

VOCABULÁRIO

Ouça cada palavra ou frase e repita-a durante a pausa.

Expressões

acho que sim	*I think so*
creio que. . .	*I think that. . .*
dar certo	*to turn out OK, as expected*
dar mancada	*to do something inappropriate or wrong in a certain situation*
duvido que. . .	*I doubt that. . .*
é fantástico que. . .	*it's fantastic that. . .*
é importante que. . .	*it's important that. . .*
é impossível que. . .	*it's impossible that. . .*
é improvável que. . .	*it's improbable that. . .*
é incrível que. . .	*it's incredible that. . .*
é necessário que / é preciso que. . .	*it's necessary that. . .*
é uma lástima que. . .	*it's a shame that. . .*
é urgente que. . .	*it's urgent that. . .*
espero que, tomara que. . .	*I hope that. . .*
estar apertado/a	*to have little money, to be in a tight situation*
não é certo que. . .	*it's not sure that. . .*
não é claro que. . .	*it is not clear that. . .*
não é evidente que. . .	*it is not evident that. . .*
não é verdade que. . .	*it is not true that. . .*
ouvi dizer que. . .	*I've heard that. . .*
passar um aperto	*to be in a tough situation*
que pena que. . .	*What a shame that. . . , It's a pity that. . .*
ser liberado/a	*to be set free to do something else*
tomara que. . .	*Used to indicate a very strong wish (I really hope that. . .)*

Substantivos

	ajuda	*help, assistance*
	alvo	*target*
	apoio	*support*
a	aquisição	*acquisition*
	carona	*ride*
	churrasco	*barbecue*
	cláusula (jur.)	*clause (leg.)*

	comportamento impróprio	*misconduct*
	compromisso	*commitment*
	conhecimento	*knowledge*
	desempenho	*performance*
	desenvolvimento, progresso	*development*
os	detalhes	*details*
	erro	*error*
	estímulo	*encouragement*
	fábrica	*factory, plant*
	falta	*penalty, foul*
	festinha	*small party*
	gastos	*expenses*
	ginástica	*gymnastics, aerobics*
	joelho	*knee*
o	jogão	*important game*
	lucro	*profit*
	maquinário	*machinery, equipment*
	mercadoria	*merchandise*
	mérito	*merit*
o	pacote	*package*
	primos	*cousins*
o	probleminha	*small problem*
	seguro	*insurance*
	sítio	*cottage, ranch*
a	sorte	*luck*
a	supervisão	*supervision*
	tato, diplomacia	*tact*
	técnicos	*technicians*
o	tempão	*long time*
o	time	*team*
	torcida	*group of fans*

Adjetivos

	atrasado/a	*late*
	classificado/a	*qualified for the next round*
	diligente	*diligent*
	diplomático/a	*tactful*
	eliminado/a	*eliminated*
	hospitaleiro/a	*friendly and helpful*

perfeito/a	*perfect*
pessimista	*pessimistic*
qualificado/a	*qualified*

Verbos

adorar	*to like something a lot*
agendar	*to schedule*
alegrar	*to make (someone) happy*
alegrar-se que. . .	*to be glad/happy that. . .*
apreciar	*to appreciate*
chover	*to rain*
comparecer	*to be present*
definir	*to decide on something*
devolver	*to return*
durar	*to last*
duvidar que. . .	*to doubt that. . .*
esperar que. . .	*to hope/expect that. . .*
estar feliz/alegre/contente que. . .	*to be happy/delighted that. . .*
estar surpreso que. . . surpreender-se que. . .	*to be surprised that. . .*
ganhar	*to win*
melhorar	*to get better; to improve*
não acreditar que. . .	*to not believe that. . .*
não estar certo/a que. . .	*to not be sure that. . .*
não pensar que. . .	*to not think that. . .*
negar que. . .	*to deny that. . .*
oferecer	*to offer*
retornar	*to be back*
sentir que. . . , lamentar que. . .	*to regret that. . . , to be sorry/sad that. . .*
temer que. . .	*to fear that. . .*
ter medo que. . .	*to be afraid that. . .*

Advérbios

claramente	*obviously, clearly*
distintamente	*clearly*
entretanto	*however*
talvez	*perhaps*

Conjunção

senão	*otherwise*

GRAMÁTICA

Aumentativos e diminutivos / *Augmentatives and diminutives*

1. O sufixo aumentativo faz com que a palavra (substantivo ou adjetivo) expresse um aumento de tamanho ou intensidade, o que pode mostrar admiração, por um lado, mas desprezo ou ironia, outras vezes. O sufixo mais comum é **-ão**, cuja forma no feminino é **-ona**.

   An augmentative suffix causes a noun or an adjective to express an increase in size or intensity. This meaning can indicate a speaker's increased admiration, but it can also indicate contempt or irony. The most common suffixes are -ão and -ona.

   > carro *car* → carr**ão** *big car, fancy car*
   >
   > dinheiro *money* → dinheir**ão** *a lot of money*
   >
   > palavra *word* → palavr**ão**: significa uma palavra obscena *means an obscene word*
   >
   > bonito *pretty, beautiful* → bonit**ão** *very handsome (masc.)* , bonit**ona** *very pretty (fem.)*

2. O sufixo diminutivo, acrescentado a um substantivo ou adjetivo, indica um decréscimo de tamanho ou valor. Em português, é muito usado com valor emocional, tornando o substantivo ou adjetivo mais gracioso ou intensificando o seu significado. Os sufixos diminutivos mais usados são **-inho/a** e **-zinho/a** e suas respectivas formas plurais.

   The diminutive suffix, which is added to a noun or adjective, expresses a decrease in size or value. In Portuguese it is often used with an emotion to intensify the word's meaning. The most common diminutive suffixes are -inho/a and -zinho/a, and their respective plural forms.

   O Fusca é um carro. *The VW bug is a car.*

   O Fusca é um carr**inho** (engraçad**inho**). *The VW bug is a cute car.*

   Ele é bonito. *He is handsome.*

   Ele é bonit**inho**. *He is sort of cute (not to say that he is ugly).*

Como sempre, algumas palavras têm regras especiais. *Some words have special rules.*

Quando a palavra termina em uma vogal acentuada ou em uma consoante, adiciona-se **-zinho/a**. *When the word ends in an accented vowel or in a consonant, add the ending -zinho/a.*

   ator *actor:* ator**zinho** *bad actor*

Quando tem um acento agudo, este é removido. *If there is an acute accent on the final vowel, it is removed.*

   só *alone:* so**zinho** *alone (both words have the same meaning)*

Quando a palavra termina em **-m**, muda para **-n**. *When a word ends in -m, it changes to -n.*

   viagem *trip:* viagen**zinha** *trip of no significance*

Outros usos do subjuntivo / *Other uses of the subjunctive*

Na lição 19, você aprendeu alguns usos básicos do subjuntivo. Agora que você sabe tais usos, estude estes outros:

In lesson 19, you learned some of the basic uses of the subjunctive. Now that you know those uses, here are a few more.

1. **Para expressar *emoção* em relação a outro sujeito** / *To express **emotion** with respect to another subject*

O modo subjuntivo é usado em frases subordinadas a um verbo que expressa **emoção** de um sujeito em relação a ações de outra pessoa.

*The subjunctive mood is used in subordinate clauses that express a subject's **emotion** in relation to the actions of the other person.*

A professora <u>se alegra</u> → <u>que</u> os alunos fal**em** português em seis meses.

The professor <u>is happy</u> → that the students <u>(will) speak</u> Portuguese in six months.

Alguns verbos que expressam emoção / *Some verbs that express emotion:*

alegrar-se que. . .	*to be glad/happy that. . .*
estar feliz/alegre/contente que. . .	*to be happy/delighted that. . .*
sentir que. . . , lamentar que. . .	*to regret that . . . , to be sorry/sad that. . .*
estar surpreso que, surpreender-se que. . .	*to be surprised that. . .*
esperar que. . .	*to hope/expect that. . .*
temer que. . .	*to fear that. . .*
ter medo que. . .	*to be afraid that. . .*

Na oração principal, a pessoa que fala pode expressar emoção valendo-se de uma ***construção impessoal***, como: "é uma pena que", "é fantástico que". O verbo da frase que segue tais expressões deve estar no presente do subjuntivo.

*In the main clause, the subject can express emotion using an **impersonal phrase** such as, "It's a shame that . . . ," "It's fantastic that . . . ". The verb in the sentence that follows such constructions must be in the present subjunctive.*

<u>É uma pena</u> → que eles não **possam** ir conosco ao Brasil!

*<u>It is a shame</u> → that they **cannot** go with us to Brazil!*

Outras expressões impessoais de emoção / *Other impersonal expressions of emotion:*

é fantástico que. . .	*it's fantastic that. . .*
é uma lástima que. . .	*it's a shame that. . .*
que pena que. . .	*what a shame that. . .*
que bom que. . .	*how good/terrific that. . .*
é incrível que. . .	*it's incredible that. . .*
é impossível que. . .	*it's impossible that. . .*

2. **Para expressar *dúvida* ou *negação* em relação a outro sujeito** / *To express **doubt** or **negation** in relation to another subject*

O modo subjuntivo se usa também em frases subordinadas a verbos que expressam **dúvida** ou **negação** de um sujeito em relação à informação sobre outra pessoa ou coisa.

*The subjunctive mood is also used in clauses subordinate to verbs that express **doubt** or **negation** of a subject in relation to information about another person or thing.*

O chefe <u>duvida</u> → que os empregados brasileiros **trabalhem** durante o fim de semana.

*The boss <u>doubts</u> → that the Brazilian employees **work** on the weekend.*

<u>Não acredito</u> → que os representantes da Venezuela **cheguem** a tempo para o congresso.

*I <u>don't believe</u> → that the Venezuelan representatives **will arrive** at the conference on time.*

Alguns verbos que expressam dúvida ou negação / *Some verbs that express doubt or negation:*

duvidar que. . .	*to doubt that. . .*
negar que. . .	*to deny that. . .*
não acreditar que. . .	*to not believe that. . .*
não estar certo/a que. . .	*to not be sure that. . .*
não pensar que. . .	*to not think that. . .*

Na oração principal o sujeito pode expressar **dúvida** ou **negação** usando uma frase impessoal, como: "não é verdade", "não é certo".

*In the main clause, the subject can express **doubt** or **negation** using an impersonal phrase, such as "It's not true," or "It's not certain."*

<u>Não é verdade</u> → que este ano os produtos **sejam** de qualidade inferior!

*It <u>isn't true</u> → that the products this year **are** of inferior quality!*

Algumas expressões impessoais de dúvida ou negação / *Some impersonal expressions of doubt or negation:*

não é certo que. . .	*it is not certain/sure that. . .*
não é verdade que. . .	*it is not true that. . .*
não é evidente que. . .	*it is not evident that. . .*
não é claro que. . .	*it is not clear that. . .*

Nota: Quando não há mais dúvida, o verbo da oração subordinada não muda para o modo subjuntivo. Neste caso, usa-se o presente do indicativo e não o presente do subjuntivo.

Note: When there is no doubt, the verb of the subordinate clause is not in the subjunctive. In this case, use the simple present, not the present subjunctive.

É <u>verdade</u> → que este ano os produtos **são** de qualidade inferior!

*It <u>is true</u> → that this year the products **are** of inferior quality!*

3. Após expressões impessoais / *Use after impersonal expressions*

Como vimos nos casos anteriores, o modo subjuntivo é também usado em frases subordinadas a expressões impessoais. Podem expressar emoção, dúvida, negação e desejo. Algumas expressões impessoais incluem:

As we learned earlier in this section, the subjunctive mood is also used in subordinate clauses that follow impersonal expressions. These expressions can express emotion, doubt, negation, or will. Some impersonal expressions include:

Vontade / *Desire, a strong will*

é necessário que / é preciso que. . .	*it's necessary that. . .*
é importante que. . .	*it's important that. . .*
é urgente que. . .	*it's urgent that. . .*

Emoção / *Emotion*

que pena que. . .	*what a shame that. . .*
é incrível que. . .	*it's incredible that. . .*

Dúvida ou negação / *Doubt or negation*

não é certo que. . .	*it's not sure that. . .*
é improvável que. . .	*it's improbable that. . .*

<u>É importante</u> → que **façamos** uma promoção na TV!

*<u>It's important</u> → that **we do** a (sales) promotion on TV!*

Imperfeito do subjuntivo / *Past (imperfect) subjunctive*

O imperfeito do subjuntivo é usado nos mesmos casos que o presente do subjuntivo (com verbos de sentimento, desejo, dúvida e expressões impessoais). O verbo da oração principal, entretanto, deve estar no pretérito perfeito, pretérito imperfeito ou futuro do pretérito (condicional). O imperfeito do subjuntivo é tirado da terceira pessoa plural do pretérito perfeito.

The past subjunctive is used in the same situations as the present subjunctive—when the verb of the main clause expresses emotion, desire, doubt, or when it is an impersonal expression. The verb in the main clause can be in one of the following tenses: the preterit, the imperfect (past subjunctive), or the conditional. The past subjunctive is formed using the third-person plural of the preterit as the verb stem.

Gostaria que você **chegasse** ao trabalho mais cedo. *I would like you to get to work earlier.*

1. **Formação do imperfeito do subjuntivo /** *Forming the past subjunctive*

Para se formar o imperfeito do subjuntivo, conjuga-se o verbo no pretérito perfeito e, da terceira pessoa do plural, subtrai-se o **-ram** final, obtendo-se a forma base. Acrescenta-se a terminação típica do subjuntivo **-sse**, mais os sufixos número-pessoais. Portanto, é indispensável saber conjugar os verbos no pretérito perfeito.

> *To form the past subjunctive, first conjugate the verb in the preterit to identify the third-person plural form. Then, remove its ending, **-ram**, to create the stem for the past subjunctive. Next, add the endings of the past subjunctive, which are based on **-sse** suffix. As you can see, it is extremely important to know how to conjugate the verbs in the preterit tense.*

> vocês, eles/elas
>
> compraram → compra
>
> comeram → come
>
> partiram → parti

Pronomes *Pronouns*	Formas base / *Base forms*		
	comprar (**compraram**) compra-	comer (**comeram**) come-	partir (**partiram**) parti-
	Imperfeito do subjuntivo		
eu	compra**sse**	come**sse**	parti**sse**
você, ele/ela	compra**sse**	come**sse**	parti**sse**
nós	comprá**ssemos**	comê**ssemos**	partí**ssemos**
vocês, eles/elas	compra**ssem**	come**ssem**	parti**ssem**

2. **Embora haja verbos de formação irregular no pretérito, eles seguirão um padrão regular no imperfeito do subjuntivo.**

> *Although there are a number of irregular verbs in the preterit form, they will follow a regular pattern when conjugated in the past subjunctive.*

Pronomes *Pronouns*	Formas base / *Base forms*				
	fazer (**fiz**eram)	ter (**tiveram**)	ser, ir (**foram**)	vir (**vieram**)	pôr (**puse**ram)
	Imperfeito do subjuntivo				
eu	fize**sse**	tive**sse**	fo**sse**	vie**sse**	puse**sse**
você, ele/ela	fize**sse**	tive**sse**	fo**sse**	vie**sse**	puse**sse**
nós	fizé**ssemos**	tivé**ssemos**	fô**ssemos**	vié**ssemos**	pusé**ssemos**
vocês, eles/elas	fize**ssem**	tive**ssem**	fo**ssem**	vie**ssem**	puse**ssem**

3. Usos do imperfeito do subjuntivo / *Uses of the past subjunctive*

- Com verbos de sentimento / *With verbs of emotion*

  Os gerentes **tinham medo** de que os juros **aumentassem**. *The managers were afraid that the interest would go up.*

  Surpreendeu-me que ele não **soubesse** a resposta. *I was surprised that he did not know the answer.*

  Temia que vocês **estivessem** doentes. *I was afraid that you were sick.*

- Com verbos de desejo / *With verbs of desire*

  Nós **queríamos** que ela **fosse** mais competente. *We wanted her to be more competent.*

  Eles **desejavam** que eu **fizesse** o trabalho mais rápido. *They wished that I would do the work faster.*

  Os chefes **precisavam** que as secretárias **digitassem** os relatórios. *The bosses needed the secretaries to type the reports.*

  Gostaria que você **levasse** um recado ao gerente. *I would like you to take a message to the manager.*

- Com verbos de dúvida / *With verbs of doubt*

  Eles **duvidaram** que o voo **chegasse** a tempo para eles irem à reunião. *They doubted that the flight would arrive on time for them to go to the meeting.*

  Minhas irmãs **não acreditavam** que eu **comesse** fora todos os dias. *My sisters did not believe that I ate out every day.*

- Com expressões impessoais / *With impersonal expressions*

  Não era certo que levantasse tão cedo para trabalhar no sábado. *It was not right that he woke up so early to work on a Saturday.*

  Era duvidoso que enviassem alguém para pegar os documentos àquela hora. *It was doubtful that they would send someone to pick up the documents at that time.*

  Era pena que sua amiga não **viesse** ao encontro. *It was a pity that his friend did not come to the meeting.*

  Era preciso que não **confiássemos** em ninguém naquele momento. *It was necessary that we not rely on anybody at that moment.*

- O imperfeito do subjuntivo é usado juntamente com o futuro do pretérito (ou condicional) para expressar ações improváveis de acontecer. / *The past subjunctive is used with the conditional tense in order to express that an action is unlikely to happen.*

  Se os alunos **estudassem** todas as lições, **tirariam** ótimas notas. (Mas eles não estudam e, por isso, não tiram boas notas.)
  *If the students **studied** all the lessons, they **would get** excellent grades. (But they don't study, so they don't get good grades.)*

  Eu **viajaria** pelo mundo inteiro **se** eu **tivesse** muito dinheiro. (Mas eu não tenho.)
  *I **would travel** all around the world if I **had** money. (But I do not have money.)*

  Ela **trabalharia** em meu lugar **quando** eu **estivesse** fora. *She **would work** for me while I was away.*

  Eles não **diriam** uma palavra **enquanto houvesse** estranhos no recinto. *They **would not say** a word **while** the strangers **did not leave** the place.*

  Caso aparecêssemos no almoço, **seria** por apenas uns minutos. *If we showed up for lunch, it **would** only **be** for a few minutes.*

Agora volte aos diálogos e ouça as outras versões com pausas, repetindo suas falas.

PRÁTICA

Exercícios

Exercício A

Complete as frases com uma das palavras ou expressões abaixo:

mercadoria   falha   técnicos   tempão   ouvi dizer   probleminha

torcida   seguro   pessimista   hospitaleiro

1. Se você acolhe as pessoas francamente e lhes oferece hospitalidade, você é
_____.

2. Quem sempre vê as coisas a partir da pior perspectiva é um _____.

3. Um grupo de fãs ou torcedores é uma _____.

4. Se você leva um tempo enorme para executar uma tarefa, você gasta um
_____.

5. Ele bateu com o carro e terá que pagar o conserto com seu próprio dinheiro,
porque não tinha _____.

6. Se você tem um problema sem importância, você tem um _____.

7. Os _____ acabaram de chegar para consertar os computadores.

8. Cometi uma _____: contratei um empregado sem verificar os antecedentes
dele.

9. Um produto (matéria-prima ou artigos manufaturados) que pode ser comprado ou
vendido chama-se _____.

10. _____ que ela foi demitida, mas não sei se é verdade.

Exercício B

Preencha as lacunas com a forma apropriada dos verbos entre parênteses no subjuntivo
presente:

1. Queremos que vocês _____ mais. (trabalhar)

2. Duvido que eles _____ a tempo. (chegar)

3. É preciso que você _____ forte. (ser)

4. Desejo que Tony _____ um grande dia. (ter)

5. Elas esperam que nós _____ do comercial. (gostar)

Marque a opção que melhor expressa o uso do subjuntivo presente nas frases a seguir:

6. O gerente quer que os empregados trabalhem mais.

   a. desejo

   b. emoção

   c. dúvida

   d. nenhum

7. Meu chefe se alegra que eu fale português tão bem.

 a. desejo

 b. nenhum

 c. emoção

 d. dúvida

8. Não creio que as pessoas falem português na Índia.

 a. nenhum

 b. dúvida

 c. desejo

 d. emoção

9. Pedimos que vocês façam suas tarefas rapidinho.

 a. emoção

 b. dúvida

 c. nenhum

 d. desejo

10. Lamentamos que vocês não possam vir à reunião.

 a. emoção

 b. dúvida

 c. nenhum

 d. desejo

Exercício C

Preencha as lacunas abaixo usando as formas no diminutivo ou aumentativo das palavras entre parênteses:

1. _____ (pai), gostaria de falar com você.

2. Essa foi uma _____ (viagem sem nenhuma importância).

3. Maria é uma supermãe. Ela é uma _____.

4. Eu a trato com muito carinho. Chamo-a de _____ (mãe).

5. José é um _____ (ator medíocre).

6. Ela é _____ (muito bonita).

7. Ela não é nem muito bela nem muito feia. É _____ (bonita).

8. Ele gastou um _____ (muito dinheiro) no carro.

9. Mas o carro virou um _____ (super carro).

10. Ela é uma pessoa que diz muitos _____ (palavras feias e obscenas).

Exercício D

Complete as lacunas com a forma apropriada do verbo entre parênteses no imperfeito do subjuntivo:

1. Nosso professor queria que nós _____ (estudar) mais para as provas.

2. Eu duvidei que Maria _____ (saber) da novidade.

3. Tive medo que os professores _____ (dar) as provas hoje.

4. Surpreendeu-me que a secretária ainda _____ (estar) na firma àquela hora.

5. Eles desejavam que a filha _____ (ser) mais independente.

6. Eles precisavam que os estagiários _____ (digitar) os relatórios logo.

7. Eles agiram como se nós _____ (querer) demitir os funcionários.

8. Não era certo que eles _____ (trabalhar) tanto.

9. Era preciso que os diretores _____ (convocar) uma reunião urgente-mente.

10. Era pena que não _____ (haver) mais nada o que fazer.

 ### Exercício E

Escute os verbos no infinitivo. Crie orações usando os verbos dados no imperfeito do subjuntivo e no futuro do pretérito:

1. poder / comprar

2. querer / estudar

3. ser / usar

4. ir / visitar

5. ter / morar

6. sair / haver

7. chover / ficar

8. falar / ter

9. saber / ir

10. ver / dar

Experiência

Parte A

Encontre uma referência que pode ser tanto de um livro, de uma página da internet, ou de uma pesquisa pessoal, que sirva como base para as diretrizes utilizadas por você e os membros do seu grupo para resolver um caso ou fazer uma tarefa que precisa de uma argumentação sobre algum choque cultural. Cite as referências e utilize paráfrases para relatar as informações pesquisadas.

Parte B

Aproveite para falar um pouco sobre a imersão no Brasil ou sobre uma experiência com brasileiros na hora de utilizar a língua em situações reais do cotidiano, com falantes nativos. Qual conselho daria para colegas que ainda não tiveram esta experiência?

Conversa

Pratique a apresentação do seu caso ou de sua tarefa. Aproveite também para praticar e revisar situações reais sugeridas anteriormente com relação a choques culturais entre brasileiros e norte-americanos, tanto em âmbito social quanto em âmbito de negócios.

CULTURA

Leia o texto e reflita sobre as perguntas.

Choque cultural

O que é choque cultural?

Você chega num país estrangeiro. Já conhece a língua razoavelmente bem. Estudou sobre o país e acha que pode se integrar perfeitamente. Mas começa a sentir algo estranho. Difícil de expressar em palavras, mas é um mal-estar[1].

Qual é o motivo?

Choque cultural, que causa isolamento, solidão e, por fim, tristeza e um sentido de fracasso[2], sobretudo se estiver trabalhando numa empresa brasileira. Como norte-americano, você é mais formal, silencioso e sério. O temperamento do seu empregador é o oposto: ele é alegre e expansivo, gosta de contar piadas[3] e de rir[4]. O gerente inclusive consulta um diretor para ver o que fazer com o Sr. Peter Smith.

   – O que sugere dizer ao Peter?
   – Estou pensando, não sei ainda.
   – Se continuar assim vamos ter de demiti[5]-lo, pois os colegas têm medo de trabalhar com ele. . .
   – Pois é uma pena[6], porque ele é competente, mas causa mal-estar aos outros.
   – Sinto muito!

O psicólogo, Sr. Martins, foi encarregado de conversar com Peter sobre sua "falta de afinidade cultural". Explicou que Peter deveria observar como os colegas agiam e fazer muitas perguntas, só assim poderia saber quais as diferenças culturais—que muitas vezes não são verbais. O Sr. Martins sugeriu que os valores são diferentes na sociedade brasileira e que alegria, informalidade e riso são aceitos.

Será o modelo brasileiro ou a personalidade a causa do choque cultural?

Peter disse que estava se esforçando[7] muito para ser aceito pelos dirigentes como sendo responsável e eficiente, e que não tinha pensado que sua personalidade tímida fosse transparecer como "errada[8]".

O psicólogo tentou ajudar Peter e mostrar que ele não estava sendo discriminado e com um pouco de auxílio a situação poderia ser revertida.

Discutiram os seguintes pontos que podem causar mal-estar:

● Diferença no uso dos sentidos:

Visão: forma de olhar para os outros, contato visual

Audição: altura da voz e sobreposição de falas

Tato: proximidade, contato, esbarrar[9] no outro

Gosto: paladar diferente

Odor: o que é um cheiro bom e um cheiro ruim?

● Diferença no uso de conceitos:

Tempo: pontualidade: cedo/tarde/"espere um momentinho"

Espaço: na casa/rua/privacidade

Regras: quando dizer sim/não/talvez

Relações humanas: o significado de amizade em cada país.

1. o mal-estar	*uneasiness*
2. fracasso	*failure*
3. contar piadas	*to tell jokes*
4. rir	*to laugh*
5. demitir	*to fire*
6. é uma pena	*It's a pity*
7. esforçar-se	*to try hard*
8. errado/a	*wrong*
9. esbarrar	*to bump into each other*

Perguntas

1. Você já sentiu choque cultural?

2. Quando e onde?

3. O que fez para se sentir melhor?

4. Quais as diferenças de sentido que o incomodam?

5. Quais as diferenças de conceito que lhe causam mal-estar?

UNIDADE 6

USANDO *WORKING PORTUGUESE*

UNIT 6

USING WORKING PORTUGUESE

Lição 21

Iniciando o projeto e entregando o esquema do projeto

OBJETIVOS

No final desta lição, você deve

- Conhecer as diretrizes do projeto
- Ter escolhido um tópico e pensado na sequência do projeto
- Ter submetido uma síntese do projeto para aprovação do professor

DIRETRIZES DO PROJETO

Propósito: O projeto, Usando *Working Portuguese*, é planejado para colocar o que aprendeu dentro de um contexto, que permita mostrar sua habilidade em comunicar suas ideias aos outros, com clareza e precisão. Além disso, serve para provar que aprendeu algo sobre a cultura brasileira, podendo compará-la com a cultura americana.

COMPONENTES

Seu projeto deve incluir tanto elementos escritos como orais. Pode ser uma pesquisa que seja resumida no seu relatório oral ou escrito, uma apresentação, como, por exemplo, um discurso feito para um grupo brasileiro, ou uma campanha publicitária.

Qualquer projeto que você escolha, espera-se que:

Obtenha aprovação do professor: Seu professor precisa aprovar o tema e, ao fazê-lo, dará sugestões e recursos adicionais para o desenvolvimento do projeto.

Comunique-se com os colegas em português: Para ajudá-lo no desenvolvimento do projeto, assim como para fazer discussões interessantes durante a aula, pede-se que se comunique e troque ideias com, pelo menos, um dos colegas. Sua comunicação <u>deve</u> incluir:

1. o título de seu projeto;

2. a lista de vocabulário de 10 palavras novas, que farão parte da apresentação;

3. um resumo, por item, do objetivo de seu projeto e do tipo de apresentação que fará na aula;

4. duas perguntas que gostaria que seus colegas levassem em consideração ao ouvir sua apresentação. Pode introduzir outra informação ou ajuda específica ao procurar completar seu projeto. Também pode providenciar a tradução de certas palavras para o inglês, se assim o desejar.

Amostra de ideias de projetos

Amostra 1:

1. Denomine seu projeto **Novo produto americano no Brasil** e, para a apresentação oral, descreva um dia típico num ambiente de trabalho brasileiro.

2. Prepare uma fala para um grupo de visitantes brasileiros que estão interessados em seu produto e em sua organização.

3. Prepare um anúncio comercial, para um canal televisivo ou para uma revista, sobre um produto ou serviço, real ou imaginário, que usaria no Brasil.

4. Faça uma pesquisa numa companhia internacional que esteja considerando lançar seus produtos ou serviços no Brasil. Prepare um relatório consultivo no qual dá conselhos à companhia sobre como tomar uma decisão e por quê.

5. Descreva uma indústria no Brasil (por exemplo, de telecomunicações ou turismo), e descreva sua evolução nos últimos anos e possíveis mudanças que deverá fazer no futuro. Explique a razão destas mudanças.

6. Descreva algumas diferenças que espera encontrar quando estiver negociando: no escritório, na casa onde se hospedará ou no hotel, nas ruas e nos restaurantes. Escolha três ou quatro destas diferenças, e explique por que poderão fazer uma diferença na maneira como uma companhia norte-americana deveria tentar fazer negócios no Brasil.

7. Justifique porque seu produto será um sucesso no Brasil.

Amostra 2:

1. Denomine seu projeto **Mais brasileiros nos EUA** e, para sua apresentação oral, descreva um dia típico num ambiente frequentado por brasileiros.

2. Uma agência de turismo nos EUA quer atrair mais brasileiros para visitarem os Estados Unidos, e deseja fazer anúncios em português. Faça um planejamento de propaganda, com anúncios que motivem os turistas.

3. Levando em consideração o que você aprendeu sobre a cultura brasileira, sugira atrações e lugares nos Estados Unidos que despertariam uma imagem interessante do país, e justifique sua escolha.

4. Use sua imaginação para criar material promocional do Brasil.

Outros exemplos, com algumas ideias sobre pesquisa e recursos

1. **Formal:** Denomine seu projeto **No escritório** e, para a apresentação oral, descreva um encontro típico que poderá ocorrer, no trabalho, com um funcionário ou visitante que fala português.

   Informal: Denomine seu projeto **Uma visita** e, para a apresentação oral, descreva um encontro típico que poderá ocorrer em sua casa ou na de alguém com um visitante ou conhecido que fala português.

2. **Formal:** Poderá decidir fazer uma fala ou discurso que poderá ser apresentado, ou até mesmo feito, a um grupo de falantes de português que possam estar interessados em seu produto ou sua organização.

   Informal: Ou, poderá decidir escrever um discurso que fará para um grupo de amigos reunidos para comemorar uma formatura, ou o aniversário de 60 anos de seu avô.

3. **Formal:** Explique algumas das diferenças quanto a áreas de recursos humanos nos EUA e no Brasil a funcionários fictícios que estão trabalhando para o senhor aqui nos EUA ou estão trabalhando para sua filial no Brasil. Informe a eles as alterações que está fazendo nas normas para que estejam de acordo com as leis ou os negócios no Brasil, tais como o 13º salário.

   Informal: Explique algumas diferenças quanto ao estilo de vida nos EUA e no Brasil a algum amigo fictício, que vive em uma cidade americana pequena e que decide passar um semestre no Brasil.

4. **Formal:** Prepare-se para uma entrevista para poder fazer um estágio de verão, no Brasil, ou para uma posição permanente. Dê um telefonema e escreva uma carta confirmando a conversa telefônica, dando informações a seu respeito e dizendo por que quer trabalhar no Brasil nessa firma específica.

   Informal: Prepare-se para viver com uma família no Brasil durante o estágio de verão na universidade do estado, dando alguns dados sobre sua pessoa e explicando por que seria uma pessoa adequada para morar com eles.

5. **Formal:** Demonstre como pode fazer com que seus clientes brasileiros se sintam a vontade a primeira vez que vêm à sua organização. Mostre com palavras e gestos e explique o ambiente de trabalho e como o escritório está arrumado, apresentando material que teria em seu escritório ou na área de recepção para que os visitantes, falantes de português, se sentissem mais cômodos e informados.

   Informal: Demonstre com palavras e gestos o que faria ao ser apresentado a visitantes e como é uma residência brasileira, como o jantar seria servido, explicando as comidas e bebidas. Não esqueça de mencionar o modo de lidar com o horário, na chegada e na saída, a pontualidade, etc.

REQUISITOS POR LIÇÃO

Lição 21

Título e resumo: Dê ao seu professor uma descrição de seu projeto, que inclua:

(1) o título; (2) porque escolheu este tópico; (3) que recursos planeja usar como pesquisa para seu tema ou qual a informação que utilizará; (4) como será sua apresentação (um discurso, um resumo da pesquisa, uma entrevista, um anúncio fictício de campanha).

Lição 22

Após receber a aprovação do projeto de seu professor, escreva em português um documento para compartilhar com seus colegas, que inclua o título de seu projeto, uma lista esquemática resumindo o objetivo de seu projeto e o tipo de apresentação a ser feita, e duas ideias ou perguntas que gostaria que seus colegas levassem em consideração ao escutar sua apresentação.

Lição 23

Poderá imprimir uma lista com o vocabulário novo que criou e tirar algumas cópias para distribui-las aos seus colegas para a apresentação.

Lição 24

Apresente e preste atenção à apresentação de seus colegas, e submeta um relatório final escrito e em PowerPoint ao seu professor.

Apresentação final e relatório do projeto

Parâmetros e formas de dar a nota final:

O projeto deverá ser feito individualmente, apesar dos alunos poderem consultar outros colegas, dentro ou fora da aula, como recurso humano.

Todo o projeto deverá levar umas 15–20 horas de esforço de sua parte, incluindo pesquisa e planejamento, preparação da apresentação em classe, e o relatório escrito.

As apresentações oral e escrita servem como exame final.

O resumo, a lista de vocabulário e as questões após as apresentações contarão como participação ativa. Mas, lembre-se, pondo de lado a nota, o mais importante é sua participação, e quanto mais participar, mais praticará o português, que, afinal de contas, é o motivo principal de sua participação neste curso.

A apresentação oral deverá durar de 10 a 12 minutos, incluindo perguntas e respostas. A apresentação deve incluir um resumo do projeto—o que foi feito e o porquê—e mostrar o resultado de seu trabalho (por exemplo: se preparou uma fala para vender o produto para um possível cliente, explicaria por que escolheu tal projeto, e então trataria de vendê-lo à classe). Sugere-se fazer um PowerPoint para a apresentação final oral.

O relatório escrito deve ser de 2 a 3 páginas. Deverá incluir:

Como e porquê escolheu o assunto, onde e como fez a pesquisa, e as conclusões sobre o que aprendeu e o que produziu para fazer a apresentação oral. (Se produziu material visual, inclua-o no relatório escrito, e o professor poderá fazer comentários finais).

Seu relatório deverá incluir a gramática e algumas das palavras aprendidas durante o curso, assim como o vocabulário novo que desenvolveu ao preparar seu projeto.

Deverá mostrar que sabe:

1. o modo correto de formar frases no presente, no presente contínuo, no passado e no futuro;

2. usar artigos, pronomes pessoais, e pronomes possessivos de forma adequada;

3. usar **ter que** ou **ter de** corretamente;

4. usar o imperativo, quando for apropriado.

Creio que está pronto para viver em um país de língua portuguesa. Vá, sinta-se a vontade e divirta-se! Boa sorte!

Lição 22

Compartilhando o título e o resumo do projeto com seus colegas

OBJETIVOS

No final desta lição, você deve ter

- Iniciado um rascunho do seu projeto
- Dado a seguinte informação à classe:
  - Título do projeto
  - Resumo esquemático do objetivo do projeto
  - Duas questões para os colegas levarem em consideração quando escutarem sua apresentação

TÍTULO E ESQUEMA

Para ajudarem-se mutuamente no desenvolvimento do projeto, assim como para tornarem a discussão interessante e compreenderem o projeto, no final desta lição vocês terão criado e discutido com seus colegas:

1. um rascunho com seu nome e título do projeto;

2. um esquema com o objetivo do projeto e o tipo de apresentação que fará;

3. duas questões ou ideias que gostaria que seus colegas levassem em consideração durante sua apresentação.

Lição 23

O vocabulário de seu projeto

OBJETIVOS

No final desta lição, você deve ter

- Preparado uma lista de vocabulário e de expressões novas que você usará no seu projeto e ter distribuído esta lista aos seus colegas
- Terminado um rascunho do seu projeto e ter começado a trabalhar na parte visual da apresentação
- Visto os projetos de seus colegas e preparado comentários ou perguntas para pelo menos três projetos, a serem feitos durante as apresentações deles

VOCABULÁRIO E EXPRESSÕES NOVAS

Acrescente 10 a 15 palavras e expressões novas que pretende usar em sua apresentação.

DISCUSSÃO E COMENTÁRIOS

Depois de ter ouvido a apresentação dos colegas, envie seus comentários e prepare uma ou duas questões sobre o que gostaria de perguntar ao colega.

Leia o que seus colegas enviaram e faça um comentário ou uma pergunta, em português, naturalmente, para pelo menos três colegas, mostrando seu interesse nos respectivos projetos.

Lição 24

As apresentações

OBJETIVOS

No final desta lição, você deve ter

- Feito sua apresentação
- Escutado as apresentações dos colegas
- Submetido o relatório final escrito e o PowerPoint ao seu professor

APRESENTAÇÕES

Boa sorte!

Appendix

Dialogues in English

Lesson 1 – Getting acquainted

Dialogue 1 – A formal greeting

Pedro:	How are you?
Ana:	I am fine, thanks. What about you? Is everything fine?
Pedro:	Everything is fine, thanks.
Ana:	How is the new secretary?
Pedro:	She is fine. What about your partner?
Ana:	He is fine.

Dialogue 2 – A formal meeting

Mr. Brown:	Good morning. How are you?
Miss Fonseca:	Fine, thanks.
Mr. Brown:	My name is John Brown. What is your name?
Miss Fonseca:	I am Ana Fonseca. Nice to meet you, Mr. Brown.
Mr. Brown:	Nice to meet you, Miss Fonseca.
Miss Fonseca:	Where are you from?
Mr. Brown:	I am from the United States. And you?
Miss Fonseca:	I am from Brazil, but I work and live in London.
Mr. Brown:	Are you the Sales Director?
Miss Fonseca:	Yes, I am. What about you?
Mr. Brown:	I am the computer engineer, but now I do not work in the United States. I work and live in Spain, in Madrid.
Miss Fonseca:	Excuse me, I have to go. See you soon.
Mr. Brown:	See you tomorrow.

Dialogue 3 – Greetings between friends

Rodrigo:	Hi, how are you?
Gabriela:	Fine, thanks, and you?
Rodrigo:	Fine, thanks. How's your sister?
Gabriela:	She's fine, thanks. And your brother?
Rodrigo:	He's great! Are your parents in town?
Gabriela:	Yes, they're in town. Where are your parents?
Rodrigo:	They're in Boston. Are you here for the basketball game?
Gabriela:	Yes, we're here for the game.

Dialogue 4 – Meeting at the basketball game

Frederico:	Hi, my name's Frederico. What's your name?
Luana:	Hi, my name's Luana.
Frederico:	Do you study here?
Luana:	Yes, I do (study). And you?
Frederico:	Me, too. I study law. And you?
Luana:	I study psychology.
Frederico:	Where do you live?
Luana:	I live on campus. And you?
Frederico:	I also live on campus, in the dorm beside the stadium.

Lesson 2 – Identifying people and places

Dialogue 1 – On campus

Paul:	Excuse me, what is this on your table?
Vera:	The Portuguese book and (the) notebook.
Paul:	What is that?
Vera:	A briefcase, a sheet of paper, and a pencil.
Paul:	How do you say "pen" and "printer" in Portuguese?
Vera:	"Caneta" e "impressora."
Paul:	What is this?
Vera:	It's the director's computer.
Paul:	And do you know what room this is?
Vera:	It is the director's office.
Paul:	What building is that?
Vera:	It is the library. By the way, who are you?
Paul:	I am Paul, a Portuguese student.
Vera:	Nice to meet you. I'm Vera, the teacher.

Dialogue 2 – At an international business meeting

Roberto:	Where are you from?
Amanda:	I'm from Belo Horizonte.
Roberto:	Where is Belo Horizonte?
Amanda:	It's in Brazil. I'm Brazilian. And you? Are you Mexican?
Roberto:	No, I'm Argentinian. And you? Where are you from? Are you from the United States?
Hans:	No, I'm from Europe. I'm from Germany.
Roberto:	From Berlin?
Hans:	Yes, I'm from Berlin. Are those two tall men from Central America?
Amanda:	Yes, they are from Nicaragua.
Hans:	And is that brunette lady Colombian?
Amanda:	No, she isn't. She is from Panama.
Roberto:	Is the short, blond journalist Canadian or Peruvian?
Amanda:	He is from Toronto, he is Canadian.
Roberto:	And are these Argentinian executives Exxon representatives?
Amanda:	No, they are directors of IBM.

Dialogue 3 – There's a mess in the classroom

Marta:	Where is the book?
Lucas:	It's on the desk.
Marta:	Where are the blue notebooks?
Lucas:	The blue notebooks are under the table.
Marta:	Where are the red pens and pencils?
Lucas:	The red pens are inside the briefcase. The pencils are beside the projector.
Marta:	And where is the white paper?
Lucas:	Right there, on the chair.
Marta:	And where is the computer?
Lucas:	It is in the office at the end of the hall.
Marta:	Where are the new printer and the photocopier?
Lucas:	They are in the secretary's room, in front of the window.
Marta:	And do you know where the telephone is?
Lucas:	It's on the table, near the wall.
Marta:	What a mess!

Dialogue 4 – Personal information

Receptionist:	What is your full name, please?
Pedro:	It's Pedro Lopes.
Receptionist:	Repeat your surname, please. How do you spell it?
Pedro:	Lopes: L-O-P-E-S.
Receptionist:	What is your phone number?
Pedro:	At home or work?
Receptionist:	At work, please.
Pedro:	It's 2689-7401 (two, six, eight, nine, seven, four, zero, one).
Receptionist:	What is your address?
Pedro:	It's Avenida das Nações 107, room 3108, Brasília, D.F.
Receptionist:	Can you repeat it slower, please?
Pedro:	Sure. It's Avenida das Nações 107, room 3108, Brasília, D.F.
Receptionist:	Please, what does D.F. stand for?
Pedro:	It's Federal District.

Lesson 3 – Describing and telling time

Dialogue 1 – At an international convention

Anne:	Who are you?
Laura:	I'm Laura Gontijo, a business student from São Paulo.
Anne:	Pardon me, what is your last name?
Laura:	Gontijo.
Anne:	Who is Mr. Azeredo?
Laura:	He is a famous Brazilian politician.
Anne:	He's very young. Is he single or married?
Laura:	He's married, with three children.
Anne:	And who are they?
Laura:	They are the husband and oldest son of Mrs. Assis.

Dialogue 2 – Conversation between Dr. Pedro and his secretary

Alessandra:	Good morning, Dr. Pedro. How are you and your family?
Dr. Pedro:	I'm fine, thanks, but I'm very worried because my father is sick.
Alessandra:	I'm sorry. What's wrong with him?
Dr. Pedro:	It's heart disease. He had a heart attack.
Alessandra:	What a shame! Where is he? Is he in the hospital?
Dr. Pedro:	Now he's at home. . . . Fortunately, he's doing better now.
Alessandra:	Oh, good! I hope your father gets better.
Dr. Pedro:	Thanks. See you soon. . .

Dialogue 3 – Talking about family

Luiz:	How many people are there in your family?
Lourdes:	There are five of us. My parents, my older brother, and my youngest sister.
Luiz:	Who is the baby in the photo? Is it your brother's son?
Lourdes:	No, it's my sister's first baby.
Luiz:	And who is that really young guy? Is he your sister's husband?
Lourdes:	No, he's my boyfriend.
Luiz:	He's very tall and nice!
Lourdes:	Yes, he's intelligent and a hard worker. I like him very much. And what is your family like?
Luiz:	It's small—my wife and my two children.
Lourdes:	What are your children like?
Luiz:	They are so different! My son Phillip is 15 years old, he's dark-haired, very athletic, happy and extroverted.
Lourdes:	What about your daughter?
Luiz:	Her name is Sophie. She's 13, blond, short, and a little chubby, shy, but very kind and artistic. She's a dreamer.
Lourdes:	I'd like to get to meet your family!
Luiz:	And I'd like to meet your family, too!

Dialogue 4 – On the phone

John:	Hello, Carlos. How is everything going in Washington, D.C.?
Carlos:	Very well, thanks. What's up with you, John? How is everybody?
John:	We're well and very happy here in Brazil.
Carlos:	Where are you all in Brazil?
John:	We are near São Paulo. Business is very good.
Carlos:	How is the production in the new plant going?

John:	It's 10% less than planned.
Carlos:	How are the new clients?
John:	The clients are satisfied with our products, but the investors are a little pessimistic.
Carlos:	How is the political situation in the country?
John:	It's calm right now.
Carlos:	And your wife? Is she happy?
John:	Yes, she loves Brazil and she is practicing Portuguese with her new friends.

Dialogue 5 – "To be" (ser) or "to be" (estar)? That is the question

Jorge:	What is this?
Sueli:	It's a book about economics of Latin America.
Jorge:	It looks very interesting. Whose book is it? Is it from the library?
Sueli:	No, it's Paulo's.
Jorge:	Who is Paulo?
Sueli:	He's a student of economics.
Jorge:	What is he like?
Sueli:	He's short, dark-haired, and thin. He's very nice.
Jorge:	Where is he from?
Sueli:	He's from Recife.
Jorge:	Where is he now?
Sueli:	Normally he's in the library, but not today.
Jorge:	Why? Is he sick?
Sueli:	No, he's working at the restaurant.

Lesson 4 – Plans

Dialogue 1 – Departments in a company

Juliana:	What is there in this company?
Fernanda:	There are many departments: financing, commercial, marketing, human resources, etc.
Juliana:	Are there many employees?
Fernanda:	Sure, there are more than 100.
Juliana:	What types of buildings are there?
Fernanda:	There are old and modern buildings with offices, conference rooms, an auditorium, two dining halls, and a snack bar.
Juliana:	Do you have to work a lot?
Fernanda:	Yes, I work full time here, Monday through Friday from 8:00 a.m. to 6:00 p.m.

Dialogue 2 – Making plans

Ana:	What are you going to do next week?
Paula:	On Monday, I'm going to the university to attend my classes. On Tuesday, I have to write a report for the company. On Wednesday, my parents and I are going to Baltimore to buy furniture. On Thursday, I'm going to play golf with some friends.
Ana:	Are you going to the company's party on Friday after work?
Paula:	Yes, and you?
Ana:	I am, too.
Paula:	Very good. See you!

Dialogue 3 – Between friends

John:	How nice to see you, Pedro! After so long. . . tell me, are you married?
Pedro:	Yes. My wife is Ana Braga. Do you remember her?
John:	Yes, of course! Do you have any children?
Pedro:	Yes, we have three children, two boys and a girl.
John:	How old are they?
Pedro:	The boys are eight and six, and my daughter is only four. She is the youngest one. And you?
John:	I am married, too, to a lawyer of a big company. She is always busy. We don't have children yet.
Pedro:	Oh, and do you still have that job in that insurance company?
John:	Yes, it's a nice position. I have to work a lot and I have to travel to many countries in Latin America. I already have a lot of experience.
Pedro:	You're very lucky. I don't have as much money with my job at the bank but I have more security and more time with my family.
John:	That is important.
Pedro:	You're right, John. Oh! I'm in a hurry! I have to be home by six! See you later!

Dialogue 4 – Making plans

Paul:	What are you going to do this weekend?
Marco:	Lúcia and I are going to Santos. We are going to swim, fish, and in the evening we are going to a restaurant and then we are going dancing.
Paul:	Well, you have to have fun, right?
Marco:	Sure! Have a good weekend!

Lesson 5 – At the company

Dialogue 1 – The business world

Simone:	*O Globo* newspaper, good afternoon.
Ana Maria:	Good afternoon. I'd like some information about the position of secretary in the communications department, please.
Simone:	OK. But it's not only a position as secretary, it's also assistant to the department director.
Ana Maria:	What are the responsibilities of this position, please?
Simone:	The secretary reviews and files documents and correspondence, answers and mails letters, prepares the payroll, and helps update data in the computer.
Ana Maria:	What computer skills are required?
Simone:	You need to operate programs such as Word, Excel, and databases. You must know how to send e-mails and type 50 words a minute.
Ana Maria:	Does one also need to attend board meetings?
Simone:	Oh, yes. You take notes and make calls to notify the other members of the board.
Ana Maria:	Is it necessary to speak other languages?
Simone:	Yes, you must be bilingual in English and Portuguese. Would you like more information?
Ana Maria:	No, I think that I already have all the information I need. Thank you very much, and good afternoon.

Dialogue 2 – Mail: Who does what?

João Batista:	Who is responsible for this department?
Márcio:	I am. I am the company's mail clerk.
João Batista:	What are your responsibilities?
Márcio:	I collect and review all the outgoing mail of the departments.
João Batista:	Do you also distribute the incoming mail?
Márcio:	Yes, sir. I organize the letters and packages and take them to the truck.
João Batista:	Is it you who drives the truck?
Márcio:	Yes, I'm the driver. I drive the truck to the departments and deliver the mail.
João Batista:	Where do you take the mail to? To the department offices?
Márcio:	Yes, sir, and I put everything in their mailboxes.
João Batista:	OK. Thank you very much for the information. Good afternoon.

Dialogue 3 – On the phone with a friend

Ana:	Hi, Letícia! I'd like to know about your job at the library because I want to work there next semester.
Letícia:	That's great, Ana, because then we can work together!
Ana:	Do you like the job? What do you do, exactly?
Letícia:	I have to review all the new book invoices and tell my coordinator in case there is a mistake.
Ana:	And do you also shelve the books after they arrive?
Letícia:	Yes, I request the binding and then I shelve the material.
Ana:	Do you also use the computer?
Letícia:	Yes, mostly to answer e-mails or to get in touch with our suppliers. Sometimes I have to participate in meetings, too.
Ana:	It seems to be an easy job!
Letícia:	That's true, and the folks are really nice!
Ana:	Great! I think I will apply for the opening they have there now.
Letícia:	Good luck! We'll see each other on campus tomorrow.

Dialogue 4 – Planning a barbecue

Ricardo:	Hi, André. How are you?
André:	I'm fine! So, are we going to plan the barbecue on Saturday?
Ricardo:	Sure! Don't worry because I will let everyone know. I can make some invitations and hand them out to our friends during the soccer game tomorrow.
André:	Great! And I will distribute the invitations to our friends at college tomorrow afternoon.
Ricardo:	Excellent, because tomorrow I'm not going to class. I have to take my driving test to get my license. I'll send you the invitations through e-mail.
André:	You don't drive yet? Well, if you get your license tomorrow we will have to celebrate and go out for beer after the game.
Ricardo:	No problem. See you tomorrow.

Lesson 6 – Planning the week

Dialogue 1 – Work agenda at the office

Mrs. Melo:	Good morning, Mr. Ramos. How are you today?
Mr. Ramos:	Very well, thanks. And you? Could you coordinate our schedules?
Mrs. Melo:	Sure. We need to make promotional and sales plans for next week. What time do you start work on Monday?
Mr. Ramos:	I start at 9:30 in the morning. But sometimes there is a problem with my wife's transportation and I can't arrive on time because I need to give her a ride. I will let you know if there is any problem.
Mrs. Melo:	Thanks. It is important to know about that. I prefer to contact the clients every Monday starting at 2:00 p.m. and I need the data on the clients.
Mr. Ramos:	I will research the data in the morning and pass the information to you in the afternoon.
Mrs. Melo:	That's fine. We also need to increase our sales. I'm going to speak to José Paiva, our sales representative in that area. Can you contact the distributors?
Mr. Ramos:	Of course. I will contact the distributors on Tuesday by phone and by e-mail. I will also send personal invitations to our offices.

Dialogue 2 – The best salesperson of the year

Gustavo:	Let's prepare this event so that it will be a great motivation for our salespeople. Where do we start?
Isabel:	Let's start with invitations instead of using a memo. We can order them by Internet. They will arrive in two days. So I can send them to the guests before Friday and they will receive them well ahead of time.
Gustavo:	I think that's a great idea! They will feel very important. What else can we do? I must confess that I didn't expect so much creativity from you.
Isabel:	Thanks, Mr. Gustavo. I think the next step is to reserve a place for the event. It can be at the party room of the union. It only costs R$ 100,00 (a hundred reais) to reserve it. Can I confirm the reservation?
Gustavo:	Sure, you can confirm it. Remind me to talk to the company's accountant so he can issue the checks.
Isabel:	We also need to rent tables and chairs. The union rents them. It is a little more expensive but we will save on transportation, because we won't be responsible for that.
Gustavo:	And what are we going to serve?
Isabel:	Since the party is on a Friday afternoon, we can serve appetizers or make a barbecue.

Gustavo:	I prefer appetizers: mini-sandwiches, "cheese bread." The store "Sabor aos Pedaços" offers them for a good price. As for drinks, we can buy them at Macro superstore.
Isabel:	Fine, Mr. Gustavo. Please call me when you have the copy ready for the award plaques. We need to order them as soon as possible at the Paulista Printing Shop.
Gustavo:	Very well. That's all for now! Don't worry! I will call you as soon as possible with the copy for the plaques. I have to go now. I am in a hurry! Thank you very much.

Dialogue 3 – At the university cafeteria

Patrícia:	Hi, João. Do you remember Professor Eduardo from last semester?
João:	Sure, our economics professor.
Patrícia:	I've just talked to him and he told me that the university is about to approve an exchange program with Georgetown University in the United States.
João:	Wow, that's great news!
Patrícia:	Yes, I think we can get a scholarship. I really want to go and participate but the program costs a lot of money.
João:	I understand. I also have to ask for a scholarship to be able to participate.
Patrícia:	I prefer to wait until next year, because at the end of this year my sister is getting married.
João:	I understand. I'm not going to decide that right now, either, but do you think there is a chance they will dislike this initiative?
Patrícia:	I don't think so. Professor Eduardo said that this is something that has been already approved; they just did not announce the program yet.

Lesson 7 – Daily routine

Dialogue 1 – What do you do every day?

Mark:	I am glad I can finally talk to you!
César:	My pleasure. I know that you are going to Brazil soon. When are you leaving the United States?
Mark:	I'm leaving in two weeks. I'm very excited. It is a project with a lot of potential.
César:	Are you going to live in a hotel or with a family?
Mark:	I'm going with Kathy, my wife, and my seven-year-old daughter. That's why we are not going to live with a family. I need your help. Do you mind telling me some things about the daily routine of a family in São Paulo?
César:	Not at all. Ask me what you want to know.
Mark:	Thanks, my friend. In Brazil, do you live with your family?

César:	Yes. I live there with my family.
Mark:	What time do you all get up?
César:	We all get up very early at 6 a.m. Our youngest son stays home with the maid, but the oldest one goes to school at 7:30 a.m.
Mark:	What time do you start work?
César:	Laura and I start at 9:00 a.m.
Mark:	How do you get to work?
César:	I go by car and take my oldest son to school. Laura prefers to go by bus or subway.

Dialogue 2 – Routines

Fernanda:	Hi, Gabi! How is your routine this semester?
Gabriela:	Well, I have a very tight schedule.
Fernanda:	What do you do every day?
Gabriela:	During the week, I have to wake up at 6:30 a.m. After I get up I take a shower and wake up Rafael, my younger brother. Then I help him get dressed, we have breakfast together, and afterwards I take him to school.
Fernanda:	When is his first class?
Gabriela:	At eight in the morning. I'm at college until noon and then I have to leave right away to pick up Rafael.
Fernanda:	And in the afternoon, what do you do?
Gabriela:	Susana, my older sister, has a stationery store downtown, so I go there to work and help her to assist the clients. But before that I take Rafa to his swimming practice. His classes are on Mondays, Wednesdays, and Fridays.
Fernanda:	Wow, you really have a tight schedule!
Gabriela:	I know. . . . And at night I have English class on Mondays and Wednesdays, and on Tuesdays and Thursdays I have gym.

Dialogue 3 – Entertainment

Luciana:	Hi, Paula, how are you?
Paula:	I'm doing well, but I'm very tired. I'm glad the weekend is coming!
Luciana:	What do you usually do on the weekends?
Paula:	On Saturday morning I have Spanish class and in the afternoon I go to the market with my grandmother.
Luciana:	And in the evening? Do you go out?
Paula:	Almost always, but when I have exams at the university I stay home to study.
Luciana:	And what do you do on Sundays?
Paula:	I always go to my parents' country house. All my cousins go there, too.

Luciana:	Cool! The time passes quickly then. And it's a good way to have fun.
Paula:	It is! You have to come to the country house with us one of these weekends.
Luciana:	OK. We can arrange that later. Next weekend won't work, because it is Mothers' Day.
Paula:	That's right. I still have to get my mother a present.
Luciana:	Me, too. Why don't we stop by the mall after class?
Paula:	Good idea. I'll meet you at the end of class, then. See you later.

Lesson 8 – Making comparisons and contrasts

Dialogue 1 – Comparing products: These or those?

Sr. Silva:	On those tables are the samples of our manufactured products.
Sra. Lima:	Thank you. Could I see them now?
Sr. Silva:	Of course. These are our models of tailored clothing.
Sra. Lima:	I like this blue shirt, that green one, and those white ones. Are they all the same price?
Sr. Silva:	No, they have different prices. These ones in bright colors are cheaper because they are made of cotton. Those over there, the white ones, are made of silk, and therefore, they are more expensive.
Sra. Lima:	I prefer these cotton ones. And those dresses? Which model is more expensive? This one or that one?
Sr. Silva:	This one, in pure cotton, is more expensive than that one in rayon.

Dialogue 2 – At the mall

Luciana:	Paula, look how beautiful this dress is!
Paula:	It's beautiful! But my mother doesn't like dresses much. Do you like this watch?
Luciana:	Yes, but I prefer that one with the brown band. And what do you think of those shoes?
Paula:	They're beautiful, but they're very expensive. These over here are cheaper.
Luciana:	I'm not sure; I think I will take a look at those purses.
Paula:	Good idea, Lu. And I will check these wallets.
Luciana:	Paula, I think I will get this purse. It's my mother's favorite color, and besides, it's on sale.
Paula:	Wow, it's beautiful! And I will get this wallet. What do you think?
Luciana:	Perfect! Shall we go to the cashier?
Paula:	Yes, let's go, because the mall will close soon.

Lesson 9 – Speaking about weather and trips

Dialogue 1 – What are you doing?

Paula:	Good evening, Dr. Araújo. This is my husband, Renato.
Henrique:	Nice to meet you. It's nice to see you again, Mrs. Blaster.
Paula:	Thank you. Dr. Araújo is working for Telecom.
Henrique:	Yes, I am working as an administrative director there. Are you also in the area of telecommunications?
Renato:	No, I'm a university professor. I'm teaching nuclear physics at USP (University of São Paulo).
Henrique:	How interesting! What about you? Are you still working at Eletro-dados?
Paula:	Yes, and I am also giving classes for the trainees in the evening. I really like the job.
Henrique:	Great! And are you in Rio for fun?
Paula:	Yes. In fact, Renato and I are on vacation, so we are visiting the city for a week.
Henrique:	That's great! And I'm going to São Paulo tomorrow on business. What is the weather like there?
Paula:	It's cold, especially at night.
Henrique:	I imagine so. But I'm taking my coat.
Paula:	Is your wife going with you?
Henrique:	No, in fact, she's organizing an exhibition this weekend. She's an artist.
Paula:	I understand. I hope you have a nice trip.
Henrique:	Thank you. See you later.

Dialogue 2 – What's the weather like?

Mr. Cardoso:	Good morning, Miss Torres. Can you come to my office, please?
Miss Torres:	Certainly.
Mr. Cardoso:	As I mentioned yesterday, early tomorrow morning I'm leaving for Maceió. Can you check what the weather is like there for me, please?
Miss Torres:	Sure, I'll be back with the information in a minute.
Mr. Cardoso:	Thank you. *[A few minutes later. . .]*
Miss Torres:	Excuse me, Mr. Cardoso. Today it's very hot in Maceió. The forecast for tomorrow is rain. The humidity is increasing rapidly. It's 39 degrees Celsius now.
Mr. Cardoso:	Thanks. I'd better take my raincoat.

Dialogue 3 – On an international call: What are you doing right now?

Marcela:	Hello? Hi, Camila! How are you? How is everyone?
Camila:	Hello, Marcela? I can't hear you. There's a lot of noise here. . . speak louder, please.
Marcela:	What are you doing with all that noise?
Camila:	We are throwing a party for our American friends.
Marcela:	How cool! Who is there and what are you eating?
Camila:	Some appetizers: cheese "salgadinhos." And we are drinking "caipirinha," beer, and soft drinks. André and Bruno are preparing the barbecue.
Marcela:	Who is playing guitar?
Camila:	John is. And Rodrigo is teaching Carol how to dance "forró." Everyone is dancing and singing. I wish you were here.
Marcela:	Me too. What about the children?
Camila:	They're outside playing volleyball and soccer. Isabella is walking the dog because he is barking a lot.
Marcela:	It looks like you are having a lot of fun.
Camila:	Yes, but what about you? What are you doing?
Marcela:	I am studying and working a lot. But now I am going out with Debora. We are going shopping at the supermarket to buy a few things.
Camila:	OK. Tell her I said hello.
Marcela:	OK. I have to hang up now because Debora is waiting for me. Enjoy the party! Bye!
Camila:	We are already enjoying it. Bye!

Dialogue 4 – How long has it been?

Marcelo:	Hi Fábio! Long time no see!
Fábio:	It's true! What are you doing here?
Marcelo:	Now I live in Campinas.
Fábio:	How long has it been since you moved?
Marcelo:	It's been 3 months now. What about you? Are you still working at the library at Unicamp (University of Campinas)?
Fábio:	Yes, I am. It's been 5 years now.
Marcelo:	That's great! And I'm married now.
Fábio:	Congratulations! How long have you been married?
Marcelo:	It's been 3 months. Renata is pregnant.
Fábio:	Wow, what a big change!
Marcelo:	We moved here because her parents live here. They've been here for 25 years.

Fábio:	That's cool. You have to visit me sometime.
Marcelo:	Sure, I'll send you an e-mail later.
Fábio:	OK. See you later.

Lesson 10 - Making reservations and dealing with money

Dialogue 1 – At a travel agency in São Paulo

Adriana:	Good afternoon, how may I help you?
Mr. Peterson:	We would like information about trips within Brazil.
Adriana:	Which places in Brazil are you interested in?
Mr. Peterson:	We'd like to visit the Northeast.
Adriana:	Yes, there are many cheap and direct flights to Salvador, in Bahia. Then you could go to Pernambuco and travel by car along the coast. The beaches over there are very beautiful and famous, and renting a car is affordable. I suggest you don't miss the chance to visit Olinda and Recife.
Mr. Peterson:	It sounds great.
Adriana:	Perfect. One moment so that I can take care of the tickets.
Mr. Peterson:	Thanks.

Dialogue 2 – Getting bus and train schedules

Mrs. Santos:	Good afternoon.
Fabiana:	Good afternoon, may I help you?
Mrs. Santos:	Yes, I would like information about schedules and prices for bus and train trips.
Fabiana:	Where do you wish to go?
Mrs. Santos:	I'd like to go to Vitória, in Espírito Santo. Do you have tickets for Friday after 6 p.m.?
Fabiana:	No, I'm sorry. For Friday evening all the buses and trains are full. It's Carnival in Brazil this weekend, so everyone is traveling in advance. Couldn't you go earlier on Friday?
Mrs. Santos:	No, I work until 6 p.m.
Fabiana:	We have special buses leaving on Saturday morning at 7, 8, 9, and 10 a.m., due to the demand. And there is also an express train that leaves at 7:30 a.m.
Mrs. Santos:	How long does it take to get there?
Fabiana:	8 hours by bus and 9 by train.
Mrs. Santos:	How much is a round-trip? Is going by train more expensive or cheaper than going by bus?
Fabiana:	The fare for the executive bus is 32 reais and the fare for the express train is 40 reais.

Mrs. Santos:	OK. I'll get the train ticket.
Fabiana:	You have to get in that line.
Mrs. Santos:	OK, thank you.

Dialogue 3 – At the money-exchange office

Mrs. Souza:	I'd like to exchange dollars, please.
Fernando:	Do you want to exchange dollars for reais?
Mrs. Souza:	Yes, what is the exchange rate today?
Fernando:	It's two reais and ten cents per dollar.
Mrs. Souza:	I'd like to exchange two hundred dollars, please. Do you also exchange travelers' checks here?
Fernando:	Yes, ma'am. I need to see your passport. Please, sign here. *[He counts the money.]* Here you are.
Mrs. Souza:	Thank you, good afternoon.
Fernando:	It was a pleasure to serve you.

Dialogue 4 – Have a nice trip!

Gabriela:	Hi, Lucas. What's up? Are you really going to Rio tomorrow?
Lucas:	Yes, Priscila and I want to leave early in the morning. We are also interested in visiting Parati.
Gabriela:	Then are you going to Minas Gerais?
Lucas:	Yes, we are going to the winter festival in Ouro Preto.
Gabriela:	I think it's a good idea because it's a very cool place, especially if you are interested in baroque art and in Brazilian history.
Lucas:	We're taking a flight from Rio to Belo Horizonte; that way we get to see the capital, and then we drive to Ouro Preto. What do you think?
Gabriela:	Very good. Does Priscila still want to go to the south?
Lucas:	Maybe Curitiba. People say it is a very modern city.
Gabriela:	That's true. And the city offers many attractions, too. Well, have a nice trip!

Dialogue 5 – Between friends at the station

Lúcia:	Hi. Can you change a R$ 50 bill for me? The cashier has no change.
Ricardo:	Just a minute. I think I don't have R$ 10 bills, either.
Lúcia:	Oh, then never mind.
Ricardo:	I can lend you ten reais. Here you go.
Lúcia:	Thanks, I'll pay you back later.
Ricardo:	Don't worry.

Lesson 11 – Making reservations by phone

Dialogue 1 – A business meeting

Mrs. Paiva:	Good afternoon, Mr. Andrade. How are you?
Mr. Andrade:	Fine, thanks. Have you already made the reservations at the restaurant?
Mrs. Paiva:	Yes, I've made them.
Mr. Andrade:	Could you call our associates today?
Mrs. Paiva:	Yes, I'll call them and tell them that we have reservations for Saturday evening.
Mr. Andrade:	Excellent. Could you also write the invitations?
Mrs. Paiva:	Yes, I'll write them tomorrow and send them.
Mr. Andrade:	Could you also send them the reports by mail?
Mrs. Paiva:	Yes, actually I'll send them by e-mail, then they will receive them immediately.
Mr. Andrade:	Thanks.

Dialogue 2 – Making hotel reservations

Mrs. Paiva:	Hello, Miramar Hotel?
Receptionist:	Yes, this is the Miramar Hotel. How may I help you?
Mrs. Paiva:	I am calling from the United States. I'd like to make reservations. Do you have rooms available?
Receptionist:	For what dates do you wish to make reservations?
Mrs. Paiva:	For this Saturday, April 8th.
Receptionist:	For how many people?
Mrs. Paiva:	For three people: a married couple and a single person.
Receptionist:	How long do you wish to stay at the hotel?
Mrs. Paiva:	We'd like to stay for a week, until Saturday, April 15th.
Receptionist:	Very well. We have rooms available. Do you prefer one double room and the other with a single bed?
Mrs. Paiva:	I'd like two rooms with double beds. Do they have private bathrooms?
Receptionist:	Sure, all the rooms have them.
Mrs. Paiva:	Perfect. How much is the daily rate?
Receptionist:	It's eighty dollars per night.
Mrs. Paiva:	Does the price include breakfast?
Receptionist:	Yes, it does.
Mrs. Paiva:	Good, I'd like to make reservations for the rooms, please.
Receptionist:	We need your credit card number to make the reservations.

| Mrs. Paiva: | OK. My credit card number is: Visa 220-563-0001. |
| Receptionist: | Thank you very much, Mrs. Paiva. |

Dialogue 3 – Recommending a restaurant

Mrs. Paiva:	Hi, Carol. You ate at the Leblon Restaurant last week, didn't you? Is there a fixed price? Did you like it?
Carol:	Yes, I recommend it. The restaurant is great. The price varies according to the dish.
Mrs. Paiva:	What do you recommend for dessert?
Carol:	I had their milk pudding [flan] and I recommend it. It's delicious. They also have Romeo and Julieta, guava jelly with cheese.
Mrs. Paiva:	And what dish do you recommend?
Carol:	Obviously, the feijoada. It comes with beans, rice, orange slices, meats, farofa [fried manioc flour] and kale. You can also ask them to serve the feijoada with the ingredients as side dishes.
Mrs. Paiva:	That's good. I'll make a reservation for tomorrow.
Carol:	Fine. But don't make it for 1:00 p.m. because at that hour the restaurant is really crowded. I think you will really like the food. See you later.

Lesson 12 – How to get to your destination

Dialogue 1 – Giving directions

Angela:	Did you call me, Dr. Lopes?
Jorge Lopes:	Yes, I did. Do you know how I get to Mangabeiras Restaurant?
Angela:	It's easy. Do you know where Tiradentes Square is?
Jorge:	I think so. I have to go up Contorno Avenue, don't I?
Angela:	Exactly. Go up Contorno Avenue until you get to Tiradentes Square, then turn left.
Jorge:	One moment. I'll write it down. And then do I turn left?
Angela:	Keep going straight ahead up Afonso Pena Avenue. Mangabeiras Restaurant will be on your right, before you reach Pope's Square.
Jorge:	Do you know if it's easy to park there?
Angela:	Don't worry! They have private valet parking.
Jorge:	That's great! Thanks for the help.
Angela:	You're welcome, Dr. Lopes. At your service.

Dialogue 2 – A business lunch

Jorge:	Good afternoon, Dr. Trindade. Did you arrive a while ago?
Paulo:	No, don't worry. I just got here.
Jorge:	Great. This restaurant seems to be a nice place.
Paulo:	That's true. I like to come here because it's quiet. What about you? Are you enjoying living in the city?
Jorge:	Yes, very much. The climate is excellent, and it's much quieter than São Paulo.
Paulo:	How long did you live in São Paulo?
Jorge:	For four years. I'm from São José dos Campos, and I moved there when I was hired at Fiat.
Paulo:	Great! And why were you transferred to Belo Horizonte?
Jorge:	My wife is from here, and I decided to ask to be transferred after we got married. Now Natália is pregnant, and she is really happy that we are close to her family.
Paulo:	That's great. Congratulations! Well, now let's get to work.

Dialogue 3 – How do I get to your home?

Luís:	Manuela, how do I get to your house? Please explain how to get there.
Manuela:	Of course! It's very easy. The best way is to take the bus from the hotel.
Luís:	Is there a bus stop near the hotel?
Manuela:	Yes. Listen carefully: Leave the hotel, turn left, and walk to the end of the block. At the traffic light, cross São João Avenue. The bus stop is there, in front of the post office.
Luís:	Good, I know where the post office is. Which bus do I take?
Manuela:	Do you have paper and pencil there? Please write this down: take the number 47 bus that goes to Jardim Paulista. There are many buses leaving every ten minutes.
Luís:	Where do I get off?
Manuela:	It's only five minutes by bus. Get off at the first bus stop in Jardim Paulista. Ask the driver.
Luís:	It's clear. And then which way do I go?
Manuela:	Go straight down the sidewalk. Pass the church on your left and walk to the intersection with Museum Street, but don't cross the street. Turn to the right and my place is the second building, number 52.

Dialogue 4 – Running into an old friend

Manuela:	I can't believe it! It's been four years since we last saw each other!
Luís:	That's right! We saw each other last time when you finished your course in business administration and went back to Brazil.
Manuela:	Exactly. I graduated from Georgetown University and I went back home to Curitiba. Then I got married.
Luís:	When did you get married?
Manuela:	I married Vítor one year later.
Luís:	Did you meet in the United States?
Manuela:	It wasn't quite like that. We met in Brazil, at the FGV [Fundação Getúlio Vargas].
Luís:	But he also studied in the United States, didn't he?
Manuela:	Yes, that's right. He studied at the University of Texas for two years.
Luís:	Did you also work for Northwestern Bank?
Manuela:	Not me, but Vítor always worked for that bank. I worked for Citibank for two years.

Lesson 13 – Doing business in a restaurant

Dialogue 1 – Arranging a business lunch

Mrs. Mendes:	Good morning, Mr. Castro. The manager of our company, Gabriel Fonseca, told me that you arrived in town yesterday. I would like to set up a lunch with you for tomorrow.
Mr. Castro:	Certainly. I am free tomorrow and will only go back to Rio de Janeiro on Sunday. I decided to visit my family this weekend due to the holiday.
Mrs. Mendes:	Perfect! Can you meet me at the Fino Prato restaurant at noon? I already called, and they have seats available for tomorrow at this time.
Mr. Castro:	Agreed. I will see you tomorrow at this time. I will call the restaurant to make reservations.
Mrs. Mendes:	Excellent! Gabriel told me that your wife is pregnant. Congratulations! I was very glad to hear the news.
Mr. Castro:	Thanks, Ms. Mendes. We were very happy too when we got the news. And your family? How are they doing?
Mrs. Mendes:	They are all very well. Yesterday my daughter traveled to the States. She will stay there for six weeks, studying English.
Mr. Castro:	That's good! I believe that in a short time she will also work in the group.
Mrs. Mendes:	I hope so! Thanks, and till tomorrow.
Mr. Castro:	Thanks. See you.

Dialogue 2 – Two business associates have lunch

Mr. Castro:	A table for two, please.
Receptionist:	Where would you prefer to sit? Inside or outside?
Ms. Mendes:	Inside, near the window, please.
Receptionist:	Please follow me. Is this table fine for you?
Ms. Mendes:	Yes, it's excellent.
Receptionist:	Very good. The waiter will be here in a minute.
Waiter:	Good evening. Here is the menu. Would you like something to drink?
Ms. Mendes:	For me, a "guaraná Antártica" without ice, please.
Mr. Castro:	For me a "caipirinha," please.
Waiter:	Are you ready to order? What would you like to eat? How about starting with soup or an appetizer?
Ms. Mendes:	I would like to have today's soup. I would also like Greek-style rice with grilled chicken breast.
Waiter:	Fine! And you, sir? What would you like?
Mr. Castro:	I would like "carreteiro" rice and an Argentinian "picanha" [type of sirloin].
Waiter:	Excellent! Just a moment, please.
Mr. Castro:	Well then, shall we proceed to business?
Ms. Mendes:	Yes, let's talk about our project.

Some time later. . .

Waiter:	How's the food?
Ms. Mendes:	Delicious. Do you have pepper?
Waiter:	Certainly. Just a moment, please. Here it is. Would you like to have dessert?
Ms. Mendes:	I would like chocolate ice cream.
Mr. Castro:	I am satisfied, thank you.
Waiter:	Would you like coffee?
Mr. Castro:	Yes, coffee. Bring us the bill, please.
Waiter:	Here is the bill. Thank you, and come back!

They pay the bill and leave a 10% tip.

Dialogue 3 – Talking about present and past events

Paula:	How was your trip?
Mike:	It went well almost all the flight, but when we arrived near the Amazon region we had a storm and some turbulence.
Paula:	What a shame! Did you come from Texas?
Mike:	I went through Texas but I came from Atlanta, Georgia.
Paula:	Is this the first time that you have visited Brazil?
Mike:	No, I was in Brazil already twice. I was in São Paulo five years ago and in Belo Horizonte last year.
Paula:	Did you like São Paulo?
Mike:	It made an impression on me because it's an enormous and modern city. Have you been to the States?
Paula:	Yes, I went to Miami and New York, but it was a quick business trip.

Lesson 14 – Planning a meeting and accepting an invitation

Dialogue 1 – Planning a business meeting

Mr. Wilson:	How are you, Mrs. Campos?
Mrs. Campos:	I'm fine, thanks. And you? How can I help you?
Mr. Wilson:	Mr. Saraiva asked me to give you a list of instructions concerning our visit to Brazil.
Mrs. Campos:	That's fine. You may begin, please.
Mr. Wilson:	Well, take note, please. Send me, by e-mail, a list of the executives who will participate in the meeting.
Mrs. Campos:	Should I include their addresses?
Mr. Wilson:	Yes, please. Include their names, addresses, and positions.
Mrs. Campos:	Do I send replies to the memos?
Mr. Wilson:	Yes, let me know about them.
Mrs. Campos:	Should I reserve the Exhibition Hall for April 27?
Mr. Wilson:	Yes, of course. After confirming the date, rent the room that is most appropriate.
Mrs. Campos:	Should I pay them in advance or after the presentation?
Mr. Wilson:	No, please don't pay in advance. Prepare for me a budget with the expenses for transportation, rent, and the staff who will help us on the day of the exhibition.

Dialogue 2 – A memo

Mr. Saraiva:	Good morning, Marcelo! I would like to ask you to do me a favor.
Marcelo:	At your service, Mr. Saraiva.
Mr. Saraiva:	I would like you to write a memo to the company's employees. Here is a model. *[Mr. Saraiva shows Marcelo the model.]*
Mr. Saraiva:	This memo is to remind all company employees of the Christmas party. Check your e-mail. There should be a message from Mrs. Campos that contains all the details on the event.
Marcelo:	Certainly, Mr. Saraiva.

Dialogue 3 – Task accomplished

Marcelo:	Excuse me, Mr. Saraiva. I would like to show you the memo before I post it on the announcements board. This is how it looks. *[Marcelo shows the memo to Mr. Saraiva.]*
Mr. Saraiva:	It looks great, Marcelo!
Marcelo:	Thank you, Mr. Saraiva.
Mr. Saraiva:	You're welcome, Marcelo.

Dialogue 4 – Friends talking on the phone

INFORMAL

Rafael:	Hello?
Pedro:	Hi, Rafael. It's me, Pedro. I just read your message.
Rafael:	Hi Pedro! So, do you think you will be able to join us on Saturday?
Pedro:	Well, Saturday morning Juliana has an exam at her college. I promised I'd pick her up at noon, so we might get there a little bit later.
Rafael:	That's fine. The barbecue is supposed to begin at 10 a.m., but you know how it is, people never arrive on time.
Pedro:	Great. You can count on us. Do you want to go to the stadium on Sunday? There's a classic game at 11.
Rafael:	Well, I guess I can't come. Sunday we have a lunch at my grandma's.
Pedro:	I understand. I haven't got the tickets yet, so maybe you can join us next time.
Rafael:	What about the physics exam on Friday? Did you write down what we are supposed to study?
Pedro:	We have to study the first 3 chapters. So far I've studied only chapter 1. I think I will fail this time.
Rafael:	Don't tell me that. I haven't even started reading the material! Well, I guess I'll begin now. Thanks.
Pedro:	See you later.

Lesson 15 –Writing formal and informal letters and setting up a date

Dialogue 1 – Proposal

Simone:	What will be advertised?
Márcio:	We are going to advertise three new digital products.
Simone:	What is the level of these products?
Márcio:	Our products have the most advanced level of digital technology in the world.
Simone:	What will this technology be used for?
Márcio:	The applications for this technology include the most modern usages in personal communication, transmission of commercial data, and solutions for an electronic commerce network.
Simone:	What will the marketing team do to assess the market?
Márcio:	They will do research on the regional as well as the national market.
Simone:	Which strategies will they use?
Márcio:	We will do a survey to establish the market demand in each area.
Simone:	How will you promote the products to the consumers?
Márcio:	We will start a promotional campaign in the media.
Simone:	Will the promotion be on TV?
Márcio:	Yes, the president will sign contracts with the TV and radio stations.
Simone:	Does the company know the impact of NAFTA on the negotiations?
Márcio:	We will research the procedures of international commerce between the USA, Canada, and Brazil. We will also take MERCOSUL into account.
Simone:	It seems that we have a good plan. Why don't we prepare a proposal for our investors and take advantage of the opportunity to invite them to a meeting?
Márcio:	Excellent idea! We will do that.

Dialogue 2 – News

Marcela:	Hello.
Ana Paula:	Hi, Marcela. It's me Aninha.
Marcela:	Hi, Aninha! What a surprise! How are you?
Ana Paula:	I'm fine.
Marcela:	I am sorry about your grandmother. I didn't know.

Ana Paula:	Thanks. Everything happened so suddenly that I wasn't even able to tell you at the time. But it's good that you and André are already getting married! Are you excited?
Marcela:	I am thrilled, but now everybody is ecstatic here at home because Mariana is pregnant and is going to have twins. It was confirmed yesterday.
Ana Paula:	That's awesome! She already has a daughter, doesn't she?
Marcela:	Yes, Gabriela, who is already going to be 3 years old in December.
Ana Paula:	Wow, time does fly. But tell me, are you really going to be able to spend a couple of days here?
Marcela:	Yes! I am going to buy my ticket today. André is not going to be able to come because he is going to be working. But I think it's even better that way, because then we can catch up, and I'll be able to enjoy the trip more.
Ana Paula:	It's great that you're coming! It's going to be good because Eduardo is also going to travel on the 18th, so I do not have to give him attention while you're here. Tell me, when are you going to be here?
Marcela:	I am going to arrive on the 17th, in the evening. Are you sure it's really no problem for me to stay at your house?
Ana Paula:	Of course not! I have already told my mother, and we're all waiting for you. It's going to be a pleasure.
Marcela:	Thanks! I can hardly wait! What about you? Don't you want to come here afterwards to spend a couple of days at the beach with me?
Ana Paula:	I'm not sure that will work because Eduardo will be coming back from Londrina. But we can plan something later. Who knows, maybe I can go in October, during the holidays.

Lesson 16 – Coordinating a business meeting

Dialogue 1 – Reviewing the business meeting

Mr. Valadares:	When was the meeting?
Mr. Monteiro:	On April 28th.
Mr. Valadares:	Where was it?
Mr. Monteiro:	It was in the main office building of the Company Central-Madeiras.
Mr. Valadares:	Who was at the meeting?
Mr. Monteiro:	There were seven executives, three from the United States and four from Brazil. Also, the lawyer who represents the Brazilian company and the president's secretary were there.
Mr. Valadares:	What time did the meeting start?
Mr. Monteiro:	It started at 9:30 a.m.
Mr. Valadares:	What were you doing while you were waiting?

Mr. Monteiro:	While we were waiting for the chief executive, we were having coffee and talking about the event that happened the day before. We were also reading some of the sections in our reports, and the secretary was making copies to distribute to the participants.
Mr. Valadares:	On the previous day you had a demonstration of the new furniture. Were there many people at the exhibition?
Mr. Monteiro:	Yes, there were a lot of people. There were executives and specialists, and wood and furniture business owners.
Mr. Valadares:	How was the demonstration?
Mr. Monteiro:	Very good. While the people were looking at the furniture exhibition, our production manager was describing the manufacturing process.
Mr. Valadares:	Did you also participate?
Mr. Monteiro:	Yes, we showed videos of the manufacturing equipment and the catalogs with our materials.
Mr. Valadares:	How was the meeting? Did everyone present his or her report?
Mr. Monteiro:	Yes, but we were not discussing them in detail, as in the United States. We had to pay close attention to the president's comments. He always had priority in the discussion.
Mr. Valadares:	What were the main points of the agenda?
Mr. Monteiro:	First the president talked about the exhibition and said that he was very impressed with the products. Then each manager presented his or her report and analyzed the most important factors in production, marketing, and budget, as well as the legal aspects.
Mr. Valadares:	What time was it when the meeting ended?
Mr. Monteiro:	We finished at 1 p.m., and everyone left together for lunch at 2 p.m. The weather was really nice that afternoon.

Dialogue 2 – Talking to the president

Mr. Wilson:	How long have you had your business, Mr. Cardoso?
Mr. Cardoso:	It is a very old business. It belonged to my family for many years.
Mr. Wilson:	Who started it?
Mr. Cardoso:	My great-grandfather started the business around 1800 with some relatives.
Mr. Wilson:	How was it during that time?
Mr. Cardoso:	It was a small carpentry shop where they produced rustic furniture.
Mr. Wilson:	Did you have natural resources?
Mr. Cardoso:	Yes, there was a lot of good-quality wood in the region, and they were able to cut and shape the wood according to the European style.
Mr. Wilson:	How many people were working at the firm?

Mr. Cardoso:	At the beginning there were five or six people. Then the business expanded, they were selling more, and they had to hire more employees. In 1950, it had become a very big furniture company.
Mr. Wilson:	What are the main differences between the business now and then?
Mr. Cardoso:	Back then the carpenters did a lot of manual work, we did not use so many machines, and we used to sell to regional stores, we did not export.
Mr. Wilson:	Why didn't you export?
Mr. Cardoso:	We had difficulties with communication and transportation, and the government imposed many regulations and taxes. There was a lot of bureaucracy to get things done legally.
Mr. Wilson:	What about other countries such as the United States? Weren't they interested in Brazilian furniture?
Mr. Cardoso:	Before they weren't very interested in our style of furniture, but when that changed there were so many problems with the process of buying and selling, and so many expenses that they would give up.
Mr. Wilson:	And now the Free Trade Agreement (NAFTA) helps with the exports?
Mr. Cardoso:	Yes, for sure. Now there is a huge difference. Companies associate; they do business among friends and relatives, they get loans from the bank, they buy more sophisticated wood, and they also associate to export.
Mr. Wilson:	So, now it is also possible to place orders from abroad?
Mr. Cardoso:	Exactly. That was not possible in the past.

Dialogue 3 – A bad day

Patrícia:	Hi Renata. What's up? Did you do well on the test?
Renata:	I'm not sure. I found it a little bit difficult. I didn't have much time to study yesterday because I had a really bad day.
Patrícia:	What happened?
Renata:	When I was coming back home from college yesterday morning, my car broke down and I couldn't ask for help because my cell phone didn't have a [charged] battery. I decided to look for a public telephone to call my father but I could not find one.
Patrícia:	And what did you do?
Renata:	I went back to the car, and after a while a guy who was passing by asked me if I needed help. So, I asked him if he had a cell phone to lend me. He lent me a cell phone, and I called my father's office, but the line was busy. Finally I was able to reach him, and I explained what had happened.
Patrícia:	What a hassle! And did you find out what was wrong with your car?
Renata:	The water in the radiator was boiling because the car had overheated. We had to wait for a while but then we were able to take the car to a garage.

Patrícia:	I'm glad to hear everything ended well.
Renata:	Yeah, but in the afternoon I got a phone call from my cousin, and she was feeling very sick. She wanted to go to a hospital so I got a cab and we went to the ER.
Patrícia:	And what was wrong with her?
Renata:	She was in a lot of pain and the doctors thought that it was appendicitis. So, they put her under observation for a couple of hours. After some tests, they decided that she did need to have surgery.
Patrícia:	Wow, is she all right now?
Renata:	Fortunately, yes. But I ended up staying at the hospital until 7 in the evening. When I got home, I was exhausted! I tried to study for the test, but since I was not able to concentrate, I decided to go to bed earlier.

Dialogue 4 – The olden days

Fernanda:	Camila, how was the party for your grandparents' wedding anniversary on Saturday?
Camila:	It was great! They celebrated their 60 years of marriage. My mother and my uncles were very moved. The party was very lively.
Fernanda:	How did your grandparents get to know each other?
Camila:	They both studied at Pedro II School and they used to go to the same club on weekends. My grandmother says that at that time she was very young and wasn't thinking about dating, but my grandfather says he already has his eye on her.
Fernanda:	How old was your grandma?
Camila:	When they first met she was only 11, but they started dating later, shortly after she turned 15. When they got married, she was 19 and he was 21.
Fernanda:	Wow, they were very young when they got married!
Camila:	That's true. At that time, women used to get married very early, and they did not work because they stayed at home taking care of their husband and children. My grandma says that before getting married she could not even go out with my grandpa by herself because my great-grandpa did not allow it.
Fernanda:	Did they have children soon?
Camila:	Yes, they did. The first child was born when my grandma was 21. Then they had 3 more children. My mom was the third one.
Fernanda:	It must have been difficult. I think I prefer the way things are now, because we have a lot more freedom.
Camila:	That's true, but on the other hand, I think now relationships are much more difficult. Anyway, my grandma says that she really misses the time when my mom and my uncles were little. I think I understand what she means by that.

Lesson 17 – Selling your idea and negotiating an agreement

Dialogue 1 – At a job interview

Fernando Góis:	Mr. Rios, in your C.V. you indicate that you studied at Georgetown University. What was your major?
Peter Rios:	I studied at the Business School and got my degree there.
Fernando Góis:	How long did it take you to get your MBA?
Peter Rios:	I studied for two years, then I took a leave of absence to work as a trainee at a division of IBM in Miami, Florida.
Fernando Góis:	What did you do as a trainee?
Peter Rios:	I was an assistant at the Department of International Strategy. I carried out research on business management systems in Latin America.
Fernando Góis:	Did you travel to any country in the Southern Cone?
Peter Rios:	While I was a trainee at IBM, no, but I traveled later when I was working for Digital Industries Co.
Fernando Góis:	What position did you hold in that company?
Peter Rios:	At first I was international sales assistant for Latin America, then I was promoted to systems consultant in Brazil and Argentina.
Fernando Góis:	How did you manage to become a specialized technician while you were working for the company?
Peter Rios:	Well, I was very interested in the technological operations of hardware systems. So, while I was working full-time at the company, I also attended evening classes at the Technical University of Baltimore. I used to practice at the labs at the university, and also at the labs in the company.
Fernando Góis:	And after your traineeship at IBM you finished your business major?
Peter Rios:	Yes, I got my bachelor's and right away began the MBA. I studied for four additional years, then I started training our international customers at Digital Industries.
Fernando Góis:	Where did you learn Portuguese?
Peter Rios:	My father used to do business with Brazil and I used to travel a lot with my family to Brazil and other countries in Latin America.
Fernando Góis:	Oh, now I see why you speak our language so well. Where did you live while you were at middle school?
Peter Rios:	I lived in São Paulo, and when I turned 18 we moved back to the United States.
Fernando Góis:	Excellent! I didn't know you lived in Brazil. Now I have no doubt that you will find yourself at home among Brazilians!

Dialogue 2 – How to do an interview

Miss Montes:	Good morning, I'd like to speak to Mr. Soares.
Secretária:	Could you tell me your name, please? Do you have an appointment?
Miss Montes:	I'm Alaíde Montes. I'm a candidate for the position in the Publicity Department. Mr. Soares said that he would like to talk to me this morning, and that he would be in his office after 10.
Secretária:	Fine, I see your name here, Miss Montes. Your interview was supposed to be at 10 a.m., but Mr. Soares is still busy with some clients. Would you mind waiting for 15 minutes in the waiting room over there?
Miss Montes:	No problem, I can wait. *[During the interview later. . .]*
Mr. Soares:	So, tell me, what would you do if you wanted to increase the number of clients interested in a new product line?
Miss Montes:	First of all, I would do some market research to plan the advertising campaign.
Mr. Soares:	Would we have to increase the budget for promotions?
Miss Montes:	Well, if the company could increase the budget, I would hire more employees to do the market research, and I would carry more advertisements on the radio and on TV.
Mr. Soares:	Very good, Miss Montes, I would like to see you again next week. Would you be available sometime on Thursday?

Dialogue 3 – Negotiating an agreement

Alexandre:	Good afternoon, Mr. Roberto, have a seat, please.
Roberto:	Thank you.
Alexandre:	Would you like coffee?
Roberto:	Yes, I would, thank you.
Alexandre:	So, did you have time to review our proposal?
Roberto:	Yes, I did, and that is what brought me here. I would like to discuss the budget with you.
Alexandre:	Certainly. Do you have any questions?
Roberto:	I would like to know if this is your final cost, because I consider the amount a bit high.
Alexandre:	Well, you know that we work with very high-quality raw materials, and our products have a five-year warranty. If I could, I would, but unfortunately there's no way to change the cost of the materials. This is my final price.
Roberto:	Since you can't lower the price, what extra value could you offer me?
Alexandre:	Well, we could speed up production and deliver in half the estimated time, and double the warranty to ten years.

Roberto:	Well, now we are talking! And what would be the terms of payment?
Alexandre:	You would pay 20% when you sign the contract and the rest when the work is finished.
Roberto:	OK, in that case I think it's reasonable. When could you start production?
Alexandre:	We could start tomorrow at 7 a.m. If everything goes well, the work will be delivered in 15 days.
Roberto:	Perfect. Let's sign the contract.
Alexandre:	Great! I am sure that after this job you will rehire us for other services.

They shake hands.

Dialogue 4 – Back to school

Letícia:	Hi, Débora, how was your vacation?
Débora:	It was great! And yours?
Letícia:	It was good, too. Did you travel?
Débora:	Yes, I went to Guarapari with my family. We stayed there for 15 days.
Letícia:	How nice! It always feels great to be at the beach. Did you travel by car?
Débora:	My parents went by car with my sisters, but I traveled by bus because I was still working when they left. I started vacation a week later.
Letícia:	And what did you do there besides going to the beach?
Débora:	I slept a lot. I would wake up late every day and go to the beach. In the evenings we would go out to meet with some friends at a bar or go dancing. I also spent time reading and visiting some other beaches in Espírito Santo that I hadn't been to before. And you? What did you do on your vacation?
Letícia:	I stayed here most of the time. I had no vacation at the store, so I worked a lot. I would wake up early every day and would stay at the office until 6 p.m. But at least I didn't have to go to college in the evenings. Sometimes I went to the movies with my boyfriend, and sometimes we stayed home and ordered a pizza.

Dialogue 5 – Calling to request a favor

Gabriela:	I'd like to speak to Paloma, please.
Juliana:	Who would like to speak to her?
Gabriela:	This is Gabriela. I'm a friend of hers from work.
Juliana:	Just a minute, please. *[A little bit later. . .]*
Paloma:	Hi, Gabi?
Gabriela:	Hi, Paloma, how are you?

Paloma:	Fine, and yourself?
Gabriela:	Fine. I'm calling because I'd like to ask you something. Do you remember you told me that you have an uncle who works at the Consulate? I'd like to know if I could set up an appointment for an interview with him in order to request a visa.
Paloma:	Do you have a passport already?
Gabriela:	Not yet, but I'll get it this week. I took the photos yesterday.
Paloma:	Well, first you would need your passport. Then you would have to pay a fee through the internet, and only afterwards would you be able to schedule the interview.
Gabriela:	Would you happen to know how much the fee is?
Paloma:	Well, when I renewed my visa last semester I had to pay 48 reais, but I don't know if the price has changed. Do you think you would be able to have your passport within 10 days?
Gabriela:	I think so. I called the Federal Police and they told me that they issue the passport in a week. Could you give me your uncle's phone number at the Consulate?
Paloma:	Sure! Just a minute; I'll get my address book.

Lesson 18 – Performance evaluations and departmental goals

Dialogue 1 – Performance evaluation

Mr. Souza:	Good morning, Miss Mendes. Sit down, please.
Miss Mendes:	Good morning, Mr. Souza.
Mr. Souza:	As you already know from the memo I sent you, I'd like to go over some points of your evaluation with you.
Miss Mendes:	Of course, Mr. Souza.
Mr. Souza:	First of all, I'd like to congratulate you for the successful sales of the new products that we've introduced on the Brazilian market since you started working for our company.
Miss Mendes:	Thank you very much, Mr. Souza. Working for this company has been a great pleasure.
Mr. Souza:	I'll continue with the positive aspects of your evaluation. You've given excellent proof of your experience in resource investigation and have demonstrated a great ability to solve problems. Furthermore, you've developed innovative and efficient strategies to recruit not only regional clients, but also ones from other states in Brazil.
Miss Mendes:	Thank you for appreciating my participation in the marketing strategy.
Mr. Souza:	There's no need to thank me; you deserve it. We also appreciate all the effort you've made to acquire the information technology qualifications that are necessary for this position. You have acquired the appropriate ability in no time, and you have attained a level of performance that allows you to train other assistants in different areas.
Miss Mendes:	I'm really grateful to you and the administration, Mr. Souza.

Dialogue 2 – Evaluation and promotion

Mr. Santana:	What companies and departments have you worked for?
Mr. Garcia:	I've worked for private consulting agencies in different departments.
Mr. Santana:	For whom are these references?
Mr. Garcia:	They are for the presidents in the Executive Council.
Mr. Santana:	How long have you worked for this branch of our company?
Mr. Garcia:	I've been working here for 3 years.
Mr. Santana:	Where would you like to go in your new position?
Mr. Garcia:	I would like to go to São Paulo.
Mr. Santana:	Why did you choose that region?
Mr. Garcia:	Because I have relatives there, and I have worked before at a company in São Paulo that does business with our company.
Mr. Santana:	Where have you traveled in Brazil?
Mr. Garcia:	I've traveled a lot, mostly to the Southeast, Northeast, and South for other Brazilian companies.
Mr. Santana:	Why are you are interested in working for the International Agency of Executive Consultants?
Mr. Garcia:	In order to make the North American companies more competitive on a local as well as international scale.
Mr. Santana:	Why do you think that the companies can be more competitive with the assistance of these consultants?
Mr. Garcia:	Because they can offer assistance in exporting to new markets, increasing productivity, accessing new technologies, boosting services, improving the market and sales, and developing professional programs.
Mr. Santana:	How much do the services of these consultants cost?
Mr. Garcia:	The price for private services varies, but the services offered by International Executive Consultants are not for profit.

Dialogue 3 – Rogério and Alfredo catch up on what's happening at work

Alfredo:	Hey, pal, what's up? I haven't seen you for so long!
Rogério:	Yeah, I know. I've been really busy at work, so I couldn't come to the games these past weeks.
Alfredo:	Have you been working in the evenings, too?
Rogério:	Lately, yes. I'm organizing a fair for the construction business that is going to happen in town next month, so I've spent all my time working on that. I'm glad we haven't had classes at college because of the strike, otherwise I would not be able to organize this event.

Alfredo:	Have you read the news? It looks like the strike won't end till next month. The professors will have a meeting at the Assembly at the end of the month, so nothing will be decided until then. I've been really worried about this situation.
Rogério:	I know, it's becoming more and more difficult to pursue a degree in this country. I've thought about taking the examinations for the master's program at the end of the year, but this strike has discouraged me. What about you? What have you been up to?
Alfredo:	Nothing new. I have worked during the week and on Saturdays I've gone to the club. My girlfriend and I have gone to the movies almost every Sunday. Have you seen any movies lately?
Rogério:	No, it's been a long time since I went to the movies. I haven't watched TV, either. I guess I need a vacation.
Alfredo:	That's right, it's not fair to have to work while there's a strike. See you later. Bye-bye.

Dialogue 4 – Preparations for a trip

Mariana:	Viviane, have you bought your ticket to New York already?
Viviane:	Not yet. I've been really busy at my job at the Bank of Brazil and I haven't had time to do anything else.
Mariana:	Well, I haven't got mine yet either. But a friend of mine, who takes French with me, sent me an e-mail yesterday and said that there is a travel agency downtown that sells tickets for very reasonable prices. She said they've had competitive prices since they opened their business last year. I think now they're having a promotion on travel to New York.
Viviane:	Really? Where is this travel agency located?
Mariana:	It's at Afonso Pena Avenue, next to the Palace of the Arts. I can forward Fernanda's message to you, so you can go there later.
Viviane:	Thanks. How long do you plan to stay in the United States?
Mariana:	I guess I'll stay for only a week, otherwise the trip will be too expensive for me. I think I'll be able to get my ticket only at the end of the month, because now I've got no money.
Viviane:	I think I can only buy mine later, too, when I get my paycheck. Are you excited about the trip?
Mariana:	Yes, very much! My cousin who lives in São Paulo has been to New York several times and she told me that she's going to call me to give me some tips. I think we will enjoy it a lot!

Lesson 19 – Making administrative decisions

Dialogue 1 – Recommendations for a franchise in Brazil

Mr. Vasconcelos:	As I told you, Mr. Carvalho, I want you to tell me briefly some of the expectations and the most significant differences in dealing with Brazilian workers.
Mr. Carvalho:	I have no doubt you are an excellent manager in the United States. But first I suggest that you prepare yourself to face a different social and cultural environment.
Mr. Vasconcelos:	I'm aware of the fact that it is difficult to get qualified workers.
Mr. Carvalho:	That's right. I recommend that you have a training program for all the new employees.
Mr. Vasconcelos:	Should it include only technical aspects?
Mr. Carvalho:	No, I also suggest that it include service skills and personal relations.
Mr. Vasconcelos:	I've heard that employees are not as flexible here as in the United States; is it true?
Mr. Carvalho:	Yes, this is one of the main concerns in the Brazilian workplace. I recommend that you hire local employees who have family in the area where the company is located.
Mr. Vasconcelos:	You suggest that I treat the clients in a special way. How should I do this?
Mr. Carvalho:	In Brazil, it's important that you give attention to the clients by treating them in a more familiar and personalized way, not like any other customer. That way your company will attract and keep clients more easily.
Mr. Vasconcelos:	What do you suggest about the system of wages?
Mr. Carvalho:	This is very important. Heads of households in Brazil don't like to take temporary jobs. They want to have a full-time position and prefer that the company pay them monthly, or after the end of a specific project.
Mr. Vasconcelos:	Is there extra compensation as well?
Mr. Carvalho:	Yes. This is extremely important, because some of these payments are required by law for all employees. I recommend that you include the 13th salary in calculating the payroll, which is an extra salary. This bonus was created in order to help with the end-of-the-year expenses.
Mr. Vasconcelos:	What about insurance?
Mr. Carvalho:	I recommend that the company keep up to date with its insurance payments for all employees. The American company makes the insurance payments to the government, and the INSS (National Institute of Social Security), transfers it to the employees.

Dialogue 2 – A doctor's appointment

Dr. Nunes:	Good morning, Marcelo! How can I help you today?
Marcelo:	Well, I heard a lot about you and decided to make an appointment about a chronic cough that has been bothering me for some time.
Dr. Nunes:	Is there any history of asthma or heart problems in your family?
Marcelo:	No, my parents and my siblings don't have any of those problems. But I never knew my grandparents, so I don't really know.
Dr. Nunes:	Then I suggest that we do some tests.
Marcelo:	Can you recommend something to relieve my cough till the results of the tests come back?
Dr. Nunes:	It is important that you observe when you have this cough, at what time, in what places, and whether you are in contact with things or animals (dust, smoke, cats, dogs, etc.). I even suggest that you write down this information over the next two weeks.
Marcelo:	Yes, doctor. Could you recommend a good lab so that the results will come back as soon as possible?
Dr. Nunes:	I recommend that you do your tests at the Santa Casa. They send the results in less than 24 hours, and they accept your health plan.
Marcelo:	Thanks, doctor. Do you recommend that I take any medicine in the meantime?
Dr. Nunes:	For now, I will prescribe this cough syrup, but I advise you not to take it when you need to drive because it can cause drowsiness. But it is important that we address the actual cause, the root of the problem. Therefore, I ask you not to lose any time and schedule your tests.
Marcelo:	Yes, doctor, thank you very much.
Dr. Nunes:	I want you to come back in two weeks. All right? Is that fine?
Marcelo:	Of course, doctor.

Dialogue 3 – Final project

Laura:	Hi, Catarina, do you know what you are going to do for our final project?
Catarina:	I think so. I'm going to attend an annual paint fair that is going to take place in São Paulo next month, and I'm thinking about doing my project on the new trends in this market sector. What about you? Do you have any ideas?
Laura:	Not yet. I'm kind of lost. Do you have any suggestions to give me?
Catarina:	I suggest that you visit a company and develop some field research about a specific aspect of its organization.
Laura:	Do you think it would be easy for me to make an appointment to visit a company in this region?

Catarina:	I think so. First of all, I recommend that you do a survey of the companies you are interested in. Then I think it's important that you contact each one personally, so that they become aware of the importance of the project and so that they understand that by letting you visit, they also profit in terms of marketing that you will promote later.
Laura:	I got it. As for the presentation, what do you think I should do?
Catarina:	I think it would be nice if you do a PowerPoint presentation. Maybe it would be interesting if you include some pictures of the company and also use information about the department you visited. It's essential that you not forget to include some questions to ask the students at the end of the presentation. This will allow you to promote group discussion and at the same time make sure that they were really paying attention.

Lesson 20 – Discussing the performance of a company and its employees

Dialogue 1 – International business

Mr. Nogueira:	How has your new business in Brazil been going, Mr. Garcia?
Mr. Garcia:	Very well. I'm surprised and pleased that there are so many qualified employees in this business sector.
Mr. Nogueira:	Do they work enough hours during the week?
Mr. Garcia:	It's surprising that they want to work so many hours during the week.
Mr. Nogueira:	What about on the weekends? Do the employees also work them?
Mr. Garcia:	I doubt that they work on the weekends. It's very unlikely that they come to work on Sundays.
Mr. Nogueira:	I've heard that there are no clients interested in the new products yet. Is it true?
Mr. Garcia:	It's not true that there are no clients. There are many clients in the region, but it's necessary to run local and regional promotions of the products.
Mr. Nogueira:	But you have many expenses transporting the merchandise, don't you?
Mr. Garcia:	Not really, because transportation is very cheap here.
Mr. Nogueira:	But in the meantime, you haven't generated a significant profit.
Mr. Garcia:	Well. . . it's unlikely that we will generate significant profit in the first year.
Mr. Nogueira:	Do you need us to send you more technicians?
Mr. Garcia:	Yes, it's urgent that we have more qualified technicians here in our offices who speak Portuguese.
Mr. Nogueira:	Are you surprised about anything that is quite different from here?
Mr. Garcia:	It's surprising that the Brazilians develop a personal relationship with the clients. It's very different in the United States.

Dialogue 2 – Business meeting

Dr. Adriana:	Did you want to speak to me, Dr. José?
Dr. José:	Yes, I did. I'd like you to go to a meeting with me, in one hour, at Castor Engineering. We need to discuss some details about our project.
Dr. Adriana:	I'm sorry, Dr. José. I have a meeting in two hours with the production staff. If I did not have to attend that meeting, I could go with you, but the meeting was scheduled three weeks ago, and we have to discuss the acquisition of new machinery for our factory.
Dr. José:	What if you asked the production manager to start the meeting for you? I really want you to come to this meeting with me. It would be important for you to be there to discuss the conditions of the contract, too. I believe it will not take more than one hour.
Dr. Adriana:	If the production manager were at the factory, I could discuss that with him, but he hasn't come back from lunch yet.
Dr. José:	What if you tried to reach him by phone? He must have his cell phone with him.
Dr. Adriana:	All right. I'll call him now. I'd like you to do me a favor, too. Could you confirm the exact date of our meeting next week with the staff from the office? I'd like you to send me a memo so that I can forward it to everyone. That way everyone will have the meeting scheduled in advance.
Dr. José:	Sure. If I could, I would write the memo now, but first I need to finish this report to take to our meeting. Can I send you the memo later?
Dr. Adriana:	That's fine. Thanks.
Dr. José:	You're welcome. Oh! I'd like you to call me as soon as you are able to speak to the production manager.

Dialogue 3 – Discussing a soccer game at the bar

Túlio:	Are you going to the big game on Sunday, Ricardo?
Ricardo:	I think so. I hope I can go, and I hope the weather is better by then.
Túlio:	Yeah, it's been raining for a long time now. I hope our team plays well on Sunday. It's important that we win this game so that we can participate in the final games of the championship.
Ricardo:	I don't know, but I'm kind of pessimistic about it. We had a hard time in the last game and we were almost eliminated. I hope that doesn't happen again.
Túlio:	Yes, and I hope that Edu's knee gets better soon because we need him on Sunday.
Ricardo:	That's true. I'm surprised that the coach replaced Adilson with Fabrício in the last game. In my opinion, that was a big mistake.
Túlio:	This coach doesn't know what he is doing. We had that penalty in the last game and it was his fault. I hope he keeps both feet on the ground on Sunday.

Ricardo:	It's a pity that there's no chance for us to get a new coach now. It's necessary that all the fans start a campaign to have him replaced as soon as possible.
Túlio:	I agree, but I think that's not possible now. Right now the most important thing is for us to support our team so that it can participate in the next games with no difficulties.

Dialogue 4 – Plans for Carnival

Fabiana:	Hi Camila, will you travel during Carnival?
Camila:	Actually, I haven't decided yet. If I had money, I'd go to Bahia with my brother, but I'm broke now and the ticket is very expensive. I'm still paying for that package I bought in the summer to go to Florianópolis.
Fabiana:	And if I could, I'd go to Olinda, in Pernambuco. I have some cousins who are traveling there on Friday and they offered me a ride. If I didn't have to work it would be great, but I think they aren't going to let us off at my work.
Camila:	What a hassle! It would be great if you could go. I spent Carnival there once and I had a great time.
Fabiana:	Well, if I could get the day off we could go together. I'm sure my cousins would love it if you traveled with us. They have room for two more in the car.
Camila:	Wow, it would be awesome if we could spend Carnival in Olinda! What if you talked to your boss?
Fabiana:	I'll try to talk to him tomorrow.
Camila:	If it didn't work out, you could come with me to our country house on the weekend. My family wants to prepare a barbecue there on Sunday. I'd love it if you could come.
Fabiana:	Thank you. I'll call you tomorrow as soon as I get back from work. I have to go to the library now to return some books.
Camila:	OK. If I were not late for my gym class I'd go with you, but I've got to run now, otherwise I'll miss the bus.
Fabiana:	That's fine, no problem. We'll talk tomorrow! Bye!

English–Portuguese Glossary

	English	Portuguese	Lesson
	1,000	mil	L3
	100	cem	L3
	13th salary	décimo terceiro salário	L19
	21	vinte e um	L3
	22	vinte e dois	L3
	23	vinte e três	L3
	24	vinte e quatro	L3
	25	vinte e cinco	L3
	26	vinte e seis	L3
	27	vinte e sete	L3
	28	vinte e oito	L3
	29	vinte e nove	L3
	30	trinta	L3
	40	quarenta	L3
	50	cinquenta	L3
	60	sessenta	L3
	70	setenta	L3
	80	oitenta	L3
	90	noventa	L3
	ability	competência, a habilidade	L17, L18
	about	sobre	L16
	above	acima de	L2
	acceptance	a aceitação	L14
to	*access*	acessar	L18
to	*accompany*	acompanhar	L6
	accounting	a contabilidade	L5
to	*acknowledge receipt*	acusar recibo	L15
to	*acquire*	adquirir	L18
	acquisition	a aquisição	L20
to	*act*	agir	L7
	action	a ação	L19
	address	endereço	L2
to	*adjourn, to be adjourned*	suspender, ser suspenso	L16
	administration	administração	L5
	advanced to the next round	classificado/a	L20
	advantage	a vantagem	L7
	advertisement	anúncio	L14
	advertising campaign	campanha publicitária	L17
	advice	conselho	L19
	affordable	acessível	L18
	after	após	L17
	afternoon	a tarde	L1

	afterwards	depois	L7
	again	novamente	L17
	age	a idade	L2
	agenda	agenda, pauta	L16
	agreement	acordo, compromisso	L16, L17
	ahead of	diante de	L2
	air conditioning	ar condicionado	L9
	airport	aeroporto	L10
	aisle seat	assento no corredor	L10
	All Saints Day	o dia de todos os santos	L7
to	allow	permitir	L13
	alone	sozinho/a	L16
	already	já	L6
	also	também	L2
	always	sempre	L11
	amenable	receptivo/a	L16
	amicable	amigável	L16
	among	entre	L2
	amount	honorário, importância, o montante	L14
	And you?	E o/a senhor/a?	L1
to	announce	anunciar	L14
	announcement	anúncio	L14
to	answer	responder	L5
to	answer the phone	atender o telefone	L11
	anxious	ansioso	L6
	any	algum/a (alguns,-mas)	L7
	apartment	apartamento	L4
to	appear	surgir	L7
	appendicitis	a apendicite	L16
	appetizer	entrada, o tira-gosto	L13
	application	formulário, a inscrição	L2, L18
	appointment	encontro marcado, compromisso	L17
to	appreciate	apreciar	L20
	appropriate	apropriado/a, adequado/a	L14
	approval	a aprovação	L17
to	approve	aprovar	L6
	April	abril	L3
	Are there any rooms available?	Há quarto vago?	L11
	Are there any rooms with two beds?	Tem quarto com duas camas?	L11
	Are there daily flights to. . . ?	Há voos diários para. . . ?	L10
	Are there direct flights to. . . ?	Há voo direto para. . . ?	L10
	area code	prefixo	L11
	Argentina	Argentina	L2
	Argentinian	argentino/a	L2
	arrival	chegada	L10
	arrival gate	o portão de desembarque	L10
to	arrive	chegar	L10
	artist	o/a artista plástica	L9

	as	como, pois	L5, L8
	as soon as possible (ASAP)	com urgência	L14
to	ask	pedir	L6, L11
to	ask for	solicitar, pedir	L6, L11, L14
to	ask for someone	perguntar por alguém	L11
	aspects	aspectos	L18
	assistance	ajuda	L20
	assistant	o/a assistente	L17
to	assure	garantir	L17
	at	em	L2
	at the end	no final	L12
	At what time are the flights to. . .?	A que horas são os voos para. . .?	L10
	At your service.	Às suas ordens.	L2
	athletic	atlético/a	L3
	ATM machine	o caixa 24 horas, caixa rápido	L10
	attachments	anexos	L15
to	attend	assistir a	L4
to	attend to	atender	L5
	attention	a atenção	L19
	Attentively	Atenciosamente	L15
	August	agosto	L3
	autumn	outono	L9
	availability	a disponibilidade	L17
	available	desocupado, disponível	L10, L14
	avenue	avenida	L2
	Awaiting your answer	Aguardamos sua resposta	L15
	award plaque	placa de homenagem	L6
	baby	o bebê	L1
	bachelor's degree	bacharelado	L17
	bad	mau (má), ruim	L3
	baggage claim area	esteira de bagagem	L10
	baked	assado	L13
	band	pulseira	L8
	bank	banco, agência bancária	L4, L10
	baptism	batismo	L7
	barbeque	churrasco	L6, L9
	bargain	pechincha	L8
	basketball	o basquete	L1
	bathroom	banheiro	L11
	battery	bateria	L16
to	be	estar, ser	L1
to	be. . . years old	ter. . . anos	L2
to	be afraid that. . .	ter medo que. . .	L20
to	be aware of	estar ciente de, estar a par de	L19
to	be born	nascer	L16
to	be delighted that. . .	estar feliz, alegre *ou* contente que. . .	L20
to	be employed as	exercer a função de, ser empregado como	L18
to	be glad that. . .	alegrar-se que. . .	L20

to	be happy that. . .	estar feliz, alegre *ou* contente que. . .	L20
to	be interested in (somebody)	estar de olho em (alguém)	L16
to	be ready	estar pronto/a	L6
to	be responsible	assumir a responsabilidade	L19
to	be sorry, be sad that. . .	sentir que. . ., lamentar que. . .	L20
to	be surprised	surpreender-se	L7
to	be surprised that. . .	estar surpreso/a que	L20
to	be thankful	estar agradecido/a, grato/a	L19
	beach	praia	L4
	beans	o feijão	L13
	beautiful	lindo/a	L8
	because	porque	L8
	because of	por causa de	L10
to	become a member	associar-se	L14
	bed	cama	L11
	bedroom	dormitório, quarto	L1, L4
	beer	cerveja	L13
	before	antes de	L12
to	begin	começar	L6
	behavior	comportamento	L18
	behind	atrás *ou* detrás de	L2, L12
	below	debaixo de, abaixo	L2, L12
	beside	ao lado de	L2
	besides	além disso	L18
	between	entre	L2
	big	grande	L3
	birthday	aniversário	L4
	birthplace	o lugar de nascimento	L2
	black	preto/a, negro/a	L7
	blanket	o cobertor	L11
	block	quadra, o quarteirão	L4, L12
	blond	loiro/a *ou* louro/a	L2
	blouse	blusa	L7
to	blow (with wind)	ventar	L9
	board of directors	conselho diretor, diretoria	L5
	body	corpo	L7
	body (of written text)	texto	L15
	bonus	o bônus, a gratificação	L19
	bookstore	livraria	L12
	bored	chateado/a, aborrecido/a	L6
	boring	chato/a	L6
to	borrow	pedir emprestado	L13
	boss	o chefe, o patrão	L5
	both	ambos/as	L16
	bowl	tigela	L13
	boyfriend/girlfriend	namorado/a	L3
	bracelet	pulseira	L8
	branches	as filiais, as sucursais	L19

	Brazil	Brasil	L2
	Brazilian	brasileiro/a	L2
	bread	o pão	L13
to	break down	enguiçar	L16
	briefcase	pasta	L2
	briefly	brevemente, em breve, rapidamente	L3, L9
	bright (color)	viva	L8
to	bring	trazer	L13
	brother	o irmão	L1
	brown	marrom	L7
	brunette, dark-haired	moreno/a	L2
	budget	orçamento	L6
	building	edifício, prédio	L2, L4
	bus	o ônibus	L4
	bus stop	ponto de ônibus	L12
	business	negócios	L3
	business dinner	o jantar de negócios	L7
	business management systems	os sistemas de gerenciamento de negócios	L17
	business trip	a viagem de negócios	L9
	businessman/woman	empresário/a	L17
	busy	ocupado/a	L4
	but	mas	L14
	butter	manteiga	L13
to	buy	comprar	L4
	by	por	L5
	by air mail	via aérea	L15
	by cell phone	por celular	L14
	by no means	de modo nenhum	L17
	by yourself	sozinho/a	L16
	Bye.	Tchau.	L1
	calculation	cálculo	L18
	calculator	calculadora	L5
	calendar	calendário	L4
	call	chamada	L11
to	call (oneself), to be called	chamar-se	L1
to	call direct	discar direto	L11
	Canada	o Canadá	L2
	Canadian	canadense	L2
	canceled	cancelado/a	L10
	candidate	candidato/a	L17
	capital (geographic location)	a capital	L2
	capital gains	o capital	L2
	car	carro	L3
to	care	importar	L10
	career	carreira	L18
	carefully	cuidadosamente	L19
	carpentry	carpintaria	L16

	cashier	o/a caixa	L4
	catalog	catálogo	L8
	Catholic	católico/a	L7
to	celebrate	festejar	L4
	celebration	festejo	L7
	Celsius	centígrado	L9
	certainly!	certamente!, com certeza!, pois não!	L3, L14
	chair	cadeira	L5
	Chamber of Commerce	Câmara do Comércio	L16
to	change	mudar	L17
	channels	os trâmites	L15
	chapter	capítulo	L14
	chat	o bate-papo	L16
to	chat	bater papo	L16
	cheap	barato/a	L8
to	check	verificar	L6
	check-in counter	o balcão de atendimento	L10
	cheerful	animado/a	L15
	cheese	queijo	L13
	chicken	frango	L13
	Christmas	o Natal	L7
	chronic	crônico/a	L19
	church	igreja	L6
	city, city of birth	a cidade, cidade natal	L1
to	clarify	esclarecer	L16
	class	aula	L7
	clearly	distintamente, claramente	L20
	client	o/a cliente	L3
	climate	o clima	L9
to	climb	subir	L6
	close	próxima	L6
	closed	fechado/a	L4
	closing	despedida *ou* término	L15
	clothes	roupa	L4
	clothes dryer	máquina de secar	L4
	clouds	as nuvens	L9
	cloudy	nublado	L9
	coast	costa	L10
	coat	casaco, sobretudo	L7
	coffee served in demitasse cups	cafezinho	L13
	coffee shop	o café	L10
	cold	frio/a	L9
	colleague	o/a colega	L6
	collect call	chamada a cobrar	L11
	collection	a coleção	L8
	Colombia	Colômbia	L2
	Colombian	colombiano/a	L2
to	comb one's hair	pentear-se	L7

to	*come*	vir	L4
	Come in, please.	Entre, por favor.	L1
	comfortable	confortável, cômodo/a	L4, L10
	command	comando	L19
	commercial	comercial	L15
	commitment	compromisso	L17
to	*communicate*	comunicar	L5
	communication	a comunicação	L17
	company	companhia, empresa	L2
to	*compare*	comparar	L8
to	*compare with*	comparar-se com	L8
	compared	comparado	L8
	comparison	a comparação	L8
	compatible	compatível	L17
to	*compete*	competir	L6
	competence	competência	L17
	complete	completo	L8
to	*complete*	completar	L2
	compromise	meio-termo	L17
to	*compromise*	comprometer	L17
	computer	o computador	L1
to	*concentrate*	concentrar	L16
	concerns	dúvidas	L17
	conditions of payment	forma de pagamento	L17
	conference	conferência	L6
to	*confirm*	confirmar	L13
to	*confirm our (telephone) conversation. . .*	Confirmando nossa conversa (telefônica). . .	L15
	confirmation	a confirmação	L14
to	*congratulate*	parabenizar	L18
	Congratulations!	Parabéns!	L12
	connecting flight	a conexão	L10
	construction	obra	L17
	consulate	consulado	L17
	consultant	o/a consultor/a	L17
	consumer	o consumidor	L16
to	*contact*	contactar	L2
to	*continue*	seguir	L12
	contract	contrato	L17
	contracting	a admissão	L18
to	*contribute*	contribuir	L19
	control	domínio	L19
to	*control*	controlar	L5
	convenient	conveniente	L14
	conveyor belt	esteira de bagagem	L10
to	*cook*	cozinhar	L13
	cooked	cozido/a	L13
	cookie	biscoito	L13
	cool	fresco	L8

to	coordinate	coordenar	L5
	copies	cópias	L16
	cordially	cordialmente	L15
to	correct	corregir	L7
	correspondence	correspondência	L5
	cost	o montante, honorário, importância	L14
	cotton	o algodão	L8
to	count	contar	L15
	country	o país	L2
	countryside	campo	L7
	coupons	os cupons	L19
	court (in sports)	quadra	L4
	cousin	primo/a	L7
	credit card	o cartão de crédito	L10
to	cross	atravessar, cruzar	L12
	customs	alfândega	L10
	daily	diariamente	L7
to	dance	dançar	L4
	dance club	discoteca	L7
	dark-haired, brunette	moreno/a	L2
	data tables	tabelas de dados	L5
	database	a base de dados	L6
	date	data	L15
	day	o dia	L1
	day after tomorrow	depois de amanhã	L12
	day before yesterday	anteontem	L12
	dealer	o revendedor	L8
	dear	caro/a	L6
	Dear Client:	Prezado/a Cliente:	L15
	Dear Mr./Mrs. Rodrigues:	Prezado/a Sr/a. Rodrigues:	L15
	Dear Sir/Madam:	Prezado/a Senhor/a:	L15
	Dear Sirs:	Prezados Senhores:	L15
	debit card	o cartão de débito	L10
	December	dezembro	L3
	delayed	atrasado/a	L10
	delicious	delicioso/a, saboroso/a	L3, L13
to	deliver	entregar	L17
to	demand	exigir	L7
	demanding	exigente	L19
	demonstration	a demonstração	L16
to	deny that. . .	negar que. . .	L20
	department head	o/a gerente de administração	L3
	departure	partida	L10
	departure gate	o portão de embarque	L10
	deposit	depósito	L11
to	descend	descer	L12
to	describe	descrever	L16
	desire	desejo	L19
	desk	carteira	L1

	dessert	sobremesa	L13
	detailed	detalhado/a	L19
to	develop	desenvolver	L5
	development	desenvolvimento, progresso	L20
	different	diferente	L8
	diligent	diligente	L20
	diligently	aplicadamente	L19
	dining hall	refeitório	L4
	dinner	o jantar	L11
	director	diretor/a	L1
	dirty	sujo/a	L4
to	disappoint	decepcionar	L18
to	disapprove	desaprovar	L6
	discount	o desconto	L4
to	discourage	desanimar	L18
to	discuss	discutir	L16
	discussion	a discussão	L16
	dish	prato	L11
	displeased	insatisfeito/a	L8
	Distinguished Sir/Madam:	Caro/a Senhor/a:	L15
to	distribute	distribuir	L5
	distributors	os distribuidores	L5
to	disturb	incomodar	L10
	divorced	divorciado/a	L2
to	do	fazer	L9
	Do you accept credit cards?	Aceitam cartão de crédito?	L13
	Do you all want separate rooms?	Desejam quartos separados?	L11
	Do you exchange money?	O senhor troca dinheiro?	L10
	Do you have a reserved table?	Os senhores têm uma mesa reservada?	L13
	Do you have room service?	Tem serviço de quarto?	L11
	Do you like this table?	Esta mesa está boa?	L13
	Do you want a round trip ticket?	Deseja passagem de ida e volta?	L10
	Do you want one or two rooms?	Deseja um ou dois quartos?	L11
	Doctor (male or female holding a medical, law or engineering degree)	Doutor/a, Dr./Dra.	L1
	documents	documentos	L5
	Does the flight make any stops. . .?	O voo faz escala?	L10
	dog	cachorro/a	L9
	domestic	nacional	L3
	domestic departure	o embarque doméstico	L10
	door	porta , o portão	L9, L10
	dorm	dormitório, residência estudantil	L1, L4
	doubt	dúvida	L17
to	doubt that. . .	duvidar que. . .	L20
	downtown	centro	L12
	dress	vestido	L7
to	dress (oneself), wear	vestir(-se)	L7
to	drink	beber, tomar	L4

to	drive	dirigir, guiar	L4, L16
	driver	o/a motorista	L12
	during	durante	L18
	duty-free shop	loja franca	L10
	early	cedo	L6
to	earn	receber	L18
	ease	a facilidade	L19
	easily	facilmente	L19
	east	o leste	L2
	Easter	Páscoa	L7
to	eat	comer	L6
	efficient	eficiente	L6
	efforts	esforços	L18
	egg	ovo	L13
	eight	oito	L2
	eighteen	dezoito	L2
	eighth	oitavo/a	L2
	elevator	o elevador	L12
	eleven	onze	L2
	eliminated	eliminado/a	L20
	e-mail	as mensagens eletrônicas, correio eletrônico	L5, L14
	emergency room	pronto-socorro	L16
	employee	empregado/a	L5
	employment agency	agência de empregos	L18
	employment date	data de admissão	L18
	empty	vazio/a	L10
	enclosures	anexos	L15
to	encourage	encorajar	L14
	encouragement	estímulo	L20
	engineer (male or female)	engenheiro/a	L1
	English	inglês	L2
to	enjoy	aproveitar	L15
	Enjoy your meal!	Bom apetite!	L13
	enough	suficiente, bastante	L7, L18
to	enter	entrar, ingressar	L12, L18
	entertainment	a diversão	L4
	envelope	o envelope	L15
	environment	o ambiente	L19
	environmental	ambiental	L17
	equal opportunity	a igualdade de oportunidade	L18
	equipment	equipamento	L16
	error	erro	L20
to	establish	estabelecer	L5
	European	europeu/europeia	L16
to	evaluate	avaliar	L18
	evaluation	a avaliação	L18
	event	evento	L16
	every	cada, todo/a	L5, L7
	everything	tudo	L1

	Everything is fine.	Tudo bem/ótimo.	L1
	exactly	exatamente	L3
	excellent	excelente	L4
	exchange	câmbio	L10
to	*exchange*	trocar	L8
	exchange program	o programa de intercâmbio	L6
	exchange rate	taxa de câmbio	L10
	excited	emocionado/a	L6
to	*excuse (oneself)*	pedir licença	L13
to	*excuse (someone)*	dar licença	L13
	Excuse me.	Com licença	L9
to	*execute*	executar, pôr em prática	L5, L19
	execution	a execução	L17
	executive	executivo/a	L2
	executive director	diretor/a executivo/a	L5
	exhibition	a exposição, feira	L9, L18
	exhibition hall	o salão de exposição	L14
	exit	saída	L10
to	*exit*	sair	L3
to	*expect that. . .*	esperar que. . .	L20
	expectations	expectativas	L19
	expense	gasto	L14
	expenses and invoices	gastos e faturas	L5
	expensive	caro/a	L6
to	*explain*	explicar	L12
	export	a exportação	L16
	extremely	extremamente	L19
	face	rosto	L7
to	*face up to*	enfrentar	L19
	factory	fábrica	L3
	fall, autumn	outono	L9
to	*fall*	cair	L9
	family	família	L1
	famous	famoso/a	L3
	fantastic	fantástico/a	L14
	far from	longe de	L2
	farewell	despedida	L1
	fashion	moda	L8
	fast	rápido/a	L19
	fat	gordo/a	L3
	father	o pai	L1
	favorite	favorito/a	L3
	fax machine	o fax	L5
	fear	medo	L17
to	*fear that. . .*	temer que. . .	L20
	February	fevereiro	L3
	federal police	polícia federal	L10
	fee	importância, honorário, o montante, taxa	L14, L17

	field	campo	L7
	fifteen	quinze	L2
	fifth	quinto/a	L2
to	file	arquivar	L5
	files, file cabinet	arquivo	L5
to	fill out	preencher	L2
	filled	recheado	L13
	financial	financeiro	L5
	financial transactions	as transações financeiras	L5
to	find	achar, encontrar	L10
	Fine, thanks.	Muito bem, obrigado/a.	L1
	first	primeiro/a	L2
	fish	o peixe	L13
to	fish	pescar	L4
	five	cinco	L2
to	flash (with lightning)	relampejar	L9
	flexible	flexível	L19
	flight	voo	L10
	fog	neblina	L9
to	follow	seguir	L12
	Follow me, please.	Sigam-me, por favor.	L13
	following	seguinte	L6
	food court	área de alimentação	L10
	for	por, para	L5, L18
	For how many days?	Por quantos dias?	L11
	For how many people?	Para quantas pessoas?	L10
	forecast	a previsão	L9
to	forget	esquecer-se	L7
	fork	garfo	L13
	form	formulário	L2
	formal	formal, formais (pl.)	L1
to	forward	encaminhar	L18
	four	quatro	L2
	fourteen	catorze, quatorze	L2
	fourth	quarto/a	L2
	fragile	frágil	L15
	free	gratuito/a	L4
	free time	horas de folga, tempo livre	L4
	freedom	a liberdade	L16
	fresh	fresco/a	L8
	Friday	sexta-feira	L3
	fried	frito/a	L13
	friend	amigo/a	L1
	friendly	amável	L2
	friendly and helpful	hospitaleiro/a	L20
	from	a partir de	L8
	front desk	a recepção	L11
	frustrated	frustrado/a	L8
	full time	tempo integral, o dia todo	L7

	function	cargo	L3
	furniture	mobiliário	L16
	gain	ganho	L16
	game	jogo, partida	L1, L7
	garage (repair shop)	oficina	L16
	garden	o jardim	L4
	gate	o portão	L10
	generally	geralmente	L9
	German	alemão/ã	L2
	Germany	Alemanha	L2
to	get, obtain	conseguir	L6
to	get better	melhorar	L19
to	get dressed	vestir-se	L7
to	get together	reunir	L5
to	get up	levantar-se	L7
to	get used to	a costumar-se	L10, L14
	gift	o presente	L6
to	give	dar, prestar	L6, L19
	glass	copo	L13
	gloves	luvas	L9
to	go	ir, ir embora	L4
to	go down	descer	L12
to	go in	entrar	L12
to	go out	sair	L3
to	go shopping	fazer compras	L4
to	go up	subir	L6
	good	bom/boa	L1
	Good afternoon.	Boa tarde!	L1
	Good evening! or Good night!	Boa noite!	L1
	Good idea!	Boa ideia!	L8
	Good morning (Mr., Mrs., Miss, Dr., teacher)	Bom dia (Sr/a., Srta., Dr/a., professor/a)	L1
	government	o governo	L6
	grandfather/grandmother	o/a avô/ó	L7
	gray	cinza	L7
	great	ótimo/a	L4
	Great news!	Boa notícia!	L6
	great-grandfather, great-grandmother	o/a bisavô/ó	L16
	green	verde	L7
	greeting	a saudação	L15
	greetings	cumprimentos	L1
	grilled	grelhado	L13
	ground floor	o andar térreo	L12
	group of fans	torcida	L20
to	grow	incrementar	L8
	growth	crescimento	L17
to	guarantee	garantir	L17
	guitar	o violão	L9
	gymnastics	ginástica	L7
	gymnasium	ginásio	L4

	habit	o costume	L7
to	hail (a taxi)	chamar	L12
	hair	cabelo	L7
	hallway	o corredor	L12
	ham	presunto	L13
	hand	a mão	L7
to	hand over	entregar	L17
	handwritten	escrito/a à mão	L18
to	hang up	pendurar	L11
to	hang up on someone	bater o telefone na cara de alguém	L11
	happy	alegre, feliz	L3, L4
	hat	o chapéu	L7
to	have	ter	L4
to	have a conversation	conversar	L7
	Have a nice weekend!	Bom fim de semana!	L1
to	have breakfast	tomar café da manhã	L13
to	have. . . children	ter. . . filhos	L2
to	have dinner	jantar	L13
to	have fun	divertir-se	L4
to	have lunch	almoçar	L13
to	have to	ter de/que	L3
	healthy	saudável	L13
	heart	o coração	L3
	heart attack	o ataque cardíaco	L3
	heat	o calor	L9
	Hello?	Alô?	L11
to	help	ajudar	L12
	here	aqui	L3
	Here's the bill.	Aqui está a conta.	L13
	Here's the menu.	Aqui está o cardápio.	L13
	Hi!	Oi!, Olá!	L1
	highlighter	caneta marcador	L5
to	hire	contratar, admitir	L16, L18
	hiring	a admissão, a contratação	L18
to	hope	esperar que. . .	L20
	hospital	o hospital	L3
	hour	hora	L3
	hourly	por hora	L18
	house	casa, residência	L2
	How are you?	Como vai?	L1
	How are you (Mr., Mrs., Miss)?	Como está (o senhor/a senhora/a senhorita)?	L1
	How beautiful!	Que lindo/a!	L8
	How boring!	Que chato/a!	L16
	How can I help?	Como posso ajudar?	L2
	How do you spell (write). . .?	Como se escreve?	L2
	How is the food?	Como está a comida?	L13
	How is the weather/climate?	Como está o tempo/o clima?	L9
	How long will you (all) stay?	Quanto tempo vai (vão) ficar?	L11

	how many?	quantos/as?	L3
	How many of you are there?	Quantos são?	L11
	How many tickets do you want?	Quantas passagens deseja?	L10
	How may I help you?	Em que posso ajudá-lo?	L10
	How much does it cost?	Quanto custa?	L11
	How much is a room with a single bed?	Quanto custa o quarto com uma cama?	L11
	How much is the dollar worth?	Quanto está o dólar?	L10
	How much is the dollar worth today?	Qual o valor do dólar hoje?	L10
	How much is the ticket?	Quanto custa a passagem?	L10
	Human Resources	Recursos Humanos	L5
	humid	úmido	L9
	husband	marido, esposo	L3
	hypothetical	hipotética	L19
	I am vegetarian.	Sou vegetariano/a.	L13
	I can't believe it. . .	Nem acredito. . .	L12
	I did not understand.	Não entendi.	L2
	I doubt that. . .	Duvido que. . .	L20
	I have to. . .	tenho que/de. . .	L4
	I hope that. . .	Tomara que, espero que	L11, L20
	I need a room for tonight.	Preciso de um quarto para esta noite.	L11
	I think so.	Acho que sim.	L20
	I think that. . .	Eu acho que. . . , creio que. . .	L11, L20
	I want to make a reservation.	Quero fazer uma reserva.	L11
	I would like information on flights.	Queria informação sobre os voos.	L10
	I would like to introduce Roberto.	Gostaria de apresentar o Roberto.	L1
	I would like to speak with Álvaro.	Gostaria de falar com o Álvaro.	L11
	I would love to!	Adoraria!	L14
	ice	gelo	L9
	ice cream	o sorvete	L13
	ice cream parlor	sorveteria	L12
	idea	ideia	L19
to	identify oneself	identificar-se	L11
	If there is any problem. . .	Se houver algum problema. . .	L14
	I'm busy.	Estou ocupado/a.	L6
	I'm certain. . .	Tenho certeza. . .	L17
	I'm feeling awful.	Vou mal.	L1
	I'm fine.	Vou bem.	L1
	I'm in a hurry.	Estou com pressa.	L6
	I'm kind of lost.	Estou meio perdido.	L19
	I'm sorry.	Sinto muito, desculpe	L3
	I'm so-so.	Vou mais ou menos.	L1
to	imagine	imaginar	L9
	immigration	a imigração	L10
	impatient	impaciente	L6

	impediment	empecilho	L14
	imperfect	imperfeito/a	L3
	import	a importação	L16
	Import/Export Department	departamento de importação e exportação	L3
	important	importante	L4
	important game	o jogão	L20
to	*improve*	melhorar	L19
	in	em	L2
	In answer to your letter dated. . .	Em resposta à sua carta datada. . .	L15
	in contrast to	em constraste com	L8
	in front of	em frente de, diante de	L2
	In whose name?	Em nome de quem?	L11
	In whose name is the reservation?	Em nome de quem está a reserva?	L13
	inappropriate	inadequado/a	L14
	incoming and outgoing correspondence	a ordem de entrada e saída	L5
to	*increase*	incrementar, aumentar	L8, L9
	indication	a indicação	L17
	informal	informal, informais (pl.)	L1
	information	informação	L9
	information counter	o balcão de informações	L10
	infrastructure	infra-estrutura	L17
	initials	as iniciais de identificação	L15
to	*initiate*	iniciar	L8
	innovation	a inovação	L18
	inquiry	pesquisa	L15
	inside	dentro de	L2
to	*insist*	insistir	L12
	instructions	as instruções	L14
	insurance	seguro	L19
	intelligent	inteligente	L3
to	*interest*	interessar	L10
	interested	interessado/a	L6
	interesting	interessante	L4
	international	internacional	L15
	international code	código internacional	L11
	international departure	o embarque internacional	L10
	internship	estágio	L17
to	*interrupt*	interromper	L17
	interview	entrevista	L15
to	*interview*	entrevistar	L17
	interviewer	entrevistador/a	L17
to	*introduce*	apresentar	L1
	introduction	a introdução	L15
	introductions	as apresentações	L1
to	*investigate*	investigar	L15
	investigation	pesquisa	L15
	investment	investimento, a inversão	L5, L16

	investors	os investidores	L3
to	invite	convidar	L4
	irresistible	irresistível	L14
	Is Álvaro there, please?	O Álvaro está, por favor?	L11
	Is breakfast included?	O café da manhã está incluído?	L11
	Is there a service charge?	Há taxa para o serviço?	L10
	It is not clear that. . .	Não é claro que. . .	L20
	It is not evident that. . .	Não é evidente que. . .	L20
	It is not true that. . .	Não é verdade que. . .	L20
	It is our pleasure to tell you that. . .	Tenho o prazer de/comunicar-lhe(s) que. . .	L15
	It seems that it's going to rain. . .	Parece que vai chover. . .	L9
	It's (very) cold.	Esta faz (muito) frio.	L9
	It's 17 degrees (Celsius).	Faz 17 graus centígrados.	L9
	It's (very) hot.	Faz (muito) calor./Está (muito) quente.	L9
	It's a shame that. . .	É uma lástima que. . .	L20
	It's cloudy.	Está nublado.	L9
	It's cool.	Está fresco.	L9
	It's fantastic that. . .	É fantástico que. . .	L20
	It's humid.	Está úmido.	L9
	It's important that. . .	É importante que. . .	L20
	It's impossible that. . .	É impossível que. . .	L20
	It's improbable that. . .	É improvável que. . .	L20
	It's incredible that. . .	É incrível que. . .	L20
	It's my pleasure.	O prazer é todo meu.	L1
	It's necessary that. . .	É necessário/preciso que. . .	L20
	It's not sure that. . .	Não é certo que. . .	L20
	It's raining/rainy.	Está chovendo/chuvoso	L9
	It's raining a lot.	Está caindo muita chuva.	L9
	It's snowing.	Está nevando.	L9
	It's sunny.	Está fazendo sol.	L9
	It's urgent that. . .	É urgente que. . .	L20
	It's windy.	Está ventando.	L9
	I've heard that. . .	Ouvi dizer que. . .	L20
	jacket	jaqueta, paletó	L7
	January	janeiro	L3
	job	emprego	L2
	job application	pedido de emprego	L15
	job interview	entrevista de emprego	L17
	job market	mercado de trabalho	L18
	job permit	licença de trabalho	L19
to	join	associar-se	L14
	juice	suco natural	L13
	July	julho	L3
	June	junho	L3
to	justify	justificar	L18
to	keep	conservar	L19
to	keep busy	ocupar-se	L7

	kitchen	cozinha	L4
	knife	faca	L13
to	know (a person or a place)	conhecer	L2
	knowledge	conhecimento	L20
	lab	laboratório	L4
to	lack	faltar	L10
	language	o idioma	L17
	last	último/a, passado/a	L8, L12
	last name	o sobrenome	L2
	last night	ontem à noite	L12
	late	tarde	L6
	lately	ultimamente	L18
	laundry room	área de serviço	L4
	law	direito	L1
	lawyer	advogado/a	L3
to	lead a session	coordenar ou dirigir uma sessão	L16
to	leave	sair, deixar, ir embora	L3, L4
	legal counsel	consultor legal	L5
to	lend	emprestar	L13
	less	menos	L5
	Let's go!	Vamos!	L8
	letter	carta	L15
	letter of request	carta de pedido	L15
	letterhead	cabeçalho	L15
	level	o nível	L18
	library	biblioteca	L2
	light	leve	L9
	lightning	relâmpago	L9
to	like	gostar (de)	L3
	list	lista	L14
	Listen!	Escute!	L3
	little	pouco/a	L17
to	live	viver	L1
	local call	chamada local	L11
	long	longo/a	L3
	long distance call	interurbano	L11
	long time	tempão	L20
	look	olhada	L8
to	look	olhar	L8
to	look for	procurar	L10
to	look for a job	empregar-se, procurar trabalho	L18
to	lose	perder	L10
to	love	amar	L1
	luck	a sorte	L20
	lunch	almoço	L6
	mail	correio	L12, L15
	main	principal, principais (pl.)	L16
	mainly	principalmente	L19
to	make	fazer	L4

to	make (someone) happy	alegrar (alguém)	L20
to	make a living	ganhar a vida	L18
to	make a reservation	reservar	L11
to	make an impression	impressionar	L10
to	make appointments	marcar encontros	L6
to	make reservations	fazer reservas	L10
	man	o homem	L1
	man (slang), guy	o cara	L9
	management	gerência	L5
	manager	o/a gerente de administração	L3
to	manufacture	fabricar	L6
	manufactured	fabricado/a	L8
	manufacturer	manufatura	L16
	manufacturing process	a fabricação	L16
	many	muitos/as	L8
	map	o mapa	L10
	March	março	L3
	marital status	estado civil	L2
	market	mercado, feira	L6, L18
	marketing	mercado, marketing	L5
	marketing director	o diretor de mercado	L3
	married	casado/a	L2
	master's degree	mestrado	L17
	match	partida	L7
	May	maio	L3
	meat	a carne	L13
	medicine	medicina	L3
to	meet	reunir, encontrar	L5, L6
	meeting	a reunião	L6
	meeting room	sala de reunião	L14
	memo	memorando	L14
	men's restroom	banheiro masculino	L10
	menu	cardápio, o menu	L13
	merchandise	mercadoria	L19
	merit	mérito	L20
	mess	a bagunça	L2
	messages	as mensagens	L11
	Mexican	mexicano/a	L2
	Mexico	México	L2
	midnight	meia-noite	L3
	milk	o leite	L13
	minimum wage	salário mínimo	L18
	misconduct	comportamento impróprio	L20
	Miss	Senhorita/Srta.	L1
to	miss (someone or something)	ter saudade/s	L4
	model	modelo	L8
	modern	moderno/a	L4
	moment	o instante	L17
	Monday	segunda-feira	L3

	money	dinheiro	L10
	money exchange	casa de câmbio	L10
	month	o mês	L3
	monthly	mensal (adj.)	L18
	monthly	mensalmente (adv.)	L19
	more	mais	L5
	moreover	além disso	L18
	mother	a mãe	L1
	mountains	montanhas	L7
to	move ahead	prosseguir	L17
	movies	o cinema	L6
	Mr./Sir	Senhor/Sr.	L1
	Mrs./Madam	Senhora/Sra.	L1
	museum	o museu	L7
	must	dever	L4
	NAFTA	Tratado de Livre Comércio	L16
	name	o nome	L2
	name of the addressee	o nome do destinatário	L15
	name of the addressee's company	o nome da empresa do destinatário	L15
	name of your company	o nome de sua empresa	L15
	name typed before the signature	o nome antes da assinatura	L15
	napkin	guardanapo	L13
	national	nacional	L3
	nationality	a nacionalidade	L2
	near	próximo/a	L6
	near to	perto de	L2
	necessary	necessário/a	L6
	negotiating skills	a capacidade de negociação	L18
	network	a rede	L15
	never	nunca	L11
	new	novo/a	L1
	news	o jornal, noticiário, notícias	L7
	newsstand	banca de revistas	L10
	next	seguinte	L6
	next to	perto de	L2
	nice	simpático/a	L2
	Nice to meet you.	Muito prazer.	L1
	Nice to see you!	Que bom ver você!	L4
	night	noite	L1
	nine	nove	L2
	nineteen	dezenove	L2
	ninth	nono/a	L2
	no	não	L1
	no one	ninguém	L8
	no smoking section	o lugar para não fumante	L13
	no way!	de jeito nenhum	L3
	nobody	ninguém	L8
	noisy	ruidoso/a	L4
	nominate	nomear	L8

	noon	o meio-dia	L3
	north	o norte	L2
	North American	norte-americano/a	L2
to	not believe that. . .	não acreditar que. . .	L20
to	not be sure that. . .	não estar certo/a que. . .	L20
	not much	pouco	L17
to	not think that. . .	não pensar que. . .	L20
	notebook	caderno	L2
	notions	as noções	L19
	noun	substantivo	L1
	November	novembro	L3
	now	agora	L3
	number	número	L2
to	number	numerar	L16
	objective	objetivo	L16
to	obtain	conseguir, obter	L6, L15
	obviously	claramente	L20
	occupation	cargo, a ocupação	L3
	October	outubro	L3
	Of course!	Lógico!	L8
	Of course, sure.	Claro, lógico.	L2
	office	escritório	L2
	office worker	assistente de escritório/a	L5
	old	velho/a, antigo/a	L3, L8
	on	em, em cima de, sobre	L2, L16
	on the other hand	por outro lado	L16
	on top of	em cima de	L2
	one	um/uma	L2
	only	apenas	L8
	open	aberto/a	L4
to	open	abrir	L5
	open air market	mercado ao ar livre	L12
	operator assisted	com ajuda da telefonista	L11
	options	as opções	L18
	orange	laranja, cor de abóbora	L8
	order	pedido	L6
	ordinary	comum, usual	L16
to	organize	organizar, arrumar	L5, L6
	other	outro/a	L5
	otherwise	senão	L18
	out	fora	L9
	outgoing	extrovertido/a	L3
	outside	fora	L9
	overhead projector	o projetor	L2
	overtime	hora extra	L18
	owners	donos	L5
	pain	a dor	L16
	pal, guy	o cara	L9
	Panama	o Panamá	L2

	Panamanian	o panamenho/a	L2
	pants	calça	L7
	paper	o papel	L2
	paper clip	o clipe	L5
	paperwork	trabalho burocrático	L6
	parents	os pais	L1
	park	o parque	L4
to	park	estacionar	L8
	parking	estacionamento	L12
	partial	parcial	L16
	participation	a participação	L14
	partner, associate	sócio/a	L1
	part-time	meio período, tempo parcial	L7
	party	festa	L4
	passport	o passaporte	L2
	passport number	número de passaporte	L2
to	pay	pagar	L11
	Pay attention.	Preste atenção.	L12
to	pay in advance	pagar adiantado	L14
	payroll	folha de pagamentos	L5
	pen	caneta	L2
	penalty	falta	L20
	pencil	o lápis	L2
	pepper	pimenta	L13
	perfect	perfeito/a	L3
to	perform	desempenhar	L18
	performance	desempenho	L20
	perhaps	talvez	L20
	period	época	L15
	permanent job	emprego fixo	L18
	permission, permit	licença, a permissão	L17
to	permit	permitir	L13
	person	pessoa	L8
	personal data	dados pessoais	L18
	personal references	referências pessoais	L2
	personnel	o pessoal	L5
	personnel under your supervision	o pessoal sob sua supervisão	L5
	Peru	o Peru	L2
	Peruvian	peruano/a	L2
	pessimistic	pessimista	L20
	pharmacy	farmácia	L12
	phone call(s)	chamada telefônica, ligações	L11
	phone card	cartão telefônico	L11
	phone number	número de telefone	L2
	photocopier	máquina de xerox	L2
to	photograph	fotografar	L17
	pillow	travesseiro	L11
	pillowcase	fronha	L11
	pink	rosa	L7

	place	o lugar	L2
	plan	projeto	L14
to	plan	planejar	L5
	plane	o avião	L10
	plant, factory	fábrica	L3
	plant workers	pessoal de fábrica	L5
	plate	prato	L11
to	play	jogar	L4
	pleasant	agradável	L14
	Please. . .	Por favor. . .	L1
	Please bring us the check.	Traga a conta, por favor.	L13
	pleasure	a satisfação	L18
	points	pontos	L16
	polite	cortês	L6
	politician	político	L3
	politics	política	L3
	pollution	a poluição	L17
	poor	pobre	L8
	Portugal	o Portugal	L2
	Portuguese	português	L2
	position	cargo	L3
	post office	agência de correios, correio	L12
	postponed	adiado/a	L10
	postscript	o post-scriptum (P.S.)	L15
	practice	prática	L6
to	practice	praticar	L4
to	prefer	preferir	L6
	pregnant	grávida	L9
to	prepare	preparar	L5
	presence	presença	L14
to	present	apresentar	L1
	presentation	a apresentação	L19
	present, gift	o presente	L6
	president	o/a presidente	L5
	pressure	aperto	L17
	pretty	bonito/a	L1
	previous	passado/a	L12
	price	preço	L8
	printer	impressora	L2
	priority	a prioridade	L16
	private	particular	L11
	private firm	firma privada	L17
	problem	empecilho	L14
	procedures	os trâmites	L15
	production	a produção	L5
	productivity	a produtividade	L18
	professional	profissional	L5
	professional programs	os programas de capacitação	L18
	professor or teacher (male/female)	Professor/a, Prof., Profa.	L1

	profit	ganho	L16
	project	projeto	L14
	promise	compromisso	L17
to	promote	promover	L8
	promotion	a promoção	L8
	pronoun	o pronome	L2
	proposal	proposta	L6
to	propose	propor	L14
	proud	orgulhoso/a	L17
to	provide	prestar	L19
	psychology	psicologia	L1
	public phone	o telefone público, orelhão	L10, L16
	publicity	propaganda publicitária	L17
	purchase	compra	L8
	purpose	propósito, a razão	L19
	purse	bolsa	L8
to	put	pôr	L4
to	put into practice	pôr em prática	L19
to	put on clothes, to dress	vestir	L7
to	put on (socks or shoes)	calçar	L7
	qualification	a qualificação	L18
	qualified	capacitado/a, qualificado/a	L19
	quality	a qualidade	L16
	question	pergunta	L16
	quickly	rapidamente	L9
	quiet	quieto/a, silencioso/a	L4
	rain	chuva	L9
to	rain (third-person only)	chover	L9
	raincoat	capa de chuva	L9
	rainy	chuvoso/a	L9
	raise in salary	aumento salarial	L19
	ranch, small farm	sítio	L7
	rapidly	rapidamente	L9
	raw material	matéria-prima	L17
to	react	reagir	L7
to	read	ler	L4
	ready-to-wear clothes	a confecção	L8
	really	de fato, realmente	L17, L19
	reason	propósito, a razão	L19
	reasonable	razoável	L17
	receipt	nota fiscal, recibo	L5, L8
to	receive	receber	L18
	recent	recente	L8
	recently	recentemente	L12
	reception	a recepção	L11
	receptionist	recepcionista	L5
to	recommend	recomendar	L14
	recommendation	a recomendação	L14
to	reconsider	reconsiderar	L14

to	recruit	recrutar	L18
	redhead	ruivo/a	L3
	reduced working day	jornada reduzida	L18
	red wine	vinho tinto	L11
	reference	referência	L15
	reference line (re:)	linha de referência (ref.:)	L15
	refusal	recusa	L14
	Regarding or with respect to. . .	Ref. *ou* com referência a. . .	L15
	Regarding your order dated. . .	Com relação ao seu pedido de (data). . .	L15
	regards	cumprimentos	L1
to	regret	sentir que. . . , lamentar que. . .	L20
	regular	habitual	L14
to	reject	rejeitar	L18
	religious	religioso/a	L3
	remainder	o restante	L17
to	remember	lembrar-se	L7
	rent	o aluguel	L14
	rental car	carro alugado	L10
to	repeat	repetir	L2
	repeat	repita	L2
	report	relatório	L4
to	report	anunciar	L5
to	represent	representar	L5
	representative	o/a representante	L2
	request	pedido	L6
to	require	requerer	L15
	research	pesquisa	L15
	reservation	reserva	L10
to	resolve	solucionar	L18
	resources	recursos	L16
to	respond	responder	L5
	response	resposta	L1
	responsibility	a responsabilidade	L19
to	rest	descansar	L4
	restaurant	o restaurante	L10
	restroom	a toalete	L10
	result	êxito	L18
	resume	currículo, curriculum vitae (C.V.)	L15
	retail	varejo	L8
to	retain	conservar	L19
to	return	devolver	L6
to	review, revise	revisar	L5
	rice	o arroz	L13
	right?	certo? correto?	L3
to	rise	aumentar	L9
	road	estrada	L2
	roasted	assado/a	L13
	room	sala, quarto	L2, L4

	room service	serviço de quarto	L11
	round trip	a viagem de ida e volta	L10
	routine	rotina	L7
	rule	regra	L16
to	*run*	correr	L6
	rustic	rústico/a	L16
	salad	salada	L13
	salary	salário	L18
	salary reduction	a redução salarial	L19
	sale	a promoção	L8
	sales	vendas	L1
	salt	sal	L13
	same	mesmo/a	L8
	sample	amostra	L8
	sandwich	o sanduíche	L13
	satisfied	satisfeito/a	L8
	Saturday	sábado	L3
	sauce	molho	L13
to	*save*	economizar	L18
to	*say*	dizer	L2
	scale	escala	L17
	scarf	o cachecol	L9
	schedule	horário	L7
to	*schedule*	agendar, marcar encontros	L6
	scholarship	bolsa de estudos	L6
	sciences	ciências	L4
	scissors	tesoura	L5
	seasonal	sazonal	L18
	seat	assento	L1
	second	segundo/a	L2
	secretary	secretária	L1
	sections	as seções	L16
to	*see*	ver	L8
	See you next week.	Até a semana que vem.	L1
	See you tomorrow.	Até amanhã.	L1
	See you.	Até logo.	L1
to	*seem*	parecer	L9
to	*sell*	vender	L8
to	*send*	enviar	L5
	sender	o/a remetente	L15
	separate	separado/a	L11
	September	setembro	L3
	services	serviços	L18
	session	a sessão	L16
	seven	sete	L2
	seventeen	dezessete	L2
	seventh	sétimo/a	L2
to	*shake hands*	dar um aperto de mãos	L17
	shareholders	os acionistas	L5

	shares	as ações	L5
	sheet	o lençol	L11
	ship	navio	L10
	shirt	camisa	L7
	shoe	sapato	L7
	shopkeeper	o/a comerciante	L6
	shopping mall	o shopping	L4
	short	baixo/a	L2
	short (length)	curto/a	L3
	shortly	brevemente, em breve	L3
to	shout	gritar	L17
to	show	mostrar	L10
to	show up	aparecer	L6
	shower	chuveiro	L11
	shy	tímido/a	L3
	sick	doente	L3
	sidewalk	calçada	L12
	signature	assinatura	L15
	signed by	assinado por	L15
	silk	seda	L8
	silly	estúpido/a, idiota	L3
	silverware	os talheres	L13
	since	pois	L8
	Sincerely	Firmamos atenciosamente	L15
	single	solteiro/a	L2
	sister	a irmã	L1
to	sit	sentar-se	L13
	Sit down, please.	Sente-se, por favor.	L1
	six	seis	L2
	sixteen	dezesseis	L2
	sixth	sexto/a	L2
	skill	a habilidade	L18
	skirt	saia	L7
	sky	o céu	L9
to	sleep	dormir	L6
to	slide	escorrer	L9
	slippery	escorregadio	L9
	slow	lento/a	L19
	slowly	devagar, lentamente	L2, L19
	small	pequeno/a	L3
	small party	festinha	L20
	small problem	o probleminha	L20
	smart	esperto/a	L8
	snack bar	a lanchonete	L4
to	snow (third person only)	nevar (neva)	L9
	soccer	o futebol	L7
	soda	o refrigerante	L13
to	solicit	solicitar	L14
	solution	a solução	L15

to	solve	solucionar	L18
	some	algum/a (alguns, algumas)	L7
	someone	alguém	L8
	something else	alguma coisa mais	L14
	sometimes	às vezes	L6
	son/daughter	filho/a	L1
	soon	logo	L12
	soup	sopa	L13
	south	o sul	L2
	spacious	espaçoso/a	L4
	Spanish	o espanhol	L2
to	speak	falar	L4
	Speak slower, please.	Fale mais devagar, por favor.	L2
	specialty	a especialidade	L11
	specific	específico	L19
to	spend a week	passar uma semana	L4
	spoon	a colher	L13
	sports	os esportes	L7
	spring	primavera	L9
	square	praça	L12
	stadium	estádio	L1
	staircase	escadaria	L12
	stairs	escada	L12
	stamp	selo	L15
	standard	o nível	L18
	stapler	grampeador	L5
	staples	grampos	L5
to	start	começar, iniciar	L6, L8
	state	estado	L2
	station	a estação	L10
	stationery store	papelaria	L7
to	stay	ficar	L16
	steak	o bife	L13
	step	o degrau	L12
	still	ainda	L9
	stop	parada	L10
	stopover	escala	L10
	store	loja	L4
	storm	a tempestade	L9
	straight ahead	direto	L12
	strategy	estratégia	L17
	street	rua	L2
	strike	a greve	L18
	strong	forte	L9
	structure	estrutura	L17
	student	aluno/a	L2
to	study	estudar	L1
	stuffed	recheado	L13
	stupid	estúpido/a, idiota	L3

	style	estilo	L16
	subject	assunto	L15
	subway	metrô	L4
	sufficient	suficiente	L7
to	suggest	sugerir	L11
	suggestion	a sugestão	L19
	suitable	apropriado/a	L18
	summer	o verão	L9
	sun	o sol	L9
	Sunday	domingo	L3
	supermarket	supermercado	L4
	superstore	hipermercado	L4
	supervision	a supervisão	L20
	support	apoio	L20
	Sure!	Claro!, Lógico!	L3, L8
	surgery	cirurgia	L16
	surname	o sobrenome	L2
	surprise	surpresa	L3
	survey	pesquisa, a sondagem	L15, L17
	sweater	o suéter	L9
to	swim	nadar	L4
	swimming pool	piscina	L4
	table	mesa	L2
	tact	diplomacia, tato	L20
	tactful	diplomático	L20
to	take	levar, tomar	L6, L19
to	take a course	fazer um curso	L15
to	take care of	cuidar	L7
to	take note	anotar	L14
	tall	alto/a	L2
	tape	fita	L5
	target	alvo	L20
	taste	gosto	L7
	tasty	saboroso/a	L13
	tax	imposto	L4
	team	o time	L20
	technicians	técnicos	L5
	telecommunications	as telecomunicações	L9
	telephone	o telefone	L5
	television	a televisão	L11
	temporarily	por enquanto	L3
	temporary position	a posição temporária, cargo temporário	L18
	ten	dez	L2
	tendencies	tendências	L19
	tennis	o tênis	L7
	tenth	décimo/a	L2
	terminal	o terminal	L10
	terrible, very bad	péssimo/a	L4

to	*thank*	agradecer	L13
	thank you, you too	obrigado/a, igualmente	L1
	Thank you beforehand for your attention.	Agradecemos antecipadamente sua atenção.	L15
	Thanks a lot.	Muito obrigado/a.	L4
	that	aquele/aquela/aquilo	L2, L8
	the 12th of this month	o dia 12 deste mês	L15
	The check, please.	A conta, por favor.	L13
	The sky is full of stars.	O céu está estrelado.	L9
	The weather is good/great/ bad/horrible.	O tempo está bom/ótimo/ ruim/péssimo.	L9
	theater	teatro	L4
	then	então	L3
	there	ali	L3
	there is, there are	há (haver)	L4
	There's a storm.	Está caindo uma tempestade.	L9
	therefore	então, assim	L3, L8
	these	estes/estas, esses/essas	L2
	thin	magro/a	L3
	third	terceiro/a	L2
	thirteen	treze	L2
	this	este/esta, esse/essa, isto, isso	L2
	This is Claudia.	É a Cláudia.	L11
	This is Claudia speaking.	Aqui é a Cláudia.	L11
	This is Roberto./This is Roberta.	Este é o Roberto./Esta é a Roberta.	L1
	those	aqueles/aquelas	L2
	three	três	L2
	thunder	o trovão	L9
	Thursday	quinta-feira	L3
	thus	assim	L8
	ticket	a passagem	L10
	tight	apertado/a	L7
	time	tempo, época	L3, L15
	timetable	horário	L7
	tip	dica, gorjeta	L11, L13
	title	título	L1
	to	para	L18
	to the left	à esquerda	L12
	to the right	à direita	L12
to	*toast*	brindar	L16
	today	hoje	L3
	Today, I recommend. . .	Hoje eu lhes recomendo. . .	L13
	to-do list	lista de pedidos urgentes	L11
	together	juntos/as	L7
	tomorrow	amanhã	L1
	too	também	L2
	towel	toalha	L11
	town	povoado	L10
	traditional	tradicional	L7

	traffic	tráfego	L12
	traffic lights	semáforo, o sinal de trânsito	L12
	train	o trem	L4
to	train	treinar	L16
	training	treinamento	L17
to	transfer	transferir	L5
	transport	o transporte	L6
to	travel	viajar	L3
	traveler's checks	cheques de viagem	L10
	truly	de fato	L17
	t-shirt	camiseta	L7
	Tuesday	terça-feira	L3
to	turn out OK	dar tudo certo	L16
	twelve	doze	L2
	twenty	vinte	L2
	twin	gêmeos/as	L15
	two	dois/ duas	L2
	type of business	tipo de negócio	L15
	ugly	feio/a	L3
	umbrella	o guarda-chuva	L9
	uncle/aunt	tio/a	L16
	uncomfortable	incômodo/a	L10
to	understand	entender, compreender	L1, L6
	unfavorable	desfavorável	L19
	unfortunately	infelizmente	L17
	unfriendly	antipático/a	L3
	university	a universidade	L1
	unmotivated	desanimado/a	L18
	until	até	L10
	urgent	urgente	L14
	urgent matter	assunto urgente	L14
	USA	Estados Unidos	L2
to	use	usar	L6
	useful	útil	L8
	usual	habitual	L14
	usually	normalmente	L17
	vacancy	vaga	L11
	vacant	vago/a	L15
	valet (parking attendant)	o/a manobrista	L12
to	verify	verificar	L6
	very	muito	L5
	very bad	péssimo/a	L4
	vice-president	vice-presidente	L5
	visa	visto	L10
	visit	visita	L19
to	visit	visitar	L3
	volleyball	o vôlei	L7
	volume	o volume	L10
to	vote for	votar	L8

	wage	salário, ordenado, a remuneração	L18, L19
to	*wait*	esperar	L6
	waiter/waitress	o garçom/a garçonete	L13
	waiting room	sala de espera	L10
to	*wake up*	acordar, despertar	L6
to	*walk*	caminhar, andar	L10, L12
	wall	a parede	L2
	wallet	carteira	L8
	warranty	garantia	L17
	washing machine	máquina de lavar	L4
	water	água	L13
	We await your response and thank you for your attention.	Aguardamos e agradecemos sua resposta imediata.	L14
	We request and thank you for your presence.	Solicitamos e agradecemos sua presença.	L14
	We regret having to tell you that. . .	Sentimos ter que comunicar-lhe(s) que. . .	L15
	We would appreciate more information about. . .	Agradeceríamos se nos informasse(m) sobre. . .	L15
	wealthy	rico/a	L8
to	*wear*	usar	L7
	weather	tempo	L9
	wedding	casamento	L7
	Wednesday	quarta-feira	L3
	week	semana	L1
	weekend	o fim de semana	L1
	weekly	semanal	L18
	weight	peso	L15
	Welcome.	Bem-vindo/a, Seja bem-vindo/a	L1
	west	o oeste	L2
	wet	molhado/a	L9
	what	que, o que	L2
	What a shame that. . . , It's a pity that. . .	Que pena que. . .	L20
	What did you say?	O que disse?	L2
	What do I know!	Sei lá!	L3
	What is the cost of the trip?	Qual é o preço da viagem?	L10
	What time are you going to pick me up?	A que horas vai me pegar?	L14
	What would you like to drink?	O que desejam beber/tomar?	L13
	What would you like to order?	O que gostariam de pedir?	L13
	What's the weather like in São Paulo?	Que tempo faz em São Paulo?	L9
	What's your name?	Como você se chama? Qual é o seu nome?	L1
	when	quando	L6
	When do you want to leave?	Quando deseja partir?	L10
	When is the flight?	Quando é o voo?	L10
	When is the return?	Quando é a volta/o regresso/ o retorno?	L10 L10
	whenever	sempre que	L6

	where	onde	L2
	Where are the restrooms?	Onde ficam os toaletes?	L13
	Where do you prefer to sit?	Onde os senhores preferem sentar?	L13
	which?	qual?	L3
	which, what	qual, quais	L2
	while	enquanto	L16
	white	branco/a	L3
	who	quem	L2
	Who is speaking?	Quem fala?	L11
	wholesale	atacado (venda por atacado)	L8
	wife	esposa	L3
to	win	vencer, ganhar	L6, L17
	wind	vento	L9
	window	janela	L2
	window seat	assento na janela	L10
	wine	vinho	L11
	winter	inverno	L9
	wireless	sem fio	L15
	wish	desejo	L19
	with great pleasure	com muito prazer	L14
	withholdings	as retenções (salariais)	L18
	within	dentro de	L2
	woman	a mulher	L1
	women's restroom	banheiro feminino	L10
	wood	madeira	L16
to	work	trabalhar	L1
	work permit	visto/licença/a permissão de trabalho	L18, L19
	work schedule	agenda de trabalho	L6
	workers	operários/as	L5
	working hours	o expediente	L17
	working hours per week	jornada semanal	L18
	working day	jornada de trabalho	L18
	workplace	o ambiente de trabalho	L18
	worried	preocupado/a	L3
to	write	escrever	L4
	year	ano	L3
	yearly	anual	L18
	yellow	amarelo/a	L7
	yes	sim	L1
	Yes, sure.	Sim, claro.	L12
	yesterday	ontem	L9
	You don't say!	Não me diga!	L9
	you're welcome	de nada	L1
	young	jovem	L3
	youngest brother/sister, or son/daughter	caçula	L4
	zero	zero	L2
	zip code	código postal	L15

Portuguese–English Glossary

	A conta, por favor.	*The check, please.*	L13
	a partir de	*from*	L8
	A que horas são os voos para. . . ?	*At what time are the flights to. . . ?*	L10
	A que horas vai me pegar?	*What time are you going to pick me up?*	L14
	abaixo	*below*	L12
	aberto/a	*open*	L4
	abril	*April*	L3
	abrir	*to open*	L5
a	ação	*action*	L19
a	aceitação	*acceptance*	L14
	Aceitam cartão de crédito?	*Do you accept credit cards?*	L13
	acessar	*to access*	L18
	acessível	*affordable*	L18
	achar	*to find*	L10
	Acho que sim.	*I think so.*	L20
	acima de	*above*	L2
	acionistas	*shareholders*	L5
as	ações	*shares*	L5
	acompanhar	*to accompany*	L6
	acordar	*to wake up*	L6
	acordo	*agreement*	L16
	acostumar-se	*to get used to*	L10, L14
	acusar recibo	*to acknowledge receipt*	L15
	adequado/a	*appropriate*	L14
	adiado/a	*postponed*	L10
a	administração	*administration*	L5
a	admissão	*contracting, hiring*	L18
	admitir	*to hire*	L18
	Adoraria!	*I would love to!*	L14
	adquirir	*to acquire*	L18
	advogado/a	*lawyer*	L3
	aeroporto	*airport*	L10
	agência bancária	*bank agency*	L10
	agência de correios	*post office*	L12
	agência de empregos	*employment agency*	L18
	agenda	*agenda*	L16
	agenda de trabalho	*work schedule, agenda*	L6
	agir	*to act*	L7
	agora	*now*	L3
	agosto	*August*	L3

	agradável	*pleasant*	L14
	Agradecemos antecipadamente sua atenção.	*Thank you beforehand for your attention.*	L15
	agradecer	*to thank*	L13
	Agradeceríamos se nos informasse(m) sobre. . .	*We would appreciate more information about. . .*	L15
	água	*water*	L13
	Aguardamos e agradecemos sua resposta imediata.	*We await your immediate response and thank you for your attention.*	L14
	Aguardamos sua resposta	*Awaiting your answer*	L15
	ainda	*still*	L9
	ajuda	*assistance*	L20
	ajudar	*to help*	L12
	alegrar (alguém)	*to make (someone) happy*	L20
	alegrar-se que. . .	*to be glad, happy that. . .*	L20
	alegre	*happy*	L3
	além disso	*moreover, besides*	L18
	Alemanha	*Germany*	L2
	alemão/ã	*German*	L2
	alfândega	*customs*	L10
o	algodão	*cotton*	L8
	alguém	*someone*	L8
	algum/a (alguns, algumas)	*some, any*	L7
	alguma coisa mais	*something else*	L14
	ali	*there*	L3
	almoçar	*to have lunch*	L13
	almoço	*lunch*	L6
	Alô?	*Hello?*	L11
	alto/a	*tall*	L2
o	aluguel	*rent*	L14
	aluno/a	*student*	L2
	alvo	*target*	L20
	amanhã	*tomorrow*	L1
	amar	*to love*	L1
	amarelo/a	*yellow*	L7
	amável	*friendly*	L2
	ambiental	*environmental*	L17
o	ambiente	*environment*	L19
o	ambiente de trabalho	*workplace*	L18
	ambos/as	*both*	L16
	amigável	*amicable*	L16
	amigo/a	*friend*	L1
	amostra	*sample*	L8
	andar	*to walk*	L12
o	andar térreo	*ground floor*	L12
	anexos	*attachments, enclosures*	L15
	animado/a	*cheerful*	L15
	aniversário	*birthday*	L4
	ano	*year*	L3

	anotar	*to take note*	L14
	ansioso/a	*anxious*	L6
	anteontem	*the day before yesterday*	L12
	antes de	*before*	L12
	antigo/a	*old*	L8
	antipático/a	*unfriendly*	L3
	anual	*yearly*	L18
	anunciar	*to report, to announce*	L5, L14
	anúncio	*announcement, advertisement*	L14
	ao lado de	*beside*	L2
	aparecer	*to show up*	L6
	apartamento	*apartment*	L4
	apenas	*only*	L8
a	apendicite	*appendicitis*	L16
	apertado/a	*tight*	L7
	aperto	*pressure*	L17
	aplicadamente	*diligently*	L19
	apoio	*support*	L20
	após	*after*	L17
	apreciar	*to appreciate*	L20
	apresentações	*introductions*	L1
	apresentação	*presentation*	L19
	apresentar	*to present, to introduce*	L1
	apropriado/a, adequado/a	*appropriate, suitable*	L14, L18
a	aprovação	*approval*	L17
	aprovar	*to approve*	L6
	aproveitar	*to enjoy*	L15
	aquele/aquela/aquilo	*that*	L2
	aqueles/aquelas	*those*	L2
	aqui	*here*	L3
	Aqui é a Cláudia.	*This is Claudia speaking.*	L11
	Aqui está a conta.	*Here's the bill.*	L13
	Aqui está o cardápio.	*Here's the menu.*	L13
a	aquisição	*acquisition*	L20
	ar condicionado	*air conditioning*	L9
	área de alimentação	*food court*	L10
	área de serviço	*laundry room*	L4
	Argentina	*Argentina*	L2
	argentino/a	*Argentinian, Argentine*	L2
	arquivar	*to file*	L5
	arquivo	*files, file cabinet*	L5
o	arroz	*rice*	L13
	arrumar	*to organize*	L6
o/a	artista plástica	*artist*	L9
	Às suas ordens.	*At your service.*	L2
	às vezes	*sometimes*	L6
	aspectos	*aspects*	L18
	assado/a	*roasted, baked*	L13
	assento	*seat*	L1

	assento na janela	*window seat*	L10
	assento no corredor	*aisle seat*	L10
	assim	*thus, therefore*	L8
	assinado por	*signed by*	L15
	assinatura	*signature*	L15
o/a	assistente	*assistant*	L17
o/a	assistente de escritório	*office worker*	L5
	assistir a	*to attend*	L4
	associar-se	*join, become a member*	L14
	assumir a responsabilidade	*to be responsible*	L19
	assunto	*subject*	L15
	assunto urgente	*urgent matter*	L14
	atacado (venda por atacado)	*wholesale*	L8
o	ataque cardíaco	*heart attack*	L3
	até	*until*	L10
	Até amanhã.	*See you tomorrow.*	L1
	Até logo.	*See you.*	L1
	Até a semana que vem.	*See you next week.*	L1
a	atenção	*attention*	L19
	atenciosamente	*attentively*	L15
	atender	*to attend to*	L5
	atender o telefone	*to answer the phone*	L11
	atrás de	*behind*	L2, L12
	atlético/a	*athletic*	L3
	atrasado/a	*delayed*	L10
	atravessar	*to cross*	L12
	aula	*class*	L7
	aumentar	*to increase, rise*	L9
	aumento salarial	*raise in salary*	L19
a	avaliação	*evaluation*	L18
	avaliar	*to evaluate*	L18
	avenida	*avenue*	L2
o	avião	*plane*	L10
o/a	avô/ó	*grandfather/grandmother*	L7
	bacharelado	*bachelor's degree*	L17
	bagunça	*mess*	L2
	baixo/a	*short*	L2
o	balcão de atendimento	*check-in counter*	L10
o	balcão de informações	*information counter*	L10
	banca de revistas	*newsstand*	L10
	banco	*bank*	L4
	banheiro	*bathroom*	L11
	banheiro feminino	*women's restroom*	L10
	banheiro masculino	*men's restroom*	L10
	barato/a	*cheap*	L8
a	base de dados	*database*	L6
o	basquete	*basketball*	L1
	bastante	*enough*	L18
o	bate-papo	*chat*	L16

	bater o telefone na cara de alguém	*to hang up on someone*	L11
	bater papo	*to chat*	L16
	bateria	*battery*	L16
	batismo	*baptism*	L7
o	bebê	*baby*	L1
	beber	*to drink*	L4
	Bem-vindo/a	*Welcome*	L1
	biblioteca	*library*	L2
o	bife	*steak*	L13
o/a	bisavô/ó	*great-grandfather, great-grandmother*	L16
	biscoito	*cookie*	L13
	blusa	*blouse*	L7
	Boa ideia!	*Good idea!*	L8
	Boa noite!	*Good evening or good night!*	L1
	Boa notícia!	*Great news!*	L6
	Boa tarde!	*Good afternoon!*	L1
	bolsa	*purse*	L8
	bolsa de estudos	*scholarship*	L6
	Bom apetite!	*Enjoy your meal!*	L13
	Bom dia (Sra., Srta., Dra., professora)	*Good morning (Mr., Mrs., Miss, Dr., teacher)*	L1
	Bom fim de semana!	*Have a nice weekend!*	L1
	bom, boa	*good*	L1
	bonito/a	*pretty*	L1
o	bônus	*bonus*	L19
	branco/a	*white*	L3
o	Brasil	*Brazil*	L2
	brasileiro/a	*Brazilian*	L2
	brevemente	*shortly, briefly*	L3
	brindar	*to toast*	L16
	cabeçalho	*letterhead*	L15
	cabelo	*hair*	L7
o	cachecol	*scarf*	L9
	cachorro/a	*dog*	L9
	caçula	*youngest brother/sister or son/daughter*	L4
	cada	*every*	L5
	cadeira	*chair*	L5
	caderno	*notebook*	L2
o	café	*coffee shop*	L10
	cafezinho	*coffee served in demitasse cups*	L13
	cair	*to fall*	L9
o/a	caixa	*cashier*	L4
o	caixa rápido, caixa 24 horas	*ATM machine*	L10
	calça	*pants*	L7
	calçada	*sidewalk*	L12
	calçar	*to put on (socks, stockings, shoes, or gloves)*	L8
	calculadora	*calculator*	L5

	cálculo	calculation	L18
	calendário	calendar	L4
o	calor	heat	L9
	cama	bed	L11
	Câmara do Comércio	Chamber of Commerce	L16
	câmbio	exchange	L10
	caminhar	to walk	L10
	camisa	shirt	L7
	camiseta	t-shirt	L7
	campanha publicitária	advertising campaign	L17
	campo	countryside, field	L7
o	Canadá	Canada	L2
	canadense	Canadian	L2
	cancelado/a	canceled	L10
	candidato/a	candidate	L17
	caneta	pen	L2
	caneta marcador	highlighter	L5
	capa de chuva	raincoat	L9
a	capacidade de negociação	negotiating skills	L18
	capacitado/a	qualified	L19
a	capital	capital (geographic location)	L2
o	capital	capital gains	L2
	capítulo	chapter	L14
o	cara	pal, guy	L9
	cardápio	menu	L13
	cargo	function, position, occupation	L3
a	carne	meat	L13
	caro/a	dear, expensive	L6
	Caro/a Senhor/a:	Distinguished Sir/Madam:	L15
	carpintaria	carpentry shop	L16
	carreira	career	L18
	carro	car	L3
	carro alugado	rental car	L10
	carta	letter	L15
	carta de pedido	letter of request	L15
o	cartão de crédito	credit card	L10
o	cartão de débito	debit card	L10
o	cartão telefônico	phone card	L11
	carteira	desk, wallet	L1, L8
	casa	house	L2
	casa de câmbio	money exchange	L10
	casaco	coat	L7
	casado/a	married	L2
	casamento	wedding	L7
	catálogo	catalog	L8
	católico/a	Catholic	L7
	catorze	fourteen	L2
	cedo	early	L6
	cem	100	L3

	centígrado	*Celsius*	L9
	centro	*downtown*	L12
	certamente!	*certainly!*	L3
	certo?	*right?*	L3
	cerveja	*beer*	L13
o	céu	*sky*	L9
	chamada	*call*	L11
	chamada a cobrar	*collect call*	L11
	chamada local	*local call*	L11
	chamada telefônica	*phone call*	L11
	chamar	*to hail (a taxi)*	L12
	chamar-se	*to call (oneself), to be called*	L1
o	chapéu	*hat*	L7
	chateado/a, aborrecido/a	*bored*	L6
	chato/a	*boring*	L6
o/a	chefe	*boss*	L5
	chegada	*arrival*	L10
	chegar	*to arrive*	L10
	cheques de viagem	*traveler's checks*	L10
	chover	*to rain (third-person only)*	L9
	churrasco	*barbeque*	L6, L9
	chuva	*rain*	L9
	chuveiro	*shower*	L11
	chuvoso/a	*rainy*	L9
a	cidade	*city*	L1
a	cidade natal	*city of birth*	L2
	ciências	*sciences*	L4
	cinco	*five*	L2
o	cinema	*movies*	L6
	cinquenta	*50*	L3
	cinza	*gray*	L7
	cirurgia	*surgery*	L16
	claramente	*obviously, clearly*	L20
	Claro!	*Sure!*	L3
	Claro, lógico.	*Of course, sure.*	L2
	classificado/a	*qualified for the next round*	L20
o	cliente	*client*	L3
o	clima	*climate*	L9
	clipe	*paper clip*	L5
o	cobertor	*blanket*	L11
	código internacional	*international code*	L11
	código postal	*zip code*	L15
a	coleção	*collection*	L8
o/a	colega	*colleague*	L6
a	colher	*spoon*	L13
	Colômbia	*Colombia*	L2
	colombiano/a	*Colombian*	L2
	com ajuda da telefonista	*operator assisted*	L11
	com certeza!	*certainly!*	L3

	Com licença.	*Excuse me.*	L9
	Com muito prazer.	*With great pleasure.*	L14
	Com relação ao seu pedido (de data). . .	*Regarding your order (dated). . .*	L15
	com urgência	*as soon as possible (ASAP)*	L14
	comando	*command*	L19
	começar	*to begin, start*	L6
	comer	*to eat*	L6
	comercial	*commercial*	L15
o/a	comerciante	*shopkeeper*	L6
	como	*how, as*	L1, L5
	Como está (o senhor/a senhora/a senhorita)?	*How are you (Mr., Mrs., Miss)?*	L1
	Como está a comida?	*How is the food?*	L13
	Como está o tempo/o clima?	*How is the weather/climate?*	L9
	Como posso ajudar?	*How can I help?*	L2
	Como se escreve?	*How do you spell (write). . . ?*	L2
	Como vai?	*How are you?*	L1
	Como você se chama?	*What's your name?*	L1
	cômodo/a	*comfortable*	L10
	companhia	*company*	L2
a	comparação	*comparison*	L8
	comparado/a	*compared*	L8
	comparar	*to compare*	L8
	comparar-se com	*to compare with*	L8
	compatível	*compatible*	L17
	competência	*competence, ability*	L17
	competir	*to compete*	L6
	completar	*to complete*	L2
	completo/a	*complete*	L8
	comportamento	*behavior*	L18
	comportamento impróprio	*misconduct*	L20
	compra	*purchase*	L8
	comprar	*to buy*	L4
	compreender	*to understand*	L6
	comprometer	*to compromise*	L17
	compromisso	*appointment, promise, agreement, commitment*	L17
o	computador	*computer*	L1
	comum	*ordinary*	L16
a	comunicação	*communication*	L17
	comunicar	*to communicate*	L5
	concentrar	*to concentrate*	L16
a	conexão	*connecting flight*	L10
a	confecção	*ready-to-wear clothes*	L8
	conferência	*conference*	L6
a	confirmação	*confirmation*	L14
	Confirmando nossa conversa (telefônica). . .	*To confirm our (telephone) conversation. . .*	L15
	confirmar	*to confirm*	L13

	confortável	*comfortable*	L4
	conhecer	*to know (a person or a place)*	L2
	conhecimento	*knowledge*	L20
	conseguir	*to obtain, to get*	L6
	conselho	*advice*	L19
	conselho diretor	*board of directors*	L5
	conservar	*keep, retain*	L19
	consulado	*consulate*	L17
a	consultor	*consultant*	L17
o	consultor legal	*legal counsel*	L5
o	consumidor	*consumer*	L16
a	contabilidade	*accounting*	L5
	contactar	*to contact*	L2
	contar	*to count*	L15
a	contratação	*hiring*	L18
	contratar	*to contract, hire*	L16
	contrato	*contract*	L17
	contribuir	*to contribute*	L19
	controlar	*to control*	L5
	conveniente	*convenient*	L14
	conversar	*to have a conversation*	L7
	convidar	*to invite*	L4
	coordenar	*to coordinate*	L5
	coordenar *ou* dirigir uma sessão	*to lead a session*	L16
	cópias	*copies*	L16
	copo	*glass*	L13
o	coração	*heart*	L3
	cor-de-abóbora	*orange*	L8
	cordialmente	*cordially*	L15
	corpo	*body*	L7
o	corredor	*hallway*	L12
	corregir	*to correct*	L7
	correio	*post office, mail*	L12, L15
	correio eletrônico	*e-mail*	L14
	correr	*to run*	L6
	correspondência	*correspondence, mail*	L5
	correto?	*right?*	L3
	cortês	*polite*	L6
	costa	*coast*	L10
o	costume	*habit*	L7
	cozido/a	*cooked*	L13
	cozinha	*kitchen*	L4
	cozinhar	*to cook*	L13
	Creio que. . .	*I think that. . .*	L20
	crescimento	*growth*	L17
	crônico/a	*chronic*	L19
	cruzar	*to cross*	L12
	cuidadosamente	*carefully*	L19
	cuidar	*to take care of*	L7

	cumprimentos	*greetings, regards*	L1
os	cupons	*coupons*	L19
	currículo	*resume*	L15
	curriculum vitae (C.V.)	*resume*	L15
	curto/a	*short (length)*	L3
	dados pessoais	*personal data*	L18
	dançar	*to dance*	L4
	dar	*to give*	L6
	dar licença	*to excuse (someone)*	L13
	dar tudo certo	*to turn out OK*	L16
	dar um aperto de mãos	*to shake hands*	L17
	data	*date*	L15
	data de admissão	*employment date*	L18
	de fato	*truly, really*	L17
	de jeito nenhum	*no way!*	L3
	de modo nenhum	*by no means*	L17
	de nada	*you're welcome*	L1
	debaixo de	*below*	L2
	decepcionar	*to disappoint*	L18
	décimo/a	*tenth*	L2
	décimo terceiro salário	*13th salary*	L19
o	degrau	*step*	L12
	deixar	*to leave*	L3
	delicioso/a	*delicious*	L3
a	demonstração	*demonstration*	L16
	dentro de	*inside, within*	L2
	departamento de importação e exportação	*Import/Export Department*	L3
	depois	*afterwards*	L7
	depois de amanhã	*the day after tomorrow*	L12
	depósito	*deposit*	L11
	desanimado/a	*unmotivated*	L18
	desanimar	*to discourage*	L18
	desaprovar	*to disapprove*	L6
	descansar	*to rest*	L4
	descer	*to go down, to descend*	L12
	desconto	*discount*	L4
	descrever	*to describe*	L16
	desculpe	*I'm sorry.*	L3
	Deseja passagem de ida e volta?	*Do you want a round trip ticket?*	L10
	Deseja um ou dois quartos?	*Do you want one or two rooms?*	L11
	Desejam quartos separados?	*Do you all want separate rooms?*	L11
	desejo	*wish, desire*	L19
	desempenhar	*to perform*	L18
	desempenho	*performance*	L20
	desenvolver	*to develop*	L5
	desenvolvimento	*development, progess*	L20
	desfavorável	*unfavorable*	L19
	desocupado/a	*available*	L10

	despedida	*farewell*	L1
	despedida *ou* término	*closing*	L15
	despertar	*to wake up*	L6
	destinatário	*addressee*	L15
	detalhado/a	*detailed*	L19
	detrás de	*behind*	L2, L12
	devagar	*slowly*	L2
	dever	*must*	L4
	devolver	*to return*	L6
	dez	*ten*	L2
	dezembro	*December*	L3
	dezenove	*nineteen*	L2
	dezesseis	*sixteen*	L2
	dezessete	*seventeen*	L2
	dezoito	*eighteen*	L2
o	dia	*day*	L1
o	dia 12 deste mês	*the 12th of this month*	L15
o	dia de todos os santos	*All Saints Day*	L7
o	dia todo	*full-time*	L7
	diante de	*in front of, ahead of*	L2
	diariamente	*daily*	L7
	dica	*tip*	L11
	diferente	*different*	L8
	diligente	*diligent*	L20
	dinheiro	*money*	L10
	diplomacia	*tact*	L20
	diplomático	*tactful*	L20
à	direita	*to the right*	L12
	direito	*law*	L1
	direto	*straight ahead*	L12
	diretor/a	*director*	L1
o	diretor de mercado	*marketing director*	L3
	diretor/a executivo/a	*executive director*	L5
	diretoria	*board of directors*	L5
	dirigir	*to drive*	L4
	discar direto	*to call direct*	L11
	discoteca	*dance club*	L7
a	discussão	*discussion*	L16
	discutir	*to discuss*	L16
a	disponibilidade	*availability*	L17
	disponível	*available*	L14
	distintamente	*clearly*	L20
os	distribuidores	*distributors*	L5
	distribuir	*to distribute*	L5
a	diversão	*entertainment*	L4
	divertir-se	*to have fun*	L4
	divorciado/a	*divorced*	L2
	dizer	*to say*	L2
	documento	*document*	L5

	doente	sick	L3
	dois/duas	two	L2
	domingo	Sunday	L3
	domínio	control	L19
	dono	owner	L5
a	dor	pain	L16
	dormir	to sleep	L6
	dormitório	dorm, bedroom	L1
	doutor/a, Dr., Dra.	doctor (male or female holding a medical, law or engineering degree)	L1
	doze	twelve	L2
	durante	during	L18
	dúvida	doubt, concerns	L17
	duvidar que. . .	to doubt that. . .	L20
	É a Cláudia.	This is Claudia.	L11
	É fantástico que. . .	It's fantastic that. . .	L20
	É importante que. . .	It's important that. . .	L20
	É impossível que. . .	It's impossible that. . .	L20
	É improvável que. . .	It's improbable that. . .	L20
	É incrível que. . .	It's incredible that. . .	L20
	É necessário que. . . , É preciso que. . .	It's necessary that. . .	L20
	E o/a senhor/a?	And you?	L1
	É uma lástima que. . .	It's a shame that. . .	L20
	É urgente que. . .	It's urgent that. . .	L20
	economizar	to save	L18
	edifício	building	L2
	eficiente	efficient	L6
o	elevador	elevator	L12
	eliminado/a	eliminated	L20
	em	in, on, at	L2
	em breve	shortly, briefly	L3
	em cima de	on, on top of	L2
	em constraste com	in contrast to	L8
	em frente de	in front of	L2
	Em nome de quem?	In whose name?	L11
	Em nome de quem está a reserva?	In whose name is the reservation?	L13
	Em que posso ajudá-lo?	How may I help you?	L10
	Em resposta à sua carta datada. . .	In answer to your letter dated. . .	L15
o	embarque doméstico	domestic departure	L10
o	embarque internacional	international departure	L10
	emocionado/a	excited	L6
	empecilho	problem, impediment	L14
	empregado/a	employee	L5
	empregar-se	to look for a job	L18
	emprego	job	L2
	emprego fixo	permanent job	L18
	empresa	company	L2
	empresário/a	businessman/woman	L17

	emprestar	*to lend*	L13
	encaminhar	*to forward*	L18
	encontrar	*to find, to meet*	L6
	encontro marcado	*appointment*	L17
	encorajar	*to encourage*	L14
	endereço	*address*	L2
	enfrentar	*to face up to*	L19
	engenheiro/a, Eng/a	*engineer (male or female)*	L1
	enguiçar	*to break down*	L16
	enquanto	*while*	L16
	então	*then, therefore*	L3
	entender	*to understand*	L1
	entrada	*appetizer*	L13
	entrar	*to go in, to enter*	L12
	entre	*between, among*	L2
	Entre, por favor.	*Come in, please.*	L1
	entregar	*to hand over, deliver*	L17
	entrevista	*interview*	L15
	entrevista de emprego	*job interview*	L17
	entrevistador/a	*interviewer*	L17
	entrevistar	*to interview*	L17
o	envelope	*envelope*	L15
	enviar	*to send*	L5
	época	*time, period*	L15
	equipamento	*equipment*	L16
	erro	*error*	L20
	escada	*stairs*	L12
	escadaria	*staircase*	L12
	escala	*stopover, scale*	L10, L17
	esclarecer	*to clarify*	L16
	escorregadio	*slippery*	L9
	escorrer	*to slide*	L9
	escrever	*to write*	L4
	escrito à mão	*handwritten*	L18
	escritório	*office*	L2
	Escute!	*Listen!*	L3
	esforços	*efforts*	L18
	espaçoso/a	*spacious*	L4
	espanhol	*Spanish*	L2
a	especialidade	*specialty*	L11
	específico/a	*specific*	L19
	esperar	*to wait*	L6
	esperar que. . .	*to hope, expect that. . .*	L20
	Espero que. . .	*I hope that. . .*	L20
	esperto/a	*smart*	L8
os	esportes	*sports*	L7
	esposa	*wife*	L3
	esposo	*husband*	L3
	esquecer-se	*to forget*	L7

à	esquerda	*to the left*	L12
	Está caindo muita chuva.	*It's raining a lot.*	L9
	Está caindo uma tempestade.	*There's a storm.*	L9
	Está chovendo/chuvoso	*It's raining/rainy.*	L9
	Está fazendo sol.	*It's sunny.*	L9
	Está fresco.	*It's cool.*	L9
	Esta mesa está boa?	*Do you like this table?*	L13
	Está (muito) frio.	*It's (very) cold.*	L9
	Está (muito) quente.	*It's (very) hot.*	L9
	Está nevando.	*It's snowing.*	L9
	Está nublado.	*It's cloudy.*	L9
	Está úmido.	*It's humid.*	L9
	Está ventando.	*It's windy.*	L9
	estabelecer	*to establish*	L5
a	estação	*station*	L10
	estacionamento	*parking*	L12
	estacionar	*to park*	L8
	estádio	*stadium*	L1
	estado	*state*	L2
	estado civil	*marital status*	L2
	Estados Unidos	*USA*	L2
	estágio	*internship*	L17
	estar	*to be*	L1
	estar a par de	*to be aware of*	L19
	estar agradecido/a, grato/a	*to be thankful*	L19
	estar ciente de	*to be aware*	L19
	estar de olho em (alguém)	*to be interested in (somebody)*	L16
	estar feliz, alegre *ou* contente que. . .	*to be happy, delighted that. . .*	L20
	estar pronto/a	*to be ready*	L6
	estar surpreso que *ou* surpreender-se que. . .	*to be surprised that. . .*	L20
	Este é o Roberto. / Esta é a Roberta.	*This is Roberto. / This is Roberta.*	L1
	este/esta, esse/essa, isto, isso	*this*	L2
	esteira de bagagem	*baggage claim area, conveyor belt*	L10
	estes/estas, esses/essas	*these*	L2
	estilo	*style*	L16
	estímulo	*encouragement*	L20
	Estou com pressa.	*I'm in a hurry.*	L6
	Estou meio perdido/a.	*I'm kind of lost.*	L19
	Estou ocupado/a.	*I'm busy.*	L6
	estrada	*road*	L2
	estratégia	*strategy*	L17
	estrutura	*structure*	L17
	estudar	*to study*	L1
	estúpido/a	*stupid, silly*	L3
	Eu acho que. . .	*I think that. . .*	L11
	europeu/europeia	*European*	L16
	evento	*event*	L16

	exatamente	*exactly*	L3
	excelente	*excellent*	L4
a	execução	*execution*	L17
	executar	*to execute*	L5
	executivo/a	*executive*	L2
	exercer a função de	*to be employed as*	L18
	exigente	*demanding*	L19
	exigir	*to demand*	L7
	êxito	*result*	L18
	expectativas	*expectations*	L19
o	expediente	*working hours*	L17
	explicar	*to explain*	L12
a	exportação	*export*	L16
a	exposição	*exhibition*	L9
	extremamente	*extremely*	L19
	extrovertido/a	*outgoing*	L3
	fábrica	*plant, factory*	L3
a	fabricação	*manufacturing process*	L16
	fabricado/a	*manufactured*	L8
	fabricar	*to manufacture*	L6
	faca	*knife*	L13
a	facilidade	*ease*	L19
	facilmente	*easily*	L19
	falar	*to speak*	L4
	Fale mais devagar, por favor.	*Speak slower, please.*	L2
	falta	*penalty*	L20
	faltar	*to lack*	L10
	família	*family*	L1
	famoso/a	*famous*	L3
	fantástico/a	*fantastic*	L14
	farmácia	*pharmacy*	L12
	favorito/a	*favorite*	L3
o	fax	*fax machine*	L5
	Faz 17 graus centígrados.	*It's 17 degrees (Celsius).*	L9
	Faz (muito) calor.	*It's (very) hot.*	L9
	Faz (muito) frio.	*It's (very) cold.*	L9
	fazer	*to make, to do*	L4, L9
	fazer compras	*to go shopping*	L4
	fazer reservas	*to make reservations*	L10
	fazer um curso	*to take a course*	L15
	fechado/a	*closed*	L4
o	feijão	*beans*	L13
	feio/a	*ugly*	L3
	feira	*market, exhibition*	L18
	feliz	*happy*	L4
	festa	*party*	L4
	festejar	*to celebrate*	L4
	festejo	*celebration*	L7
	festinha	*small party*	L20

	fevereiro	*February*	L3
	ficar	*to stay*	L16
	filho/a	*son/daughter*	L1
	filiais	*branches*	L19
o	fim de semana	*weekend*	L1
	financeiro	*financial*	L5
	firma privada	*private firm*	L17
	Firmamos atenciosamente	*Sincerely*	L15
	fita	*tape*	L5
	flexível	*flexible*	L19
	folha de pagamentos	*payroll*	L5
	fora	*out, outside*	L9
	forma de pagamento	*conditions of payment*	L17
	formal, formais (pl.)	*formal*	L1
	formulário	*form, application*	L2
	forte	*strong*	L9
	fotografar	*to photograph*	L17
	frágil	*fragile*	L15
	frango	*chicken*	L13
	fresco/a	*fresh, cool*	L8
	frio/a	*cold*	L9
	frito/a	*fried*	L13
	fronha	*pillow case*	L11
	frustrado/a	*frustrated*	L8
o	futebol	*soccer*	L7
	ganhar	*to win*	L17
	ganhar a vida	*to make a living*	L18
	ganho	*gain, profit*	L16
	garantia	*warranty*	L17
	garantir	*to guarantee, to assure*	L17
o/a	garçom/garçonete	*waiter/waitress*	L13
	garfo	*fork*	L13
	gasto	*expense*	L14
	gastos e faturas	*expenses and invoices*	L5
	gelo	*ice*	L9
	gêmeos/as	*twin*	L15
	geralmente	*generally*	L9
	gerência	*management*	L5
o/a	gerente de administração	*manager, department head*	L3
	ginásio	*gymnasium*	L4
	ginástica	*gymnastics*	L7
	gordo/a	*fat*	L3
	gorjeta	*tip*	L13
	gostar (de)	*to like*	L3
	Gostaria de apresentar o Roberto.	*I would like to introduce Roberto.*	L1
	Gostaria de falar com o Álvaro.	*I would like to speak with Álvaro.*	L11
	gosto	*taste*	L7
o	governo	*government*	L6

o	grampeador	*stapler*	L5
	grampos	*staples*	L5
	grande	*big*	L3
a	gratificação	*bonus*	L19
	gratuito	*free*	L4
	grávida	*pregnant*	L9
	grelhado/a	*grilled*	L13
a	greve	*strike*	L18
	gritar	*to shout*	L17
o	guarda-chuva	*umbrella*	L9
	guardanapo	*napkin*	L13
	guiar	*to drive*	L16
	há (haver)	*there is, there are*	L4
	Há quarto vago?	*Are there any rooms available?*	L11
	Há taxa para o serviço?	*Is there a service charge?*	L10
	Há voo direto para. . . ?	*Are there direct flights to. . . ?*	L10
	Há voos diários para. . . ?	*Are there daily flights to. . . ?*	L10
a	habilidade	*skill, ability*	L18
	habitual	*regular, usual*	L14
	hipermercado	*superstore*	L4
	hipotética	*hypothetical*	L19
	hoje	*today*	L3
	Hoje eu lhes recomendo. . .	*Today, I recommend. . .*	L13
o	homem	*man*	L1
	honorário	*amount, fee, cost*	L14
	hora	*hour*	L3
	hora extra	*overtime*	L18
	horário	*timetable, schedule*	L7
	horas de folga	*free time*	L4
o	hospital	*hospital*	L3
	hospitaleiro/a	*friendly and helpful*	L20
a	idade	*age*	L2
	ideia	*idea*	L19
	identificar-se	*to identify oneself*	L11
o	idioma	*language*	L17
	idiota	*stupid, silly*	L3
	igreja	*church*	L6
a	igualdade de oportunidade	*equal opportunity*	L18
	imaginar	*to imagine*	L9
a	imigração	*immigration*	L10
	impaciente	*impatient*	L6
	imperfeito/a	*imperfect*	L3
a	importação	*import*	L16
	importância	*amount, fee, cost*	L14
	importante	*important*	L4
	importar	*to care*	L10
	imposto	*tax*	L4
	impressionar	*to make an impression*	L10
	impressora	*printer*	L2

	inadequado	*inappropriate*	L14
	incomodar	*to disturb*	L10
	incômodo/a	*uncomfortable*	L10
	incrementar	*to grow, increase*	L8
a	indicação	*indication*	L17
	infelizmente	*unfortunately*	L17
a	informação	*information*	L9
	informal, informais (pl.)	*informal*	L1
	infra-estrutura	*infrastructure*	L17
	inglês	*English*	L2
	ingressar	*to enter*	L18
as	iniciais de identificação	*initials*	L15
	iniciar	*to start, initiate*	L8
a	inovação	*innovation*	L18
	insatisfeito/a	*displeased*	L8
a	inscrição	*application*	L18
	insistir	*to insist*	L12
o	instante	*moment*	L17
as	instruções	*instructions*	L14
	inteligente	*intelligent*	L3
	interessado/a	*interested*	L6
	interessante	*interesting*	L4
	interessar	*to interest*	L10
	internacional	*international*	L15
	interromper	*to interrupt*	L17
	interurbano	*long distance call*	L11
a	introdução	*introduction*	L15
	inverno	*winter*	L9
a	inversão	*investment*	L16
os	investidores	*investors*	L3
	investigar	*to investigate*	L15
	investimento	*investment*	L5
	ir	*to go*	L4
	ir embora	*to go, to leave*	L4
a	irmã	*sister*	L1
o	irmão	*brother*	L1
	irresistível	*irresistible*	L14
	já	*already*	L6
	janeiro	*January*	L3
	janela	*window*	L2
o	jantar	*dinner, to have dinner*	L11, L13
o	jantar de negócios	*business dinner*	L7
	jaqueta	*jacket*	L7
o	jardim	*garden*	L4
o	jogão	*important game*	L20
	jogar	*to play*	L4
	jogo	*game*	L1
	jornada de trabalho	*working day*	L18
	jornada reduzida	*reduced working day*	L18

	jornada semanal	*working hours per week*	L18
o	jornal	*news*	L7
	jovem	*young*	L3
	julho	*July*	L3
	junho	*June*	L3
	juntos/as	*together*	L7
	justificar	*to justify*	L18
	laboratório	*lab*	L4
	lamentar que. . .	*to regret, to be sorry/ sad that. . .*	L20
a	lanchonete	*snack bar*	L4
o	lápis	*pencil*	L2
	laranja	*orange*	L7
o	leite	*milk*	L13
	lembrar-se	*to remember*	L7
o	lençol	*sheet*	L11
	lentamente	*slowly*	L19
	lento/a	*slow*	L19
	ler	*to read*	L4
o	leste	*east*	L2
	levantar-se	*to get up*	L7
	levar	*to take*	L6
	leve	*light*	L9
a	liberdade	*freedom*	L16
	licença	*permit, permission*	L17
	licença de trabalho	*job permit*	L19
as	ligações	*phone calls*	L11
	lindo/a	*beautiful*	L8
	linha de referência (ref.:)	*reference line (re:)*	L15
	lista	*list*	L14
	lista de pedidos urgentes	*to-do list*	L11
	livraria	*bookstore*	L12
	Lógico!	*Sure! Of course!*	L8
	logo	*soon*	L12
	loiro/a *ou* louro/a	*blond*	L2
	loja	*store*	L4
	loja franca	*duty-free shop*	L10
	longe de	*far from*	L2
	longo/a	*long*	L3
o	lugar	*place*	L2
o	lugar de nascimento	*birthplace*	L2
o	lugar para não fumante	*no smoking section*	L13
	luvas	*gloves*	L9
	madeira	*wood*	L16
a	mãe	*mother*	L1
	magro/a	*thin*	L3
	maio	*May*	L3
	mais	*more*	L5
o/a	manobrista	*valet (parking attendant)*	L12
	manteiga	*butter*	L13

	manufatura	*manufacturer*	L16
a	mão	*hand*	L7
o	mapa	*map*	L10
	máquina de lavar	*washing machine*	L4
	máquina de secar	*clothes dryer*	L4
	máquina de xerox	*photocopier*	L2
	marcar, marcar encontros	*to schedule, to make appointments*	L6
	março	*March*	L3
	marido	*husband*	L3
	marrom	*brown*	L7
	mas	*but*	L14
	matéria-prima	*raw material*	L17
	mau (má), ruim	*bad*	L3
	medicina	*medicine*	L3
	medo	*fear*	L17
	meia-noite	*midnight*	L3
	meio período	*part-time*	L7
o	meio-dia	*noon*	L3
	melhorar	*to get better, to improve*	L19
	memorando	*memo*	L14
	menos	*less*	L5
as	mensagens	*messages*	L11
as	mensagens eletrônicas	*e-mail*	L5
	mensal	*monthly (adj.)*	L18
	mensalmente	*monthly (adv.)*	L19
o	menu	*menu*	L13
	mercado	*market, marketing*	L5, L6
	mercado ao ar livre	*open air market*	L12
	mercado de trabalho	*job market*	L18
	mercadoria	*merchandise*	L19
	mérito	*merit*	L20
	mesa	*table*	L2
o	mês	*month*	L3
	mesmo/a	*same*	L8
	mestrado	*master's degree*	L17
	metrô	*subway*	L4
	mexicano/a	*Mexican*	L2
	México	*Mexico*	L2
	mil	*1,000*	L3
	mobiliário	*furniture*	L16
	moda	*fashion*	L8
	modelo	*model*	L8
	moderno/a	*modern*	L4
	molhado/a	*wet*	L9
	molho	*sauce*	L13
	montanhas	*mountains*	L7
o	montante	*amount, fee, cost*	L14
	moreno/a	*dark-haired, brunette*	L2
	mostrar	*to show*	L10

o/a	motorista	*driver*	L12
	mudar	*to change*	L17
	muito	*very*	L5
	Muito bem, obrigado/a.	*Fine, thanks.*	L1
	Muito obrigado/a.	*Thanks a lot.*	L4
	Muito prazer.	*Nice to meet you.*	L1
	muitos/as	*many*	L8
a	mulher	*woman*	L1
o	museu	*museum*	L7
	nacional	*national, domestic*	L3
a	nacionalidade	*nationality*	L2
	nadar	*to swim*	L4
	namorado/a	*boyfriend/girlfriend*	L3
	não	*no*	L1
	Não acreditar que. . .	*to not believe that. . .*	L20
	Não é certo que. . .	*It's not sure that. . .*	L20
	Não é claro que. . .	*It is not clear that. . .*	L20
	Não é evidente que. . .	*It is not evident that. . .*	L20
	Não é verdade que. . .	*It is not true that. . .*	L20
	Não entendi.	*I did not understand.*	L2
	Não estar certo/a que. . .	*not to be sure that. . .*	L20
	Não me diga!	*You don't say!*	L9
	Não pensar que. . .	*to not think that. . .*	L20
	nascer	*to be born*	L16
o	Natal	*Christmas*	L7
	navio	*ship*	L10
	neblina	*fog*	L9
	necessário/a	*necessary*	L6
	negar que. . .	*to deny that. . .*	L20
	negócios	*business*	L3
	Nem acredito. . .	*I can't believe it. . .*	L12
	nevar (neva)	*to snow (third-person only)*	L9
	ningúem	*no one, nobody*	L8
o	nível	*level, standard*	L18
	no final	*at the end*	L12
as	noções	*notions*	L19
a	noite	*night*	L1
o	nome	*name*	L2
o	nome antes da assinatura	*name typed before the signature*	L15
o	nome da empresa do destinatário	*the name of the addressee's company*	L15
o	nome de sua empresa	*the name of your company*	L15
o	nome do destinatário	*name of the addressee*	L15
	nomear	*nominate*	L8
	nono/a	*ninth*	L2
	normalmente	*usually*	L17
o	norte	*north*	L2
	norte-americano/a	*North American*	L2
	nota fiscal	*receipt*	L5

	noticiário	*news*	L7
	notícias	*news*	L7
	novamente	*again*	L17
	nove	*nine*	L2
	novembro	*November*	L3
	noventa	*90*	L3
	novo/a	*new*	L1
	nublado	*cloudy*	L9
	numerar	*to number*	L16
	número	*number*	L2
	número de passaporte	*passport number*	L2
	número de telefone	*phone number*	L2
	nunca	*never*	L11
as	nuvens	*clouds*	L9
	O Álvaro está, por favor?	*Is Álvaro there, please?*	L11
	O café da manhã está incluído?	*Is breakfast included?*	L11
	O céu está estrelado.	*The sky is full of stars.*	L9
	O prazer é todo meu.	*It's my pleasure.*	L1
	O que desejam beber/tomar?	*What would you like to drink?*	L13
	O que disse?	*What did you say?*	L2
	O que gostariam de pedir?	*What would you like to order?*	L13
	O senhor troca dinheiro?	*Do you exchange money?*	L10
	O tempo está bom/ótimo/ruim/ péssimo.	*The weather is good/great/ bad/horrible.*	L9
	O voo faz escala?	*Does the flight make any stops?*	L10
	obra	*construction*	L17
	obrigado/a, igualmente	*thank you, you too*	L1
	obter	*to obtain*	L15
a	ocupação	*occupation*	L3
	ocupado/a	*busy*	L4
	ocupar-se	*to keep busy*	L7
o	oeste	*west*	L2
	oficina	*garage (repair shop)*	L16
	Oi!	*Hi!*	L1
	oitavo/a	*eighth*	L2
	oitenta	*80*	L3
	oito	*eight*	L2
	Olá!	*Hi!*	L1
	olhada	*look*	L8
	olhar	*to look*	L8
	onde	*where*	L2
	Onde ficam os toaletes?	*Where are the restrooms?*	L13
	Onde os senhores preferem sentar?	*Where do you (pl.) prefer to sit?*	L13
o	ônibus	*bus*	L4
	ontem	*yesterday*	L9
	ontem à noite	*last night*	L12
	onze	*eleven*	L2
as	opções	*options*	L18
	operários/as	*workers*	L5

	orçamento	*budget*	L6
a	ordem de entrada e saída	*incoming and outgoing correspondence*	L5
	ordenado	*wage*	L18
o	orelhão	*public phone*	L16
	organizar	*to organize*	L5
	orgulhoso	*proud*	L17
	Os senhores têm uma mesa reservada?	*Do you have a reserved table?*	L13
	ótimo/a	*great*	L4
	outono	*fall, autumn*	L9
	outro/a	*other*	L5
	outubro	*October*	L3
	Ouvi dizer que. . .	*I've heard that. . .*	L20
	ovo	*egg*	L13
	pagar	*to pay*	L11
	pagar adiantado	*to pay in advance*	L14
o	pai	*father*	L1
os	pais	*parents*	L1
o	país	*country*	L2
	paletó	*jacket*	L7
o	Panamá	*Panama*	L2
	panamenho/a	*Panamanian*	L2
o	pão	*bread*	L13
o	papel	*paper*	L2
	papelaria	*stationery store*	L7
	para	*for, to*	L18
	Para quantas pessoas?	*For how many people?*	L10
	parabenizar	*to congratulate*	L18
	Parabéns!	*Congratulations!*	L12
	parada	*stop*	L10
	parcial	*partial*	L16
	Parece que vai chover. . .	*It seems that it's going to rain. . .*	L9
	parecer	*to seem*	L9
a	parede	*wall*	L2
o	parque	*park*	L4
a	participação	*participation*	L14
	particular	*private*	L11
	partida	*game, match, departure*	L7, L10
	Páscoa	*Easter*	L7
	passado/a	*last, previous*	L12
a	passagem	*ticket*	L10
o	passaporte	*passport*	L2
	passar uma semana	*to spend a week*	L4
	pasta	*briefcase*	L2
o	patrão	*boss*	L5
	pauta	*agenda*	L16
	pechincha	*bargain*	L8
	pedido	*order, request*	L6
	pedido de emprego	*job application*	L15

	pedir	*to ask, ask for*	L6
	pedir emprestado	*to borrow*	L13
	pedir licença	*to excuse (oneself)*	L11
o	peixe	*fish*	L13
	pendurar	*to hang up*	L11
	pentear-se	*to comb one's hair*	L7
	pequeno/a	*small*	L3
	perder	*to lose*	L10
	perfeito/a	*perfect*	L3
	pergunta	*question*	L16
	perguntar por alguém	*to ask for someone*	L11
a	permissão	*permit, permission*	L17
a	permissão de trabalho	*work permit*	L18
	permitir	*to permit, to allow*	L13
	perto de	*near to, next to*	L2
o	Peru	*Peru*	L2
	peruano/a	*Peruvian*	L2
	pescar	*to fish*	L4
	peso	*weight*	L15
	pesquisa	*inquiry, investigation, research, survey*	L15
	pessimista	*pessimistic*	L20
	péssimo	*terrible, very bad*	L4
	pessoa	*person*	L8
o	pessoal	*personnel*	L5
o	pessoal de fábrica	*plant workers*	L5
o	pessoal sob sua supervisão	*personnel under your supervision*	L5
	pimenta	*pepper*	L13
	piscina	*swimming pool*	L4
	placa de homenagem	*award plaque*	L6
	planejar	*to plan*	L5
	pobre	*poor*	L8
	pois	*as, since*	L8
	Pois não!	*Certainly!*	L14
	polícia federal	*federal police*	L10
	política	*politics*	L3
	político	*politician*	L3
a	poluição	*pollution*	L17
	ponto de ônibus	*bus stop*	L12
	pontos	*points*	L16
	por	*by, for*	L5
	pôr	*to put*	L4
	por causa de	*because of*	L10
	por celular	*by cell phone*	L14
	pôr em prática	*to execute, to put into practice*	L19
	por enquanto	*temporarily*	L3
	Por favor. . .	*Please. . .*	L1
	por hora	*hourly*	L18
	por outro lado	*on the other hand*	L16

	Por quantos dias?	For how many days?	L11
	porque	because	L8
	porta	door	L9
o	portão	door, gate	L10
o	portão de desembarque	arrival gate	L10
o	portão de embarque	departure gate	L10
o	Portugal	Portugal	L2
	português	Portuguese	L2
a	posição temporária *ou* cargo temporário	temporary position	L18
o	post-scriptum (P.S.)	postscript	L15
	pouco/a	little, not much	L17
	povoado	town	L10
	praça	square	L12
	praia	beach	L4
	prática	practice	L6
	praticar	to practice	L4
	prato	dish, plate	L11
	Preciso de um quarto para esta noite.	I need a room for tonight.	L11
	preço	price	L8
	prédio	building	L4
	preencher	to fill out	L2
	preferir	to prefer	L6
	prefixo	area code	L11
	preocupado/a	worried	L3
	preparar	to prepare	L5
	presença	presence	L14
o	presente	gift, present	L6
o/a	presidente	president	L5
	prestar	to give, provide	L19
	Preste atenção.	Pay attention.	L12
	presunto	ham	L13
	preto/a, negro/a	black	L7
a	previsão	forecast	L9
	Prezado/a Cliente:	Dear Client:	L15
	Prezado/a Senhor/a:	Dear Sir/Madam:	L15
	Prezado/a Sr/a. Rodrigues:	Dear Mr./Mrs. Rodrigues:	L15
	Prezados Senhores:	Dear Sirs:	L15
	primavera	spring	L9
	primeiro/a	first	L2
	primo/a	cousin	L7
	principal, principais (pl.)	main	L16
	principalmente	mainly	L19
a	prioridade	priority	L16
o	probleminha	small problem	L20
	procurar	to look for	L10
	procurar trabalho	to look for a job	L18
a	produção	production	L5
a	produtividade	productivity	L18

	Professor/a, Prof., Profa.	*Professor or teacher (male/female)*	L1
	profissional	*professional*	L5
o	programa de intercâmbio	*exchange program*	L6
os	programas de capacitação	*professional programs*	L18
	progresso	*development*	L20
	projeto	*plan, project*	L14
o	projetor	*overhead projector*	L2
a	promoção	*sale, promotion*	L8
	promover	*to promote*	L8
o	pronome	*pronoun*	L2
	pronto-socorro	*emergency room*	L16
	propaganda publicitária	*publicity*	L17
	propor	*to propose*	L14
	propósito	*purpose, reason*	L19
	proposta	*proposal*	L6
	prosseguir	*to move ahead*	L17
	próximo/a	*near, close*	L6
	psicologia	*psychology*	L1
	pulseira	*bracelet* or *band*	L8
	quadra	*court (in sports), block*	L4
	Qual é o preço da viagem?	*What is the cost of the trip?*	L10
	Qual é o seu nome?	*What's your name?*	L1
	Qual o valor do dólar hoje?	*How much is the dollar worth today?*	L10
	qual, quais	*what, which*	L2
	qual?	*which?*	L3
a	qualidade	*quality*	L16
a	qualificação	*qualification*	L18
	qualificado/a	*qualified*	L19
	quando	*when*	L6
	Quando deseja partir?	*When do you want to leave?*	L10
	Quando é a volta/ o regresso/o retorno?	*When is the return?*	L10
	Quando é o voo?	*When is the flight?*	L10
	Quantas passagens deseja?	*How many tickets do you want?*	L10
	Quanto custa a passagem?	*How much is the ticket?*	L10
	Quanto custa o quarto com uma cama?	*How much is a room with a single bed?*	L11
	Quanto custa?	*How much does it cost?*	L11
	Quanto está o dólar?	*How much is the dollar worth?*	L10
	Quanto tempo vai (vão) ficar?	*How long will you (all) stay?*	L11
	Quantos são?	*How many of you are there?*	L11
	quantos/as?	*how many?*	L3
	quarenta	*40*	L3
	quarta-feira	*Wednesday*	L3
o	quarteirão	*block*	L12
	quarto/a	*fourth*	L2
	quarto	*bedroom, room*	L4
	quatorze, catorze	*fourteen*	L2

	quatro	four	L2
	que, o que	what	L2
	Que bom ver você!	Nice to see you!	L4
	Que chato/a!	How boring!	L16
	Que lindo/a!	How beautiful!	L8
	Que pena que. . .	What a shame that. . ., It's a pity that. . .	L20
	Que tempo faz em São Paulo?	What's the weather like in São Paulo?	L9
	queijo	cheese	L13
	quem	who	L2
	Quem fala?	Who is speaking?	L11
	Quem gostaria?	Who wishes to speak?	L11
	Queria informação sobre os voos para. . .	I would like information on flights to. . .	L10
	Quero fazer uma reserva.	I would like to make a reservation.	L11
	quieto/a	quiet	L4
	quinta-feira	Thursday	L3
	quinto/a	fifth	L2
	quinze	fifteen	L2
	rapidamente	quickly, rapidly, briefly	L9
	rápido/a	fast	L19
a	razão	purpose, reason	L19
	razoável	reasonable	L17
	reagir	to react	L7
	realmente	really	L19
	receber	to receive, earn	L18
	recente	recent	L8
	recentemente	recently	L12
a	recepção	front desk, reception	L11
	recepcionista	receptionist	L5
	receptivo/a	amenable	L16
	recheado/a	stuffed, filled	L13
	recibo	receipt	L8
a	recomendação	recommendation	L14
	recomendar	to recommend	L14
	reconsiderar	to reconsider	L14
	recrutar	to recruit	L18
	recursos	resources	L16
	Recursos Humanos	Human Resources	L5
	recusa	refusal	L14
a	rede	network	L15
a	redução salarial	salary reduction	L19
	Ref. *ou* com referência a	Regarding *or* with respect to	L15
	refeitório	dining hall	L4
	referência	reference	L15
	referências pessoais	personal references	L2
o	refrigerante	soda	L13
	regra	rule	L16

	rejeitar	*to reject*	L18
	relâmpago	*lightning*	L9
	relampejar	*to flash (with lightning)*	L9
	relatório	*report*	L4
	religioso/a	*religious*	L3
o/a	remetente	*sender*	L15
a	remuneração	*wage*	L19
	repetir	*to repeat*	L2
	repita	*repeat*	L2
o/a	representante	*representative*	L2
	representar	*to represent*	L5
	requerer	*to require*	L15
	reserva	*reservation*	L10
	reservar	*to make a reservation*	L11
	residência	*house*	L2
	residência estudantil	*dorm*	L4
	responder	*to answer, respond*	L5
a	responsabilidade	*responsibility*	L19
	resposta	*response*	L1
o	restante	*remainder*	L17
o	restaurante	*restaurant*	L10
as	retenções (salariais)	*withholdings*	L18
a	reunião	*meeting*	L6
	reunir	*to meet, to get together*	L5
o	revendedor	*dealer*	L8
	revisar	*to review, to revise*	L5
	rico/a	*wealthy*	L8
	rosa	*pink*	L7
	rosto	*face*	L7
	rotina	*routine*	L7
	roupa	*clothes*	L4
	rua	*street*	L2
	ruidoso/a	*noisy*	L4
	ruivo/a	*redhead*	L3
	rústico/a	*rustic*	L16
	sábado	*Saturday*	L3
	saboroso/a	*tasty, delicious*	L13
	saia	*skirt*	L7
	saída	*exit*	L10
	sair	*to leave, to go out, to exit*	L3
	sal	*salt*	L13
	sala	*room*	L2
	sala de espera	*waiting room*	L10
	sala de reunião	*meeting room*	L14
	salada	*salad*	L13
o	salão de exposição	*exhibition hall*	L14
	salário	*salary, wage*	L18
	salário mínimo	*minimum wage*	L18
o	sanduíche	*sandwich*	L13

	sapato	shoe	L7
a	satisfação	pleasure	L18
	satisfeito/a	satisfied	L8
a	saudação	greeting	L15
	saudável	healthy	L13
	sazonal	seasonal	L18
	Se houver algum problema. . .	If there is any problem. . .	L14
as	seções	sections	L16
	secretária	secretary	L1
	seda	silk	L8
o	seguinte	next, following	L6
	seguir	to follow, to continue	L12
	segunda-feira	Monday	L3
	segundo/a	second	L2
	seguro	insurance	L19
	sei lá!	What do I know!	L3
	seis	six	L2
	Seja bem-vindo/a	Welcome	L1
	selo	stamp	L15
	sem fio	wireless	L15
	semáforo	traffic light	L12
	semana	week	L1
	semanal	weekly	L18
	sempre	always	L11
	sempre que	whenever	L6
	senão	otherwise	L18
	Senhor/Sr.	Mr./Sir	L1
	Senhora/Sra.	Mrs./Madam	L1
	Senhorita/Srta.	Miss	L1
	sentar-se	to sit	L13
	Sente-se, por favor.	Sit down, please.	L1
	Sentimos ter que comunicar-lhe(s) que. . .	We regret having to tell you that. . .	L15
	sentir que. . .	to regret, to be sorry/ sad that. . .	L20
	separado/a	separate	L11
	ser	to be	L1
	ser empregado como	to be employed as	L18
	serviço de quarto	room service	L11
	serviços	services	L18
a	sessão	session	L16
	sessenta	60	L3
	sete	seven	L2
	setembro	September	L3
	setenta	70	L3
	sétimo/a	seventh	L2
	sexta-feira	Friday	L3
	sexto/a	sixth	L2
o	shopping	shopping mall	L4
	Sigam-me, por favor.	Follow me, please.	L13

	silencioso/a	*quiet*	L4
	sim	*yes*	L1
	Sim, claro.	*Yes, sure.*	L12
	simpático/a	*nice*	L2
o	sinal de trânsito	*traffic light*	L12
	Sinto muito.	*I'm sorry.*	L3
os	sistemas de gerenciamento de negócios	*business management systems*	L17
	sítio	*ranch, small farm*	L7
	sobre	*about, on*	L16
	sobremesa	*dessert*	L13
o	sobrenome	*last name, surname*	L2
	sobretudo	*coat*	L7
	sócio/a	*partner, associate*	L1
o	sol	*sun*	L9
	Solicitamos e agradecemos sua presença.	*We ask for and thank you for your presence.*	L14
	solicitar	*to ask for, solicit*	L14
	solteiro/a	*single*	L2
a	solução	*solution*	L15
	solucionar	*to solve, resolve*	L18
a	sondagem, pesquisa	*survey*	L15, L17
	sopa	*soup*	L13
a	sorte	*luck*	L20
o	sorvete	*ice cream*	L13
	sorveteria	*ice cream parlor*	L12
	Sou vegetariano/a.	*I am a vegetarian.*	L13
	sozinho/a	*alone, by yourself*	L16
	subir	*to go up, climb*	L6
	substantivo	*noun*	L1
	suco natural	*juice*	L13
as	sucursais	*branches*	L19
o	suéter	*sweater*	L9
	suficiente	*enough, sufficient*	L7
	sugerir	*to suggest*	L11
a	sugestão	*suggestion*	L19
	sujo/a	*dirty*	L4
o	sul	*south*	L2
	supermercado	*supermarket*	L4
	supervisão	*supervision*	L20
	surgir	*to appear*	L7
	surpreender-se	*to be surprised*	L7
	surpresa	*surprise*	L3
	suspender, ser suspenso	*to adjourn, to be adjourned*	L16
	tabelas de dados	*data tables*	L5
os	talheres	*silverware*	L13
	talvez	*perhaps*	L20
	também	*also, too*	L2
a	tarde	*afternoon*	L1
	tarde	*late*	L6

	tato	*tact*	L20
	taxa	*fee*	L17
	taxa de câmbio	*exchange rate*	L10
	Tchau.	*Bye.*	L1
	teatro	*theater*	L4
	técnicos	*technicians*	L5
as	telecomunicações	*telecommunications*	L9
o	telefone	*telephone*	L5
o	telefone público	*public phone*	L10
a	televisão	*television*	L11
	Tem quarto com duas camas?	*Are there any rooms with two beds?*	L11
	Tem serviço de quarto?	*Do you have room service?*	L11
	temer que. . .	*to fear that. . .*	L20
o	tempão	*long time*	L20
a	tempestade	*storm*	L9
	tempo	*time*	L3
	tempo	*weather*	L9
	tempo integral	*full-time*	L7
	tempo livre	*free time*	L4
	tempo parcial	*part-time*	L7
	tendências	*tendencies*	L19
	Tenho certeza. . .	*I'm certain. . .*	L17
	Tenho o prazer de comunicar-lhe(s) que. . .	*It is our pleasure to tell you that. . .*	L15
	tenho que/de. . .	*I have to. . .*	L4
o	tênis	*tennis*	L7
	ter	*to have*	L4
	ter. . . anos	*to be. . . years old*	L2
	ter. . . filhos	*to have. . . children*	L2
	ter de/que	*to have to*	L3
	ter medo que. . .	*to be afraid that. . .*	L20
	ter saudade(s)	*to miss someone or something*	L4
	terça-feira	*Tuesday*	L3
	terceiro/a	*third*	L2
o	terminal	*terminal*	L10
	tesoura	*scissors*	L5
	texto	*body (of written text)*	L15
	tigela	*bowl*	L13
o	time	*team*	L20
	tímido/a	*shy*	L3
	tio/a	*uncle/aunt*	L16
	tipo de negócio	*type of business*	L15
o	tira-gosto	*appetizer*	L13
	título	*title*	L1
a	toalete	*restroom*	L10
	toalha	*towel*	L11
	todo/a	*every*	L7
	tomar	*to take, to drink*	L19
	tomar café da manhã	*to have breakfast*	L13

	Tomara que. . .	*I hope that. . .*	L11
	torcida	*group of fans*	L20
	trabalhar	*to work*	L1
	trabalho burocrático	*paperwork*	L6
	tradicional	*traditional*	L7
	tráfego	*traffic*	L12
	Traga a conta, por favor.	*Please bring us the check.*	L13
os	trâmites	*procedures, channels*	L15
as	transações financeiras	*financial transactions*	L5
	transferir	*to transfer*	L5
o	transporte	*transport*	L6
	Tratado de Livre Comércio	*NAFTA*	L16
	travesseiro	*pillow*	L11
	trazer	*to bring*	L13
	treinamento	*training*	L17
	treinar	*to train*	L16
o	trem	*train*	L4
	três	*three*	L2
	treze	*thirteen*	L2
	trinta	*30*	L3
	trocar	*to exchange*	L8
o	trovão	*thunder*	L9
	tudo	*everything*	L1
	Tudo bem/ótimo.	*Everything is fine.*	L1
	último/a	*last*	L8
	ultimamente	*lately*	L18
	um/uma	*one*	L2
	úmido/a	*humid*	L9
a	universidade	*university*	L1
	urgente	*urgent*	L14
	usar	*to use, to wear*	L6, L7
	usual	*ordinary*	L16
	útil	*useful*	L8
	vaga	*vacancy*	L11
	vago/a	*vacant*	L15
	Vamos!	*Let's go!*	L8
a	vantagem	*advantage*	L7
	varejo/a	*retail*	L8
	vazio/a	*empty*	L10
	velho/a	*old*	L3
	vencer	*to win*	L6
	venda por atacado	*wholesale*	L8
	vendas	*sales*	L1
	vender	*to sell*	L8
	ventar	*to blow (with wind)*	L9
	vento	*wind*	L9
	ver	*to see*	L8
o	verão	*summer*	L9
	verde	*green*	L7

	verificar	*to check, to verify*	L6
	vestido	*dress*	L7
	vestir	*to put on (clothes)*	L8
	vestir-se	*to get dressed*	L7
	via aérea	*by air mail*	L15
a	viagem de ida e volta	*round trip*	L10
	viagem de negócios	*business trip*	L9
	viajar	*to travel*	L3
o/a	vice-presidente	*vice-president*	L5
	vinho	*wine*	L11
	vinho tinto	*red wine*	L11
	vinte	*twenty*	L2
	vinte e cinco	*25*	L3
	vinte e dois	*22*	L3
	vinte e nove	*29*	L3
	vinte e oito	*28*	L3
	vinte e quatro	*24*	L3
	vinte e seis	*26*	L3
	vinte e sete	*27*	L3
	vinte e três	*23*	L3
	vinte e um	*21*	L3
o	violão	*guitar*	L9
	vir	*to come*	L4
	visita	*visit*	L19
	visitar	*to visit*	L3
	visto	*visa*	L10
	viva	*bright (color)*	L8
	viver	*to live*	L1
o	vôlei	*volleyball*	L7
o	volume	*volume*	L10
	voo	*flight*	L10
	votar	*to vote for*	L8
	Vou bem.	*I'm fine.*	L1
	Vou mais ou menos.	*I'm so-so.*	L1
	Vou mal.	*I'm feeling awful.*	L1
	zero	*zero*	L2

Index